호텔 레스토랑 서비스 실무

송 대 근 지음

대 왕 사

호　텔
레스토랑
서 비 스
실　무

머리말

본서는 대학에서 호텔 식음료와 관련된 과목을 학생들에게 가르치면서 “어떻게 하면 학생들이 좀 더 쉽고 빠르게 식음료 부서의 실제 업무를 이해할 수 있게 가르칠 수 있을까?”라는 질문에서부터 시작되었다. 또한 호텔 식음료 업계에서 점점 학생들의 현장 실무 능력을 요구하고 있는 현실을 반영하고, 학생들이 호텔 식음료 업장에서 필요로 하는 실무 능력을 배양할 필요성이 있다고 생각하여 본서를 집필하게 되었다.

국내・외 호텔에 숙박하거나 방문하면서 찍은 사진자료들과 호텔 식음료 종사원들이 현직에서 사용하는 기물이나 서류 등을 교재에 수록하여 학생들에게 좀 더 이해하기 쉬운 간접경험을 통해 보다 현실적인 교육이 되도록 노력했다. 그래서 국내 호텔뿐만 아니라 수년간 외국의 호텔들을 돌아다니면서 많은 자료들을 수집했다.

본서는 호텔의 여러 부서들 중 식음료와 관련된 식당과, 음료과, 연회과의 호텔리어Hotelier 업무에 대하여 자세히 다루었다.

본 저자가 대학을 졸업하고 당시 특1급 호텔 식음료 현장에서 종사한 경험을 바탕으로 실무적 내용과 대학에서 수년간 호텔 식음료와 관련된 교과목을 강의한 경험을 토대로 호텔들의 식음료 업무 매뉴얼과 기존의 호텔 식음료와 관련된 훌륭한 교재들, 그리고 여러 호텔의 홈페이지를 참고하여 집필하였다.

본서가 최고는 아니지만 최고가 되려고 많은 시간을 투자해 노력하였다. 그럼에도 불구하고 부족하고 미흡한 점이 많다고 느끼면서 호텔업계와 학계에 계신 많은 분들의 의견을 구하고자 하며, 호텔 식음료부에 근무하고자 하는 예비 호텔리어들에게 다소나마 도움이 되었으면 하는 바람이다.

끝으로, 이 책을 완성하는데 많은 도움과 조언을 주신 롯데호텔에서 30년 이상 식음료 부서에서 근무하시고 정년을 하신 오흥진 지배인께 감사를 드린다. 아울러 독자들의 발전적인 지적과 평가가 향후 도움이 되기를 희망하면서 저서가 나오기까지 출간을 결정을 해주신 도서출판 대왕사의 박성진 사장을 비롯하여 편집과 교정에 애써주신 모든 직원들에게 감사의 마음을 전한다.

2026년 1월

복정동 동서울대학교 연구실에서 저자

차례

5 호텔 식당 서비스 실무

6 호텔 주장 서비스 실무

1장

호텔 식음료의 이해

1절

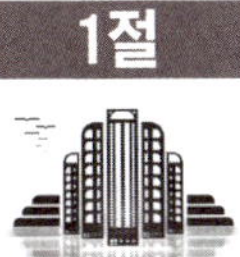

호텔 식음료의 일반적 개요

1. 호텔 식음료의 개념

사람이 살아가는 데 기본적으로 필요한 요소가 의 · 식 · 주인데, 그중에서도 가장 필수적인 요소가 바로 식(食)과 음(飮)이라고 할 수 있다.

일반적으로 식음료(食飮料)라고 하면, 음식Food과 음료Beverage를 합친 용어로써 고객의 식욕을 충족시켜 주는 상품을 말한다. 하지만, 호텔에서의 식음료Food & Beverage란, 고객의 식욕을 충족시켜 주는 중요한 상품으로 호텔 내에서 판매하는 음식과 음료 상품뿐만 아니라 무형적인 종사원의 인적 서비스 상품까지 포함한 것을 말한다. 호텔의 식음료는 음식을 만든다는 측면에서 제조업에 속하지만, 최종 고객에게 판매한다는 측면에서는 소매업으로, 그리고 종사원의 인적 서비스를 제공한다는 점에서 서비스업이라고 하는 복합사업이라고 할 수 있다.

2. 호텔 식음료부의 정의

호텔의 식음료 업장은 “호텔 내의 일정 시설을 갖추고 투숙객이나 외부고객에게 음식과 음료뿐만 아니라 인적 서비스와 분위기를 제공하는 시스템적 장소”라고 할 수 있다.

이와 같이 호텔 내에서 식음료 상품을 판매하는 부서를 ‘식음료부F&B Department’라고 부르며, 음식을 생산하는 부서를 생산하는 부서를 ‘조리부Culinary’라고 하는데, 이 두 부서는 각각 독립되어 있지만 상호 협력을 통해 호텔의 식음료 업장을 담당하고 있다.

따라서 호텔의 식음료Food & Beverage 부서는 식사와 음료라는 상품을 바탕으로 레스토랑의 물적 서비스(유형 서비스)와 식음료 종사원의 인적 서비스(무형 서비스)를 통해 고객에게 최상의 서비스를 제공하는 부서라고 할 수 있다.

2절

호텔 식음료 부문의 기능과 역할

1. 호텔 식음료 부문의 기능

과거 호텔의 식음료 부문은 호텔의 한 부대시설로서 객실에 숙박하는 고객들의 식사와 음료를 해결해주는 기능이 주를 이루었으나, 오늘날 식음료 부문은 수익의 극대화라는 측면에서 볼 때 매출의 탄력성으로 인해 객실보다 식음료 판매에 보다 깊은 관심을 보이고 있다.

1970년대 이전의 호텔 경영자들은 호텔 수입을 객실매출액Room Revenue 중심으로 영업을 하였고, 식음료 부문은 객실 판매를 위한 부대시설로 인식하고 그 비중을 그다지 중요하지 않게 생각했다. 그래서 호텔에 투숙하고 있는 고객들을 대상으로 최소의 손실이나 손익분기점Break Even Point 유지만으로도 만족하였다.

하지만, 호텔의 식음료 부문은 객실고객뿐만 아니라 불특정 다수의 대중을 상대로 영업을 하며, 외래 관광객의 편의를 도모하여 호텔 매출의 중요한 부분을 차지하고 있다. 또한 주 5일제 근무로 인한 여가시간의 확대와 가처분 소득의 증대, 의식수준의 향상 등으로 인해 외식에 대한 관심, 특히 호텔 식음료 부문의 역할이 커지기 시작하였다. 다시 말해, 1970년대 이후 객실 상품판매 매출액에 전적으로 의존하던 한계성을 벗어나 상대적으로 제약성이 적은 식음료 판매수입 증대에 치중하는 경향이 늘어나고 있다.

1990년대 이후 호텔산업이 호황기에 접어들면서 외국인뿐만 아니라 내국인의 호텔 식음

그림 1-1 호텔 식음료부의 기능

료 업장 이용이 급격히 늘어나면서 점차 식음료 부서의 매출이 객실 부서의 매출을 넘어서기 시작했다.

이러한 호텔의 식음료는 호텔 본래의 기능인 숙박 목적에서 창출된 고객과 식음료 자체만을 구매하는 고객을 위해 식음료를 제공함으로써 고객만족을 통해 기업의 목적인 이윤추구와 고객의 다양한 욕구충족을 극대화시킬 수 있는 부서이기도 하다.

호텔 식음료 부서는 식음료 상품을 생산해내는 거대한 조직의 핵으로써 그 기능을 보여주고 있다.

2. 호텔 식음료 부문의 역할

과거 호텔의 식음료 업장을 이용하는 고객들은 일부 부유층과 특권계층이었다면 현재는 일반인들에 쉽게 이용할 수 있는 게 현실이 되었다.

호텔의 규모가 대형화·고급화되면서 호텔의 식음료 운영은 호텔의 이미지를 상승시키고 재정적인 측면에서 수익을 극대화시키는 방안으로 호텔 식음료의 중요성은 지속적으로 성장해가고 있으며, 향후 호텔 식음료 부문의 효율적인 경영 여부는 호텔 전체의 경영성과에 직접적인 영향을 미치는 요인으로 작용할 것이다.

이와 같은 기능을 바탕으로 호텔 식음료 부문의 역할을 살펴보면 다음과 같다.

- 호텔 고객에게 식음료 판매활동을 통하여 호텔기업의 이윤을 극대화하는 역할
- 지역사회의 경제·사회·문화의 중심지 역할을 수행하는 공공장소의 역할

그림 1-2 호텔 식음료의 역할

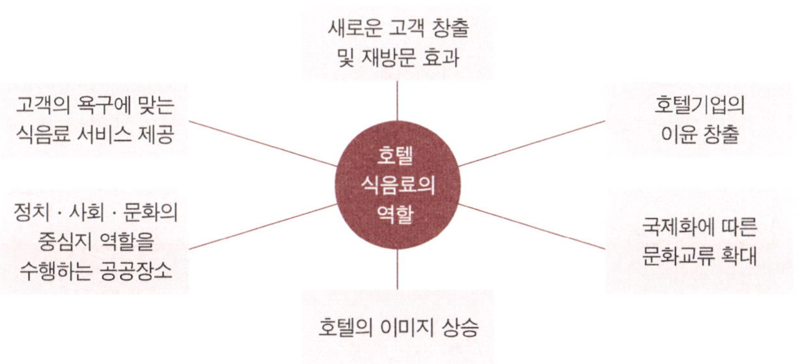

- 새로운 식문화 창조라는 사회적 요구에 부응하여 외식문화의 양적·질적 발전의 선도자적인 역할
- 고정고객Repeat Guest 확보로 호텔 이미지 개선과 구전광고의 효과를 상승시키는 역할
- 고용기회의 확대 등의 역할

3절

호텔 식음료 부문의 중요성

현대에 와서 외식문화의 발달과 사회구조 및 라이프스타일의 변화, 그리고 다양하고 많은 호텔의 숫자가 증가함에 따라 호텔이 대중화되면서 일반인들도 호텔에서 식사와 음료를 이용하는 기회가 많아지고 있다.

인간생활의 3대 요소인 의·식·주는 단순한 생존을 위한 요소라는 개념에서 새로운 가치를 부여한 의·식·주 문화의 단계로 발전하고 있다. 이 중 식문화 창조에 일익을 담당하고 있는 현대 호텔경영에 있어서 식음료 부문은 호텔 총매출액의 약 35~60%까지 차지하는 중요한 부문으로써 객실 부문과 함께 2대 수익발생 부문이다. 호텔 식음료 부문은 호텔산업의 발전 초기와는 달리 객실경영에 비해 그 중요성은 날로 높아가고 있으며, 가장 탄력성이 큰 상품으로 호텔수익 증대에 큰 기여를 하고 있다. 다시 말해, 호텔 식음료 상품은 영업 여하에 따라 신축성이 강한 동적인 상품으로 호텔 매출을 극대화할 수 있는 중요한 부서라 할 수 있다.

오늘날 식음료 부문은 계속 성장추세에 있으며, 사회적 변화와 경제적 성장 및 국제화와 세계화에 따른 국제교류의 활성화와 식생활 변화 등으로 인해 새로운 식음료 문화 창조라는 사회적 요구에 부응하기 위해 그 중요성이 매우 높아지고 있다. 이러한 호텔의 식음료 부문은 고객에게 음식 및 음료 서비스를 생산 및 판매함으로써 이윤을 창출하는 것이 주목적인 부서라 할 수 있다.

하지만, 국내고객을 주 대상으로 하는 호텔 식음료 부문의 영업 현실을 보면, 늘어나는 외식업체와 높은 인건비, 낮은 이익으로 인하여 식음료 산업의 어려움을 겪고 있으며, 설상가

상으로 사스나 조류독감, 광우병, 세계경제 불황, 메르스, 신종 인플루엔자, 코로나-19 등으로 인하여 그야말로 고전을 면치 못하기도 하였다. 이를 타개하기 위해서는 다양한 고객의 욕구를 파악하여 이에 능동적으로 대처함으로써 수익증대 목적을 달성할 수 있다. 또한 호텔 식음료 종사원에 의한 인적 판매는 정보를 제공하고 고객을 설득하여 수요를 확산시켜 구매 행동으로 이어지게 하는 중요한 역할을 수행한다.

경쟁호텔뿐만 아니라 호텔의 식음료 부서와 유사한 외식업체의 증가, 고객들의 식생활 수준의 향상 등으로 인하여 호텔 식음료 경영은 최고의 시설과 설비, 조리기술, 서비스를 유지해야만 생존할 수 있다.

그림 1-3 **호텔 식음료 부문의 발전요인**

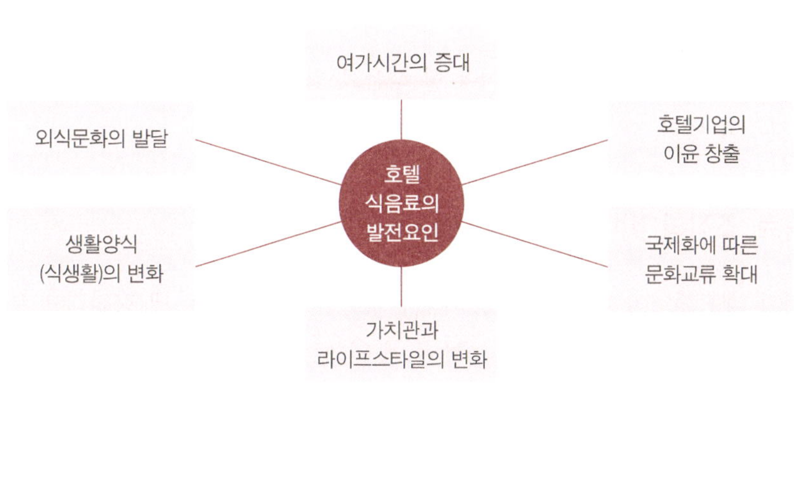

4절

현대 호텔 식음료 경영의 경향과 성장요소

1. 현대 호텔 식음료 경영의 경향

1997년 우리나라 IMF(국제통화기금) 경제위기, 유럽발 세계경제 불황, 2019년 코로나-19 등으로 인하여 관광산업이 커다란 타격을 받은 적이 있다. 이로 인해 외래관광객 감소와 국내고객을 주 대상으로 하는 호텔 식음료 부문의 영업은 고전을 면치 못하고 있는 상황과 더불어,

폭발적으로 늘어나는 외식사업체들로 인해 호텔 식음료 산업은 매우 어려움을 겪고 있는 것이 현실이다.

또한 최근 호텔 식음료의 인건비 증가 및 수익성 저하로 인해 기존 호텔뿐만 아니라 신규 호텔들도 식음료 업장을 축소해가고 있으며, 커피숍Coffee Shop, 올 데이 다이닝All Day Dining 등과 같이 필수적인 식음료 업장만을 운영하고 있는 추세이다.

하지만, 고객들은 '어떤 분위기에서, 어떤 서비스를 받으며, 어떤 음식을 먹느냐'라고 하는 생각을 하게 되었으며, 이러한 배경 속에서 국내 호텔과 식음료산업은 대형화 · 고급화가 이루어지고 있어 질적인 성장을 계속하고 있다.

1) 식음료 업장의 다양화

호텔이 등급에 따라 법적으로 갖추어야 할 식음료 업장으로 인해, 호텔들은 다양한 식음료 업장들을 갖추고 있다.

2) 식음료 조직의 비대화

고객들에게 제공되어야 할 식음료 생산품을 생산하고 판매하는 데 직접적으로 관계된 레스토랑과 주방의 조직 규모는 식음료 업장 수에 비례한다. 서울에 소재하는 특1등급 호텔의 전체 종사원 중 식음료를 생산하고 판매하는 부서의 종사원 수가 70%에 달할 정도로 식음료 부문의 조직은 매우 크다고 할 수 있다.

3) 외부고객에 대한 높은 의존도

호텔의 식음료 업장을 이용하는 고객들은 대부분 투숙객이 아닌 외부고객, 즉 내국인이며, 이에 대한 호텔의 외부고객에 대한 의존도도 날로 높아지고 있다.

4) 수입 식재료와 수입 기물에 대한 높은 의존도

호텔의 식음료 상품을 생산하기 위한 식료와 음료의 대부분은 국산이 아닌 수입산에 의존하고 있으며, 식음료를 제공하기 위한 테이블 웨어Tableware와 식음료를 생산하기 위한 각종 조리기기와 유텐실(Utensil: 주방 및 바에서 사용되는 기물의 총칭) 등은 상당부문 수입된 외국산이 사용되고 있다.

5) 인건비와 식료원가에 대한 높은 비중

다른 기업들과는 달리 특이한 인사체계로 인해, 높은 인건비와 낮은 생산성으로 인한 식음료 상품에 대한 원가비중이 지나치게 높다.

6) 낮은 객단가와 생산성 및 낮은 순이익

식음료 업장의 고급화, 값비싼 기물과 식재료, 식음료 종사원 서비스의 고급화 정도에 비해 객단가와 생산성이 상대적으로 낮을 뿐만 아니라, 식음료 상품을 비싼 가격에 판매하지만 순이익이 매우 낮은 것이 현실이다.

이러한 현대호텔의 식음료 경영의 현실에 대응하기 위해 호텔 식음료 부문은 타 외식산업과 달리 그 호텔의 성격과 마케팅에 의해 독자적인 개성을 지닌 경영이 필요하다고 할 수 있다. 다시 말해, 고객의 의식변화와 욕구수준이 또한 각기 다르기 때문에 호텔 식음료의 창의적인 신경영기법이 필요하다고 할 수 있다.

- Good Quality Service & Friendly Service 제공
  - 고객만족 ➜ 고객감동 ➜ 고객졸도 서비스
- 다양한 종류의 식음료 상품을 제공
  - 건강식Healthy Food
  - 국적별 다양한 음식 제공
- 적극적인 마케팅 전략
  - 차별화된 전략
- 국제회의를 비롯한 대규모 연회행사 유치
  - 부가가치 창출
- 표준화 및 규격화
  - 표준 조리법Standard Recipe
  - 표준 서비스Standard Service

2. 현대 호텔 식음료 부문의 성장요소

전 세계적으로 식음료 서비스 부문은 계속 성장추세에 있다. 이러한 성장 이유로는 가속화되고 있는 사회적 변화와 경제적 성장, 국제화·세계화에 따른 국제교류의 활성화 및 식생활 변화, 여행촉진 강화와 여행자 계층의 다양성, 가치관과 라이프스타일의 변화, 생활양식의 변화 등이 주요인이라 할 수 있다.

호텔 식음료 부문은 지속적으로 성장·발전하고 있는 추세에 있으며, 세계화에 따른 국제교류의 활성화와 식생활 변화 등으로 새로운 식음료 문화 창조라는 사회적 요구에 부응하기 위해 그 중요성이 강조되고 있으며, 이러한 효율적인 운영과 성장요소를 살펴보면 다음과 같다.

- 가처분소득의 증대, 즉 가계소득의 증가와 생활수준의 향상
- 각국의 여행촉진 강화와 여행자계층의 확대
- 생활양식의 변화에 따른 외식문화의 다양화
- 새로운 식음료 문화에 대한 호기심의 증가
- 외국 식음료 문화에 대한 문화교류 확대
- 자가용이나 항공기 등 교통수단의 발달로 인한 외식문화 확산

그림 1-4 현대 호텔 식음료 부문 성장요인

2장

호텔 식음료 부서의 조직과 직무의 이해

1절

호텔 식음료 부서 조직의 개요

1. 호텔 식음료 조직의 개념과 필요성

1) 호텔 식음료 조직의 개념

조직Organization이란 기업의 목적을 달성하기 위한 도구로서 "일정한 목적을 달성하기 위해 의도적으로 구성된 조직원들의 상호작용 내지 협력체계"라고 할 수 있다. 기업을 경영해 나가는 데는 여러 가지의 경영활동이 필요한데, 이러한 경영활동을 합리적으로 수행하기 위해서는 이들 활동을 일정한 기준에 의하여 분류함으로써 각 조직원들이 수행해야 할 직무를 명확하게 해야 한다.

일반기업의 경영조직은 그 규모가 확대됨에 따라 복잡·다양하고 세분화된 조직으로 성장·발전해가고 있는데, 그 조직을 구성하는 구성원들의 기능과 기술이 세분화·전문화되고 있다는 것을 의미한다. 다시 말해, 조직이란 "기업의 각 구성원의 협동 활동으로 하여금 경영목적에 가장 잘 적합하게 하기 위하여 각 구성원들이 수행해야 할 책임과 의무를 규정한 것"이라고 할 수 있다.

호텔 식음료 부서의 조직은 일반기업과 마찬가지로 호텔종사원들이 상호 협력하여 호텔기업의 경영목적을 가장 합리적이고 효율적으로 달성하기 위해 구성된 공동체 조직이며, 특히 고객만족Customer Satisfaction을 대전제로 종사원이 고객을 대상으로 서비스를 제공하는 기업이기 때문에, 일반기업과는 상이한 조직체계로 구성되어 있다. 호텔의 식음료 부서의 조직은 호텔의 규모와 특성, 사업 방향, 식음료 업장 수, 종사원의 직급체계 등 여러 가지 요인에 따라 차이가 있다.

그림 2-1 성공적인 조직의 필수조건

공통목적 ——— 상호협력 ——— 의사소통

그림 2-2 호텔 식음료 부서의 기본적인 조직

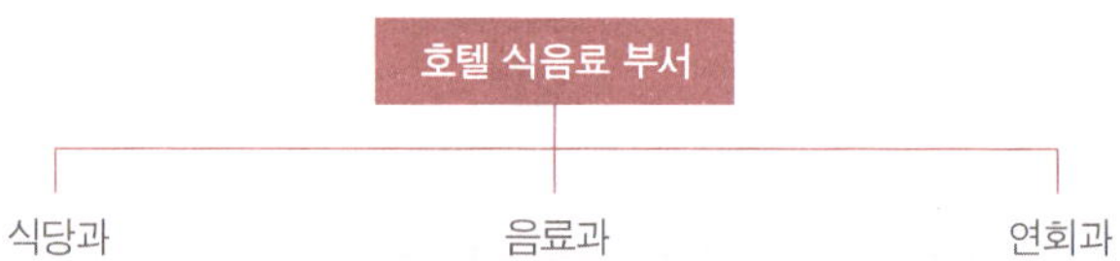

과거의 호텔 식음료 부문은 1개의 식음료과가 모든 식당과 주장 및 연회기능을 포함하여 운영하였으나, 현재의 5성급 호텔들은 규모가 대형화되면서 식당과(부), 음료과(부), 연회과(부)로 각각 독립적인 3개과로 나뉘어져 운영되고 있다.

2) 호텔 식음료 조직의 필요성

호텔기업의 목표인 이윤추구라는 경영목적을 달성하기 위하여 일정한 업무활동을 하게 된다. 식음료 조직관리가 내포하고 있는 가장 중요한 의미는 식음료 서비스에서 고객의 음식과 서비스에 대한 욕구를 충족시켜 주는 것을 의미한다. 이 업무활동은 상호관계를 지니고 있으므로, 호텔 식음료 부서에 근무하는 종사원은 각자의 직무를 편성하여 조직화함으로써 업무를 능률적으로 수행하게 되는데, 이는 호텔기업의 성장과 발전을 촉진하는 데 그 목적이 있다고 할 수 있다. 그래서 호텔조직은 고객의 욕구에 따라 음식과 음료 및 서비스로 고객을 만족시킬 수 있고, 각 종사원들의 관리 또한 효율적으로 진행시키기 위한 조직형태를 이루고 있다.

호텔 식음료 부서는 호텔경영의 주체라고 할 수 있는 인적자원의 조직관리가 절대적으로 필요하지만, 어느 조직에서든 완벽한 조직형태는 있을 수 없다. 호텔 식음료 부서의 조직은 서비스 상품을 중심으로 이루어져 있어 일반 제조업체와는 다소 차이가 있는데, 호텔 식음료 부서의 조직에 있어서 분류방법은 호텔의 규모마다 다르고, 또한 같은 규모의 호텔에서도 호텔의 운영방식, 위치, 경영마인드 등 여러 가지 요인에 따라 그 조직이 다르게 구성될 수 있다.

하지만, 호텔조직을 결정하는 공통적인 요인으로는 호텔의 성격과 입지조건(위치), 시설・규모 및 기능, 호텔의 건물구조, 경영층의 경영능력, 소유권의 형태, 경영철학 및 경영방식, 호텔의 등급, 호텔 상품의 내용, 영업장(객실, 식음료 업장 및 부대시설)의 규모와 배치, 서비스 스타일, 고객의 성향 및 계층 등 이밖에도 상당히 많은 제반 변수들에 의해 호텔 식음료 부서의 조직이 구성된다.

그림 2-3 호텔 식음료 부서 조직의 결정요인

이처럼 현대의 호텔 식음료 조직은 고도의 직능별로 부문화되고 있으며, 여러 기준에 의해서 구성되고 있으나 일반적인 호텔 식음료 부서의 조직 구성은 식음료 영업장의 규모나 수에 의해 결정된다고 할 수 있다.

따라서 효율적인 호텔경영을 위해 식음료 부문에 대한 조직구성은 위와 같은 결정요인에 입각하여 조직의 형태가 이루어지는 것이므로, 각 업무가 합리적으로 구성되는 조직이 되어야 한다.

2절

호텔 식음료 부서의 조직도와 조직 형태

조직도Organization Chart라 함은 한 조직이 요하는 여러 직무의 흐름과 지휘 · 조정 등을 그림으로 명료하게 나타낸 것이다. 즉 '누가,' '무엇'을 하는가를 보여주는 표이다. 호텔 식음료 경영 조직도는 일반 경영조직의 기능에서와 같이 각 종사원의 업무가 분장되어야 하며, 권한과 책임의 한계를 명확히 한 직무분장Job Description이 전제되어야 한다. 조직도의 필요성은 최고경영자를 위한 호텔 식음료 전체 종사원이 각기 자기의 맡은 바 직무를 확인할 수 있고, 보고의 계통과 명령의 질서를 한눈으로 판단할 수 있는 정보를 줄 수 있기 때문이다.

이러한 각 요소들은 호텔기업의 목적을 달성하기 위한 것으로서 조직구성원의 능력을 최대한으로 발휘할 수 있도록 하는 것이라 할 것이다.

그러므로 호텔의 식음료 조직은 호텔의 경영목표를 달성하기 위하여 조직의 형태, 종사원 상호 간의 직무, 권한과 책임의 한계를 명확히 규정하여 업무의 능률을 높이고 영업활동을 촉진시켜야 한다. 호텔 내의 식음료 영업장, 즉 식당과 주장 그리고 연회장의 규모 및 종류에 따라 그 수입이 결정되는데, 다수 호텔의 경우 객실의 수입보다 식음료 부문의 수입이 점차적으로 증가하고 있는 실정이다. 최근에는 결혼식 등 연회문화의 확산으로 각종 연회행사의 중요성이 대두되면서 대규모 호텔일수록 식음료 부서에서 방켓Banquet을 별도 부서로 독립시켜 연회팀 또는 연회부서로 운영하기도 한다.

호텔 식음료 부문은 종사원들의 서비스 질은 매우 우수하나, 인건비 비중이 높고 호텔 내 공간에서만 업장운영이 가능하여 업장운영 면에서 능동적이지 못한 단점이 있지만, 출장연회 그리고 호텔 외부업장 및 외식사업부 등을 운영하여 이를 극복하고 있다.

대형 호텔을 중심으로 호텔 외부로 출장연회 행사를 담당하는 호텔외식사업부를 별도로 운영하는 호텔들도 있다. 호텔에 따라 조직형태가 각각이지만, 대부분 호텔에서는 식음료 조직을 기능과 직위, 그리고 서비스 형식에 다음과 같이 운영하고 있다.

1. 기능에 의한 식음료 부서의 조직도

호텔 식음료 서비스에서 수행되는 기능은 분명한 목적과 존재 이유가 있어야 한다. 또한 모든 종사원들은 자신이 하는 업무의 내용을 정확히 이해해야 한다. 현재, 5성급 호텔의 식음료 부문의 업장은 기능에 따라 일반적으로 다음과 같이 구성되어 있다.

1) 식당과

- 서양식 및 동양식 식당의 영업 및 고객관리
- 식당의 기물과 비품관리
- 음식의 메뉴관리
- 종사원의 교육훈련 및 인사관리
- 각 식당의 영업에 필요한 제반 업무를 수행

2) 음료과

- 주장의 영업 및 고객관리
- 주장의 기물과 비품관리
- 음료의 메뉴관리
- 종사원의 교육훈련 및 인사관리
- 각 주장의 영업에 필요한 제반 업무를 수행

3) 연회과

- 각 연회장의 시설 및 집기관리

그림 2-4 R호텔 식음료부 조직도

자료: R호텔 내부자료, 2000.

- 연회 예약
- 연회 서비스 수행
- 출장연회 관리
- 연회종사원의 교육 및 인사관리
- 연회행사 유치 및 판촉활동
- 연회 서비스 개선 및 품질관리

2. 직위에 의한 식음료 부서의 조직도

어떤 종사원이 주어진 업무에 대한 책임을 맡았다면, 그 업무를 수행하기 위한 권한을 함께 위임해야 한다.

그림 2-5 호텔 식음료 부서의 직위에 의한 조직도

이와 같은 호텔 식음료 부서의 기능과 직위는 각 영업장이 추구하는 목표나 위치, 호텔의 등급, 업종, 가격이나 영업시간 등 여러 가지 요인에 따라 조직의 형태가 다르다고 할 수 있다. 일반적인 호텔의 경우 조직 구성을 통해 전체적인 호텔경영의 흐름을 파악할 수 있는데, 직위에 맞는 식음료 부서의 조직은 수직구조로 이루어져 있어 우리가 가장 많이 접하고 있는 조직이라고 할 수 있다.

3. 서비스 형식에 의한 식음료 부서의 조직도

호텔 식음료 부서의 조직 편성은 고객의 다양한 욕구를 파악하여 고객이 원하는 식음료 상품과 서비스를 제공함으로써 이를 통해 구매행동으로 유도하여 궁극적으로 수익 증대를 실현시키는 데에 있다. 이러한 목표를 달성하기 위해서 호텔 식음료 업장에서는 서비스하는 종사원들을 어떻게 고객 테이블에 배치하는가에 따라 세계적으로 동일하게 제공되는 서비스 형식Service System으로 쉐프 드 랑 시스템, 헤드 웨이터 시스템, 스테이션 웨이터 시스템 등과 같은 3가지 형태의 조직으로 분류할 수 있다. 이는 각 식음료 업장의 영업방침과 경영방식의 차이에 따라 구분할 수 있다.

1) 쉐프 드 랑 시스템Chef de Rang System

최고급 서비스를 제공할 수 있는 고급 식당에 적합하며, 프렌치 서비스French Service 시스템이라고도 하는데, 가장 정중하고 최고급의 서비스를 제공할 수 있는 고급 식당에 적합한 조직이다.

이 조직은 식당의 총책임자인 지배인이 있고, 그 아래 조장Chef de Rang & Chef de Vin을 중심으로 3명 정도의 웨이터Commis de Rang & Commis de Vin가 한 팀이 되어 자기가 맡은 스테이션에서 담당고객에게 음식과 음료를 서비스하는 조직이다.

메트로 도텔Maitre d'Hotel 아래의 셰프 드 랑Chef de Rang은 고객으로부터의 모든 주문을 받는 동시에 게리동Gueridon 서비스나 플람베Flambee 서비스 때 직접 고객 앞에서 조리하는 업무를 담당한다. 코미 드 랑Commis de Rang은 주문을 주방에 전달하고 음식을 사이드테이블까지 운반하여 고객이 사용한 각종 빈 접시와 기물을 치우는 업무를 담당한다. 게리동 서비스나 플람베 서비스 때는 셰프가 요리하여 접시에 배당하면, 직접 고객의 테이블에 서브하기도 한다.

쉐프 드 방Chef de Vin은 고객으로부터 음료에 대한 모든 주문을 받고 직접 그 테이블에 서브하는 업무를 담당한다. 이 시스템의 장점으로는 수준 높은 서비스를 제공하여 최고의 고객만족을 시킬 수 있는 장점이 있는 반면, 섬세한 서비스 제공으로 서비스 시간이 길어져 회전율이 낮을 수 있고, 종사원의 의존도가 높아 인건비 지출이 크다는 단점이 있다.

플람베Flambee 서비스

주재료인 고기·생선류 등의 좋지 못한 냄새를 제거하고 술의 향을 가미하여 음식의 풍미를 좋게 하기 위해 셰프 드 랑이 고객 앞에서 알코올을 열원으로 음식을 직접 조리하는 것을 말한다. 조리 중간에 브랜디나 향이 좋을 리큐르를 조리 음식에 뿌리면 열에 의해 증발하는 술의 증기에 불꽃이 붙어 장관을 이룬다.

2) 헤드 웨이터 시스템Head Waiter System

일반적으로 신속한 서비스를 요하기 때문에 가장 많이 사용되는 시스템으로서 우리나라 호텔 식당에서 가장 많이 사용하는 접객 시스템이다. 이 시스템은 셰프 드 랑 시스템을 효율적이고 능률적으로 변형시킨 것으로, 헤드 웨이터Head Waiter 밑에 음식담당Meals Waiter과 음료담당Beverage Waiter을 두어 업장 내 모든 테이블을 서비스하는데 셰프 드 랑 시스템을 축소시킨 시스템이다.

이 시스템의 장점은 신속한 서비스가 필요한 아메리칸 서비스American Service, 즉 플레이트 서비스Plate Service에 적합하여 테이블 회전수를 높일 수 있는 반면, 셰프 드 랑 시스템보다는 정중한 서비스가 떨어지며, 지정된 테이블 없이 전 식당 내를 서비스하는 조직으로 고객 불만을 초래할 수 있는 단점을 가지고 있다.

3) 스테이션 웨이터 시스템Station Waiter System

"One-waiter System"이라고도 부르며, 식당의 책임자인 헤드 웨이터Captain 아래 몇 명의 웨이터들에게 담당구역이나 테이블을 배정하여 식사와 음료를 주문받고 식음료 등 일체의 서비스를 제공하는 시스템이다. 다시 말해, 한 명의 웨이터가 일정한 식탁만을 주문받아 음식과 음료를 제공하는 것뿐만 아니라 테이블을 치우는 일까지 담당한다. 하지만, 호텔의 입장에서는 인건비를 절감할 수 있지만, 고객에게 최소한의 서비스를 제공하여 서비스의 품질이 떨어질 수 있다는 단점을 가지고 있다.

3절

호텔 식음료 부서의 직책과 직무

호텔 식음료 부서는 음식과 음료, 그리고 연회를 일괄 판매하는 부서로써 서비스 종사원들은 식음료를 효율적으로 관리하여 능률적인 서비스를 제공해야 한다.

호텔 식음료 종사원의 직무는 직급체계에 따라 달라지며, 직무분장이란 이러한 목표를 달성하기 위해 각 종사원들이 해당 직무를 수행하기 위해 요구되는 사항을 명시해놓은 것을 말한다. 그래서 모든 직책에 대한 업무의 책임과 권한 및 책임을 밝혀두어야 하며, 가능하면 가장 낮은 직급에게도 책임과 권한을 위임하는 것이 바람직하다. 이러한 직무분장을 효과적으로 활용함으로써 호텔 식음료 업장 운영의 효율성을 높이는 결과를 가져올 수 있다.

호텔 식음료부 종사원들은 고객에게 최상의 서비스를 제공하기 위해 요구되는 업무를 수행하는데, 그 구체적인 직책에 의한 직무분장을 살펴보면 다음과 같다.

1. 호텔 식음료 부장F&B Director의 직무

호텔 식음료부의 최고책임자(몇몇 호텔에서는 이사급 이상)로서 전반적인 운영관리와 식음료 판매영업에 관한 정책수립 및 계획, 고객관리, 영업장관리, 식음료 종사원의 인사관리, 직원채용, 교육체계 수립 등 식음료부의 총괄적인 지휘·감독을 한다.

음식과 음료에 대한 해박한 지식과 각국의 매너 및 국제적인 감각을 가지고 있어야 하며, 식음료 부서뿐만 아니라 호텔의 모든 부서 업무를 파악할 수 있는 능력을 가지고 있어야 한다. 그리고 종사원 관리에 있어서 원만하고 능률적인 경영을 할 수 있는 대인관계와 리더십이 필요하며, 아울러 음식과 음료에 대한 해박한 지식 및 각국의 매너와 국제적인 감각을 가지고 있어야 하고, 향후 호텔업계의 경향을 파악할 수 있는 능력을 갖추어야 한다.

2. 호텔 식음료 차장Assistant F&B Director의 직무

호텔의 상황에 따라 식음료 차장의 직책은 있을 수도 있고 없을 수도 있다. 만약 차장의 직책이 없다면 각 과장들이 부장의 부재 시 직무를 대리한다. 호텔 식음료 차장은 부장을 도와 모든 영업장의 운영방법과 절차 및 문제점을 파악하고, 판매전략의 수립과 실행에 관한 책임을 지며, 종사원의 인사관리, 서비스 강화 교육 그리고 각 영업장 운영에 관련된 예산편성 등을 담당한다.

3. 호텔 식음료 과장F&B Manager의 직무

호텔 식음료 부장의 지휘 아래 각 식당의 영업에 대한 총괄적인 책임을 지고, 각 업장의 운영상태 및 문제점을 파악하여 종사원의 근무인원의 확보와 배치, 판매촉진 활동 등 영업에 관한 책임을 진다.

4. 업장 지배인Outlet Manager의 직무

식음료 업장의 영업을 책임지고 경영하는 각 영업장의 책임자로서 업장을 방문하는 고객에게 필요한 서비스를 능률적이고 경제적으로 제공하도록 운영하는 총괄적인 책임을 가지며

표 2-1 업장 지배인의 업무

업장관리	매출관리, 재고관리, 업장 환경정돈, 원가관리, 특별행사 기획
고객관리	고객대장 관리, 고객 불평처리(Complaint) 및 예방, 예약관리
인사관리	근태관리, OJT, 인사고과, 교육훈련, 근무스케줄 · 휴가관리
재산관리	집기 · 기물 · 비품관리
문서관리	문서의 기록, 보관관리

고객관리, VIP 영접, 종사원의 인사관리와 교육훈련, 부서장 간의 직・간접적인 중계역할을 한다. 업장 지배인의 경우 식음료 업장 지배인과 연회 지배인Banquet Manager 및 바 지배인Bar Manager 등으로 구분할 수 있다.

5. 업장 부지배인Assistant Outlet Manager의 직무

지배인을 보좌하며, 영업 준비를 위한 제반 사항을 확인・점검하고 영업장의 운영상태 및 문제점을 파악하여 대고객 서비스 관리를 위해 최선으로 노력하며, 지배인 부재 시 업장운영 전반에 대한 책임을 가진다.

6. 캡틴Captain의 직무

캡틴은 각 부문의 주임급으로서 보통 헤드웨이터Head Waiter 또는 접객조장이라고도 불리며, 예전에 호텔에서는 '수장(首長)'이라고 부르기도 했다. 직접 고객을 접대하는 접객 책임자로서 영업 준비상태와 종사원의 복장 및 용모를 점검한다. 또한 식음료의 주문과 서비스를 담당하고, 호텔 내의 전반적인 사항을 숙지하여 고객에게 정보를 제공하며, 주문전표와 계산서를 관리하고, 업장 내의 기물과 서비스물품의 위치를 항상 점검하며, 신입사원의 교육과 상품판매 교육을 실시하고, 종사원들의 근무 스케줄을 작성한다.

7. 웨이터 & 웨이트리스Waiter & Waitress의 직무

서버Server라고 하며, 고객과 가장 많이 접하는 종사원으로서 캡틴을 보좌하며 주문된 식음료를 직접 고객에게 제공하고, 서비스 스테이션Service Station의 정리와 영업준비(테이블 세팅: 식당에서 필요한 은기물류, 글라스류, 린넨류, 테이블 장식물 등) 사항과 청결관리를 담당한다. 담당 테이블의 접객 및 식음료를 제공하며, 그날의 특별 메뉴Special Menu를 숙지하여 고객에게 추천하고, 제공 가능한 음식과 식사와 잘 조화가 되는 음료를 적극 추천할 수 있는 상품지식을 갖추어야 한다. 그리고 사용이 끝난 기물들을 식기세척장Back Side으로 옮긴 후 테이블을 재정비한다.

8. 리셉셔니스트Receptionist의 직무

그리트레스Greetress라고도 하며, 지배인과 부지배인의 업무를 보좌하고, 고객을 영접하며, 테이블의 적절한 안내를 수행하고, 예약업무를 담당한다. 즉 영접, 안내, 예약, 환송 등을 주 업무로 하지만, 영업장이 바쁠 때는 웨이터나 웨이트리스를 도와 고객 서비스에 참여하기도 한다. 리셉셔니스트는 깨끗한 복장과 숙련된 화술을 구사할 줄 알아야 하며, 항상 미소 띤 얼굴로 고객을 맞이해야 한다.

9. 와인 소믈리에Sommelier의 직무

와인 스튜어드Wine Steward라고도 불리는 와인전문가로서, 고객에게 와인 혹은 일반적인 음료를 설명해 최적의 와인을 추천하여 고객의 선택 폭을 넓혀주고 올바른 서비스를 제공하는 종사원을 지칭한다. 와인의 진열과 재고를 점검・관리하며, 식사 코스에 따라 최상의 와인을 제안할 수 있는 전문가라고 할 수 있다. 또한 고객의 요구를 파악하여 예절 바르고 품격 있는 서비스를 제공할 수 있어야 하며, 음식과 와인의 조화(Mariage, 마리아주: 결혼을 뜻하는 프랑스어)를 제안하여 고객들이 와인에 대한 만족을 극대화시킬 수 있는 업무를 수행한다. 또한 와인 프로모션을 계획하고 하우스와인House Wine을 지정하여 이에 따른 판매전략을 수립한다.

10. 룸서비스 오더 테이커Order Taker의 직무

룸서비스Room Service에서 근무하며, 객실에서 걸려오는 전화에 의해 식음료 주문을 받는 종사원으로서, 식음료 메뉴를 숙지하여 주문전표를 작성하며 주방에 음식주문을 정확하게 전달한다. 영어와 일본어, 중국어 등 주문을 받을 때 필요한 외국어 능력을 갖추어야 하며, 룸서비스 메뉴의 종류와 가격을 숙지하고 있어야 한다.

11. 바텐더Bartender의 직무

전반적인 음료에 대한 지식을 충분히 가지고 고객이 주문한 칵테일을 조주하며, 바Bar의 영업 준비상태와 음료의 적정 재고를 파악하며 음료 및 부재료를 보급하고 관리한다. 또한 음료 판매 시 적정량을 제공하며, 매일 영업에 필요한 각종 음료의 재고량과 기물 등을 준비한다. 또한 주장시설들을 점검하며, 각종 음료들이 적정 온도에서 보관되는지 등을 파악하고, 영업 종료 후 재고조사를 실시하여 주기적으로 재고현황Inventory Sheet을 작성 보고하며, 모든 집기류의 정리정돈 및 청결을 유지한다.

12. 커피 바리스타Coffee Barista의 직무

호텔의 식음료 업장 중 주로 커피숍에 근무하는 종사원으로서 고객이 원하는 커피음료를 만들어 서비스하는 종사원을 말한다. 고객들의 커피에 대한 수요가 점차 다양화 되고 있어 자동커피머신보다는 반자동이나 수동 커피머신를 이용하여 에스프레소, 라테, 카푸치노 등 섬세하고 다양한 커피 메뉴를 제공하고 있다. 현재 우리나라는 커피와 관련된 국가자격증이 없으나 민간자격증을 취득하여 커피와 관련된 업체에서 경력을 쌓아 호텔에 취업하는 것도 좋은 방법이다.

13. 업장 캐셔Restaurant Cashier의 직무

각 식음료 업장에서 근무하지만 소속은 재경부(경리과)에 속해 있으며, 주 업무는 회계기POS에 고객의 식음료 주문에 대한 포스팅Posting / Billing을 하고, 고객에게 현금이나 신용카드 또는 룸차지Room Charge로 요금을 받아 계산하고 그날의 영업실적을 지배인에게 보고한다. 캐셔는 고객을 맞이하는 최종적 단계이므로, 신속 정확한 계산과 밝은 미소로 업장의 이미지에 긍정적인 영향을 미친다고 할 수 있다.

호텔 식음료 회계처리 과정

- 호텔의 각 식음료 업장에서 발생한 매출은 고객으로부터 주문에 의해 발생된다. 고객의 식음료 주문 시 캐셔 보관용, 고객 영수증, 주방용으로 작성된다.
- 고객의 식음료 업장 이용 후 지불은 현금(Cash), 투숙객 계정(Guest Ledger), 외상 계정(City Ledger)으로 이루어진다.
- 호텔 식음료 업장의 캐셔는 업무 종료 시 발생된 영수증을 토대로 일별매출보고서를 작성한다. 업장 캐셔는 근무 종료 후 근무시간에 받은 금액을 확인하고, 현금 및 통화명세서를 함께 안전금고에 넣고 마감한다. 이때 현금영수명세서와 현금과부족명세서를 작성하여 제네럴 캐셔(General Cashier)에게 제출하며, 제네럴 캐셔는 보고서를 작성하여 인컴 오디터(Income Auditor)에게 제출한다.
- 나이트 오디터(Night Auditor)는 식음료 각종 전표와 캐셔 일별매출보고서 등을 대조하여 일계표를 작성한 후 인컴 오디터에게 보낸다. 인컴 오디터는 나이트 오디터가 작성한 일계표와 제네럴 캐셔의 보고서를 대조하여 식음료 부문 수익보고서를 작성하며, 타 영업 부문 수익부서와 함께 일별보고서를 작성하여 회계 부문 책임자에게 제출한다.

3장

호텔 식당의 개념과 분류

1절

호텔 식당의 개념

식당은 식사를 제공하는 장소로써 사람이 여행이나 이사, 전쟁 등 여러 가지 이유나 목적으로 집을 떠나 이동하면서 쉬고 먹을 수 있는 장소의 필요성으로 인해 자연발생적으로 생겨났다.

초기의 식당은 숙박객들을 위한 먹고 쉬는 장소가 필요함에 따라 그들에게 식사와 음료를 제공하는 단순한 기능으로 시작되었으나, 현대의 식당은 이러한 숙박객들 뿐만 아니라 일반대중들에게 음식과 음료뿐만 아니라 다양한 고객의 욕구를 충족시켜 줄 수 있는 공공의 장소 · 문화 · 사교의 장소로 변모되었다.

레스토랑의 어원은 1765년 프랑스 루이15세 때 몽블랑거Mon Boulanger라는 사람이 경영하는 식당에서 양고기 뼈로 만든 수프를 판매하였는데, 이 수프의 이름이 'Restaurers'였고, 판매한 장소를 'Restorante'라고 부른 데서 유래된 것으로 알려지고 있다.

표 3-1 식당의 정의

프랑스의 대백과사전 (Larousse Duxxe Siecle)	'Restaurant'의 어원은 'de Restaurer'란 말로 시작되었다고 한다. 이 'Restaurer'란 단어의 본래 의미는 '수복한다, 재흥한다, 기력을 회복시킨다'라는 뜻으로, 이 사전에 의하면 Restaurant이란 "Etavlissement public ou l'on peut manger; restaurant a prix fixe et restaurant a la carte."라고 설명되어 있다. 즉 "사람들에게 음식물을 제공하는 공중의 시설, 정가판매점, 일품요리점"이라고 표현하고 있듯이, 식당이란 음식물과 휴식장소를 제공하고 원기를 회복시키는 장소라고 할 수 있다.
미국의 웹스터사전 (Webster)	"An establishment where refreshments or meals may be procured by the public; a public eating house"라고 표현되어 "대중들이 가벼운 음식물이나 식사를 할 수 있는 시설"로 설명되어 있다.
영국의 옥스퍼드사전 (The Oxford English Dictionary)	"An establishment where refreshment or meals may be obtained"라고 기록되어 "음식을 판매하여 심신을 회복시켜주는 기력회복의 장소"로 설명되어 있다.
중국	6세기경 『식경(食經)』이라는 요리 전문서적이 발간되어, 식당 발전에 효시가 되었다.
우리나라 국어사전	"식사를 편리하게 할 수 있도록 설비된 방, 음식물을 만들어 파는 가게"라고 표현하고 있다.

일반적으로 식당이란 "일정한 장소에 시설을 갖추어 인적 서비스와 물적 서비스를 동반하여 음식물을 제공하고 휴식을 취하게 하는 영업장"이라고 할 수 있다. 이러한 식당의 정의를 바탕으로 고객 입장에서의 식당은 피로와 원기를 회복하고 식욕을 충족시켜주는 공간이고, 기업 입장에서의 식당은 일정한 장소에 필요한 시설을 갖추고 식음료 상품에 인적 서비스를 부가 · 판매하여 영리를 취하는 영업장이라고 할 수 있다. 즉 현대적 의미로서의 식당은 '먹는다'는 단순한 의미의 장소가 아니라, 고객에게 서비스와 분위기, 음식의 맛 등이 하나로 조화된 총체적인 가치를 판매하는 장소이다. 다시 말해 "영리를 목적으로 하는 호텔의 한 부대시설로써 일정한 장소에 일정한 시설을 갖추어 놓고 음식물에 인적 서비스와 물적 서비스를 부가하여 지불능력이 있는 고객에게 음식물을 제공하고, 그 대가를 받아 영리를 추구하는 영업장"이라 할 수 있다.

우리나라는 1902년 독일인인 손탁(Sontag: 1885년 부임한 러시아공사 웨베〈Weber〉의 처형)이 서울 정동에 건립한 서구식 호텔인 손탁호텔Sontag Hotel에 프랑스식 식당이 처음으로 생겨 우리나라 최초의 서양식 식당이 되었다.

1914년 일제강점기에 서울에 일본총독부 철도국 주관으로 조선호텔(69실)이 건립되었는데, 프랑스요리가 제공되는 연회장을 구비한 선진국의 호텔경영기법을 도입한 데 의의가 크다고 할 수 있다.

1925년에는 철도호텔의 등장과 함께 서울역 구내 2층에는 서양식 식당인 '그릴'Grill이 오픈하여 영업을 시작하였다. 메뉴는 우리의 14세기 당시 요리를 그대로 조리하여 판매하였는데, 주로 조선총독부 고위관리 등 특수층의 사교장소로 이용되었으며, 조선호텔과 함께 가장 고급스러운 양식당으로 손꼽혔다.

위의 내용들을 기초로 하여 호텔 식당의 정의를 내리면 "영리를 목적으로 하는 호텔의 부대시설로써, 일정한 장소에 시설을 갖추어놓고 음식과 음료인 물적 서비스와 종사원의 인적 서비스를 제공하여 그 대가를 받아 이윤을 추구하는 영업장"이라고 할 수 있다.

2절

호텔 식당의 분류

식당의 종류를 분류하면, 크게 식당의 명칭에 의한 분류와 식당의 서비스 형식에 의한 분류, 음식 제공 품목에 의한 분류, 식사 시간에 의한 분류, 그리고 식사 내용에 의한 분류로 나눌 수 있다.

그림 3-1 호텔 식당의 분류

- 호텔 식당의 분류
  - 식당 명칭에 의한 분류
  - 식당 서비스 형식에 의한 분류
  - 음식 제공 품목에 의한 분류
  - 식사 시간에 의한 분류
  - 식사 내용에 의한 분류

1. 식당의 명칭에 의한 분류

1) 레스토랑Restaurant

일반적으로 호텔의 레스토랑은 고급 식당의 의미를 가지고 있다. 고급 시설의 테이블과 의자를 마련하고, 고객의 주문에 의해 종사원이 식음료를 제공해주는 테이블 서비스가 제공되며, 고급 음식과 다양한 메뉴, 정중한 서비스, 훌륭한 시설을 갖춘 최고급 식당이다.

2) 커피숍Coffee Shop, Cafe

호텔 내·외부의 고객들이 만남의 장소로서, 고객 출입이 많은 호텔 로비에 위치해 있으며, 주로 커피와 음료 또는 간단한 식사를 판매하는 식당이다. 보통 뷔페식당과 함께 단체 외국인 관광객들에게 간단한 아침식사Breakfast를 제공하기도 한다.

3) 카페테리아Cafeteria

음식이 진열되어 있는 카운터 테이블Counter Table에서 음식을 선택한 다음, 품목별 선택에 따른 요금을 지불하고 고객 자신이 직접 가져다먹는 셀프 서비스Self-service 방식의 식당이다. 이에 서비스를 담당하는 식음료 종사원이 없다.

4) 다이닝룸Dining Room

일반적으로 호텔에 숙박하는 고객을 위해 운영하는 식음료 업장을 말한다. 주로 정식Table d'Hôte을 제공하는 식당으로, 호텔의 운영방침에 따라 식사시간을 정해놓고 조식을 제외한 점심과 저녁식사를 제공한다. 그러나 최근에는 이 명칭보다는 업장 고유의 명칭을 붙인 전문요리 레스토랑과 그릴Grill로 형태가 바뀌고 있다. 최고급 정식뿐만 아니라 일품요리À la Carte 등 다양한 음식과 음료를 판매하여 객단가가 매우 높아 대중적인 식당이라기보다는 격조 높고 분위기 있는 식사가 가능한 식당의 형태라고 할 수 있다. 요즘은 파인 다이닝Fine Dining이라고 가공식품을 사용하지 않고 신선한 재료를 이용하여 최상의 맛과 품질을 제공하는 식당도 증가하고 있다.

5) 그릴Grill

제공하는 요리를 주방의 그릴에서 주로 요리한 데서 붙여진 이름으로, 일품요리À la Carte와 세트 메뉴Set Menu를 기획하여 주로 제공하며, 수익을 증진시키고 고객의 기호와 편의를 도모하기 위해 그날의 특별요리Daily or Weekly Special Menu를 제공하는 식당으로 아침, 점심,

저녁식사가 계속 제공된다. 일반적으로 소고기를 재료로 한 스테이크를 주요리로 제공하는 식당이며, 현재도 그릴이라는 명칭을 함께 사용하여 운영하는 호텔들도 있다.

6) 뷔페식당Buffet Restaurant

일정한 장소에서 정해진 요금을 지불하고 자기가 원하는 음식을 선택하여 양껏 먹을 수 있는 셀프 서비스Self Service 형식의 식당으로, 종사원의 테이블 서비스가 복합적으로 운영된다. 주로 아침은 단체Group 투숙객들이나 개별여행자FIT를 주 고객으로 하고 있다. 주말이나 연말의 경우, 각종 모임이나 송년회 등으로 인해 대부분 호텔들이 저녁시간에 한해 2부(17 : 30~19 : 30, 20 : 00~22 : 00)로 나누어 영업을 하여 매출액을 늘리고 있다. 그리고 일본인들은 뷔페식당을 바이킹Viking이라고 부르기도 한다.

뷔페의 어원

뷔페의 어원은 바이킹의 생활에서 유래되었는데, 스칸디나비아어 스모가스보드(Smogasbord)에서 왔다. 스모가스보드의 스모(Smor)는 버터, 가스는 육류, 술 등을 펼쳐놓고 마음껏 먹던 것에서 유래하고 있다. 바이킹들이 오랫동안 바다에서 생활하다가 육지로 오면 그들을 맞이하는 가족들이 배가 도착하는 곳에 술과 푸짐한 음식을 날라다 먹던 풍습에서 그 어원을 찾을 수 있다.

7) 런치 카운터Lunch Counter

일식당의 스시Sushi 카운터(긴 테이블)처럼 조리과정을 직접 볼 수 있는 카운터 테이블에 앉아 조리사에게 직접 주문하여 식사를 제공받는 식당이다. 고객은 식탁 대신 직접 조리과정을 지켜볼 수 있기 때문에, 기다리는 시간의 지루함을 덜 수 있고 식욕을 촉진시킬 수 있다.

8) 스낵 바Snack Bar

가벼운 식사를 제공하는 식당으로 주로 서서 음식을 먹는 식당이다. 식사 서비스 방식은 카운터 서비스나 셀프 서비스 형식을 취하고 있다. 호텔에서는 주로 피트니스센터Fitness Center 내에 있는 식당을 일컫는다.

9) 델리카티슨Delicatessen

델리카티슨은 약칭하여 '델리Deli'라고도 하는데, 'Delicatessen'은 독일어의 'Delikatssen'에서 유래되었고, 이는 '맛있는 음식'이란 뜻이다.

베이커리Bakery는 갓 구어 낸 제빵과 제과제품, 생과일주스, 와인 등과 같은 다양한 품목을 판매하는 곳을 말한다. 주로 고객의 왕래가 가장 빈번한 호텔의 로비에 위치해 있으며, 식탁과 의자를 준비해놓고 고객이 원하는 제과・제빵류(샌드위치, 케이크, 빵), 샐러드, 육가공류, 치즈, 햄, 소시지, 초콜릿, 각종 오일과 소스, 다양한 와인과 음료 등을 주로 판매하고 있다. 최근에는 매출을 확대하고자 도시락Lunch Box 등의 주문배달이나 화이트데이나 크리스마스 등 특별한 날일 경우 초콜릿이나 캔디, 선물바구니, 와인바구니 등도 판매한다. 최근에는 웰빙Well-being 추세에 따른 다양한 유기농 제품 및 기능성 품목 등을 선보이고 있으며, 테이크아웃To Go일 경우 10%의 서비스요금Service Charge을 내지 않고, 10% 세금Tax, VAT만 받는다.

표 3-2 서울 시내 5성급 호텔 베이커리

호텔 명	델리숍 명
롯데호텔 서울	Delica Hans(델리카 – 한스)
그랜드 인터컨티넨탈 서울 파르나스	Grand Kitchen Deli(그랜드 키친 델리)
그랜드 하얏트 서울	JJ Deli(제이제이 델리)
웨스틴 조선	Vecchia E Nouvo(베키나 에 누보)
그랜드 워커힐	The Deli(더 델리)
더 플라자 서울	Eric Kayser(에릭 케제르)
JW 메리어트 서울	Deli Shop(델리 숍)
메이필드 호텔	Delice(델리스)
앰배서더 서울 풀만	Deli(델리)
그랜드 힐튼 서울	Alpine Deli(알파인 델리)
쉐라톤 서울 디 큐브 시티	Deli(델리)
서울 신라호텔	Pastry Boutique(패스트리 부티크)
노보텔 앰배서더 서울 동대문	THE DELI(더 델리)

10) 룸서비스Room Service

호텔에 숙박하고 있는 고객들이 룸서비스Room Service 오더 테이커Order Taker에게 전화로 음식과 음료를 주문하면, 룸서비스 종사원은 트롤리나 트레이로 주문한 음식을 객실 내까지 배달해주는 서비스를 제공한다. 주로 객실 내에서 간단한 식음료(식사 · 음료 · 인주류 등)를 시빙하거나 식음료 업장에 내려올 수 없는 경우, 도어 놉Door Knob을 이용하여 사전에 주문한 아침식사를 제공한다. 몇 몇 호텔들은 룸서비스 전용 엘리베이터를 이용하여 신속하게 식음료를 객실로 제공하고 있다. 하지만, 일반 식음료 업장을 이용하는 것에 비해 판매가격이 높다는 단점이 있다.

룸서비스 종사원들은 객실에 투입된 식사용 기물과 룸서비스 트롤리를 수시로 확인하여 수거Pick Up한다. 객실과 복도에 있는 기물과 트롤리는 미관상 좋지 않고 음식물의 냄새가 복도에 퍼져 다른 고객들에게 불쾌감을 주기 때문에 보는 즉시 수거Pick Up해야 한다.

대부분의 5성급 호텔들은 룸서비스를 24시간 운영하고 있지만, 점차 많은 호텔들의 주문건수와 인건비 증가 및 수익률과 운영비 하락 등의 문제로 인하여 점차 시간을 축소해 나가는 호텔들도 있다.

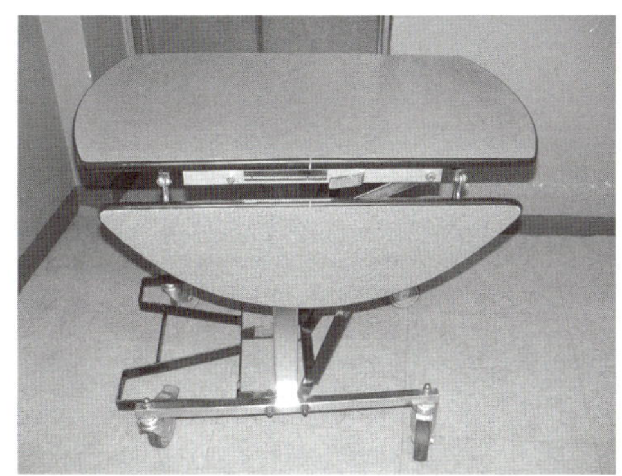

11) 기타 외식업체 식당

일반적으로 호텔에서 제공하는 형태의 식당은 아니지만 외식업체에서 영업 중인 식당의 형태는 다음과 같다.

(1) 급식Feeding식당

급식사업으로써 비영리적이며 셀프 서비스 형식의 식당이다. 회사 종사원을 위한 급식Industrial Feeding, 학교급식School Feeding, 병원급식Hospital Feeding, 항공기 승객을 위한 급식Flight Kitchen Feeding 등의 급식이 있으며, 일시에 많은 인원을 수용하여 식사를 제공할 수 있으나 일정한 메뉴에 의해 제공되기 때문에 자신의 기호에 맞는 음식을 선택해 먹을 수 없다는 단점이 있다. 5성급 호텔의 대부분은 종사원들을 위한 사내급식으로 운영되고 있다.

(2) 자동판매기Vending Machine Service 식당

자동판매기에 의해 스넥류나 캔, 우유, 아이스크림, 핫도그, 껌, 음료수, 컵라면 등을 판매하는 식당이다. 주로 인구가 많은 대도시의 좁은 공간에 설치하는 경우가 많으며, 인건비의 급증으로 인하여 자동판매기의 인기가 높아가고 있다.

(3) 자동차Auto Restaurant 식당

버스형 자동차나 트레일러Trailer에 간단한 음식을 싣고 다니면서 사람이 많이 왕래하는 장소에서 음식을 판매하는 이동식 식당이다. 주로 공원이나 야외 행사가 많은 곳에서 영업을 한다.

(4) 드라이브 스루Drive-through 식당

자동차를 타고 식당에 도착하여 차에서 내리지 않고 음식을 주문하여 음식을 서비스 받는 형태의 식당이다. 우리나라에서는 맥도날드 드라이브스루, 스타벅스 드라이브스루, KFC 드라이브스루, 버거킹 드라이브스루 등이 이에 해당 되는 식당이다.

2. 식당 서비스 형식에 의한 분류

어떤 서비스 스타일이든 모든 상황이나 음식에 맞는 경우는 극히 드물기 때문에, 식당에서 한 가지 서비스를 전적으로 제공하는 식당은 거의 없다. 가장 효율적이면서 고급스러운 서비스를 제공함으로써 고객의 욕구를 충족시켜 주는 서비스가 가장 훌륭한 서비스 형식이다.

그림 3-2 호텔 식당 서비스 형식에 의한 분류

호텔 식음료 업장은 업장의 종류와 메뉴 형태에 따라 종사원들의 서비스 방식과 절차에 다소 차이가 있다. 이에 호텔 식음료 부서에서 고객에게 제공되는 서비스 형식을 분류하면, 테이블 서비스Table Service 식당, 카운터 서비스Counter Service 식당, 셀프 서비스Self Service 식당으로 나눌 수 있다.

1) 테이블 서비스Table Service 식당

테이블 서비스란 우리가 일반적으로 알고 있는 가장 전형적인 서비스 형태로, 종사원의 정중하고 세련된 서비스를 받으면서 식사를 할 수 있도록 준비된 식당으로, 가장 전형적이며 고급스러운 스타일의 서비스 식당을 말한다. 일정한 장소에 식탁과 의자를 준비해놓고 전채요리, 메인요리, 후식 등의 순서로 식음료를 제공하며, 보다 전문적이고 효율적인 방법으로 최상의 서비스를 신속하게 제공하여 고객의 욕구를 충족시켜 객단가Average Rate를 높여주는 서비스 식당이다. 호텔 내 대부분의 식당이 테이블 서비스 식당이며, 서비스 방법에 따라 프렌치 서비스, 러시안 서비스, 아메리칸 서비스, 영국식 서비스 등으로 구분된다.

2) 셀프 서비스Self Service 식당

셀프 서비스는 말 그대로 고객이 자기가 원하는 음식을 직접 가져다가 식사를 하는 서비스 형식을 말한다. 다시 말해, 고객 스스로 자신의 기호에 맞는 음식을 원하는 양만큼 접시에 담아 식사하는 뷔페 서비스 형태로, 고객의 입장에서는 음식이 사전에 준비되어 있으므로 신속한 식사를 할 수 있다는 점과 호텔의 입장에서는 최소의 종사원으로 많은 고객에게 서비스를 제공하여 인건비가 절약된다는 장점을 가지고 있다. 또한 가격이 비교적 저렴할 뿐만 아니라 테이블 회전이 빨라서 매출액이 증진된다. 카페테리아Cafeteria나 뷔페Buffet 서비스가 바로 그것인데, 경우에 따라 카빙Carving이 필요한 요리는 조리사에 의해 서비스되며, 수프와 음료를 종사원이 제공해 주기도 한다.

표 3-3 셀프 서비스 식당의 장점

고객의 이점	경영자의 이점
• 기호에 맞는 음식 선택 • 무제한으로 섭취 • 신속한 식사 • 팁의 불필요 • 저렴한 식사가격	• 인건비 절약 • 고회전 • 무차별 서비스 • 매출액 증진 • 고객 불평이 비교적 적음

3) 카운터 서비스Counter Service 식당

고객이 조리과정을 직접 볼 수 있도록 주방을 개방Open Kitchen하여 음식을 제공하는 서비스 식당이다. 이 형태의 식당은 주방과 붙은 카운터를 테이블로 하여 고객이 직접 조리사가 음식을 조리하는 과정을 지켜보며 식사를 하기 때문에, 먹는 즐거움에 보는 즐거움을 줄 수 있다. 또한 웨이터나 웨이트리스가 따로 필요 없어 고객의 불평이 비교적 적고 위생적이며, 신속하게 음식이 제공될 수 있다. 하지만, 숙련된 조리사가 필요하므로 인건비 상승을 초래할 수 있다는 점과 미리 예약하지 않으면 이용하기 어려운 호텔들도 있다. 카운터 서비스 식당이 인기가 있는 이유는 고객이 테이블에 앉아 요리가 나오기를 기다렸지만, 요즘은 조리사에게 직접 묻고 사진을 찍으며 요리하는 과정을 볼 수 있는 매력이 있기 때문이다. 호텔의 경우 일식당의 철판요리 코너와 칵테일 바의 경우가 대표적인 카운터 서비스로 운영되는 장소라 할 수 있다.

4) 투고우To-go Restaurant 식당

간단한 조리시설 또는 쇼 케이스Show Case에 음식을 보관·진열하여 패스트푸드 등의 음식을 판매하는 식당으로 테이블과 의자가 없는 특징을 지니고 있으며, 즉석에서 음식을 포장하여 고객이 원하는 장소로 이동하여 식사할 수 있다.

식음료 종사원인 많이 필요하지 않으며, 매장의 공간도 소규모여서 운영비의 부담이 적으며, 고객의 회전률이 높아 매출에 도움이 된다.

3. 판매 상품에 의한 분류

음식 문화는 그 나라를 상징하는 문화이다. 판매 상품에 의한 분류는 음식제공 품목에 의한 분류로써, 음식은 국가와 지방마다 각각의 향토색이 짙은 독특한 특색을 지니고 있으며 조리기술과 재료에 따라 맛과 형태가 차이가 난다. 각 영업장에서 제공하는 음식의 종류나 품목에 의해 서양식 식당과 동양식 식당으로 나눌 수 있다.

1) 서양식 식당Western Style Restaurant

서양의 음식을 판매하는 호텔의 대표적인 식당이라고 할 수 있다.

(1) 프렌치 식당French Restaurant

프랑스요리는 이탈리아요리의 영향을 받아 기술이 전파되면서 프랑스인들의 뛰어난 예술적 감성과 소스의 감칠맛, 우아한 장식, 최고급 와인과 신선한 식재료 등을 바탕으로 발전되어 세계적으로 유명하며, 지중해와 대서양이 맞닿아 있어 농·축·수산물 모두 풍부할 뿐만 아니라 자연적인 식재료를 충분히 살리는 고도의 조리기술로 섬세한 맛을 제공한다. 이 요리의 특징은 신선한 야채, 해산물, 육요리, 치즈, 와인 등 다양한 식재료를 이용하여 재료의 순수한 맛과 영양을 그대로 살리는 조리법과 500여 가지가 넘는 각종 소스와 향신료, 그리고 포도주 등으로 격조 높은 요리를 제공한다. 달팽이Escargot, 철갑상어알Caviar, 푸아그라Foie Gras, 송로버섯Truffle 요리 등이 유명하다.

메뉴 구성을 살펴보면, 저녁식사의 경우 8~10코스 정도이고, 시간은 3~4시간 정도로 소요되는 테이블 문화가 발달한 요리이다. 그러나 최근 프렌치 식당의 높은 식재로 원가와 인건비 상승으로 인해, 많은 호텔들은 좀 더 많은 고객들이 부담 없이 프렌치 식당을 이용할 수 있도록 다이닝이나 그릴 레스토랑 등 서양 퓨전 레스토랑으로 운영하는 호텔들이 늘어나고 있다. 우리나라의 대표적인 프렌치 식당은 서울 소공동 롯데호텔의 피에르 가니에르Pierre Gagnaire가 최고의 프렌치 식당이다. 이 식당의 드레스 코드는 스마트 캐주얼 또는 비즈니스 캐주얼로 찢어진 청바지, 트레이닝복은 입장이 제한된다.

(2) 이탈리안 식당Italian Restaurant

이탈리아는 음식에 대한 자부심이 매우 강하며, 고대 남미로부터 전해진 토마토는 버터 중심의 소스에서 토마토 중심의 소스로 변하는 중요한 계기가 되었으며, 지중해성 기후와 비옥한 토양에서 자란 밀, 옥수수, 과일, 채소, 허브와 향신료와 생선류, 치즈, 육가공품을 사용한다.

이탈리아요리는 프랑스요리와 유사하지만, 14세기 초 탐험가 마르코폴로Macro Polo가 중국 원나라에서 배워 온 면류가 고유한 스파게티Spaghetti와 마카로니Macaroni로 정착하였으며, 프랑스요리의 원조가 되었다. 이탈리아요리는 기후와 지정학적으로 반도국가라는 특성, 고추와 마늘을 많이 사용하는 조리법 등 우리와 유사한 점을 가지고 있으며, 신선한 육류와 해산물 등의 식재료를 사용한다. 파스타Pasta는 이탈리아에서는 면류를 총칭하는데, 남부지방은 올리브유를 많이 사용하고 토마토를 이용한 요리가 많은 반면, 북부지방은 버터를 많이 사용하는 특징을 가지고 있다. 이탈리아의 정찬은 보통 3~6코스로 이루어진다.

서울 시내 5성급 호텔의 이탈리안 식당은 프렌치 식당을 대신하여 식음료 업장의 역할을 담당하고 있다.

(3) 스페인 식당Spanish Restaurant

스페인은 주위가 바다로 둘러싸여 해산물이 풍부하므로 생선요리가 유명하며, 특히 왕새우요리가 세계적으로 유명하다. 또한 스페인요리는 신선한 올리브오일과 토마토, 양파, 파슬리, 마늘, 후추, 파프리카, 포도주, 샤프란 등 약간 매콤하면서도 개운한 맛을 내는 향신료를 많이 사용한다. 특히 닭고기, 어패류, 올리브유, 샤프란, 토마토를 넣고 지은 밥인 '파에야'가 유명하다. 파에야는 파에라Paellera라는 깊이 4~7cm 정도의 둥근 프라이팬을 사용하기 때문에 붙여진 이름으로, '봄바'라고 하는 스페인 쌀을 사용하는데, 우리나라 쌀보다 낱알이 작고 끈기가 덜한 쌀이다.

파에야 다음으로 알려진 스페인 음식은 '타파스'인데, 타파Tapa는 스페인어로 '덮개'라는 뜻으로, 음식에 덮개를 덮어 곤충이나 먼지 등으로부터 보호한다는 의미에서 유래한 명칭이다. 타파스는 '아주 적은 양의 음식'을 뜻하기도 하는데, 저녁을 먹기 전에 맥주 한 잔 하면서 먹는 안주 겸 전채요리를 통칭한다. 저녁을 오후 9시 이후에 먹는 스페인 사람들에게 타파스는 허기를 살짝 달래주는 동시에 사교를 돕는 음식으로, 오징어와 문어, 생선, 닭고기 등 튀김 종류와 햄, 과일 등 다양하다.

(4) 미국식 식당American Restaurant

미국인들은 비프스테이크Beef Steak, 햄버거Hamburger, 바비큐 등을 즐겨먹는데, 이러한 것들이 미국의 대표적인 요리라 할 수 있다. 이들은 대개 재료를 빵과 곡물, 고기와 달걀, 낙농제품, 과일 및 야채 등으로 이용하는데, 간소한 메뉴와 경제적인 재료 및 영양 본위의 실질적인 식생활을 하는 것이 특징이다.

미국식 서비스American Service는 위의 두 서비스와는 달리 형식보다는 편의를 위주로 하는 서비스방식이다. 이 서비스는 주방에서 접시에 보기 좋게 담겨진 음식을 직접 손으로 들고 나와 고객에게 서브하는 플레이트 서비스Plate Service와 고객의 수가 많을 때 트레이Tray를 사용하여 보조테이블까지 접시를 운반한 후 고객에게 서브하는 트레이 서비스Tray Service로 나눌 수 있다. 이 서비스는 식당에서 일반적으로 이루어지는 서비스 형식으로 중·저가의 메뉴와 고객 회전이 빠른 식당에 적합한 방식이다.

미국식 서비스의 특징으로는 주방에서 음식이 접시에 담겨져 제공되기 때문에 신속한 서비스를 할 수 있으며, 적은 인원으로 많은 고객에게 서브할 수 있다. 하지만, 음식의 적정온도를 유지하기 어려워 음식이 비교적 빨리 식을 수 있으며, 고객의 미각을 돋우지 못한다는 단점이 있다.

2) 동양식 식당Oriental Style Restaurant

동양지역 국가의 음식을 만들어 판매하는 식당을 말한다.

(1) 한식당Korean Restaurant

한국요리는 유구한 역사와 함께 이루어진 문화유산 중의 하나로, 지리적 여건과 기후에 따라 각 지방에서 생산되는 다양한 종류의 식재료를 중심으로 향토성 짙은 음식들이 만들어지고 있어, 한식당은 다양하고 화려한 멋과 맛에서 한국의 또 다른 매력을 발견할 수 있는 식당이다.

한국음식은 농경문화의 특성과 문화가 잘 반영되어, 서양요리와는 달리 한두 가지씩 차례대로 먹는 '시간전개형 식사법'이 아닌 모든 요리를 한 상에 차려놓고 먹는 '공간전개형 식사법'으로, 모든 식사에 탕을 곁들이는 식문화가 발달되었다. 밥, 죽, 면 등과 같은 주식류와 국, 찌개, 구이, 찜, 조림, 산적, 나물, 전, 김치 등과 같은 부식류로 구성되어 있어 주식과 부식의 구별이 뚜렷하고, 음식의 재료를 잘게 썰거나 다지는 방법이 음식조리에 두루 쓰이고 있으며, 음식의 간을 중시하는 것이 특징이다. 옛 왕궁의 궁중요리를 비롯하여 불고기, 신선로, 전골요리, 갈비구이 등이 외국인들의 입맛을 사로잡고 있다.

호텔의 한식당은 호텔 내에서 한국전통의 식음료를 판매하는 업장으로 비빔밥, 불고기, 김치, 신선로, 한우요리까지 다양한 우리의 식재료를 이용한 음식을 판매하는 곳이다. 외국인들에게는 우리나라 고유의 전통음식을 제공하는 식당이지만, 한식을 즐길 수 있는 5성급 호텔은 그리 많지 않다. 이러한 측면에서 볼 때 우리의 고유한 한식 문화를 보존·계승·발전시킬 수 있도록 노력해야 한다.

국내 호텔의 한식당에서는 궁중상차림과 다양한 정식, 일품요리 등을 판매하고 있다. 특

급호텔 한식당의 경우, 반찬의 수가 많아 조리시간이 많이 소요되며, 일식이나 중식에 비해 상대적으로 식재료비와 인건비 부문에서 많은 비용이 드는 것에 비해 수익성이 떨어지는 것이 사실이다. 이로 인한 일반 한정식 식당과의 경쟁력 저하로 인해 고객으로부터 외면당하고 있는 실정이다.

이에 호텔의 한식당에서는 주로 궁중요리를 바탕으로 한 한정식을 종래의 '상' 개념에서 벗어나 '코스' 개념으로 개발하고, 자극적인 향과 맛을 외국인의 입맛에 맞도록 체계적인 표준식단 개발과 다양한 메뉴를 지속적으로 개발하고 연구할 필요가 있다.

판매 유형을 살펴보면, 한식 뷔페부터 애피타이저-메인-디저트로 이어지는 한식 코스요리와 외국인의 입맛에 맞게 만들어진 퓨전 형식의 음식 등을 제공하고 있다. 이로 인해 한정식의 고급화와 대중화를 선도할 수 있을 것이다.

2006년 드라마 '대장금'의 열풍으로 세계 각국에서 한식에 대한 관심이 고조됐을 때에도 국내 5성급 호텔들은 한식당 운영에 소극적인 모습을 보였다. 이에 정부는 2008년 '한식세계화 기본계획'을 수립하고 막대한 예산을 투입하는 등 한식에 대한 정책을 펼쳤으나, 별다른 성과를 거두지 못했다. 2009년 4월 호텔등급 평가기준에서 한식당을 운영하는 호텔에 가산점을 부여, 다음 해인 2010년 한식당을 신설하는 호텔에 1억 원의 지원금을 지급하고, 호텔 한식당 주방장을 대상으로 요리경연대회를 주관하여 기존 한식당 홍보를 적극적으로 지원하는 등의 정책을 잇달아 내놓았지만, 이 역시 실효를 거두지는 못하였다.

현재 서울시내 소재 5성급 호텔에서 한식당을 운영하는 호텔은 4개 정도로 미미하여, 호텔 내 일반 레스토랑에서 일부 한식을 판매하고 있는 실정이다.

표 3-4 서울 시내 5성급 호텔 한식당 현황

호텔 명	한식당 명	비고	*사라진 한식당
롯데호텔서울	무궁화		• 그랜드 인터컨티넨탈 서울: 한가위(2004년) • 신라호텔: 서라벌(2004년) → 라연(2014년 재개관) • 웨스틴 조선호텔: 셔블(2004년) • 더 플라자호텔: 아사달(2005년)
그랜드 워커힐호텔	명월관	숯불구이	
	온달	한정식	
메이필드	낙원	갈비	
	봉래헌	한정식	
파크하얏트	더 라운지		
신라호텔	라연	2013.8.1. 재개관	

(2) 중식당Chinese Restaurant

중국요리는 중국대륙에서 발달한 요리의 총칭으로, 일명 '청요리(淸料理)' 또는 '불의 요리'라고도 한다. 중국은 세계에서 가장 넓은 영토와 풍부한 식재료를 통해 맛의 다양성, 풍부한 영양, 손쉽고 합리적인 조리법 등으로 전 세계적으로 유명하다. 중국요리는 주식과 부식의 구별이 없으며, 요리를 만드는데 미(美), 미(味), 색(色)을 중시하며, 지역에 따라 북방음식을 대표하는 튀김과 볶음요리가 발달된 북경요리, 상해와 같이 풍부한 해산물과 곡물을 이용하고 설탕과 간장을 많이 사용하는 난징(남경)요리, 구미의 영향을 받아 서양요리의 재료와 소고기 토마토케첩을 이용한 요리가 많은 남부의 광동요리, 양쯔강 상류의 산악지방과 사천을 중심으로 고추와 마늘을 많이 사용하며, 저장식품이 발달한 사천요리로 구분하여 독특한 음식을 만들어내고 있다.

중식당의 일반적인 특징을 살펴보면, 식재료가 매우 광범위하고 조리기구가 단순하며 사용법도 간단하다. 또한 미각 측면을 강조하여 오미(五味)의 배합이 매우 발달하였으며, 기름을 많이 사용하고, 음식의 외양이 화려하고 풍성하다. 현재 5성급 호텔에서 중식당이 전략적으로 운영되고 있으며, 세계적으로도 많은 호텔에서 중식당을 운영하고 있다.

(3) 일식당Japanese Restaurant

일본요리는 계절의 변화가 뚜렷하고 고온다습하여 담백하고, 재료나 조리법에 있어서 계절감을 특히 강조한다. 사면의 바다에서 생산되는 해산물을 이용한 요리가 특히 발달했고, '눈으로 먹는 요리'라고 할 정도로 시각적인 아름다움을 중요시하며, 자연으로부터 얻은 식품을 고유의 맛과 멋을 최대한 살릴 수 있는 조리법과, 요리를 담을 때 기물과 공간, 색상의 조화를 중시한다.

일본요리는 지리적 특성에 따라 '관서요리'와 '관동요리'로 나누어져 있으며, 오사카 지방의 관서요리는 식재료의 색, 형태, 그리고 연한 맛과 국물이 많은 특징을 가지고 있으며, 동경지방의 관동요리는 맛이 진하고 국물이 적은 특징을 가지고 있으며 회, 초밥, 졸임, 구이, 찜, 튀김요리가 유명하다. 현재 5성급 호텔에서는 중식당과 함께 많이 운영되고 있으며, 세계적으로도 많은 호텔에서 일식당을 운영하고 있다.

(4) 태국식 식당Thailand Restaurant

태국음식은 조미료 · 향신료로 독특한 맛을 내며, 밥과 세 가지 이상의 반찬으로 구성되어 있다. 카레 · 장류에 찍어먹는 음식이 주요리이고, 국과 샐러드 종류가 곁들여진다.

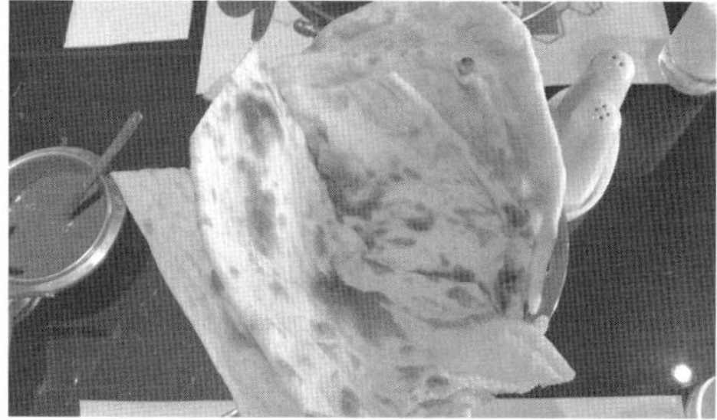

똠양꿍Tom Yam Kung
Spicy prawn soups with shrimp.
세계 3대 수프 중 하나로, 태국의 대표적인 매운 새우탕이다.

4. 경영(운영) 형태에 의한 분류

호텔 식음료 부서의 경영형태는 서비스 품질과 수익성 극대화를 목표로 체계적이고 세분화된 조직구조로 운영되고 있다.

1) 독립경영 식당Independent Restaurant

소유 직영방식이라고도 하며, 1인 또는 소수인원이 독립하여 운영하는 식당으로 투자와 경영기술이 독자적으로 운영되며, 시중의 일반식당들이 대부분 이에 속한다.

2) 체인경영 식당Chain Restaurant

식당사업의 전문화와 대형화 추세로 인해 각 지역에 체인지점을 두고 경영상의 방향을 모색하고 있다. 일반체인Regular Chain의 경우 브랜드, 경영기술, 노하우 등을 계약에 의하여 일정한 범위 내에서 전수 및 사용하며, 그 대가로 로열티 등을 지불하거나 이익을 분배하는 경영방식이 있다.

또 하나 프랜차이즈의 경우 상품의 유통서비스 등에서 특허권을 가진 모기업Franchiser이 체인에 참여하는 가맹점Franchisee을 조직하는데, 가맹점에 대해 일정지역 내에서의 독점적 영업권을 부여하는 대신 가맹점으로부터 특약료Royalty를 받고 상품 구성이나 점포 · 광고 등에 관해 직영점과 동일하게 관리하며 경영지도, 판매촉진 등을 담당한다.

3) 전문식당

피자, 스파게티, 커피, 라면, 햄버거, 돈가스, 삼계탕, 비빔밥 등을 판매하는 식당을 말한다.

3절

호텔 식사의 종류

호텔 식사의 종류는 크게 식사시간에 의한 분류와 식사내용에 의한 분류로 구분할 수 있다.

1. 식사시간에 의한 분류

식사시간이라고 하면 일반적으로 아침, 점심, 저녁이라고 할 수 있다. 하지만, 서양에서는 아침과 점심 사이의 브런치Branch, 점심과 저녁 사이의 애프터눈 티Afternoon Tea, 아주 늦은 저녁식사인 만찬Supper 등이 있다.

1) 조식Breakfast

조식은 하루 일과 중 가장 먼저 시작하는 일로, 아침식사 기분이 온종일 갈 수 있으므로 매우 중요하다. 그러므로 조식 서비스에서는 신속 · 정확 · 친절의 3요소가 필수적이다. 일반적으로 아침식사라고 하면, 아침 6시경 내 · 외부터 10~11시경까지 식당에서 음식을 판매한다. 양식의 경우는 다음과 같은 종류가 있다.

(1) 콘티넨탈 브렉퍼스트Continental Breakfast

섬나라 영국식 조식English Breakfast과 구별하기 위해 대륙식 조식이라고도 부르며, 달걀요리와 곡류Cereal가 포함되지 않고 빵과 커피, 우유 정도로 간단히 하는 식사이다. 유럽에서 성행되고 있는 식사로, 호텔 내에서는 객실요금에 아침식사 요금이 포함되어 있다. 이는 호텔경영 방식에 콘티넨탈 플랜에 의한 객실요금에 아침식사 요금이 포함되어 있는 경우가 많고, 바쁜 고객들이 객실에서 룸서비스Room Service를 이용하여 식사를 제공받는다.

(2) 아메리칸 브렉퍼스트American Breakfast

달걀요리를 중심으로 주스Juice, 토스트Toast, 커피Coffee를 중심으로 핫케이크Hot Cake, 2 Eggs with 햄Ham, 베이컨Bacon 또는 소시지Sausage, 프라이드 포테이토Fried Potato, 시리얼Cereal, 우유Milk 등을 선택할 수 있는 식사이다Continental Breakfast+달걀요리, 시리얼.

(3) 잉글리쉬 브렉퍼스트English Breakfast

영국식 아침식사는 아메리칸 브렉퍼스트American Breakfast에 생선구이가 추가된다American Breakfast+생선구이.

(4) 비엔나 브렉퍼스트Vienna Breakfast

달걀요리와 롤Roll, 그리고 커피나 우유 정도가 제공되는 메뉴로 아메리칸 브렉퍼스트에 주스가 제공되지 않는다American Breakfast−주스.

(5) 한국식 조식Korean Breakfast

밥과 국, 그리고 4~5가지 정도의 기본 반찬이 제공되는 한국식 아침식사이다.

(6) 일본식 조식Japanese Breakfast

죽 또는 흰밥과 장국, 그리고 3~4가지 정도의 기본 찬, 생선구이와 마른 김이 제공되는 일본식 아침식사이다.

(7) 조식 뷔페Breakfast Buffet

조식 뷔페는 주스류나 우유, 시리얼류, 샐러드, 과일, 빵·케이크류, 달걀요리, 소시지, 베이컨, 햄, 포테이토 등으로 구성되어 있으며, 고객들이 직접 가져다 먹는 형식을 취한다. 일반 점심이나 저녁 뷔페와는 달리 간단하며 가격이 저렴한 것이 특징이다.

Breakfast Set • 조식세트

1. **SEASONAL JUICE or MILK 계절 주스 또는 우유**
   Pineapple, Orange, Grapefruit, Cranberry, Tomato, Carrot Juice or Milk
   파인애플, 오렌지, 자몽, 크랜베리, 토마토, 당근 주스 또는 우유

2. **CONTINENTAL BREAKFAST 유럽식 조찬**
   Bakery Basket: Assorted Muffin, Croissant, Danish and Mini Bagel with Jams
   Served with 1 Pot Coffee and Small Juice
   작은 사이즈의 주스 1잔과 커피, 잼을 곁들인 미니 머핀, 크로와상, 데니쉬, 미니 베이글

3. **AMERICAN BREAKFAST 미국식 조찬**
   2 Fried Eggs with Bacon and Chicken Sausage Served with Tomato and Hash Brown Potato
   (Includes Continental Breakfast Items) 2번의 컨티넨탈 메뉴와 베이컨과 닭고기 소시지를 곁들인 2개의 계란 프라이

4. **KOREAN BREAKFAST 한식 조찬**
   Tofu and Clams Bean Paste Soup, Broiled Fish, Seasonal Side Dishes and Assorted Kimchi
   Served with Steamed Korean Rice and Fruit Garnish 된장찌개 반상 (쌀, 김치 : 국내산)

5. **LIGHT BREAKFAST 간단한 조찬**
   Korean Rice Porridge : Abalone, Chicken or Plain Rice Served with Kimchi
   전복 죽, 닭고기 죽 또는 흰 죽 (닭고기, 쌀, 김치: 국내산)

2) 브런치Brunch

브런치는 블랙퍼스트Breakfast의 'Br'과 런치Lunch의 'unch'의 합성어로, 아침과 점심식사의 중간쯤에 먹는 식사로 보통 10 : 00~12 : 00시경에 제공되는 식사이다. 휴양지에 위치한 리조트 호텔에서의 여유 있는 식사, 그리고 도심지 호텔의 경우 공휴일과 휴일날 비즈니스맨들과 숙박객들이 늦잠을 자고 느긋하게 일어나 여유롭게 먹는 아침 겸 점심을 뜻하는데, 브런치가 국내에 본격적으로 들어온 건 2000년대 중반 큰 인기를 모았던 미국 드라마를 통해서이다. 이는 밤늦게 도착한 고객이나 바쁜 현대인에게 적용되는 식사 형태로써, 주로 일요일이나 공휴일 아침과 점심 사이에 제공되는데, 이 명칭은 최근 미국의 식당에서 많이 사용되고 있다.

한동안 국내에서 유행한 브런치 메뉴는 '에그 베네딕트Eggs Benedict'였는데, 잉글리시 머핀을 반으로 갈라 구운 후 그 안에 수란(껍질을 깐 채로 물에 넣어 익힌 달걀), 햄 등을 넣어 만든

요리이다. 최근에는 호텔마다 색다른 메뉴를 선보이고 있지만, 주로 한두 가지의 달걀요리와 빵, 핫케이크나 오믈렛, 고구마와 치즈를 넣은 샌드위치, 계절 그린샐러드 종류, 즉석에서 구운 와플과 팬케이크, 베이컨이 포함된 세트 메뉴 등 특별하게 브런치 메뉴가 무엇이라고 말하기 어려울 정도로 다양해졌다.

일부 호텔에서는 공휴일이나 일요일 오전 11시 30분부터 오후 2시 30분까지 선데이 브런치 메뉴를 판매하기도 한다.

3) 점심Lunch : Luncheon

점심을 의미하는 런치Lunch는 보통 가볍게 먹는 식사를 의미하고, 런천Lencheon은 코스메뉴와 같이 격식을 갖춘 점심식사를 의미한다. 저녁보다 가볍고 저렴한 가격으로 제공되는데, 보통 수프, 앙트레, 후식, 음료 등 3~4가지의 메뉴로 구성되며, 12 : 00~15 : 00시경에 하는 식사이다.

4) 애프터눈 티Afternoon Tea

보통 오후 3시경부터 5시까지 운영되는데, 영국의 전통적인 식사습관으로 밀크 티Milk Tea와 얇은 토스트Melba Toast / Cinamon Toast를 점심과 저녁 사이에 간식으로 먹는 것을 말한다. 유력한 유래는 18세기 영국의 귀족부인들이 아침 늦게 일어나 브런치를 먹고 저녁식사 시간까지 기다리기 지루하여 차와 토스트를 먹었다. 일반적으로 홍차를 마실 때 홍차의 양보다 우유를 많이 넣는다고 한다. 현재는 영국뿐만 아니라 세계 각국에서 애프터눈 티 타임이 보편화 되고 있어 우리나라의 호텔의 경우 커피숍이나 로비 라운지에서 애프터눈 티 타임을 적극적으로 홍보하고 판매하고 있다.

영국의 티타임 Tea Time

영국의 티타임은 7대 베드포드 공작부인(7th Duchess of Bedford)인 애나 마리아 스턴홉(Anna Maria Stanhope: 1788~1861)이 즐기던 애프터눈 티(Afternoon Tea)에서 시작됐다. 영국은 여름이 되면 낮이 길어져 밤 10시에도 해가지지 않아, 저녁식사를 8시 이후에 하는 것이 자연스러웠다. 어느 날 오후 5시, 그녀는 '축 가라앉은 기분'이 든다며 하녀에게 차와 다과를 준비시켰고, 그 차와 다과가 기분전환에 도움이 된다는 것을 깨달았다. 이후 친구들을 초청해 함께 즐기기 시작했는데, 이 모임은 곧 런던 전역에 유행처럼 번졌고, 이것이 '티타임'의 출발점이 되었다.

5) 저녁Dinner

저녁은 충분한 시간적 여유를 가지고 즐길 수 있는 풍성한 식사이다. 보통 저녁식사 메뉴는 6~7코스 정도의 정식Full Course으로 메뉴로 구성되고, 음료 및 와인과 같은 주류도 함께 마시므로 업장 전체 매출에 공헌하는 비율이 높다.

6) 만찬Supper

서퍼라고도 하며, 원래 격식 높은 정식만찬이었으나, 이것이 변화되어 최근에는 늦은 저녁에 먹는 간단한 밤참의 의미로 사용되고 있다. 다른 의미로는 늦은 행사에 곁들여 먹는 가벼운 식사를 의미하며, 주로 크림수프, 달걀, 스테이크와 야채, 팬케이크, 커피나 차 등 2~3가지 정도의 간단한 식사가 제공된다.

2. 식사 내용에 의한 분류

제공되는 식사에 따라 정식차림표Table d'Hôte가 제공되는 정식식당Table d'Hôte Restaurant과 일품요리À la Carte를 판매하는 일품요리식당À la Carte Restaurant, 그리고 뷔페식당Buffet Restaurant으로 분류할 수 있다.

1) 정식요리Table d'Hôte : Full Course

정식요리는 정찬요리라고 하며, 정해진 메뉴Set Menu에 의해 제공되는 것으로, 미리 정해진 순서에 따라 제공되는 메뉴로 전채, 수프, 생선요리, 육요리, 샐러드, 후식 등 풀코스Full Course 순서로 되어 있다. 보통 4~6코스로 구성되어 있으며, 정식 메뉴 판매에는 일품요리 판매보다 다음과 같은 유리한 점이 있다.

- 가격이 저렴하다.
- 고객의 메뉴선택이 용이하다.
- 원가Cost가 낮아진다.
- 매출액이 높다.
- 가격이 고정되어 회계가 쉽다.
- 신속하고 능률적인 서브Serve를 할 수 있다.
- 조리과정이 일정하여 인력이 절감된다.

2) 일품요리À la Carte

메뉴의 구성은 정식 메뉴의 순서와 동일하지만, 고객의 기호에 따른 주문에 의해 제공되는 요리로써 고객이 선택한 음식을 만들어 제공하는 요리이다. 고객의 주문에 의해 조리사의 독특한 기술로 만들어진 요리가 품목별로 가격이 정해져 제공된다. 고객의 취향에 따라 메뉴에서 코스별로 한 가지씩 선택 주문할 수 있는 메뉴를 제공하는 것으로, 일품요리는 그릴Grill이나 전문식당에서 제공되나, 요즘에는 정식식당을 비롯한 일반식당에서도 정식과 함께 제공되고 있는 세미 타블 도테Semi Table d'Hôte도 있다.

일품요리는 각기 코스마다 주문한 대로 가격이 따로 정해져 있고, 식사가 다 제공된 후에 그 가격을 종합하여 지불하기 때문에 비교적 가격이 고가라는 단점이 있지만, 고객의 기호에는 충족될 수 있다. 호텔 입장에서는 판매수완에 따라 매출을 극대화시킬 수 있는 장점이 있다.

3) 뷔페Buffet 메뉴

뷔페의 어원은 바이킹의 생활에서 유래되었는데, 스칸디나비아어의 스모가스보드Smogas-bord에서 왔다. 스모Smor는 버터Butter를 의미하고, 가스Gas는 육류, 술 등을 펼쳐놓고 마음껏 먹던 것에서 유래하였다. 바이킹들이 오랫동안 바다에서 생활하다가 육지로 돌아오면 그들을 맞이하는 가족들이 배가 도착하는 곳에 술과 푸짐한 음식을 날라다먹였던 풍습에서 그 어원을 찾아볼 수 있다.

뷔페식당은 찬요리와 더운요리 등으로 분류하여 진열해놓은 음식을 손님이 일정한 장소에서 일정한 요금을 지불하고 직접 자기의 기호에 맞는 음식을 가져다가 양껏 먹는 식당이다.

(1) 오픈 뷔페Open Buffet

불특정 다수를 대상으로 일정한 요금을 지불하면, 마음껏 골라먹을 수 있는 방식의 뷔페식당을 말한다. 음식은 영업시간까지 무제한으로 제공된다.

(2) 클로스 뷔페Close Buffet

사전에 이용객 수와 가격이 정해지며, 각종 모임이나 연회행사 시 이용하는 뷔페식당을 말한다. 이는 음식이 모자랄 경우 추가제공을 하지 않는다.

표 3-5 서울 시내 5성급 호텔 뷔페식당

호텔 명	식당 명
롯데호텔 서울	La Seine(라세느)
그랜드 인터컨티넨탈 서울 파르나스	Grand Kitchen(그랜드 키친)
그랜드 하얏트 서울	The Terrace(더 테라스)
웨스틴 조선	Aria(아리아)
그랜드 힐튼	Buffet Restaurant(뷔페 레스토랑)
그랜드 워커힐	Four Season(포시즌)
더 플라자 서울	THE SEVEN SQUARE(더 세븐 스퀘어)
그랜드 앰배서더 서울 풀만	THE KING'S(더 킹스)
JW 메리어트 서울	The Cafe(더 카페)
메이필드 호텔	Micherin(미슐랭)
신라호텔	The Parkview(더 파크뷰)

달걀요리의 종류

Fried Egg

- Sunny Side Up: 달걀의 한쪽 면만을 익힌 달걀요리이다.
- Turned Over
  - Over Easy(Light): 달걀의 양면을 굽되, 흰자만 약간 익힌 달걀요리
  - Over Medium: 흰자는 완전히 익히고, 노른자는 약간 익힌 달걀요리
  - Over Hard(Welldone): 흰자와 노른자를 모두 익힌 달걀요리

Scrambled Egg

달걀 두 개에 한 스푼 정도의 우유 또는 생크림을 넣고 잘 휘저은 다음, 프라이팬에 기름을 넣고 가열한 후 빨리 휘젓는다. 안초비, 치즈, 감자, 버섯, 새우 등을 넣어 만들기도 한다.

Boiled Egg

물이 끓는 온도보다 조금 낮은 93°C에서 달걀을 깨지 않고 삶은 달걀요리이다. 달걀을 세우기 위한 Egg Stand와 Tea Spoon이 필요하다.

- Soft Boiled Egg(미숙): 3~4분
- Medium Boiled Egg(반숙): 5~6분
- Hard Boiled Egg(완숙): 10~12분

Poached Egg

소량의 소금과 식초를 넣어 약하게 끓는 물(93°C)에 껍질을 제거하고 삶은 달걀요리이다.

Omelet

보기 좋은 크기와 형태를 만들기 위해 첨가물 없이 달걀만 말아서 만든 Plain Omelet과 햄, 치즈, 베이컨, 버섯, 양파 등을 속에 넣어서 만들기도 한다.

4장

호텔 식음료 종사원 서비스 실무

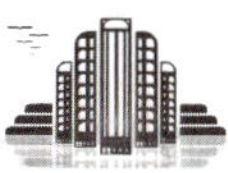

1절 호텔 식음료 종사원의 기본요건

호텔업은 환대산업Hospitality Industry 중에서도 최고의 서비스와 최상의 서비스를 제공하는 기업이다.

호텔 식음료 종사원들은 자신의 직업관과 서비스 마인드Service Mind를 갖추는 것이 매우 중요하다. "호텔 식음료 종사원으로서 어떠한 자격을 갖추어야 될 것인가?"라는 질문에, 대부분의 사람들은 고객과 종사원들과 같은 사람들과의 대인관계에 관해서 이야기한다. 물론 대인관계도 매우 중요하지만, 식음료 업장에서 종사원들 합리적이고 효율적인 방법으로 업무를 수행하는 능력도 절대적으로 필요하다.

"항상 웃고, 항상 예의 바르고, 즐겁게 일하는 종사원만이 치열한 경쟁에서 살아남을 수 있다." 이는 호텔에서 자신의 직업관 확립과 올바른 정신자세를 가지고 업무를 성실히 수행해야 한다는 말이다.

첫인상은 처음 대면한 후 5초 전・후로 80%가 결정되는데, 첫인상이 좋으면 고객이 호감을 가지고 인간관계가 지속되는 반면, 첫인상이 좋지 못하면 거부감을 나타내는 등 인간관계에 어려움이 따르기 때문에 중요하다고 할 수 있다.

5성급 호텔 하나가 서비스의 질을 확보하면서 운영되기 위해서는 종사원의 수는 객실수당 0.8~1.2명 정도라고 전문가들은 말한다.

1. 호텔 식음료 종사원의 기본요건

호텔 식음료 종사원의 자격요건은 호텔에 대한 흥미와 호텔 식음료 업무에 애착심을 가지고 헌신하는 사람이어야 한다. 따라서 호텔 식음료 종사원의 자격은 자기의 업무에 애착심을 가지고 업무를 숙지해야 하며 서비스를 실천해야 한다.

호텔 식음료 종사원이 갖추어야 할 정신적 기본요건은 투철한 직업관과 올바른 정신자세이며, 이러한 업무를 수행하기 위해서는 전문지식 습득을 위해 부단히 노력해야 한다. 호텔 식음료 종사원은 고객과 대면할 때에는 언제나 상냥하고 쾌활함을 잊어서는 안 되며, 또한 정중하고 예의바른 자세로 근무에 임해야 한다.

호텔 식음료 부서의 어느 조직이나 지위에 있어서도 필수적으로 적용되며, 훌륭하고 성공적인 직무를 수행하기 위해서 기본적인 요건들이 필요하게 되는데, 이러한 요건들은 다음과 같다.

1) 서비스 마인드Service Mind

서비스, 즉 봉사성으로 호텔기업에서의 서비스 마인드는 호텔 식음료 상품을 완벽하게 창출하기 위한 필수불가결한 행위이고 종사원의 마음이라는 것이다. 모든 호텔 종사원들은 친절을 바탕으로 본인보다는 고객에게 최선을 다하는 고객 서비스 정신에 기본을 두고, 마음에서 우러나오는 진실 된 서비스는 식음료 종사원의 성공을 약속해주는 것이다.

2) 위생Sanitation과 청결성Cleanliness

식음료 업장의 청결은 가장 기본적인 요소이다. 모든 식음료는 위생적인 환경에서 조리되어 고객에게 제공되어야 한다. 이는 위생적인 집기와 기물이 사용되어야 하고 호텔 식음료 종사원의 위생의식이 습관화되어야 한다.

청결함은 일상생활에서 몸에 배도록 해야 하며, 고객의 건강과 직결되는 것으로 식음료 업장의 생명이라고 할 수 있다. 특히 신체 각 부위, 복장뿐만 아니라 업장의 환경이나 기물

그림 4-1 호텔 식음료 청결성

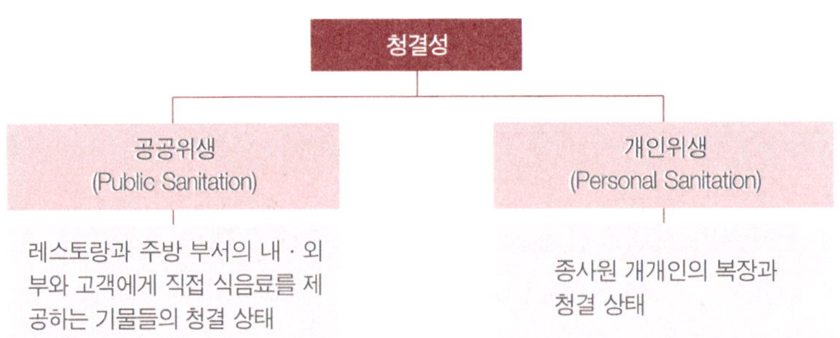

들의 청결에도 주의를 기울여야 한다. 청결성은 크게 공공위생과 개인위생으로 구분할 수 있다.

3) 능률성Efficiency

능률성은 효율성이라고도 하는데, 호텔기업은 최소의 비용으로 최대의 효과 및 생산성을 올려야 한다. 호텔 식음료 부서의 종사원들은 고객이 원하고 필요로 하는 것을 빨리 파악하여 뜨거운 요리는 뜨겁게, 차가운 요리는 차게, 시간이 급한 고객은 빠르게 식사할 수 있도록 하는 등 주어진 근무시간에 자신의 업무를 정확히 파악하고 최대한의 능률성을 발휘해야 한다. 식음료 업무 수행에 있어 수동적이 아닌 능동적이고 적극적인 자세가 필요하다. 따라서 호텔 식음료 종사원들은 자기의 업무를 수행하는 모든 과정에서 능률적으로 움직여야 한다.

"유능한 종사원은 항상 빈 트레이로 다니지 않는다"라는 말이 있는데, 이는 자신의 직무를 수행하는 과정에서 하나의 작은 동작에 이르기까지 능률적으로 행동한다는 말이다. 이는 항상 무언가를 준비하고, 성실하고 책임감 있는 태도로 근무할 때 사용하는 말이다.

4) 경제성Economics

경제성이란 최소의 경비지출로 최대의 영업이익을 얻고자 함을 말한다. 식음료 업장 운영에 소요되는 고정경비와 변동경비의 지출을 최대한 절감하여 매출 증대에 이바지하도록 노력해야 한다. 그래서 호텔 식음료 종사원들은 주인의식을 가지고 실버웨어류, 도자기류, 글라스류, 린넨류 등 기물류와 소모품류 및 비품류를 아무렇게나 소홀히 취급하여 낭비하거나 파손되지 않게 취급되어야 한다. 모든 기물들을 아끼는 습관은 호텔종사원 스스로 호텔경영에 기여도를 높이게 되는 것이다.

5) 환대성Hospitality

환대라는 뜻은 종사원들의 마음속에서 우러나오는 친절함을 의미하는데, 환대란 '고객을 기쁘게 맞아 정성껏 대접하고 보살핀다'라는 의미이다. 이는 밝은 표정과 미소 띤 얼굴로 고객에게 좋은 인상과 호감을 불러일으키는 고객지향적인 정신으로, 고객이 만족해하는 모습을 보고 스스로 기뻐하며 만족을 느끼는 것을 말한다.

6) 정직성Honesty

정직성이란 인간의 근본정신 중에 가장 참된 것이라 할 수 있으며, 호텔뿐만 아니라 모든 기업에서 요구되는 기본요건이다. 특히 호텔 식음료 종사원은 더욱더 서로 믿고 협조하는 원만한 인간관계를 형성해야 되며, 정직함은 무엇보다도 자기 자신과 호텔의 번영을 위해 매우 중요한 현실임을 잊지 말아야 한다. 호텔 종사원들 간의 정직과 신뢰는 매우 중요한 관건이며, 정직하고 서로가 신뢰하는 분위기 속에서 호텔조직의 발전을 기할 수 있다.

훌륭한 호텔 식음료 종사원의 서비스 기본 5S

- Smile: 항상 미소 짓는 얼굴
- Speed: 신속한 서비스 제공
- Sincerity: 마음속에서 우러나오는 진실된 성의
- Smart: 다정하고 단정한 자세
- Study: 항상 공부하는 자세

2. 호텔 식음료 종사원의 기본자세

1) 용모와 복장

고객에게 훌륭한 서비스와 이미지를 주기 위해서는 호텔리어로서 지녀야 할 올바른 자세 중 하나가 단정한 용모와 복장이다. 호텔 종사원의 첫인상은 용모, 자세, 인사, 미소와 표정, 대화, 경어사용, 전화응대, 보행 등을 통해 결정된다. 그중에서 단정한 용모는 고객으로부터 호감을 받는 첫 번째 조건으로 행동예절의 기초이다. 따라서 고객에게 좋은 서비스를 제공하기 위해서는 식음료 종사원의 깨끗하고 단정한 용모는 필수적이라 하겠다. 호텔 식음료 종사원의 첫인상은 호텔뿐만 아니라 해당 업장의 이미지와 품위를 나타내며, 고객에게 깨끗하고 단정한 인상을 주도록 해야 한다. 유니폼은 호텔 전문가라는 이미지를 보여주며 호텔 전체의 통일된 아름다움을 보여주고 통일된 서비스를 제공한다는 의미를 제공한다.

"적어도 용모나 복장에서 지적받는 호텔 식음료 종사원은 근무할 자격이 없다."라는 말처럼 호텔의 식음료 종사원은 용모와 복장에 매우 신경을 써야 한다.

그림 4-2 호텔 식음료 종사원의 복장

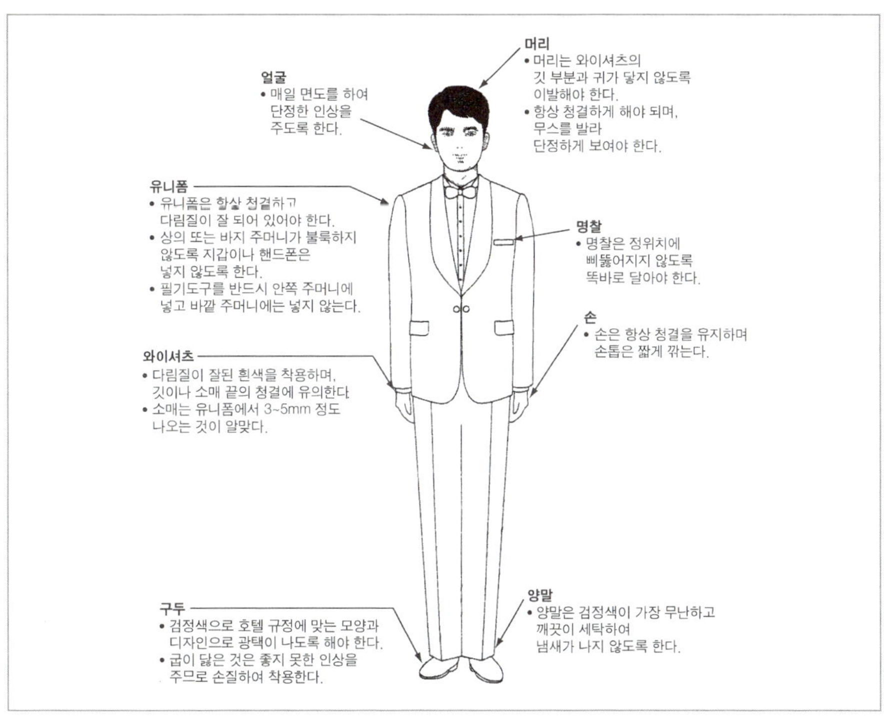

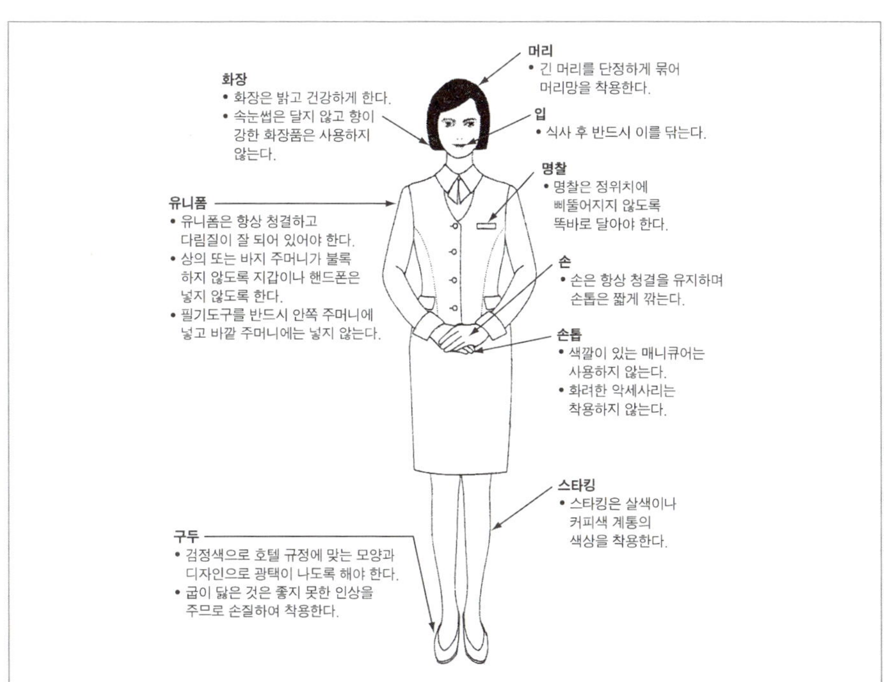

자료: 남택영, 호텔식음료실무론, 새로미, 2007: 17.

아무리 전문적인 서비스 기술을 가지고 있다 하여도 용모와 복장이 불량하다면 훌륭한 호텔 식음료 종사원이 될 수가 없다. 따라서 호텔 식음료 종사원은 호텔을 대표하는 사람으로서의 긍지를 가지고, 근무에 임하기 전에 자신의 용모를 점검하는 습관을 가져야 하며, 식음료 업장을 방문하는 고객의 눈에 제일 먼저 들어오는 것이 바로 종사원의 용모와 복장이므로 항상 산뜻하고 깨끗한 인상을 주도록 노력해야 한다.

2) 얼굴표정과 마음가짐

호텔 식음료 부서에서 근무하는 직원은 항상 본인의 표정관리에 주의를 기울여야 하며, 개인적인 근심걱정은 근무시간에 표출되지 않도록 하여야 한다. 또한 고객과 마주치게 될 때에는 온화하고 품위 있는 얼굴 표정이 되도록 연습하여야 한다.

'마음이 어두우면 표정이 어둡고, 마음이 밝으면 표정도 밝다.' 호텔에서 근무하는 종사원은 한 사람 한 사람이 호텔을 대표하는 사람으로서 고객에게 호감을 주는 선한 마음가짐을 지니도록 노력해야 한다.

- "예"라고 하는 순응하는 마음
- "제가 하겠습니다."라고 하는 봉사의 마음
- "감사합니다."라고 하는 감사의 마음
- "죄송합니다."라고 하는 반성의 마음

3) 인사

호텔에 있어서 인사는 대고객 서비스의 출발점이자 호텔을 방문하는 고객에게 자신의 마음속에 있는 최상의 존경심을 표시하는 행위이다. 고객이 식음료 업장에 도착하면 친절하고 정성을 다해 모시겠다는 의미를 지니고 있고, 나갈 때는 감사의 표시를 표현하는 것이다. 인사는 마음에서 우러나오는 만남의 첫걸음이며 마음가짐의 외적 표현이다.

'인사를 잘하는 사람 중에 불친절한 사람 없고, 친절한 사람 중에 인사 못하는 사람 없다.' 이처럼 인사는 호텔 식음료 종사원의 서비스 예절의 기본이며 인간관계의 시작이다. 인사는 고객에게 감사하는 마음으로 예절바르고 정중하며 밝고 명랑하게 해야 한다. 또한 상사에 대한 존경심의 표현이고, 동료 간에는 우애의 상징이라고 할 수 있다. 그러므로 인사는 자신의 인격과 교양이 밖으로 나타나는 것이므로, 감사하는 마음으로 예절바르고 정중하며 밝게 해야 한다.

인사는 호텔 식음료 업장에 도착하는 고객에게는 종사원에게서 느낄 수 있는 첫 번째 감동으로, 친절과 정성을 다해 모시겠다는 의미로, 나갈 때는 우리 업장을 찾아 주신 것에 대한 감사의 표시로 인사를 해야 한다.

인사는 아랫사람이 먼저 하는 것이 원칙이며, 웃는 얼굴로 기계적이 아닌 마음이 담겨 있는 인사를 해야 한다.

호텔 식음료 부서에 근무하는 종사원들은 항상 예의 바른 자세로 근무하여야 하며, 호텔 내부에서 고객과 마주쳤을 때, 영접 및 환송할 때, 사과할 때 그리고 직원 상호 간에 인사할 때 T.P.OTime, Place, Occasion에 적합한 바른 인사를 할 수 있어야 한다.

(1) 인사의 종류

표 4-1 인사의 종류

구분	정중한 인사(최경례)	보통 인사(경례)	가벼운 인사(목례)
대상	고객에게 감사 또는 사과의 뜻을 전할 때	일반적일 때나 호텔 상사	호텔 내 고객이나 동료 간
인사의 속도	하나, 둘 – 구부림 셋 – 멈춤 넷, 다섯 – 폄	하나 – 구부림 둘 – 멈춤 셋 – 폄	하나 – 구부림 둘 – 폄
인사의 각도	45도	30도	15~20도
시선	발 1m 전방	발 2m 전방	발 5~6m 전방

(2) 인사의 상식

- 깊이 숙이면 숙일수록 정중한 인사이다.
- 숙인 상태가 길수록 정중한 인사이다.
- 보통절(보통례)은 일반고객에게 하는 인사이다.
- 반절(목례)은 동료 간에 하는 인사이다.
- 표정은 가벼운 미소를 띤다.
- 인사는 먼저 할수록 좋다.
- 인사할 때 눈을 감아서는 안 되며, 고객과 눈을 마주치며Eye Contact 한다.

표 4-2 인사요령

구분	인사요령
자세와 양손의 위치	• 남자: 양팔은 자연스럽게 내려 바지 재봉선에 갖다 대고 달걀을 쥔 듯하게 잡고, 엄지손가락이 앞으로 보이도록 한다. 손을 모을 때는 왼손으로 오른손을 감싼다. • 여자: 오른손으로 왼손을 감싸서 아랫배에 가볍게 댄다. 이때 손가락은 붙인다.
발과 다리	• 곧게 펴고 무릎을 붙인다. 또한 뒤꿈치를 붙이고, 발의 내각은 30도 정도로 벌린다.
시선과 표정	• 가벼운 미소를 띠고 시선은 발끝 2m 정도 앞을 본다. 이때 상대방의 눈을 보며 눈을 치켜뜨지 않도록 한다.
허리 · 머리	• 정중하게 머리를 숙이고 허리에서 머리까지 일직선을 유지한다. 이때 수그린 마지막 시점에서 잠깐 멈추고, 시선은 상대방의 발끝에 둔다.
인사말	• "안녕하십니까?" 등의 인사말은 구부린 상태에서 한다. 그리고 숙일 때보다 조금 느린 속도로 몸을 일으킨다.

주: ① 상대를 향해 선다. → ② 상체를 굽힌다. → ③ 잠시 멈춘다. → ④ 천천히 든다. → ⑤ 똑바로 선다.

인사의 잘못된 표현

- 망설임이 느껴지는 인사
- 말로만 하는 인사
- 무표정한 인사
- 분명하지 않은 형식적인 인사
- 고개만 끄덕이는 인사
- 눈을 쳐다보지 않고 하는 인사

4) 보행

걸음걸이는 그 사람의 품성과 교양 및 직업까지도 나타낸다. 바른 걸음걸이는 바른 자세에서 시작되는데, 바로 선 자세로 등을 펴고 턱을 당기며 그대로 똑바로 걷는다. 걸음을 걸을 때 팔은 너무 높게 흔들거나 맥없이 흔들거나 해서는 안 된다. 반드시 자기 몸과 평행하여 앞 · 뒤로 알맞게 흔들어야 한다.

또한 고객들에게 불안감을 조성하기 때문에 긴급한 상황 이외에는 절대 뛰어서는 안 되며, 항상 경쾌하나 조용하게 걷는다. 신발을 끌지 않으며 주머니에 손을 넣거나 팔짱을 끼는 등 그리고 뒷짐을 져서는 절대로 안 된다.

서비스 공간을 걸을 때 고객이나 상사를 앞지르지 않는 것이 원칙이지만 불가피한 경우에는 고객에게 "실례합니다." 또는 "죄송합니다." 등의 예의를 반드시 표시해야 한다.

5) 대화

대화할 때의 기본자세는 밝고 상냥하게 해야 한다는 마음의 자세를 갖추어야 한다. 대화를 할 때는 정확한 발음, 밝은 목소리, 적당한 속도, 적정한 음의 고・저를 유지해야 한다. 고객과의 대화 시에는 표준어를 사용하여야 하며 심한 사투리, 비속어, 유행어 등은 삼가야 한다. 예로 "미안해요," "잠깐만요," "알았어요" 등과 같이 '요'를 빼면 반말이 되는 반토막 말을 해서는 안 된다. 또한 "안 됩니다," "제가 담당이 아닙니다," "잘 모르겠습니다," "제 잘못이 아닙니다," "지금은 바쁩니다" 등과 같이 호텔 식음료 종사원들이 사용해서는 안 될 대화법이 있다. 고객의 말이 끝나기도 전에 중간에 끼어드는 것은 삼가야 한다. 그리고 같은 말이라도 앞의 말을 부정적으로 하고, 뒷말을 긍정적으로 표현하여 고객에게 기분 좋게 말해야 한다. 예로 "음식의 맛은 최고지만 값이 비쌉니다."보다는 "값은 비싸지만 음식의 맛은 최고입니다."라는 대화법을 사용해야 한다.

고객 호칭의 경우 다양한 연령대의 고객이나 외국 국적의 고객들이 방문하게 되는데, 각각의 고객에게 적합한 호칭을 사용하는 것 또한 훌륭한 서비스라고 할 수 있다. 일반적으로 '고객님'이라는 용어를 사용하거나 직책을 아는 경우 '부장님,' '사장님,' '회장님'이란 호칭을 사용하는 것이 좋다. 외국인의 경우 'Mr,' 'Mrs,' 'Miss'라는 용어와 이름을 함께 사용하며, 특히 일본인의 경우 '상,' '사쪼,' '센세이'라는 호칭을 함께 사용한다.

4성급과 5성급 호텔에서는 미스터리 쇼퍼Mistery Shopper를 이용해 호텔등급심사 시 호텔의 식음료 업장을 평가하거나, 최근에는 총지배인 및 식음료 종사원의 업적 평가에 반영하는 경우도 있다.

2절

호텔 식음료 종사원 Shift 근무 스케줄

5성급 호텔은 연중무휴의 영업을 하고 24시간 근무하는 스케줄로 운영되고 있는 게 현실이다. 이는 프런트 데스크, 벨데스크, 하우스키핑 등 일부 객실 부서의 경우 24시간 근무하는 스케줄로 운영되고 있지만 식음료 부서의 경우 일부 업장을 제외하고는 정해진 시간에 근무하는 스케줄로 운영되고 있다.

호텔 식음료 업장의 영업시간은 조식(06 : 00~10 : 00), 중식(11 : 00~15 : 00), 석식(17 : 00~22 : 00)로 영업을 하고 바Bar나 라운지Lounge 등 일부 영업장을 제외하고 오후 10시에는 거의 영업을 종료하는 경우가 대부분이다.

호텔 식음료 업장에서 근무하는 종사원들의 근무 시프트Shift별 주요 업무는 다음과 같다.

1. 오전 Shift 근무(06 : 00 ~ 15 : 00)

- 조식을 제공하는 식음료 업장에 근무하는 직원의 아침 출근조Open이다.
- 전 날 오후조가 세팅해놓은 테이블 세팅을 확인한다.
- 당일 예약을 확인하고, 조식 서비스를 제공한다.
- 조식운영이 끝나면 업장을 정리하고 중식영업을 위한 준비를 한다.
- 중식 테이블 세팅을 한다.
- 오전 11시부터 오후 1시 사이에 종사원들이 교대로 점심식사를 한다.
- 오후조가 출근하면 오전 업무를 인수인계하고 근무교대를 한다.

2. 오후 Shift 근무(13 : 00 ~ 22 : 00)

- 오전조로부터 업무 인수인계를 받고 근무를 시작한다.
- 중식과 석식의 테이블 세팅을 한다.
- 중식이 끝나면 식음료 창고에서 영업에 필요한 물품을 수령해 온다.
- 보통 오후 3시부터 5시까지는 브레이크 타임Break Time으로 석식영업을 위한 준비 및 미팅을 실시한다.
- 오후 5시부터 7시 사이에 종사원들이 교대로 저녁식사를 한다.
- 오후 5시경부터 10시까지 석식 서비스를 제공한다.
- 다음날 오전조를 위해 조식 테이블 세팅을 한다.

✣ 오후 9시 30분경부터 업장마감 준비와 10시경 POS기를 통해 영업마감을 한다.

3. 야간 Shift 근무(18 : 00~03 : 00)

✣ 야간조는 주로 오후 6시경 출근해서 다음날 오전 3시경 퇴근하는 조이다.
✣ 출근 후 오후조로부터 인수인계를 받는다.
✣ 당일 예약을 확인하고, 식음료 서비스를 제공한다.
✣ 오후 11시경부터 오전 1시 사이에 교대로 식사를 한다.
✣ 오후 6시경부터 오전 3시경까지 바Bar 위주의 식음료 서비스를 제공한다.
✣ 오전 2시 30분경부터 업장마감 준비와 오전 3시경 POS기를 통해 영업마감을 한다.
✣ 마감 후 재고조사를 위한 음료 인벤토리Inventory를 실시한다.

호텔 종사원 식당

3절

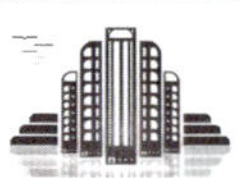

호텔 식음료 접객 서비스 실무

1. 호텔 식음료 예약 서비스 실무

호텔 식음료 예약이란 고객과 식음료 업장 간의 날짜, 시간, 인원, 메뉴, 가격 등을 상호 약속하여 제공하고 제공받는 것을 말한다. 따라서 고객이 계획하고 있는 행사를 차질 없이 진행할 수 있도록, 예약 담당자는 고객의 모든 요구사항을 정확히 접수하여 철저한 사전준비와 효율적인 서비스로 고객에게 즐거움과 만족을 주도록 최선을 다해야 한다. 예약은 주로 고객이 직접 업장에 방문하여 예약하는 경우와 전화에 의한 예약이 있다. 하지만, 예약의 대부분을 차지하고 있는 전화예약은 통화자의 음성만으로 예약을 접수하므로, 직접 방문하여 대화할 때보다 더욱 신중하고 공손하게 친절한 말씨로 응대해야 하며, 벨이 3~4번 울리기 전에 받고, 항상 메모지를 준비하며, 정확한 표현력과 적극적인 태도로써 고객의 문의에 신속하게 답변할 수 있도록 노력을 해야 한다. 이를 위해서는 호텔의 식음료 상품에 대한 충분한 지식(식음료 가격, 식음료 업장 영업시간, 예약 및 좌석현황, 식음료 업장의 룸 종류와 최대 인원수, 할인조건과 할인율, 패키지 상품, 이벤트 상품, 프로모션 상품 등에 대한 정보)을 가지고 있어야 한다.

호텔 식음료 예약 접수 내용

- 행사일자, 시간, 인원수, 예약자 성명, 연락처 등을 확인한다(전화상으로 예약을 받을 때는 숫자를 정확히 기록한다).
- 특별한 요구사항(테이블, 룸 배정, 사진, 꽃, 케이크, 특별한 메뉴 등)을 확인한다.
- 예약을 마치고 꼭 예약상황을 다시 한 번 확인한다.
- 예약일이나 행사일 전에 확인(Confirm) 전화를 한다.
- 고객이 예약을 취소할 시 꼭 성함과 연락처를 등을 받아 기록한다.
- 예약상황은 수시로 주방에 확인해준다.

호텔 식음료 예약의 방법에는 호텔 홈페이지를 통한 예약, 전화를 통한 예약, 직접 방문을 통한 예약, 팩스 예약, 판촉직원을 통한 예약 등 다양한 방법으로 예약을 할 수 있으며, 최근에는 POSPoint of Sales시스템을 이용한 예약 시스템이나 예약장부에 기록하여 예약을 접수하고 있다.

그림 4-3 **식당예약 접수 내용**

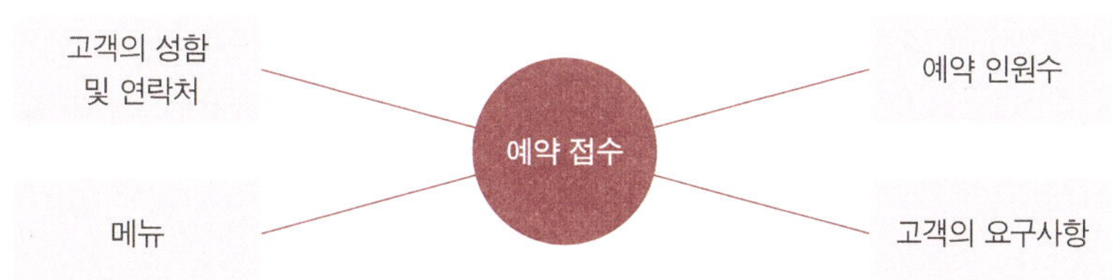

노쇼 게스트 No Show Guest

"예약은 약속이다."

No Show란 예약 후 연락 없이 오지 않은 것을 말한다. 호텔의 식음료 업장의 No Show 논란은 어제오늘 일이 아닌데, 이는 아직까지 우리 사회에 예약문화가 정착되지 못한 것이다. 호텔 식음료 업장의 입장에서는 예약시간에 고객이 오지 않으면 예약 때 받아놓은 전화번호로 전화를 한다. 가장 많은 경우가 아예 전화를 안 받는 경우와 '깜빡했다,' '급한 일이 생겨 못 온다'라고 하고 식기 부딪히는 소리와 은은한 음악소리가 나는 경우가 많다. 이는 다른 호텔의 식음료 업장으로 간 경우가 대부분이다. 이로 인해 호텔의 식음료 업장의 피해는 이루 말할 수 없다. 미리 준비해둔 식재료뿐만 아니라 예약으로 인해 다른 고객의 예약을 받지 못했기 때문에 고스란히 손해로 이어진다. 그래서 호텔 식음료 업장에서는 노쇼 고객 블랙리스트를 만들어 운영하는 경우도 적지 않다. 외식문화가 발달한 외국의 경우, 호텔 객실이나 항공권을 예약할 때와 마찬가지로 신용카드번호를 남겨야만 예약이 가능하다. 만약 고객이 예약을 취소할 경우, 1인분에 해당하는 금액이나 일정 금액을 결재해야 한다. 따라서 우리나라 사람들도 예약문화에 대한 인식이 바뀌어야 한다.

2. 대기업무

대기업무란 호텔 식음료 업장에 도착한 고객에게 "안녕하십니까? 어서 오십시오, 반갑습니다"라고 인사하며 고객에게 친절히 영접하는 과정 중의 하나이다. 또한 식음료 업장에서 직원이 식사 중인 고객의 테이블을 주시Watching 할 때 취하는 기본자세를 말한다. 다시 말해 호텔 식음료 업장을 방문할 고객을 기다리거나 식사 중인 고객의 테이블을 주시하면서 고객의 어떠한 요구사항의 표시가 있을 때 즉시 달려가 서비스해 줄 수 있는 준비자세이다. 대기는 지정된 위치, 즉 '정위치'는 자기가 맡은 담당구역을 전반적으로 볼 수 있는 장소를 말하며, 고객에게 재빨리 접근할 수 있는 가장 편리한 위치에서 바른 자세로 스텐바이Stand By하는 것이다. 따라서 고객이 식음료 직원을 찾기 전에 직원이 고객에게 미리 응대하는 능력을 기르도록 한다.

대기 시 정위치에서 양손을 바지의 재봉선에 살며시 대며, 암 타월Arm Towel, Service Towel을 사용할 때는 왼쪽 팔을 접어 팔목에 암 타월을 걸고, 오른손은 자연스럽게 바지의 재봉선에 붙인다. 이때 뒷짐을 지거나 팔짱을 껴서는 안 되며, 종사원 간의 잡담을 금지하고 벽에 기대어서는 행동은 절대로 안 된다.

3. 고객의 영접 및 안내 서비스 업무

영접은 고객이 업장에 도착해서 처음으로 느낄 수 있는 척도이다. 보통 고객은 업장에 도착한 후 30초 이내에 영접하거나 인식해주길 바라기 때문에, 고객 영접과 안내는 식당 지배인Manager과 그리트리스Greetress 또는 리셉셔니스트Receptionist 등이 담당한다. 안내데스크에는 예약장부 및 좌석배치도를 놓고, 영접 담당자는 항상 식당 입구에서 단정한 자세로 대기하고 있다가, 고객이 도착하면 신속하고 친절 · 상냥한 얼굴과 다정한 자세로 접근하여 정중히 고객을 영접Greeting Service한다.

고객이 식음료 업장에 도착하면 예약 유무를 확인하고 예약석으로 안내Escorting Service한다. 이때 고객보다 2~3보 앞에 서서 예약 테이블로 안내하고, 예약이 안 된Walk-in 고객의 경우 인원수를 확인한 후 고객이 원하는 테이블로 안내한다. 이때 영접 시 도착한지 2분 이내에 자리로 안내해야 한다. 화려한 옷차림의 고객은 가능하면 업장의 중앙에 위치한 좌석을 권유하며, 젊은 남녀의 경우는 코너나 조용한 한쪽으로 안내하고, 아이들을 동반한 가족의 경우 다른 고객에게 피해가 가지 않도록 룸이나 한적한 좌석을 권유한다. 그리고 노인이나 장애인의 경우 입구에서 가까운 좌석으로 안내하는 것이 좋다.

표 4-3 고객에 따른 좌석안내 요령

고객의 유형	좌석안내 요령
어린이를 동반한 가족	좀 떠들어도 다른 사람에게 피해가 가지 않는 칸막이가 설치되어 있거나 구석진 좌석
신혼부부, 젊은 남녀	조용하고 전망이 좋으며, 다른 사람에게 잘 들리지 않는 2인용 구석진 좌석
경로자나 장애인 고객	식당 입구에서 가까운 좌석
화려한 옷차림의 고객	다른 고객들이 잘 볼 수 있는 중앙좌석

리셉션 데스크 Reception Desk

식음료 업장의 출입구 근처에 설치되어 있는 접객 테이블로서 접객담당 종사원이 위치하며, 전화에 의한 예약이 많기 때문에 예약장부를 비치하여 예약고객을 접수한다. 식음료 업장에 도착한 고객을 접객하기 때문에, 고객에게 식음료 업장의 첫인상을 보여주는 아주 중요한 곳이다.

4. 보관 서비스 업무

고객의 외투나 가방, 모자 등의 소지품을 식사하는데 불편이 없도록 보관해주는 서비스이다. 일반적으로 업장의 입구에 설치된 일정한 장소Check Room에 보관한 후 물품보관표Tag를 확인하고, 다른 고객의 보관품과 바뀌지 않았는지 주의하고 물건을 내어준다. 보관요청을 원하지 않을 때에는 고객의 테이블 주위에 놓아준다. 여성고객의 핸드백은 자신의 등과 의자의 등받이 사이에 놓는다.

5. 착석 서비스 업무

착석 서비스Seating Service는 고객이 식당을 찾아주신 것에 대한 감사의 표시와 함께 환영을 의미하는 것이다. 고객은 입구나 창가를 바라보는 쪽, 주빈은 입구나 창가를 등진 쪽으로 앉도록 권유한다. 또한 단골고객의 경우 평소 선호하는 테이블로 안내한다. 서양에서는 여성우위 원칙Lady First의 여성존중사상이 에티켓의 기본으로 되어 있다.

고객이 앉기 쉽게 두 손으로 의자 등받이 부분을 잡고 뒤로 빼고, 고객이 앉는 동시에 두 손과 한쪽 무릎으로 이용하여 살며시 밀어준다. 단체고객의 경우 착석 서비스를 제공할 경우에는 그 테이블의 제일 상석에 위치하여 앉는 고객의 의자를 먼저 서비스한다. 서비스는 정성스럽고 주의 깊게 하며 서두르지 않는다. 어린이 고객이 있을 경우 유아용 의자Baby Chair로 교체한다.

- 주빈의 의자 1보 뒤에 서서 고객이 의자 앞에 충분히 설 수 있도록 의자를 뺀다.
- 종사원의 두 손은 고객의 의자 양쪽 윗부분을 잡은 상태에서 한 쪽 무릎으로 등받이 부분을 같이 밀어준다.
- 고객이 다시 한 번 자리를 고쳐 앉을 때가지 의자를 잡고 도와준다.

6. 물 서비스Water Service 업무

종사원은 고객이 착석과 동시에 워터 피처Water Pitcher를 이용하여 고객에게 워터 고블렛Goblet의 7~8부 정도의 물을 서브한다. 주로 차가운 얼음물Ice Water을 기본으로 서브하지만, 고객의 요청에 따라 따뜻한 물을 서브하는 경우도 있다. 물을 서브할 때는 위생과 직결되므로 항상 깨끗하게 정수된 물을 사용하며, 워터피처 표면에 물방울이 흘러내려 테이블에 물이 떨어지지 않도록 암 타월Arm Towel 또는 서비스 타월Service Towel로 닦아내거나 워터 피처를 감싼다. 여성 고객에게 먼저 서브하며, 물이 고블렛의 8부 정도를 유지하도록 수시로 보충한다. 물을 서브할 때는 왼손은 뒤쪽 허리에 대고 오른쪽에서 오른손으로 물을 서비스하고, 워터 피처를 잔에서 약 3cm 정도 위에서 잔에 닿거나 너무 높아서 물이 튀지 않도록 주의한다. 특히 고블렛은 항상 청결히 관리하고 테이블 세팅 시 고블렛에 립스틱 자국이 있는지 확인해야 된다.

워터 피처 Water Pitcher

워터 피처는 항상 안과 밖을 깨끗하게 닦아서 고객에게 불결함을 주지 않도록 해야 한다. 얼음물(Ice Water)을 원칙으로 고객의 오른쪽에서 왼손을 허리에 올리고 오른손으로 따라야 하며, 물이 밖으로 튀거나 흘러넘치지 않도록 8부 정도를 따른다. 워터 피처를 사용하기 전에는 반드시 뚜껑을 열어보고 그 안을 확인해서 물 이외의 다른 음료가 들어 있지 않은지 확인하고, 물을 따르는 도중에 물이 부족하지 않도록 충분한 양을 채워서 제공한다. 또한 워터 피처를 사용할 때는 반드시 암 타월(Arm Towel)로 워터 피처 표면의 물방울을 수시로 닦아낸다.

7. 메뉴판Menu Board 제공업무

고객에게 환영인사를 하고 메뉴판을 제공하며, 특별한 경우를 제외하고는 표지를 열지 않고 그대로 제공한다. 메뉴판은 식당에서 제공되는 상품을 판매하기 위한 도구로, 표지에는 호텔 또는 식당의 특징이나 고객에게 기억을 줄 수 있는 특색이 표기되어 있으며, 메뉴판을 제공하기 전에 항상 청결상태를 확인해야 한다.

고객의 우측에서 메뉴판을 제공하며(테이블 상황에 따라 변경 가능), 메뉴판을 고객에게 제시할 때 여성, 연령, 지위고하, 호스트의 순으로 한 사람당 한 매의 메뉴판을 제공하고, 연회처럼 단체고객인 경우 주최자가 일괄적으로 주문하기도 한다. 메뉴판을 제공하면서 메뉴에 대한 간단한 설명과 함께 주방장이 추천하는 특선메뉴Daily Special Menu를 적극 추천하고, 고객이 필요시에는 가장 빨리 제공되는 메뉴, 어린이 메뉴 등을 잘 숙지하여 설명해야 한다.

메뉴판을 제공한 후 고객이 충분히 숙지할 수 있는 시간을 주는데, 보통 3~5분 후 또는 고객이 메뉴판을 덮거나 고개를 들었을 때 고객이 음식을 주문할 준비가 된 것으로 판단하고 주문을 받아야 한다.

특정 업장에 고객의 방문이 갑자기 많은 경우 인근 업장의 지배인이나 식음료F&B사무실에 즉시 연락하여 헬퍼Helper를 요청하여 고객의 불만과 서빙시간을 줄이도록 최선을 다해야 한다.

페이징 서비스 Paging Service

페이징 서비스란 고객 간의 만남을 이루게 해주는 것으로써 고객의 출입이 잦은 커피숍과 같은 업장에서 고객을 찾고자 문의할 경우나 전화상으로 업장에 도착해 있는 고객과의 통화를 원할 때 페이징 보드(Paging Board)에 찾는 사람의 성명을 정확히 기재하여 빠른 시간 내에 유무를 알려주고, Computerizes Paging Displayer가 설치된 식당에서는 찾는 사람의 성명을 정확히 입력시켜 고객과의 만남을 원활히 해결해주는 서비스이다.

8. 오더테이킹Order Taking 업무

1) 오더테이킹 업무의 개요

주문Order이란 품명, 수량, 모양, 크기 등을 일러주고 제작 의뢰하는 것을 의미하지만, 식당에서의 주문이란 고객의 기호와 취향에 맞게 판매 가능한 식음료를 제공하기 위한 고객과의 계약행위라고 할 수 있으며, 올바른 방법 및 순서로 고객의 주문을 받아 편안한 식사시간이 될 수 있도록 해야 한다.

고객은 특별히 원하는 식음료가 있지 않으면 자기 스스로 결정하는 것을 좋아하지 않는 경향이 있으므로, 종사원이 메뉴 추천을 통해 식음료를 결정하는 경우가 많다. 따라서 식음료 종사원들은 주문 접수에 필요한 충분한 상품지식과 세련된 판매기법을 습득하여 효과적인 상품선전과 적극적인 판매활동을 할 수 있는 자세를 갖추어 항시 고객이 만족한 주문을 할 수 있도록 도와주며, 고객으로부터 유능한 종사원으로 호평을 받을 수 있도록 항상 미소 띤 얼굴로써 서비스를 제공하려고 노력하는 자세를 가져야 한다.

주문을 받을 시 양손은 주문서와 필기도구 또는 PDA를 이용하여 허리를 15도 정도 숙이고 고객의 얼굴을 주시하여, 최초로 주문한 고객을 중심으로 시계방향으로 연장자, 여성, 남성 순으로 주문을 받는다. 주문을 받은 후에는 고객에게 주문사항을 다시 한 번 확인해야 한다. 이때 시간이 오래 걸리는 음식은 반드시 고객에게 시간을 알려주어야 하며, 종사원들만 사용하는 전문용어는 사용해서는 안 된다.

주문을 받은 후에는 "감사합니다."라고 주문에 대한 고마움을 표시해야 하고, 외국인 고객의 경우 2명 이상일 경우는 계산서를 한 장으로 할지, 각각으로 할지를 확인해야 지불 시 고객이 번거롭지 않고 신속하게 계산을 할 수 있다.

2) 호텔 식음료 업장에서 주문받는 요령

(1) 식음료 추천요령

식당 서비스는 고객을 식탁에 안내하여 메뉴를 제시하고 주문을 받아서 주문대로의 식사만을 제공하는 식으로, 지나치게 기계적인 서비스가 되어서는 안 된다. 그래서 고객의 욕구를 파악하고 그에 적절한 요리를 소개하고 서비스해야 하며, 자기 스스로 호텔을 대표하는 서비스맨이라는 자부심을 가지고 자기가 담당하는 고객의 주문 여하에 따라 호텔의 매출이 결정된다고 생각해야 한다.

- 상품 추천을 하기 전에 가능한 한 고객의 유형을 신속히 파악하여 고객으로 하여금 구매의욕을 최대한 유발시킬 수 있도록 자신의 능력을 최대한 발휘해야 한다.
- 고객의 주문 여하에 따라 그날의 매출이 결정된다는 생각 하에, 사전에 추천하기로 결정한 상품을 집중적이고 효과적으로 설명하여 이윤증대에 기여해야 한다.
- 고객으로부터 고가품을 강매하는 인상을 주어서는 안 되므로, 항시 고객의 입장과 식당의 매출을 유념하여 가장 합리적인 주문이 이루어지도록 추천해야 한다.
- 추천상품은 주로 그날의 특별요리Caily Special Menu, 새로 입하된 식자재 메뉴, 수익성이 높고 재고가 풍부한 상품, 특별행사 메뉴 등이 주종을 이루며, 이런 상품들이 수익증대에 크게 기여한다.
- 단골고객인 경우 사전에 기호를 암기하여 고객의 기호에 맞는 추천으로 고정고객과의 호의적인 관계유지를 돈독히 한다. 또한 고객관리자료카드Guest History Card를 기록·유지하여 고객이용 시 항상 만족한 서비스가 이루어지도록 한다.
- 모든 음료를 제공하거나 치울 때에는 항상 트레이Tray를 사용하며, 잔의 1/4이 남았을 때 추가 주문 여부를 묻는다. 음료 주문과 추가 주문은 매출증진과 이윤증대에 많은 비중을 차지하므로, 적극적인 자세로 추천 판매하도록 한다.

호텔 식음료 업장에서는 가능한 한 이윤이 높은 음식의 주문을 유도하는 판매하는 기법이 필요한데, 고객에게 강요하는 느낌을 주거나 불쾌감을 주는 행위를 해서는 안 되며, 고객의 입장을 고려한 권유 판매Suggestive Selling가 필요하다.

Up Selling Technique

- "Read a guest and Lead a guest"
  - 식음료 부문의 판매를 증대시킨다.
  - 영업이익을 증대시킨다.
  - 고객에게 보다 향상된 서비스를 제공한다.
  - 종사원의 자질과 능력을 향상시킨다.
- "디저트를 드시겠습니까?"보다는 "디저트로 치즈케이크가 어떠십니까?"

(2) 주문 확인

- 주문 확인의 필요성은 사전에 문제 요인을 예방하고 고객으로부터 주문 내용의 확실한 언약을 받기 위함이다.
- 확실한 주문을 받는 것은 고객에게 정확하고 신속하게 상품을 제공할 수 있는 수단이 된다.
- 종사원들은 고객 주문 시 반드시 복창을 하면서 주문서에 기재하고, 주문이 끝난 후에는 반복하여 주문내용을 확인시켜 준다.

(3) 주문받을 때의 유의사항

- 종사원은 영업 전에 주방과 긴밀한 연락으로 판매품목 중의 품절상태 및 그날의 특별요리를 숙지하여 주문 시에 착오가 없도록 한다.
- 메뉴판은 식당의 얼굴이므로 항시 소중하게 깨끗이 취급해야 하며, 고객에게 제공하기 전에 메뉴 속의 이상 유무를 확인한 후 제공한다.
- 메뉴 설명 시 고객이 이해하기 힘든 전문용어를 사용해서는 안 된다.
- 메뉴 설명 시에는 절대로 손가락으로 가리켜서는 안 되며, 손을 펴서 손바닥이 위로 오도록 하여 메뉴의 품명을 가리킨다.
- 주문서 작성 시 날짜, 식탁번호, 고객수(내 · 외국인 구분), 담당자 고유번호, 요리품명, 수량, 변동가격, 단가, 특별주문 내용 등이 틀리지 않도록 정확히 기록하여 접객 서비스에 실수가 없도록 한다.
- 육류 주문 시 굽는 정도, 달걀 주문 시 익히는 정도, 샐러드 드레싱 종류 등 고객의 기호에 맞게 선택하도록 반드시 물어보고, 주문서에 정확히 기입하여 주방에 건네준다.

스테이크 굽는 정도란 스테이크 주문을 받을 때 고기가 열을 받아 세포에서 흘러내리는 육즙의 정도를 고객에게 알아보는 것이다.

- 소고기 스테이크는 고기의 굽는 정도에 따라 맛이 달라지며, 또한 고객의 기호가 다양하기 때문에 항상 고객에게 굽기의 정도를 정확하게 주문 받아야 한다.
- 주문 받을 때는 메뉴 구성의 순서대로 주문받도록 하며, 고객의 특징 또는 번호를 표기함으로써 정확한 서비스를 할 수 있고 고객에게 호감을 받을 수 있다.

표 4-4 스테이크 굽기 정도

굽기 정도	상태	굽는 시간	고기의 내부온도
레어	스테이크 속이 따뜻할 정도로 표면만 구워 갈색을 띠고 있으며, 육즙은 검붉게 조금 구운 상태	약 5분	52°C 정도
미디엄 레어	레어보다 좀 더 익히고, 미디엄보다는 조금 덜 익힌 것으로 핑크 부분과 붉은색으로 조금 더 구운 상태	약 6분	55°C 정도
미디엄	레어와 웰던의 절반 정도로 익힌 것으로, 고기의 속 육즙은 핑크빛으로 중간 정도로 구운 상태	약 7분	60°C 정도
미디엄 웰던	고기를 거의 익혀, 중심부가 핑크빛과 갈색으로 중간보다 약간 더 구운 상태	약 8분	65°C 정도
웰던	표면과 중심부 모두 갈색으로 완전히 구운 상태로, 육즙이 투명하고 밝은 상태	약 10분	70°C 정도

주: 스테이크는 반드시 세로로 자른다. 스테이크는 접시의 먼 쪽에서 안쪽으로 나이프를 움직여 자른다. 밀고 당기면서 자르는 것이 아니라 당길 때만 썰리게 해야 하며, 고기의 좌측에서 시작하여 세로 방향으로 자르는 것이 무난하다.

(4) 기물 치우는 요령Bussing System

식당 종사원들이 고객들이 사용한 기물과 접시류들을 식탁에서 빼내는 작업을 말한다. 이때 트레이나 접시가 절대로 고객의 머리 위를 스쳐 지나서는 안 된다.

- 고객이 식사를 마쳤을 때는 나이프와 포크의 손잡이를 오른쪽 아래 대각선 방향으로 나란히 놓는다.
- 고객이 식사 중일 때는 나이프와 포크를 '八'자 모양으로 놓는다.

그림 4-4 식사 상황 표시의 나이프와 포크 놓는 법

- 접시에 음식이 남아 있을 경우 한 접시에는 포크와 나이프 같은 기물류를, 다른 한 접시에는 남은 음식을, 다른 한 접시에는 빈 접시를 쌓는다. 접시를 치울 때는 큰 접시부터 작은 접시 순으로 같은 크기의 접시를 통일해서 빼고, 볼Bowl, 글라스 등 작은 식기는 트레이를 사용하여 뺀다.
- 접시를 치운 후에 고객에게 양해를 구한 뒤, 크럼 브러쉬Crumb Brush를 이용하여 조심스럽게 트럼빙(빵부스러기 제거)한다.
- 테이블클로스가 지저분한 경우 깨끗한 냅킨을 깔아주어 디저트 서빙에 차질이 없게 하고 청결과 위생을 유지한다.

접시 치울 때의 주의사항은 다음과 같다.

- 은기물들이 떨어지지 않도록 포크 아래 나이프를 끼워 넣는다.
- 남은 음식을 한 접시로 모을 때 고객이 보지 않도록 뒤쪽에서 작업한다.
- 빈 접시를 뺄 때는 고객의 오른쪽에서 빼며, 시계도는 방향으로 돌아가면서 치운다.
- 고객의 식사가 다 끝났는지 확실치 않을 때는 반드시 고객에게 의견을 알아보고 난 후 기물들을 뺀다. 이때 소음이 나지 않도록 주의하고, 고객과 종사원의 안전에 유의한다.

9. 식음료 제공 서비스 업무

고객이 즐겁고 편안한 식사시간이 되기 위해 호텔 식음료 종사원은 고객의 요구를 신속히게 피악히여 정중힌 시비스를 제공하여야 힌다.

일반적인 식사 서비스의 기본방법은 다음과 같다.

- 모든 식음료는 고객의 오른쪽에서 오른손으로 서브한다.
- 빈 접시는 고객의 오른쪽에서 오른쪽으로 뺀다.
- 고객의 특별한 주문이 있지 않은 한 모든 음식은 코스대로 서브한다.
- 디저트 서브 시에는 식사를 마친 뒤, 테이블에 워터 고블렛(물잔)과 와인잔을 제외한 모든 기물을 치운 뒤 서브한다.

핑거볼 서비스 Finger Bowl Service

음식 중에 고기나 생선의 뼈, 갑각류의 껍질, 과일껍질의 제거 등 직접 손을 사용하여 식사하는 음식을 먹을 때 제공되는 것이다. 핑거볼을 만드는 요령은 미지근한 물을 핑거볼의 절반을 넘지 않게 하는데, 이는 물이 절반이 넘으면 고객이 마시는 경우가 있으므로 레몬이나 국화 등의 향기 나는 재료를 띄워 격식 있는 핑거볼을 제공한다. 손 전체를 씻는 것이 아니라 손끝만 씻으면 되고, 한손씩 교대로 씻는다. 위치는 미트 포크(Meat Fork) 바로 위쪽이지만, 경우에 따라서 유동적으로 놓는다.

재떨이 교환 서비스 Ash Tray Changing Service

고객은 기호에 따라서 바의 흡연석 좌석에서 식사 후에 담배를 피우는 경우가 종종 있는데, 테이블의 청결성을 유지하고 식사 분위기를 고취시키기 위해 담배꽁초가 2개 이상 넘지 않도록 재떨이를 교환해주어야 한다. 재떨이를 교체하는 시간은 식사 중일 때는 가급적 피하며, 담배재가 테이블 위나 음식에 날리지 않도록 한다. 재떨이 교환방법은 깨끗한 재떨이를 소리 나지 않게 사용한 재떨이 위에 가볍게 덮어서 2개의 재떨이를 같이 뺀 후 사용한 재떨이는 트레이에 두고, 덮었던 깨끗한 재떨이는 원래의 재떨이가 있던 자리에 놓는다.

---

10. 계산 서비스

계산서는 식사의 마지막 코스를 서브한 직후 준비한다. 보통 계산은 캐셔 데스크Cashier Desk에서 이루어지는 것을 원칙으로 하나, 테이블에서 고객이 요구할 때는 계산서를 테이블로 가져다준다. 고객에게 계산서를 제공하기 전에 반드시 주문사항과 금액이 일치하는지를 반드시 확인한다. 이때 계산서는 반드시 빌 홀더Bill Holder에 끼워서 보여준 후 영수증과 거스름돈은 캐시 트레이Cash Tray에 담아 공손히 제공한다. 신용카드 계산 시에는 계산서와 함께 고객의 서명을 받고, 객실고객In House Guest일 경우Room Sign 고객의 객실 키와 객실번호를 확인한 후 정확한 풀 네임Full Name과 사인Sign을 받도록 한다. 3장의 빌 중 한 장은 고객에게, 한 장은 경리과로, 마지막 한 장은 업장 마감 후 프런트 캐셔Front Cashier로 전달한다.

식사비 계산에 착오가 없도록 정확히 확인해야 하며, 특이한 기재사항이 없는지 다시 한 번 확인한 후 계산이 끝나면 환송을 하게 된다.

- 종사원은 호텔이 이용한 식음료 상품이 계산서에 정확히 빌링Billing되었는지 확인한다.
- 고객이 계산서를 요구할 때는 즉시 제공한다.
- 빌 홀더Bill Holder를 사용하여 펜과 함께 계산서를 제공하고, 가능하면 고객 테이블에서 계산을 유도한다.
- 고객이 원할 시 계산을 하나로 할지, 나눠서 할지를 확인한다.
- 객실 고객의 경우 룸 번호와 성함을 확인하여 정확히 룸 차지Room Charge로 입력한다.
- 할인정책Discount Policy을 정확히 숙지하여 할인을 적용한다.

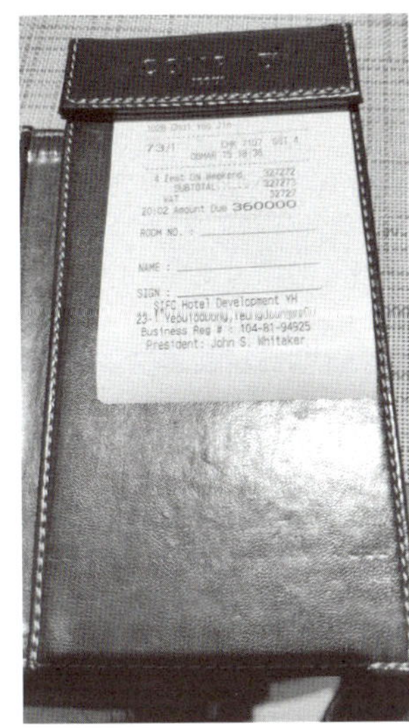

11. 환송 서비스Farewell Service

환송은 고객에 대한 마지막 서비스로서 고객으로부터 식음료 및 종사원들의 서비스에 대한 만족도를 받고, 또한 불편사항이 있을 경우 재발방지를 위한 방안을 모색함으로써 재고객Repeat Guest 창출에 도움을 준다.

환송 시 고객이 일어날 때 의자를 빼주며 테이블 주위(테이블 및 의자 밑)에 빠뜨린 물건이 없는지 확인하고, 계산을 신속히 할 수 있도록 캐셔 데스크로 안내하며, 감사의 표시로 정중한 인사와 재방문을 부탁한다. 이때 고객과 가벼운 대화를 하면서 업장의 출구나 엘리베이터까지 상황에 맞게 환송서비스를 제공한다.

12. 분실물 · 습득물 처리 서비스Lost & Found Service

로스트 & 파운드 서비스는 고객의 분실물의 습득과 보관을 해주는 서비스로서, 호텔 식음료 업장을 이용하는 고객들이 소지품을 분실하거나 종사원이나 다른 고객이 습득하여 신고했을 때 그 분실물 · 습득물을 보관하여 소유주가 나타나면 확인하고 돌려주는 서비스이다. 이때 고객의 분실물은 절대 소홀히 다루어서는 안 되며, 반드시 고객에게 신속 · 정확하게 전해지도록 종사원들은 최선을 다해야 한다. 이러한 서비스를 통해 고객에게 호텔 식음료 업장의 좋은 이미지와 신뢰감을 심어줄 수 있다.

- 고객의 분실물 신고가 있을 때는 이를 지배인에게 보고하여 분실 당시의 시간, 장소, 상황 등을 구체적으로 확인한다.
- 분실물·습득물이 즉시 발견되지 않을 때는 추후 연락을 취할 수 있도록 고객의 연락처를 받아둔다.
- 분실물·습득물을 발견 시 하찮은 물건이라고 생각할지라도 고객에게는 중요한 물건일 수도 있으니 꼭 지배인에게 보고하고, 고객과 연결이 곧바로 되면 즉시 알려주거나 전달되도록 조치한다. 만약 고객과의 연락이 불가능할 때는 호텔 내에서 정한 일정한 장소에 맡기도록 한다.
- 습득물은 규정된 장소에 보관해야 하며, 습득한 시간, 장소, 발견 종사원의 이름 등 육하원칙에 따라 정확히 기록하여, 고객이 찾아갈 경우 이를 확인 대조하여 차후 불미스러운 일이 발생되지 않도록 철저하게 기록해야 한다.

이와 같은 식음료 서비스 순서는 식음료 지배인부터 신입사원에 이르기까지 지켜야 할 고객과의 약속이다. 입사와 동시에 지속적인 교육과 반복훈련을 통해 한층 업그레이드 된 서비스를 제공해야 한다.

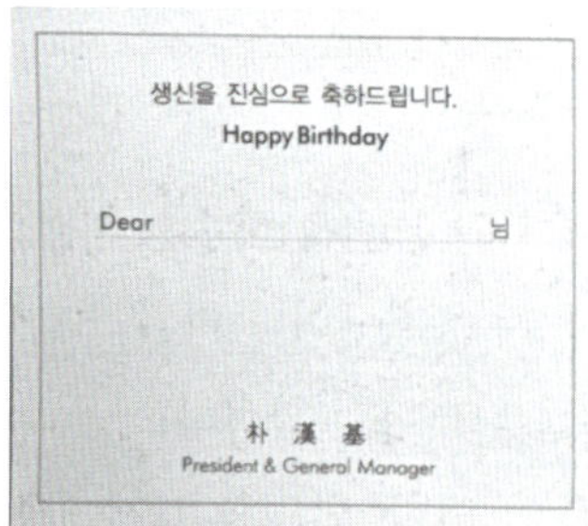

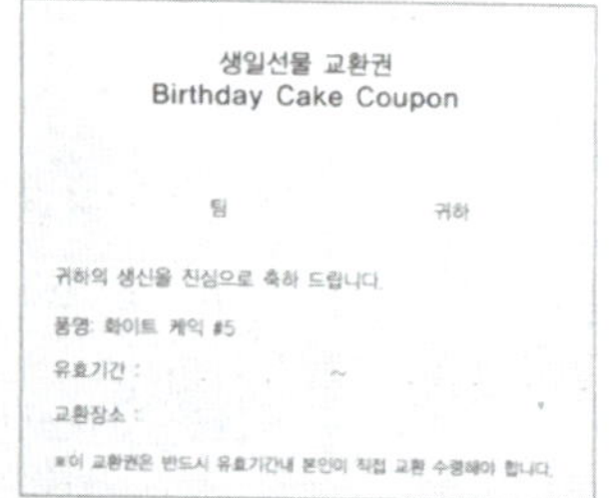

HOTEL RESTAURANT SERVICE PRACTICE

5장

호텔 식당 서비스 실무

일반적으로 식당 서비스는 고객에 대한 식음료 판매행위와 그에 따른 모든 물적·인적 서비스를 제공하는 환대행위라고 할 수 있다. 다시 말해, 식음료 상품을 고객에게 제공함에 있어 고객만족에 입각하여 종사원의 태도, 용모, 복장과 환대정신 그리고 각종 시설과 분위기 등을 제공하는 대고객 차원의 서비스라고 할 수 있다. 오늘날 기계문명의 발달로 모든 산업은 기계화·자동화되어 그로 인해 만들어진 상품들은 가치기준에 따라 판단될 수 있지만, 특히 식당 서비스는 고객의 사회적·경제적 계층에 따라 기호와 취향, 필요 욕구가 달라지므로 기계문명에 부응할 수 없는 특수성을 지녔다고 볼 수 있다.

이와 같이 식당 서비스는 가치판단에 한정을 둘 수 없는 무한한 것이므로, 고객에게 항시 새롭게 부각될 수 있는 요인을 찾아 지속적인 개발 및 개선이 이루어져야 하며, 또한 수요 창출의 극대화에 주력하여 고객의 욕구충족을 위한 최상의 상품을 구비하여 제공해야 한다.

호텔 식음료 서비스는 모든 호텔의 식음료 직무교육에 있어 매우 중요한 요소로서 반드시 숙지해야 될 업무이다. 입사와 동시에 지속적인 교육과 반복훈련을 통해 고객에게 한층 업그레이드 된 서비스를 제공해야 한다.

1절

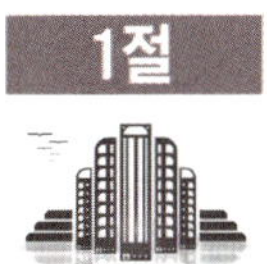

French Restaurant 서비스 실무

1. 프렌치 서비스French Service

프랑스요리는 오늘날 서양요리를 대표하는 요리로, 세계적인 요리로 발전하였다. 프렌치 서비스는 시간적 여유가 많은 유럽의 귀족들이 훌륭한 음식을 즐기던 전형적인 서비스로서 우아하고 정중한 고급 식당에서 제공되고 있는 최고급의 서비스라고 할 수 있다.

이 서비스는 고객의 테이블 앞에서 간단한 조리기구와 재료가 준비된 조리용 카트Cart; Wagon를 이용하여 직접 요리를 만들어 제공하거나, 게리동Gueridon을 이용하여 실버 플래터Silver Platter에 담겨 나온 음식을 레쇼Rechaud나 알코올 또는 가스램프를 사용하여 식지 않게 하여 음식을 덜어주기도 하며, 먹기 편하도록 생선의 뼈를 제거해주고 요리를 잘라주는 서비스를 제공한다.

이 서비스의 특징은 일품요리를 제공하는 전문식당에 적합한 서비스이며, 식탁과 식탁 사이에 게리동이 움직일 수 있는 충분한 공간이 필요하며, 남은 음식은 따뜻하게 보관되어 추가로 서비스할 수 있다. 하지만, 숙련된 종사원으로 접객 편성이 이루어져야 하므로 인건비의 지출이 높고, 다른 서비스에 비해 시간이 많이 걸리는 단점이 있다. 그래서 이러한 서비스는 호텔의 입장에서 보면, 인건비 부담으로 인한 수익성 저하로 인해 플레이트서비스아메리칸 서비스로 대체하는 경향을 보이기도 한다.

손으로 들고 먹는 요리의 경우 핑거볼Finger Bowl을 식탁에 요리와 함께 제공하는데, 반드시 받침과 함께 제공하며, 레몬이나 꽃잎을 띄우고 미지근한 온수를 약 1/3 정도 붓는다.

2. 영업장 준비

서빙 테이블Serving Table은 워킹 테이블Working Table 또는 사이드보드Sideboard라고도 한다. 서빙 테이블은 고객에게 서브하는 데 있어서 필요한 실버웨어류, 차이나웨어류, 글라스류, 양념류, 린넨류 등의 기물들을 갖추어 놓은 테이블을 말한다. 그래서 호텔 식음료 종사원은 업장을 오픈하기 전에 모든 기물들이 완벽하게 갖추어 놓도록 한다.

3. 메뉴 내용

[그림 5-1]의 식음료 주문 순서는 양식상의 풀코스Full Course 주문을 기준으로 나열한 것이며, 식당의 종류, 메뉴의 종류 및 내용, 고객의 선택 등에 따라 주문 순서와 서비스가 달라질 수 있다.

1) 식전주Aperitif

식전주는 식사를 시작하기 전에 식욕을 촉진시켜 주기 위해 마시는 술로 라틴어의 'Apeire'에서 유래되었으며, 영어의 'Open'이라는 뜻으로 식사의 시작이라는 의미를 가지고 있다. 주로 쓴맛이나 신맛이 나는 술 종류를 식전주로 주로 사용하는데, 알코올 도수가 높거나 탄산

그림 5-1 식음료 주문 순서

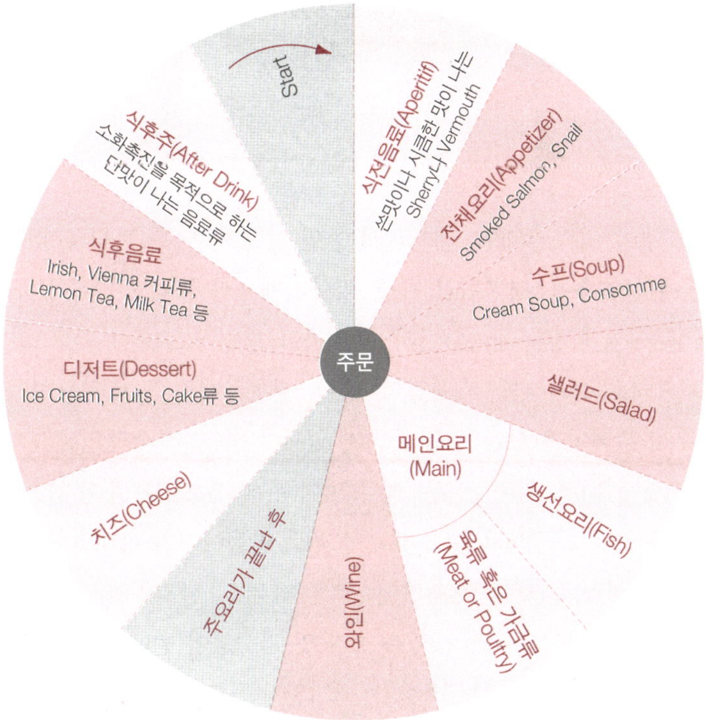

Start
식전음료(Aperitif)
쓴맛이나 시큼한 맛이 나는 Sherry나 Vermouth
전채요리(Appetizer)
Smoked Salmon, Snail
수프(Soup)
Cream Soup, Consomme
샐러드(Salad)
메인요리 (Main)
생선요리(Fish)
육류 혹은 가금류 (Meat or Poultry)
와인(Wine)
주요리가 끝난 후
치즈(Cheese)
디저트(Dessert)
Ice Cream, Fruits, Cake류 등
식후음료
Irish, Vienna 커피류, Lemon Tea, Milk Tea 등
식후주(After Drink)
소화촉진을 목적으로 하는 단맛이 나는 음료류
주문

을 함유한 음료, 맥주와 같이 포만감을 주는 음료는 식전주로는 부적합하다.

호텔 식음료 업장에서 식전주로 사용하는 종류는 버무스Vermouth, 캄파리Campari 맨해튼Manhattan, 마니티Martini, 드라이 셰리Dry Sherry 등이 주로 많이 쓰인다.

2) 전채요리Appetizer

전채요리는 식사 맨 처음에 제공되는 것으로, 불어로 오드볼Hors d'oeuvre의 'Hors'은 '앞'이란 뜻이고, 'oeuvre'은 '식사'라는 뜻으로 식사 전에 제공되는 요리로, 식욕을 돋우어주는 역할을 하는 소품요리이다. 영어로 애피타이저Appetizer라고 하는 전채요리는 한 입에 들어가는 분량이 적은 요리로써 본 요리를 맛있게 먹기 전에 식욕을 촉진시켜 주는 역할을 하는 소품요리를 말한다. 전채요리를 일본에서는 '젠사이,' 중국에서는 '첸차이'라고 부른다.

전채요리는 크게 온도와 가공형태에 따라 분류된다. 온도에 따라 찬 전채요리Cold Appetizer와 더운 전채요리Hot Appetizer로 구분할 수 있는데, 찬 전채요리로는 철갑상어알, 훈제연

어, 테린, 거위간, 생굴, 새우칵테일, 게살요리 등이 있으며, 더운 전채요리로는 식용달팽이, 식용개구리다리, 튀긴양송이, 새우튀김, 구운 바닷가재요리 등이 있다. 이 중 철갑상어알과 거위간, 송로버섯을 '세계 3대 애피타이저' 요리라고 한다.

대중적인 전채요리로는 카나페, 훈제연어, 생굴, 새우칵테일 등이 있으며, 전채요리의 특징은 식욕을 돋우어 주어야 하므로 우선 풍미가 있어야 하고, 시각적으로 보기 좋아야 하며, 다소 짠맛이나 신맛이 나야 하고, 양은 적은 편이며, 대부분 찬 음식이다.

또한 가공 형태에 따라 가공하지 않고 재료 그대로 만들어내며 형태와 모양, 맛 등이 그대로 유지되는 햄, 오이절임, 소시지, 훈제연어, 생굴, 레리시, 살라미와 같은 플레인 전채요리 Plain Appetizer와 조리사의 아이디어와 기술로 조리 및 가공되어 원래의 맛은 유지되나 모양과 형태가 변형되는 각종 무스나 라이브 소시지, 고기완자 등과 같은 드레스드 전채요리Dressed Appetizer가 있다.

세계 3대 전채요리

- 캐비아(Caviar)는 철갑상어의 알을 가공 처리하여 염장한 알을 가리키며, 검은색과 붉은색 두 종류가 있다. 푸아그라(Foie Gras)는 거위간을 반죽하여 묵처럼 만든 것인데, 프랑스어로 '살찐 간(Fat Liver)'이라는 뜻으로, 지방 함량이 높아서 맛이 풍부하고 부드럽다.
- 푸아그라는 자연상태에서 충분한 크기의 간을 얻을 수 없기 때문에, 살찐 간을 얻기 위해 거위를 움직이지 못하게 고정시킨 채 약 1달간 300g의 사료를 하루에 3번씩 강제로 먹여서 사육한다.
- 송로버섯(Truffle)은 흰색과 검은색이 있는데, 흰색이 더 비싸고 특유의 향이 좋으며 금보다 더 비싸고 없어서 못 판다고 한다. 땅 속의 다이아몬드라고 불리는데, 호두 크기의 주먹만 한 감자 모양을 하고 있으며, 보존기간이 1주일도 되지 않아 빨리 먹어야 한다.

3) 수프Soup

불어로 포타주Potage라고 불리는 수프는, 육류나 생선의 뼈, 고기조각을 단독 또는 채소와 향신료를 넣어 5~6시간 우려낸 국물을 기초로 하여 각종 재료를 가미하여 다시 끓인 국물, 즉 스톡Stock, Fond을 기본으로 하여 각종 재료를 넣어 만들어진 것으로써 수프의 기초가 되는 스톡에 의해 맛도 달라진다.

수프의 종류는 온도에 따라 더운 수프Hot Soup와 찬 수프Cold Soup로 나누어진다. 또한 농도에 따라 맑은 수프Clear Soup; Consomme와 진한 수프Thick Soup; Potage로 나누는데, 맑은 수프는 전분을 사용하지 않으며 소, 닭, 생선 등 한 가지 재료를 넣고 끓인 강한 스톡을 맑게 한 것으로, 소고기 콘소메Beef Consomme, 닭 콘소메Chicken Consomme, 생선 콘소메Fish Consomme, 가금류 콘소메 등이 있으며, 진한 수프로는 당근크림 수프, 퓌레Puree 수프, 벨루테 수프, 비스큐Bisque 수프, 차우더Chowder Soup 수프 등이 있다. 이러한 수프는 입안을 촉촉이 적셔주고 위장을 달래주는 역할을 한다. 자기 앞쪽에서 바깥쪽으로 먹는 방법은 미국식이고, 반대로 바깥쪽에서 안쪽으로 떠먹는 방법은 유럽식이다. 수프 스푼은 수프를 다 먹고 수프볼에 그대로 올려놓으면 식음료 종사원이 볼과 스푼을 함께 치운다.

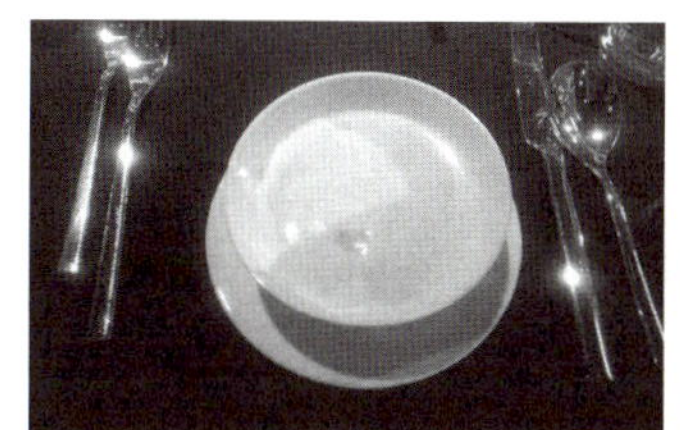
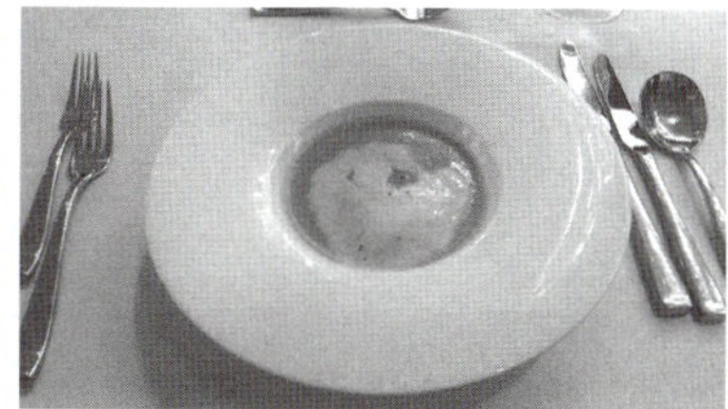

4) 빵과 버터 서비스Bread & Butter Serving

서양요리에서 빵은 요리의 시작과 함께 제공되며, 전채요리, 수프, 생선요리, 메인요리를 마칠 때까지 함께 먹는다. 빵은 요리의 맛이 남아 있는 혀를 깨끗이 해준다. 빵은 본격적이 식사 전에 제공될 때도 있으나, 일반적으로 수프가 끝나는 동시에 제공된다. 처음부터 빵이 나와 있다 하더라도 수프가 끝난 다음부터 후식이 제공될 때까지 사이에 먹어야 하며, 수프에 빵을 찍어 많이 먹게 되면 메인음식의 맛을 제대로 음미할 수 없기 때문에 적게 먹여야 한다.

업장에서는 즐거운 식사가 되기 위해서 맛있고 신선한 빵을 제공해야 하며, 각 코스별로 먹기 전에 전 코스에서 먹는 음식의 맛을 씻어주고 입안의 잔맛을 없애 새로운 맛을 느낄 수 있게 하는 역할을 한다.

빵은 식사 중에 항상 추가로 제공이 가능하고, 빵을 제공할 때는 차갑게 보관한 버터를 함께 제공하지만, 잼은 식욕을 잃게 하므로 고객의 특별한 요청이 없는 한 조식 외에는 제공하지 않는다. 빵과 버터를 제공할 때 고객의 왼쪽 위에는 빵 접시B.B Plate와 위측의 빵바구니Bread Basket에 담고, 버터볼Butter Bowl에 담아서 제공한다. 또한 빵을 다룰 때는 위생상 반드시 빵집게Bread Tong를 사용한다. 그리고 빵을 떼어낼 때는 부스러기가 생기므로, 빵접시 위에서 포크와 나이프를 이용하지 않고 반드시 한 입 정도 크기로 손으로 떼어먹는다. 또한 빵은 전에 먹은 음식의 맛을 정돈하기 위해 먹는 것이므로, 미리 수프 등을 찍어 많이 먹게 되면 메인음식의 맛을 제대로 느끼지 못하기 때문에 적게 먹어야 한다.

제공되는 빵의 종류로는 바게트Baguette, 호미빵Rye Bread, 모닝롤Morning Roll, 하드롤Hard Roll, 포카치아Pocaccia 등이 제공되며, 요즘은 잼이나 버터를 대신해 올리브 오일이나 발사믹 식초 등을 제공하기도 한다.

5) 생선요리Poisson, Fish

생선요리는 정찬요리에서 수프 다음으로 육류요리 전에 제공되는 코스이나 요즘에는 생략되기도 하며, 육류요리보다 지방이 적고 응집력이 약하며, 비타민과 칼슘 및 단백질이 매우 풍부하므로, 건강식으로 혹은 여성들 또는 종교적인 이유로 육류요리 대신 주요리로 즐겨 찾는 요리이다.

주로 바다생선(혀가자미, 대구, 청어, 도미, 농어, 참치, 넙치)과 민물고기(송어, 연어소테, 은어) 그리고 갑각류(왕새우, 바닷가재, 대게, 새우), 패류(전복, 홍합, 가리비, 대합, 굴), 연체류(오징어, 문어) 등이 있다.

완성된 생선요리를 제공할 때는 생선의 머리가 고객의 우측으로 하고, 배 부분은 고객의 앞쪽에 오도록 놓아야 하며, 화인트와인을 곁들여 먹는 것이 일반적이다. 포크로 머리를 누르고, 나이프로 머리와 몸체를 분리시킨 다음 꼬리를 자른다. 생선요리는 비린내를 없애고 담백한 맛을 내기 위해 레몬과 함께 나오는데, 레몬은 손이나 포크, 나이프를 이용하여 즙을 내거나 레몬 스퀴저Lemon Squeezer를 사용해서 즙을 낸다. 생선은 뒤집지 말아야 하고, 살만 발라내어 접시 앞쪽으로 옮겨서 먹고, 뼈를 발라낸 뒤 다시 아랫부분을 먹는다.

6) 주요리Main Dish

육류요리를 흔히 '앙트레Entree'라고도 표현하는데, 앙트레란 영어의 'Enterance'의 뜻으로 정찬의 입구, 즉 본격적인 식사를 시작한다는 의미로 코스메뉴의 핵심적인 메뉴이다. 일반적으로 육류요리로서 많이 제공되고 있는 것은 소, 양, 돼지, 송아지, 가금류Poultry 등이 있다. 스테이크Steak란 '두꺼운 살코기'를 의미하는데, 소고기를 두껍게 잘라 요리한 것으로, 호텔에서는 소고기의 대부분이 스테이크로 제공되고 있다. 특히 송아지고기와 돼지고기는 굽는 정도가 특별히 나뉘어져 있지 않고 웰던Well Done으로 요리되어 소스와 같이 서브된다.

소스의 사용목적은 색상을 부여하여 음식의 풍미를 높이고 영양가를 증진시키며, 육류의 맛을 살리고 식욕과 소화를 돕는다. 소스 사용 시 음식의 맛을 압도할 정도로 농후해서는 안 되며, 소스의 양은 음식의 양보다 적어야 한다. 육류요리는 따뜻하게 제공되어야 하므로, 사전에 메인접시를 따뜻하게 데워놓아야 하며, 고객에게 제공할 때는 뜨거운 채소와 함께 푸드커버Food Cover를 씌워서 나가는 경우도 있다.

호텔에서 많이 쓰이는 가금류는 닭, 오리, 거위, 칠면조 등이 있는데, 육류요리를 싫어하는 고객들이 즐겨 찾는다.

가니시Garnish

육류요리를 제공할 때 함께 제공되는 채소의 종류를 가니시(Garnish)라고 하는데, 색상의 조화를 통해 음식의 맛을 돋우고, 육류와 채소의 조화를 통해 산성식품인 스테이크와 알칼리성식품인 채소와의 영양학적 균형을 도모한다. 주로 브로콜리, 피망, 셀러리, 아스파라거스, 토마토, 감자, 당근, 버섯 등의 더운 채소를 제공한다.

소스Sauce

소스(Sauce)는 라틴어 'Sal'에서 유래되었는데, 육류요리의 맛을 살리고 시각적인 색상을 부여하여 음식의 풍미를 높이고 영양을 증진시켜 주기 위해 뿌려준다. 소스의 종류에는 주로 채소요리에 곁들여 먹는 흰색 소스인 화이트소스(White Sauce)와 스테이크에 곁들여 먹는 갈색소스인 브라운소스(Brown Sauce), 토마토소스와 같이 피자나 밀가루 음식에 많이 사용하는 레드소스(Red Sauce), 그리고 생선찜이나 조림에 많이 사용되는 소스인 옐로우소스(Yellow Sauce) 등이 있다.

표 5-1 소고기의 종류

안심스테이크 (Tenderloin Steak)	소고기 중 최상급에 속하며, 소 한 마리에 약 5~6kg 정도로 육질이 연하고 부드러운 것이 특징이며, 5부위로 나뉘는데, 그중 샤또브리앙(Chateaubriand)은 안심 중 가장 연한 부분으로 19세기 프랑스 귀족 샤토브리앙이 즐겨먹었던 부위이다.
등심스테이크 (Sirloin Steak)	영국의 왕 찰스2세가 즐겨 먹던 스테이크로, 이 스테이크에 남작의 작위를 수여할 만큼 훌륭하다고 하여 loin 앞에 'sir'를 붙여 'sirloin'이라고 불린다.
갈비등심 (Rib Steak)	소의 등 쪽에 있는 부위로 만든 스테이트로 두껍고 지방분이 많다. 대표적으로 Rib Eye Steak가 있다.
티본스테이크 (T-Bone Steak)	T자형의 뼈를 사이에 두고 한 쪽은 등심, 다른 한 쪽은 안심으로 되어 있어 한번에 2가지 맛을 볼 수 있는 스테이크이다. 보통 변의 무게까지 합하면 300g 내외로 일반 스테이크에 비해 양이 많다.

스테이크Steak의 굽기 정도

스테이크의 굽기 정도는 일반적으로 레이, 미디엄, 웰던으로만 알고 있는데, 서양에서는 블루, 레어, 미디엄 레어, 미디엄, 미디엄 웰던, 웰던 등 6종류 가운데 하나를 주문한다. 블루는 레어보다 덜 익힌 상태로 육류를 좋아하는 서양인들의 식습관을 반영한 것이다.

7) 샐러드Salade

샐러드는 양배추, 셀러리, 오이, 토마토 등 싱싱한 생채소를 말하며, 알칼리성인 샐러드는 지방분이 많은 육류요리의 소화를 돕고 영양에 필요한 필수비타민과 미네랄이 함유되어 있어 건강의 균형을 유지시켜 주는 데 좋은 역할을 하고 있다. 샐러드는 여러 가지 종류의 채소와 과일 등을 주재료로 하여 여러 가지 맛의 드레싱Dressing과 함께 제공된다. 샐러드는 반드시 차게 해서 제공되어야 하며, 샐러드 플레이트나 볼을 차게 하여 항상 신선한 상태를 유지해야 한다.

원래 샐러드는 앙트레Entree 다음에 제공되는 것이 원칙이나, 요즘에는 앙트레 전이나 혹은 앙트레와 함께 제공되기도 한다. 샐러드는 반드시 드레싱이 곁들여지는데, 드레싱Dressing은 '몸단장을 마무리한다'라는 뜻으로, 소스를 샐러드 위에 뿌리면 여자가 드레스를 입는 것과 비슷하다는데서 유래하였다. 이처럼 샐러드에 사용되는 소스를 드레싱이라고 하며, 샐러드의 맛을 한층 높여주는데 필수적인 것으로, 향미를 증가시키며 주로 식초와 오일류를 주재료로 한다.

표 5-2 샐러드 드레싱의 종류

프렌치 드레싱 (French Dressing)	올리브유, 식초, 소금, 후추, 양파, 파슬리, 피망 등을 다져넣고 겨자와 향료를 가미하여 향이 강한 드레싱이다.
이탈리안 드레싱 (Italian Dressing)	적포도주, 레몬즙, 올리브유, 소금, 후추, 향료 등을 넣어 만든다.
사우전드 아일랜드 드레싱 (1000 Island Dressing)	마요네즈에 칠리소스, 토마토케첩, 달걀, 양파, 피망, 피클 등으로 만들어, 약간 단맛이 나는 드레싱으로 들어간 재료가 수많은 섬과 같이 보인다 하여 천 개의 섬을 가진 소스라고 해서 이름이 붙여졌다.
러시안 드레싱 (Russian Dressing)	사우전드 아일랜드 드레싱에 캐비아 또는 연어알이 더 첨가된다.

8) 치즈Cheese

서양 사람들은 만찬에서 주요리를 마치면 치즈 코스를 즐기는데, 치즈는 소·염소·양 등 동물의 젖에 들어 있는 단백질이 응고된 식품으로, 우유를 그대로 두면 응고되는 물질, 즉 커드를 이용한 것이다. 어떤 치즈든 원료유의 단백질을 응고시켜 고형물인 커드를 만드는 일부터 시작된다. 소, 양, 염소 등 원료유 등에 따라 치즈를 만드는 방법에는 약 800여 종에 이른다.

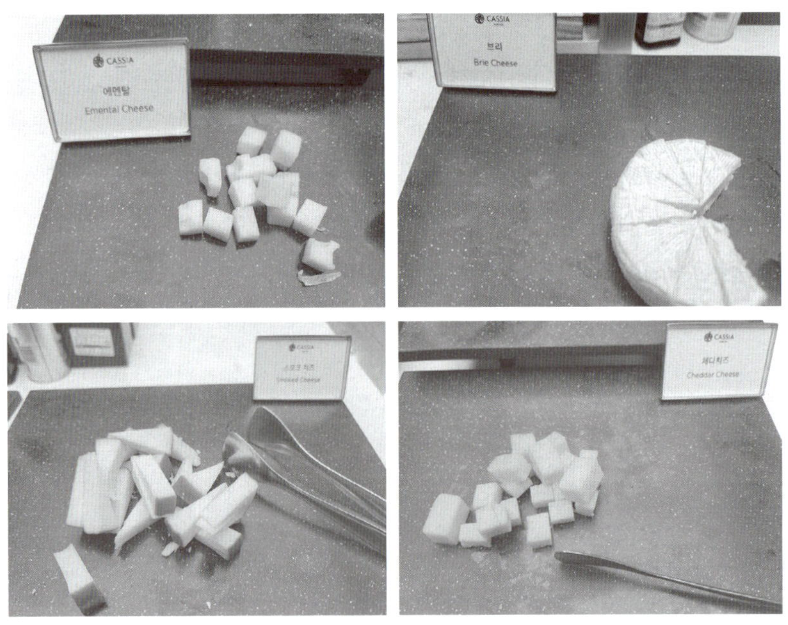

치즈는 크게 자연치즈Natural Cheese와 가공치즈Processed Cheese로 나눌 수 있다. 자연치즈는 제조공정에서 가열처리를 하지 않아 젖산균과 효소가 그대로 살아 있는 경우가 대부분이며, 응고된 커드를 자연상태로 먹을 수 있는 것과, 종류에 따라 장기간 숙성이 필요한 것 등 그 종류가 다양하다.

자연치즈에는 모차렐라Mozzarella, 이탈리아, 카망베르Camembert, 프랑스, 고르곤졸라Gorgonzola, 이탈리아, 고다Gouda, 네덜란드, 체다Cheddar, 영국, 에멘탈Emmental, 스위스 등이 유명하다. 반면, 가공치즈는 남는 치즈의 처리를 고민하다가 1908년 경 스위스에서 만들기 시작했는데, 체다나 에멘탈 등 여러 가지 자연치즈를 배합하여 인위적으로 가열이나 용해를 통해 성형한 것으로, 품질이 일정하고 장기간 보관이 가능하여 상업적으로 대량생산이 가능한 치즈이다. 우선 치즈를 가열 용해한 다음 분유나 우유, 버터, 크림, 유청 등과 마늘, 허브, 후추, 양파, 햄 등 여러 가지 향신료를 넣어 130~140℃로 살균하여 다양한 치즈를 만들 수 있으며, 우리가 소비하는 대분의 치즈가 가공치즈이다.

9) 디저트Dessert

디저트의 어원은 프랑스어의 '데세르비Desservir'에서 유래되었는데, 이는 '치우다, 정리하다'라는 뜻을 가지고 있다.

테이블 위에 글라스류를 제외한 모든 기물들을 치운 후에 제공하며, 후식은 식사의 마지막을 장식하는 감미요리로, 입안에 남아 있는 기름기를 없애주며 소화작용을 돕고 신선하고Fresh, 달콤하고Sweet, 향기Flavor가 있는 음식을 말한다.

디저트는 시각적으로 구미를 당기는 화려한 모양으로 만들어져야 하고, 식사의 모든 코스를 마쳤다는 느낌을 주는 것이 후식의 역할이라 할 수 있다.

디저트의 종류로는 아이스크림, 셔벗, 무스, 아이스푸딩, 젤리 등과 같은 찬 후식Cold Dessert과, 크렙슈젯, 체리주블레, 핫수플레, 팬케이크 등과 같은 따뜻한 후식Hot Dessert이 있다. 이외에도 신선한 과일Fresh Fruit과 치즈 등도 있다.

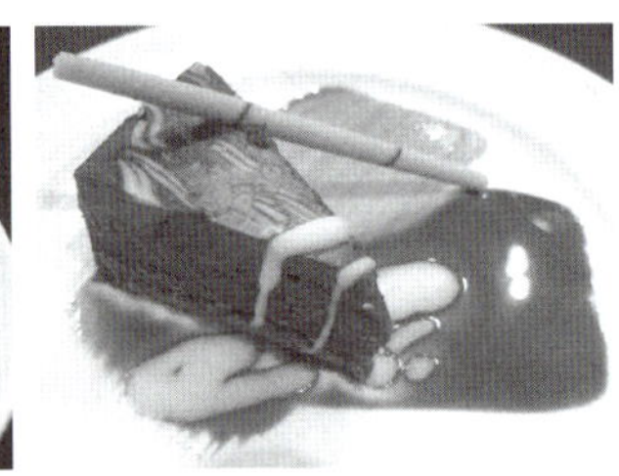

10) 식후 음료Coffee or Tea

모든 식사와 후식이 끝나면 마지막 코스에 음료를 서브하는데, 이때의 음료로는 기호음료인 커피와 홍차, 녹차가 있다.

커피를 제공할 시 맛과 향이 살아 있도록 세심한 주의가 필요하며, 한 잔의 양은 100ml 정도이고, 적정 온도는 80~83°C이며, 설탕과 크림을 넣었을 때 60~63°C가 유지되어야만 커피의 맛이 가장 좋다. 따라서 커피를 서브할 때에 커피뿐만 아니라 커피컵도 뜨겁게 보관되어 있어야 하며, 크림은 너무 차갑게 제공되지 않아야 한다.

표 5-3 **양식의 풀코스 순서**

순서	6코스	8코스	9코스
전채요리	○	○	○
수프	○	○	○
생선		○	○
셔벗		○	○
육류	○	○	○
샐러드	○	○	○
후식	○	○	○
식후음료	○	○	○
식후과자			○

11) 식후주Digestif

식후주는 양식을 제공하는 레스토랑에서 풀코스의 식사를 모두 마치고 소화의 의미로 마시는 술을 말한다. 식전주Aperitif가 식사를 시작하면서 식욕을 촉진시키기 위해 가볍게 마시는 술이라면, 식후주는 식사의 마지막이며 소화를 돕고 입맛을 개운하게 하기 위해 마시는 향이 있고 알코올 도수가 높은 술을 의미한다.

일반적으로 식후주로 적당한 술은 코냑이나 브랜디, 위스키 종류와 포트와인, 드리이 셰리, 혼성주 등이 적당하다.

4. 프렌치 서비스 방법

프랑스에서는 게리동서비스를 제공하는데, 게리동이라 불리는 웨건에 음식을 조리하여 고객 앞에서 플람베 쇼잉Showing을 보이거나, 생선요리의 경우 뼈를 발라주는 등 고객에게 서비스하는 최고급서비스를 제공한다. 프렌치 서비스는 시간적 여유가 있고 유럽의 전통적인 우아한 서비스를 즐기는 미식가들에게 어울리는 서비스 방식이다.

- 모든 테이블은 최대의 고객 수에 맞춰 세팅이 되어야 하며, 채워지지 않은 좌석의 세팅은 치운다. 메뉴는 시계도는 방향으로 1인 1매를 제공하며, 고객의 우측에서 제공하고, 주문받을 때는 고객의 좌측에 위치한다(경우에 따라선 유동적일 때도 있다).
- 항상 메모용지와 볼펜을 지참하여 즉시 주문 내용을 받아 적는다.
- 주문기록은 주문서Captain Order, Order Slip에 필요한 사항을 통일된 약자로 정확히 기재하며, 반드시 복창하여 확인한다.
- 주문받을 때는 양 발을 모으고, 양 팔은 겨드랑이에 자연스럽게 붙이며, 양 손은 주문서와 볼펜을 쥐고 가슴은 앞으로 하여 허리를 15도 정도 숙이고, 고객의 좌측에서 얼굴을 주시하며 공손히 주문을 받는다.
- 주문 받는 순서는 시계도는 방향으로, 여성, 남성, 여주인, 호스트Host 순으로 받는다 (단체고객 또는 인원이 많은 고객일 경우, 예외적으로 호스트가 일괄적으로 주문받는 경우도 있다).
- 고객의 특별한 주문요청이 있을 경우 주방과 신속히 연락하여 가능 여부를 확인한 후 주문을 결정하며, 그 업장에 없는 메뉴라 하더라도 요청이 있을시 가능하다면 제공하

도록 노력해야 한다.

- 시간이 오래 걸리는 요리는 주문받을 때 반드시 소요시간을 말씀드려야 한다.
- 요리 주문이 끝나면 와인리스트Wine List를 고객의 우측에서 제공한다. 와인은 주로 주문된 주요리에 잘 어울리는 품목으로 권유하여 주문받으며, 고객의 불평이 발생하면 의심의 여지없이 교환해야 한다.
- 접시는 고객의 왼쪽에서 제공하고 오른쪽에서 치운다. 주요리Main Dish 중 껍질이 있는 바닷가재요리Lobste 제공 시 클로우 크랙커Claw Cracker: 껍질이 단단한 것을 깨는 집게와 랍스터 픽Lobster Pick: 랍스터 포크라고도 하며 랍스터의 살을 빼내는 기구을 제공하며, 따뜻한 음식은 푸드커버Food Cover로 덮어 주방에서 운반한다. 또한 메인코스는 애피타이저 접시가 다 치워지기 전에 서브되어서는 안 된다.
- 지배인은 서비스 동안 각 테이블을 한 번씩 돌아보고, 고객이 만족스러워하는지를 점검한다.
- 고객이 식사를 마친 후 5분 이내에 테이블을 다시 세팅한다.

표 5-4 서울 시내 5성급 호텔 프렌치 레스토랑

호텔 명	특징	좌석수 및 영업시간
Grand Hyatt Seoul "Paris Grill"	유럽피안 스타일의 편안함과 세련미를 지니고 있으며, 2개의 프라이빗 다이닝룸을 운영하고 있고, 오픈키친을 통하여 주방장의 요리과정을 직접 볼 수 있다.	• 좌석수: 총 155석+별실 2실 • 아침: 07 : 00~9 : 30 • 점심: 12 : 00~14 : 30 • 저녁: 18 : 00~20 : 30 • 브런치(토 · 일요일 및 공휴일): 10 : 30~14 : 30
Grand Inter Continental Seoul Parnas "Table 34"	세련된 감각의 인테리어와 전문 소믈리에, 국내 최대의 와인셀러 및 최고급 메뉴와 서비스를 제공한다.	• 좌석수: 총 84석+별실 2실 • 점심: 12 : 00~14 : 30 • 저녁: 18 : 00~22 : 00 • 브런치(토 · 일요일 및 공휴일): 오전 11 : 00~14 : 30
Lotte Hotel Seoul "Pierre Gagnaire"	차별화된 인테리어와 환상적인 조망을 비롯하여 혁신적이고 다양한 조리법과 130여 종의 와인을 포함하여 제공한다.	• 점심: 12 : 00~15 : 00 • 저녁: 18 : 00~22 : 00
THE SHILLA SEOUL "콘티넨탈"	서울의 전경과 함께 프렌치 정찬을 즐길 수 있는 레스토랑으로, 국내 및 세계 각국에서 공수한 건강하고 신선한 제철 식재료 및 셰프들의 끊임없는 연구를 기반으로 현대적이고 독창적으로 구현한 모던 프렌치 레스토랑이다.	• 점심: 12 : 00~14 : 30 • 저녁: 17 : 30~21 : 30

2절

Italian Restaurant 서비스 실무

이탈리아Italia는 음식에 대한 자부심이 매우 강하며, 주위가 바다로 둘러싸여 있어 해산물이 풍부하고 생선요리가 유명하다. 이탈리아 레스토랑의 메뉴 구성은 기본적으로 안티파스티Antipasti: 전채요리, 프리미 피아티Primi Piati: 수프, 파스트, 리조토, 세콘디 피아티Secondi Piatti: 육류나 생선요리, 인살라타Insalate: 샐러드, 포르마지오Formaggio: 치즈, 돌체Dolce: 디저트, 카페Cafe: 커피 등으로 구성되어 있다. 이탈리아요리는 특별히 코스가 정해져 있지 않으므로, 세콘디 피아티를 중심으로 기호에 따라 메뉴를 선택할 수 있다.

서울 시내 5성급 호텔의 이탈리안 레스토랑은 프렌치 레스토랑을 대신하여 식음료 레스토랑의 전략적인 역할로 중요성이 극대화되고 있다.

1. 피자Pizza

나폴리Napoli 사람들이 처음 만들었다고 하는데, 도우Dough는 밀가루, 물 그리고 약간의 이스트로 만들어 하루 정도 발효·숙성시킨 후 반죽하여 사용한다. 전통적으로 치즈와 오일 그리고 허브로 만들며, 벽돌로 된 오븐이나 전기오븐 등에서 구워져 제공된다. 토마토는 19세기 초에 첨가되었으며, 나폴리피자는 얇고 바삭바삭하다.

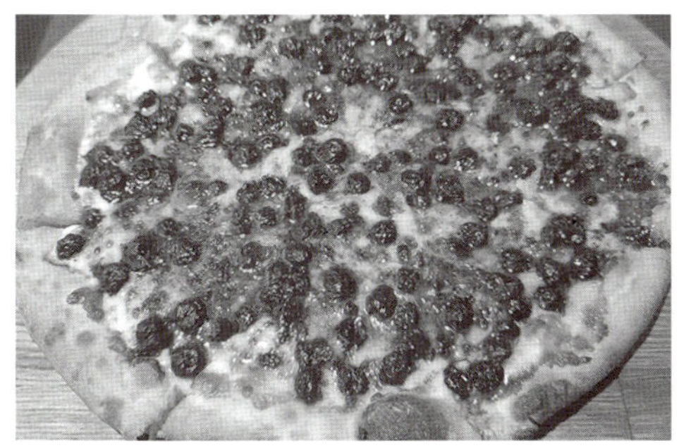

2. 파스타Pasta

파스타는 밀가루로 반죽하여 만든 면류를 총칭한다. 이탈리아에서는 우리나라처럼 한 끼의 식사로 먹기보다는 주로 애피타이저와 메인 사이에 먹는 것이 일반적이다.

밀Wheat로 만들어지며, 스파케티Spaghetti, 마카로니Macaroni, 라자니아Rasagne, 라비올리Ravioli 등이 유명하다.

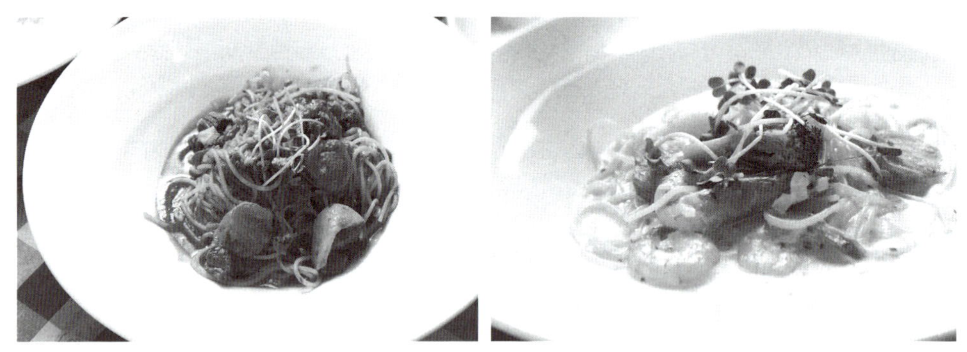

3. 리조토Risotto

리조토는 쌀을 스톡으로 익혀 만든 걸쭉한 밥이다. 기본적인 조리법은 버터를 두른 냄비에 쌀을 넣고 뜨거운 육즙을 넣어 계속 저어주면서 익힌다.

표 5-5 서울 시내 5성급 호텔 이탈리안 레스토랑

호텔 명	특징	영업시간
Lotte Hotel Seoul "PENINSULA"	제철 식재료 및 유기농 밀을 사용한 각종 파스타, 피자 등의 현대적이고 감각적인 정통 이탈리안요리와 500여 종의 와인 컬렉션을 즐길 수 있다.	• 아침: 06 : 30～10 : 00 • 점심: 11 : 30～14 : 30 • 저녁: 18 : 00～22 : 00 • 바: 6 : 30～24 : 00
The Westin Chosun Seoul "VECCHIA E NUOVO"	2003년 처음 문을 연 베키아 에 누보는 이탈리아어로 "Old & New"라는 의미로 현대적인 디자인과 친숙한 서비스, 그리고 세련되고 자연스러운 맛을 추구하면서 무엇보다도 음식은 건강에 좋아야 한다는 것을 모토로 삼고 운영하고 있다.	• 주중: 11 : 30～22 : 30 • 토 · 일요일: 11 : 30～20 : 00
JW Marriott "OLIVO"	이탈리안 조리장이 신선한 재료와 최고급 올리브오일을 사용해 이탈리아 뜨라또리아 스타일의 가정식요리를 제공한다.	• 좌석수: 70석 • 점심: 11 : 45～14 : 30 • 저녁: 18 : 00～22 : 00
The Plaza "Tuscany"	이탈리아 본토의 풍미를 현대적이고 고급스러운 감각으로 재현하기 위하여 이탈리아 현지 주방장이 유기농 밀을 이용한 파스타와 디저트 메뉴와 계절메뉴 등 다양한 이탈리아요리를 선보인다.	• 좌석수: 55석(별실 5실) • 점심: 11 : 30～14 : 30 • 저녁: 18 : 00～22 : 00
Mayfield "La Festa"	전면이 투명유리로 되어 있어 계절별 전경을 감상하며 식사할 수 있으며, 육류와 해산물, 파스타, 피자 등 정통 이탈리아요리와 와인을 즐길 수 있는 레스토랑이다.	• 점심: 12 : 00～15 : 00 • 저녁: 18 : 00～22 : 00

3절

Korean Restaurant 서비스 실무

한식은 주식과 부식이 뚜렷하게 구분되어 있으며, 다양한 식재료와 조리법으로 생산함으로써 재료의 특색에 맞게 조리되어 왔다. 특히 쌀을 주식으로 김치, 된장찌개, 불고기, 비빔밥 등 다양한 요리문화가 발달되어 있지만 표준식단의 개발에 있어서 양식요리에 비해 어려움이 많은 실정이다.

서울시내 5성급 호텔 중 4개 정도의 한식당을 운영하고 있는데, 이는 일반 외식업체의 한식 레스토랑과의 차별화의 어려움과 호텔에서 운영하기에 많은 인건비와 재료비 등이 주요 요인으로 작용하고 있다.

1. 메뉴 구성

1) 주식류

주식류는 밥(흰밥, 보리밥, 잡곡밥, 팥밥, 콩밥, 차조밥, 찰수수밥, 오곡밥, 감자밥, 고구마밥, 밤밥, 찰밥 등), 죽(흰죽, 어패조류죽, 잣죽, 깨죽, 밤죽, 미음 등), 떡국, 면류 등이 있다.

2) 부식류

부식류는 밥에 곁들여서 밥맛을 돋우고 영양분을 보충하는 반찬으로써 국류(탕류), 찌개류(조치류), 전골, 찜류, 전, 조림, 구이류, 산적, 나물, 회, 편육, 젓갈류, 김치류 등이 있다.

3) 후식류

후식류는 떡 종류와 유과, 약과, 다식, 엿강정 등의 한과류 그리고 식혜, 수정과, 화채류 등과 같은 음청류 등이 있다.

2. 한식 상차림

한식은 서양식과는 달리 요리를 한두 가지씩 차례대로 먹는 '시간전개형 식사법'이 아닌 모든 요리를 한 상에 차려놓고 먹는 '공간전개형 식사법'이 발달하였다. 이와 같은 음식의 상차림에는 상차림의 목적에 따라 반상, 면상, 주안상, 교자상 등이 있다.

반상은 밥을 주식으로 하는 형식의 상으로 밥과 탕, 김치, 간장, 조치(찌게, 찜) 등의 기본식과 반찬류, 후식으로 이루어지는데, 반찬의 수를 첩수라 하여 수에 따라 3첩, 5첩, 7첩, 9첩, 12첩 반상으로 나눈다.

3첩 반상은 양반가의 간식 상차림이며, 5첩과 7첩 반상은 양반가의 평소 상차림을 말하고, 9첩 반상은 양반가의 대가집 상차림, 12첩 반상은 임금님 수라상차림을 말한다.

면상은 주로 점심 때 간단하게 별식으로 온면, 냉면, 떡국류 등의 국수류를 주식으로 차리는 점심상이다.

주안상은 주류만을 대접하기 위한 상으로 육포, 어포, 건포, 전류와 편육류, 신선로, 전골, 얼큰한 고추장찌개, 겨자채 같은 생채요리, 김치 등 손님에게 약주를 대접할 때 차리는 술상이다.

교자상은 생일, 돌 회갑, 혼인 등의 축하연이나 회식, 모임 등의 상차림으로 4명, 5명, 8명 분량을 하나의 식기에 담아내는 잔칫상을 말한다.

3. 한식 서비스 방법

한국요리의 상차림과 그 서비스 방법은 상차림의 형식, 지방, 차리는 사람, 상의 내용, 장소 또는 그 외의 여건에 따라 차이가 있다. 그러나 주식과 부식을 분리하여 영양상 균형이 있고 맛있는 식사를 준비하기 위하여 예로부터 개선되어 전해 내려오는 일정한 형식과 원칙이 있는데, 이를 기본상인 반상을 중심으로 살펴보면 다음과 같다.

표 5-6 한식 서비스 방법

구분	서비스 방법
차와 물수건 서비스	• 차 서비스는 고객의 오른쪽에서 여성이나 연장자로부터 하여 찻잔에 7부 정도 따른다. • 차는 항상 뜨거워야 한다. • 물수건은 차 서비스 후 고객의 오른쪽 테이블 위에 올려놓는다.

음식 서비스	• 접대할 경우에는 반상기를 사용하므로, 요리를 담은 그릇은 뚜껑을 덮는다. • 국물이 있는 요리는 오른쪽, 마른요리는 왼쪽에 놓는 것을 원칙으로 한다. • 상의 오른쪽 아랫부분에는 국이나 찌개처럼 국물이 있는 더운요리를 놓는다. • 소스에 해당하는 양념간장, 초고추장, 새우젓 등의 주위에는 이들이 필요로 하는 요리를 놓아 중앙을 차지하게 한다. • 손이 자주 가는 요리는 앞에 놓고, 짠 젓갈 반찬은 멀리 놓는다. • 중간 줄은 마른 찬이나 조림 등을 놓는다. • 사이드 디시에 생선가시나 음식찌꺼기가 있을 경우 자주 갈아준다. • 두 사람 이상이 식사할 경우 김치는 중앙에 놓고, 더운요리와 찬요리는 서로 대각선으로 놓아 서로 이용하기가 편리하도록 한다. • 순서에 따라 요리를 낼 경우 차가운 반찬, 마른반찬, 국물 없는 더운요리, 국물 있는 더운요리의 순으로 상에 놓는다. • 기본찬의 내용이 같은 것이 겹치지 않도록 한다. • 식사가 끝나면 식기를 전부 치우고 메뉴에 따라 후식과 과일을 놓는다.

자료: 권용주 외 3인, 호텔외식산업식음료경영 · 관리론, 백산출판사, 2005: 76과 호텔신라교육원 식음료 자료를 재구성.

표 5-7 서울 시내 4 · 5성급 호텔 한식당

호텔 명	특징	영업시간
Mayfield “낙원,” “봉래헌”	낙원은 자연친화적인 인테리어와 화학조미료 사용을 자제하고 식재료 본연의 맛을 최대한 살린 갈비전문 레스토랑이며, 봉래헌은 전통 한옥에서 코스메뉴와 계절별 정식 등 궁중 한정식을 제공하는 한식당이다.	• 점심: 12 : 00～15 : 00 • 저녁: 18 : 00～22 : 00 • 주말: 12 : 00～20 : 00
Sejong “엘리제”	국내 최초로 한식을 뷔페화 한 업장으로, 매일 100여 가지 한식요리 축제를 개최하고 각종 요리경영대회 한식 부문 대상을 수상한 조리사가 음식을 만들어 제공한다.	• 아침: 06 : 30～10 : 00 • 점심: 12 : 00～14 : 30 • 저녁: 18 : 00～21 : 30
Lotte Hotel Seoul “무궁화”	한국 정통 반가음식의 한정식을 현대적 감각으로 재해석하고, 한식 전통의 맛을 바탕으로 하여 세계인의 입맛에 맞는 모던한 감각이 가미된 음식과 한식과 잘 어울리는 와인과 고급 명차 그리고 고급 명주를 제공한다.	• 점심: 11 : 30～14 : 30 • 저녁: 18 : 00～22 : 00
Grand Walkerhill “온달,” “명월관”	온달에서는 신선한 재료와 조리장의 정성으로 선보이는 궁중 전통 상차림을 제공하며, 명월관에서는 최상의 우육과 참숯으로 뛰어난 갈비맛을 선보이는 한식당이다.	• 좌석: 온달(104석), 명월관(306석) • 점심: 12 : 00～15 : 00 • 저녁: 18 : 00～22 : 00 • 명월관: 12 : 00～22 : 00
THE SHILLA SEOUL “라연”	전통의 맛을 세심하고 세련되게 표현한 한식당으로, 전국 각지에서 엄선한 제철 식재료를 정통 조리법을 바탕으로 현대적으로 재해석한 한식당이다.	• 좌석: 총 40석(룸 1실) • 점심: 12 : 00～14 : 30 • 저녁: 17 : 30～21 : 30

4절

Japanese Restaurant 서비스 실무

"일본요리는 눈으로 먹는 요리다."라는 말이 있는데, 이는 일본요리가 시각적인 아름다움을 중요시하고 있기 때문이다.

일본은 사면이 바다로 둘러싸여 있어 해산물요리가 발달하였으며, 일본인이 일상 먹는 요리를 총칭하여 일식이라고 한다. 일본열도는 북동에서 남서로 길게 뻗어 있고 바다로 둘러싸여 있으며 지형, 기후에 변화가 많으므로, 사계절에 생산되는 재료의 종류가 많고 계절에 따라 맛이 달라지며 해산물이 풍부하여 어패류를 이용한 요리가 발달하였다. 일본요리는 쌀을 주식으로 하고 농산물・해산물을 부식으로 하여 형성되는데, 일반적으로 맛이 담백하고 색채와 모양이 아름다우며 풍미(향기, 혀끝 감촉, 씹는 맛 등)가 뛰어난 것이 일본요리의 특징이다. 또한 신선도와 위생을 중요시 하며 요리를 담을 때 기물과 공간 및 색상의 조화를 생각하고, 비교적 요리의 양이 적으며 섬세하고 계절감이 뚜렷하다.

일본요리는 지역적으로 교토(京都), 오사카(大阪)를 중심으로 한 '관서요리'와 동경(東京)을 중심으로 한 '관동요리'로 구분할 수 있다.

관동요리는 사회적 지위가 높은 사람들에게 제공하기 위한 의례요리가 발달하였으며, 맛이 진하고 달고 짠 것이 특징이다. 관서요리는 관동요리에 비해 맛이 엷고 부드러우며 설탕을 비교적 쓰지 않고 재료 자체의 맛을 살려 조리하는 것이 특징이다. 따라서 재료의 색상이 거의 자연 그대로 유지되기 때문에 모양이 아름답다.

5성급 호텔의 일식당의 경우 최고급・최상급의 식재료 사용, 전문 셰프의 창의적 코스요리, 세련된 분위기와 서비스 등이 결합된 프리미엄 다이닝 공간으로 고급 손님의 접대, 소중한 모임의 장소 등으로 인식되어 운영되고 있으며, 메뉴 가격은 상당히 높은 가격대를 형성하고 있다.

1. 메뉴 구성

1) 본선요리(혼젠요리)

본선요리는 '일본의 정식요리'라고 할 수 있으며, 옛날 일본 도산(약 370~400년 전)시대의 조리법으로 전해 내려오다가, 에도시대로 들어서면서 조리법이 문화의 변천에 따라 화려해지고 요리도 예술성을 띠게 되어 정식 향연요리에 이용되어 지금까지 내려오고 있다. 그러나 요즘은 격식을 차려야 할 중대한 연회나 혼례요리 등 외에는 별로 이용하지 않는 형식이다. 즙(汁, 국)과 채(菜, 반찬)의 수와 종류에 따라 상차림이 달라지는데, 식단의 기본은 국물요리 하나에 3가지 반찬으로 구성된 1즙3채, 2즙5채, 2즙7채, 3즙7채, 3즙11채 등의 상차림이 있으며, 상을 차려내는 순서와 먹는 방법에 정해진 예절이 있다.

2) 회석요리(會席料理: 가이세키요리)

회석요리(懷石料理)는 혼젠요리가 기본이면서 간편하고 즐겁게 식사할 수 있는 연회요리이다. 연회석(宴會席)에서 차리는 회석요리로 일본인들이 거의 일상적으로 접할 기회가 많은 오늘날 일본요리의 형대이다. 회석요리는 고객이 음식을 먹는 속도에 따라 오시기리고 하는 네모난 쟁반에 요리를 한 가지씩 내놓는 코스요리로 진미, 전채, 맑은장국, 생선회 또는 초무침, 구이요리, 삶은요리, 밥, 과일 순으로 나온다. 참고로, 회석요리는 차를 마시기 위한 식사를 위주로 하나, 요리로 차茶를 즐기기 위한 요리이다.

3) 정진요리(精進料理: 쇼진요리)

일본에 불교전래 시 중국의 불교승이 일본에 귀화하는 일이 많아지면서 불교승의 독특한 요리인 정진요리가 보급되었다.

불교의 전래로 일본에 귀화하는 중국 불교승들이 많아지자 비린 냄새가 나는 생선과 육류를 전혀 사용하지 않는 정진요리가 점차 보급되었다. 수도하는 불교인들이 살생을 할 수 없었기 때문에, 어류나 육류를 이용하지 않고 채소만을 이용하여 만든 요리이다.

정진요리의 뜻은 유정(有情: 동물)을 피하고 무정(無情: 식물)인 채소류, 곡류, 두류(豆類), 해초류만으로 조리한 것을 말한다. 육류를 이용하지 않고 버섯이나 기타 마른채소를 이용하여 고기맛이 나도록 한 것이 특징이다.

일본 술 사케(日本酒)

사케(酒)는 원래 일본에서 술을 총칭해서 쓰는 말로, 최근에는 '일본 술'이라는 뜻으로 명사화 되었다. 사케는 '니혼슈(日本酒)'라고도 하는데, 쌀로 빚은 일본식 청주를 말한다. 우리나라의 '정종(正宗)'은 사케 브랜드 중 하나로 일제강점기 때 일본인이 부산에 최초로 청주공장을 세웠는데, 이곳에서 만들어진 청주 브랜드가 '정종'이었기 때문에 우리나라 사람들에게는 정종이 사케의 대명사로 인식되고 있다.

2. 일식 서비스 방법

각 호텔마다 다소 차이가 있으나, 다음과 같은 방법이 가장 일반적인 서비스 방법이다. 일식의 테이블 세팅은 기본 테이블 세팅과 스시카운터 세팅으로 분류할 수 있다.

표 5-8 일식 서비스 방법

구분	서비스 방법
일반적인 서비스	• 물수건은 고객 앞에서 인사한 후 고객의 오른쪽에서 낸다. • 사시미와 모둠요리가 2인분 이상일 경우, 앞 접시는 언제나 곁들인다. • 샤부샤부나 스키야키 등 냄비요리를 치울 때는, 냄비 안에 작은 그릇을 담지 말고 트레이로 작은 그릇부터 차례로 치운 후에 냄비는 냄비대로 별도로 치운다. • 냄비요리를 낼 때는 냄비요리를 끓이는 시간이 소요되기 때문에, 고객과 대화를 나누는 편이 좋다. • 가이세키요리의 경우 요리에 대한 설명을 할 수 있도록 충분한 지식을 갖추도록 한다.
룸에서의 서비스	• 고객이 룸 안에 들어가면 구두를 가지런히 한다. • 문을 열고 닫을 때 무릎을 꿇고 양손으로 문을 열고 닫는다. • 문을 열 때는 처음 윗부분을 열고 난 후에 양손으로 아랫부분을 연다. • 방문은 약 10~15cm 정도 열어 놓고, 밖에서 대기자세를 하면서 고객의 상황을 살핀다. • 고객이 룸 안의 벨을 사용하기 전에 필요한 것이 없는가를 먼저 살핀다. • 고객에게서 항상 시선을 떼지 말고 서비스에 최선을 다한다. • 서브를 하고 나올 때는 뒷모습이 보이지 않도록 한다. • 룸 안에서는 항상 트레이를 사용한다.

룸에서의 서비스	• 음식과 그릇이 고객의 머리 위로 가지 않도록 한다. • 빈그릇이 많이 있을 경우에는 트레이를 2개 갖다놓고, 한 트레이는 치워 사이드 테이블 위에다 놓고 다른 트레이를 사용하여 나머지를 치운다. • 그릇을 들 때는 입을 대지 않는 한쪽 가장자리를 잡는다. • 룸에 들어갈 때나 나올 때는 항상 정중하게 목례를 하고 서비스에 임하도록 한다.
스시카운터 서비스	• 오픈 전 다이를 깨끗이 닦고, 스시용 쟁반을 올려놓는다. • 왼쪽 위에 냅킨, 오른쪽 위에 간장, 밑에 하시오키 그리고 위에 하시를 올려놓는다. • 예약석의 경우, 냅킨을 예쁜 모양으로 접어 예약석임을 표시한다. • 고객이 들어오면, 조리사와 종사원은 밝은 표정으로 인사하고 착석을 보조한다. • 고객에게 물수건과 오차 서비스를 하며 음료의 주문을 받는다. • 고객에게 주문할 수 있는 충분한 시간을 드린 후 주문을 받아 주문대로 서비스한다. • 고객이 식사를 마치면 고객에게 식사 평가를 여쭌 후 오차와 디저트를 제공한다.

자료: 권용주 외 3인, 호텔외식산업식음료경영 · 관리론, 백산출판사, 2005: 81~82; 호텔신라 교육원 매뉴얼, pp. 8~9.

일식당 조정식(朝定食)

호텔 일식당의 조식 메뉴 구성과 세팅은 다음과 같다.

- 젓가락(하시)
- 된장국(아카다시)
- 더운 야채(미모노)
- 구이(야키모노)
- 소량의 음식(고바치)
- 밥(고항)
- 일본김치(오싱코)
- 맛김(나가사라)
- 조림
- 젓갈류(고자라)

이렇게 정해진 형식을 기본으로 하여 호텔의 일식당마다 다양하게 변화를 주고 있다.

표 5-9 서울 시내 5성급 호텔 일식당

호텔 명	특징	좌석수 및 영업시간
Grand Hyatt Seoul "AKASAKA"	109개의 마스크가 벽면을 장식하고 있는 메인 레스토랑과 스시바, 철판구이 코너가 있으며, 메일 레스토랑에서는 어느 자리에서나 한강을 굽어 볼 수 있는 최고의 전망이 펼쳐진다.	• 점심: 12 : 00~14 : 30 • 저녁: 18 : 00~22 : 30
Grand Intercontinental Seoul Parnas "HAKONE"	신선한 가이세키, 초밥, 사시미를 제공하는 정통 일식 레스토랑	• 좌석수: 124석(별실 10) • 아침: 07 : 00~09 : 30 • 점심: 11 : 30~14 : 30 • 저녁: 18 : 00~22 : 00
Novotel Ambassador Gangnam "SHUNMI"	일본어로 "최절정의 맛"을 뜻하며, 세계적 레스토랑 가이드북인 '자갓'이 맛 · 분위기 · 서비스에서 고루 높은 점수를 준 최고급 일식 레스토랑	• 좌석수: 136석 • 점심: 12 : 00~15 : 00 • 저녁: 18 : 00~22 : 00
JW Merriott "MIKADO"	일본 전통의 미를 현대적으로 재해석하여 모던하면서 세련된 분위기를 연출하며 비즈니스 및 가족모임뿐만 아니라 상견례 장소로도 제격인 일식 레스토랑	• 좌석수: 128석(별실 7) • 점심: 11 : 45~14 : 30 • 저녁: 18 : 00~22 : 00
Lotte Hotel Seoul "MOMOYAMA"	스시의 명가 '긴자 스시꼬'와 카이세키의 명가 '츠키지 타무라'에서 직접 전수받은 국내 최고 수준의 스시와 카이세키요리를 선보이는 일식 레스토랑	• 점심: 11 : 30~14 : 30 • 저녁: 17 : 30~21 : 30
Grand Walkerhill "KIYOMIZ"	일본 본토의 맛과 분위기를 그대로 재현한 정통 일식 레스토랑	• 좌석수: 120석 • 아침: 07 : 00~10 : 00 • 점심: 12 : 00~15 : 00 • 저녁: 18 : 00~22 : 00

5절

Chinese Restaurant 서비스 실무

중식요리는 넓은 대륙에서 생산되는 다양한 식재료를 각 지방의 기후, 관습, 지형에 따라 독특한 요리로 발전시켜왔는데, 일명 '청요리'라고도 한다. 중국은 오랜 세월을 두고 넓은 영토와 영해에서 다양한 산물과 해산물을 얻을 수 있었으며, 이들 산해진품을 이용한 요리는 불로장수를 목표로 하여 오랜 기간의 경험을 토대로 꾸준히 다듬고 연구 · 개발되어 현재는 세계적인 요리로까지 발전하게 되었다.

일식당과 더불어 중식당은 고급 레스토랑으로 인식되어 호텔에서 고객들이 많이 이용하는 레스토랑이다.

다시 말해, 중국요리의 특징은 재료가 광범위하며, 맛이 다양하고 풍부하며, 조리기구는 간단하고 사용이 용이하며, 조리방법이 다양하고 기름을 많이 사용한다. 또한 조미료와 향신료의 종류가 풍부하고, 음식의 외향이 화려하다고 할 수 있다. 또한 요리에 녹말을 많이 사용하는데, 이는 음식에서 물과 기름이 분리되지 않으며, 음식이 빨리 식지 않고, 음식의 영양소가 녹말전분에 잘 부착되어 영양소의 파괴를 최소화 할 수 있기 때문이다. 그리고 찬 요리보다는 따뜻한 요리가 많으며, 찜요리가 발달되어 보신(補身)에 영향을 둔 음식이 발달하였다.

일반적으로 중국요리는 오랜 역사 속에서 지역적인 특성과 세계 각국 민족이 선호하는 기호도에 따라 다양한 조리방법과 맛이 개발되어 현재에 이르고 있다. 중국요리는 지역적인 특성에 따라 북경요리, 남경요리, 광동요리, 사천요리로 구분할 수 있다.

표 5-10 **중국요리의 지역별 특성**

지역	특성
북경요리 (베이징요리)	일명 '징차이(京菜)'라고도 하며, 북경을 중심으로 강한 화력을 내어 빠르게 조리하는 튀김요리와 볶음요리가 발달하였다. 대표적인 요리는 북경오리(카오야쯔)와 물만두가 유명하다.
남경요리 (상해요리)	중국 중부의 대표적인 요리로 상하이(上海), 난징(南京), 쑤저우(蘇州), 양저우(楊州) 요리를 총칭한다. 남경요리 중 서양풍으로 국제적 발전을 한 것을 '상하이요리'라고 한다. 중국 내륙의 젖줄인 양자강(楊子江)을 중심으로 해산물이 풍부하며, 간장과 설탕을 많이 사용하여 달콤하게 맛을 내고 기름기가 많고 진하며 요리의 색상이 선명한 것이 특징이고, 한 마리의 생선을 가지고 머리에서 꼬리까지 요리하는 조리법과 양념을 달리 해서 맛을 내는 생선요리가 일품이며, 특히 오향장육 등이 유명하다.
광동요리	중국 남부의 요리를 대표하는 광동요리는 광주(廣州)를 중심으로 흔히 '난차이(南菜)'라고 하는데, 광주는 16세기부터 스페인, 포르투갈의 선교사와 상인들이 많이 왕래하면서 독특한 음식 문화가 발달하여 식재광주(食在廣州)라고도 하였다. 특히 상어지느러미, 곰발바닥, 제비집 등 풍부한 식재료로 자연의 맛을 그대로 살리기 위해 기름을 적게 사용하여 맛이 담백하다.
사천요리 (쓰촨요리)	사천요리는 일명 '촨차이(川菜)'라고도 한다. 중국의 서쪽지방인 사천(四川)을 중심으로 바다가 멀고, 여름에는 매우 덥고 겨울에는 매우 추우며, 밤낮의 기온차가 매우 심해 악천후를 이겨내기 위해 매운 요리와 매운 고추, 마늘, 생강, 파를 사용하여 맛이 자극적이다. 또한 오지이기 때문에 소금절이, 건물(乾物) 등의 보존식품이 발달하여 채소를 이용한 짜차이 같은 특산물이 있으며, 신맛과 매운맛, 톡 쏘는 맛과 향기가 기본을 이루었다.

1. 메뉴 구성

1) 정탁요리(定琸料理)

정탁요리는 일명 상(床)요리라고도 불리며, 정식코스 메뉴로 가격에 의해 메뉴가 작성되고 보통 2인 이상을 기준으로 코스별로 음식이 나오는 요리를 말한다. 고객의 기호에 따라 정탁메뉴가 구성될 때는 사전예약에 따라 더욱 신선한 재료가 구입된다.

2) 일품요리(一品料理)

일품요리는 정탁요리처럼 순서에 따라 먹는 것이 아니고, 고객의 식성이나 기호 또는 양을 자유롭게 선택하여 먹을 수 있는 요리이다. 주로 냉채류, 제비집과 상어지느러미류, 해삼・전복・새우류, 오리・닭고기류, 소고기・돼지고기류, 야채・두부류, 수프류, 면류, 감채류 등이 있다.

3) 특선요리(特選料理)

특선요리는 재료의 특성에 따라 구성되는 메뉴로써 곰발바닥, 사슴꼬리찜, 자라요리 등 고객의 특별한 주문에 의해 만들며, 일반적으로 3일 전에 별도로 주문해야 한다.

중국 술

중국에서는 쌀 · 보리 · 수수 등의 곡물을 원료로 해서 그 지방의 기후와 풍토에 따라 만드는 방법도 각기 다르다. 중국 술 중 유명한 술은 마오타이주로, 고량을 원료로 하여 순수 보리와 누룩을 발효시켜 9번 증류해서 독에 넣어 밀봉하여 최저 3년 동안 숙성시켜 주정이 53~55%로 무색 · 투명하다. 죽엽청주는 대나무의 잎과 각종 풀뿌리 및 나무껍질을 대국주에 침투시켜 만든 최고급 술이다.

제비집요리와 상어지느러미요리

제비집은 제비의 둥지를 수집해서 말린 것으로, 제비는 뱀이나 맹조류를 피해 높은 절벽에 둥지를 틀기 때문에 목숨을 걸고 제비집을 채취한다. 그런 관계로 가격도 매우 높아 중국의 일류식당에서도 최고의 요리로 칭한다. 제비집의 주성분인 해초성질을 가지고 있으며, 바다제비는 해초를 물어다 타액을 발라 둥지를 튼 것이다. 제비집은 그 자체에 맛이 있는 것이 아니고, 조리할 때 사용하는 육수와 조미료에 의해 맛이 좌우되며, 품질에 따라 최상급인 관연(官燕), 중급인 모연(毛燕), 하급인 연사(燕絲), 그리고 전사연(全絲燕) 등 4가지로 구분된다.

상어지느러미는 상어지느러미를 말린 것으로, 중국요리 중에서 매우 소중하게 여기는 식재료이다. 주요 산지는 아프리카, 인도, 일본 등이 손꼽히며, 산지에 따라 각각 특색이 있고 종류도 매우 다양하다. 최고의 상품은 아프리카산으로, 지느러미가 매끄럽고 부드러울 뿐만 아니라 굵어서 값이 매우 비싸다.

2. 중식 서비스 방법

중국요리는 1인분의 주문방법이 아니고 접시의 양, 즉 고객 수에 따라 분류한다. 대(大)의 경우 7~8인분, 중(中)의 경우 4~5인분, 소(小)의 경우 2~3인분 정도로, 고객 수에 알맞은 분량을 적당하게 준비하여 요리가 남지 않게 하기 위한 방법이다.

표 5-11 중식 서비스 방법

구분	서비스 방법
주문방법	• 조리법과 같은 요리는 중복되지 않도록 한다. 이는 중국요리 주문법의 정수라고도 한다. • 술을 즐기는 고객에게는 튀김요리, 구운요리, 절임요리 등을 추천한다. • 요리주문을 받는 시간이 지체되어야 할 경우, 우선 전채의 주문만을 받아 먼저 주방에 주문서를

주문방법	제시하고 다음 요리의 주문을 받도록 하며, 고객에게 충분한 시간을 주도록 한다. • 고객이 주문을 망설일 경우, 특별요리 또는 고객의 기호를 알아본 후 그에 알맞은 요리를 추천하도록 한다. • 시간을 요하는 고객에게는 조리시간이 짧은 볶음요리를 추천한다. • 탕류, 찜류 등 시간이 오래 걸리는 요리는 사전에 고객에게 알려야 하며, 시간이 오래 걸리는 요리를 한꺼번에 많이 주문받지 않도록 한다. • 요리의 양이 인원수에 비하여 너무 많지 않도록 주의한다. 외국인의 경우는 양식과 같이 생각하고 있는 경우가 있으므로, 많은 양의 요리를 주문할 때는 고객에게 의향을 물어 "고객 수에 비해 요리의 양이 많은 것 같습니다," "괜찮으시겠습니까?"라고 확인시켜 주문받도록 한다. • 술 다음의 식사를 주문받을 때는 기름진 것을 피하고, 산뜻한 죽 종류나 면 종류 등을 권한다.
음식 서비스	• 냉채를 서브할 때는 초청받은 사람을 먼저 서브한 후, 초청한 사람 순으로 한다. • 새로운 요리를 서비스할 때는 역시 새로운 접시를 먼저 사용했던 접시와 교체한다. • 수프요리는 고객에게 여쭤 본 뒤, 수프 튜린을 사용해서 국자로 수프볼에 덜어준다. 이때 고객의 옷에 흘리지 않도록 각별히 조심한다. • 요리는 고객테이블에서 서브해야 되나, 테이블이 복잡한 경우 보조데이블에서 접시를 덜어 서브한다. • 생선요리는 머리 부분이 왼쪽, 배 부분이 고객을 향하도록 해서 서브한다(회전판이 있을 때는 올려놓아 한 바퀴 돌려 고객에게 보여드린 다음 서브한다). • 맑은 수프는 고객의 특별한 지시가 없으면, 요리의 마지막 코스나 끝날 무렵 식사와 함께 서브한다(외국인일 때는 수프 제공을 먼저 할 지 알아보도록 한다). • 티포트가 식었을 때는 항상 뜨거운 것으로 바꾸어 주어야 한다. • 요리를 서브할 때는 필요 이외의 말을 하지 않는다. 서브 도중에 고객이 질문을 하거나 부탁을 할 경우, 손에 들고 있던 요리는 보조 테이블에 놓거나 "잠깐 기다려 주십시오."라고 한 뒤, 요리를 서브하고 신속히 돌아와 고객에게 답변하도록 하며, 요리에 침이 튀지 않도록 주의한다. • 식사가 끝나면 담배를 피우는 고객이 있으므로 재떨이를 새로운 것으로 바꾸어준다.

자료: 권용주 외 3인, 호텔외식산업식음료경영·관리론, 백산출판사, 2005: 85~86.

표 5-12 서울 시내 5성급 호텔 중식당

호텔 명	특징	영업시간
Westin Chosun "홍연"	가볍고 조화로운 광동식 요리를 우아한 분위기에서 즐길 수 있으며, 식재료는 해산물, 두부, 채소요리와 중국 3대 식재료 중 바다의 인삼이라고 불리는 해삼과 전복요리를 선보이는 중식 레스토랑	• 좌석수: 122석(별실 10) • 점심: 12 : 00~14 : 30 • 저녁: 18 : 00~21 : 30
Grand Hyatt Seoul "더 차이니스 레스토랑"	홈스타일 메뉴를 제공하는 레스토랑으로, 가장 신선한 재료를 이용한 중국 북부지역의 요리를 선보이며, 품격 있고 전통적인 심플한 디자인으로 오픈키친이 특징인 중식 레스토랑	• 좌석수: 150석(별실 5) • 점심: 12 : 00~14 : 30 • 저녁: 18 : 00~22 : 00
The Plaza "도원"	활(活)해산물 중심의 고급식재료를 도원에서 연구 개발한 Oil-free 조리법과 모던하고 트렌디한 스타일링으로 제공하는 새로운 차원의 '건강한 중식'을 선보이는 레스토랑	• 좌석수: 112석(별실 14) • 점심: 11 : 30~14 : 30 • 저녁: 18 : 00~22 : 00

Lotte Hotel Seoul "도림"	37층 최고의 전망과 현대적이고 세련된 감각의 실내 인테리어, 재료의 맛이 살아 있는 정통 퀴진을 위한 조리장의 창의성과 섬세한 요리를 제공하는 중식 레스토랑	• 점심: 11 : 30~14 : 30 • 저녁: 8 : 00~22 : 00
JW Marriott "만호"	중국 전통문화를 느낄 수 있는 고품격 중식당으로, 모던하고 고풍스러운 인테리어로 중국 특유의 차분한 분위기를 연출하며 광동 및 사천요리를 비롯한 다채로운 정통 중국요리의 진수를 만끽할 수 있는 중식 레스토랑	• 좌석수: 120석(별실 7) • 점심: 11 : 45~14 : 30 • 저녁: 18 : 00~22 : 00
Grand Ambassador Seoul "홍보각"	광동 및 사천요리를 제공하며, 중국식 풀코스요리인 정탁요리와 취향에 따라 선택할 수 있는 일품요리 및 계절별 특선요리 등 중국 각 지방의 다양한 요리를 제공하는 중식 레스토랑	• 좌석수: 64석(별실 6) • 점심: 11 : 30~15 : 00 • 저녁: 17 : 30~22 : 00

6절

Buffet Restaurant 서비스 실무

뷔페식당은 진열해놓은 요리를 균일한 또는 일정한 요금을 지불하고 자기의 양껏 마음껏 선택해 먹을 수 있는 셀프 서비스 식당이다. 일명 스모가스보드Smorgasbord라고도 하는데, 이것은 북유럽풍의 요리를 가리키는 말로 'Smor'는 버터를 뜻하고, 'Gas'는 영어의 'Goose'로 거위를 뜻하며, 'Bord'는 영어의 'Board'로 식탁을 의미한다. 즉 육류를 비롯한 여러 가지 음식을 진열해놓고 먹고 싶은 대로 마음대로 먹을 수 있는 향연을 베푼다는 의미이다. 뷔페식당의 서비스는 다음과 같다.

뷔페 레스토랑은 오픈 뷔페Open Buffet와 클로즈 뷔페Close Buffet로 구분하는데, 오픈 뷔페는 일정한 영업장을 갖추고 항상 오픈되어 영업을 하는 뷔페 레스토랑으로, 대부분 호텔의 뷔페 레스토랑이라 할 수 있다. 몇몇 호텔에서는 오픈 키친에서 고객이 선택한 메뉴를 즉석에서 조리해 주는 맞춤요리를 제공하기도 한다.

반면, 클로즈 뷔페는 연회장에서 특정 모임이나 행사를 위해 일시적으로 세팅되어 운영하는 뷔페를 말한다.

- 셀프 서비스 활동에 지장이 없도록 충분한 공간과 통로가 확보되어야 한다.
- 부족한 음식은 주방에 연락하여 수시로 보충한다.
- 더운 음식은 덥게, 차가운 음식은 차갑게 제공될 수 있도록 음식관리에 세심한 주의를 기울인다.
- 고객이 다 먹은 접시는 의향을 물어본 뒤, 빈 접시를 치운다.

7절

Room Service 서비스 실무

룸서비스Room Service는 고객이 객실에서 식음료를 주문하면 식음료 종사원이 주문된 식음료 상품, 즉 음식과 음료를 객실까지 배달하여 제공하는 서비스를 말한다. 이른 시간이나 밤늦은 시간에 객실 고객들이 식음료 업장에서 식음료를 즐기는 것과, 시간을 아끼려는 고객들이 객실 내에서 식사와 음료를 이용하고자 할 때 많이 이용된다.

룸서비스는 별도의 넓은 공간이 필요치 않으며, 전화나 객실 내의 룸서비스 메뉴나 도어놉Door Knob 주문에 의해 식음료 상품을 생산하여 전달해주는 서비스이다. 따라서 룸서비스는 주로 전화를 통해 식음료 상품을 주문받기 때문에 오더 테이커Order Taker가 항시 근무하고 있어야 한다. 오더 테이커는 상품을 판매하기 위한 기술과 전화응대 기술을 갖추고 있어야 하며, 식음료 상품의 주문을 받을 수 있는 어학실력을 필요로 한다.

1. 룸서비스의 특성

- 호텔 객실을 이용하는 고객들만을 영업대상으로 한다.
- 별도의 영업장이 필요치 않다.
- 식음료 업장의 영업시간과 관계없이 고객이 원하는 시간에 식음료를 이용할 수 있다.
- 유일하게 객실로 배달이 이루어지는 서비스를 제공한다.
- 별도의 카트나 웨건을 이용해 전용 엘리베이터를 이용하여 식음료를 배달하기도 한다.
- 룸서비스 주문은 오더 테이커Order Taker가 전화를 통해 받는 것으로 이루어진다.

2. 룸서비스 서비스 순서

- 오더 테이커는 전화벨이 두 번 울리기 전에 받는다. 이때 전화기에 나타나는 객실번호와 이름을 별도로 적어 놓는다.
- 메뉴를 주문받는다(경우에 따라 오더 테이커가 오늘의 특별 메뉴를 추천해 주기도 한다).
- 주문내용을 오더 테이킹 시트Order Taking Sheet나 컴퓨터(POS기계)에 정확히 입력한다.
- 고객의 메뉴를 확인한다.
- 고객이 주문한 음식이 만들어지는 시간을 설명한다.
- 감사의 인사를 드리고 전화를 끊는다.
- 전화를 끊고 주문받은 식음료에 대한 빌Bill을 발생(작성)시키고, 주문내용이 정확히 기재되었는지 확인한다.
- 빌을 룸서비스 종사원에게 전달하고, 특이사항은 별도로 설명해준다.
- 룸서비스 종사원은 고객이 주문한 메뉴를 확인하고 룸서비스 웨건을 준비한다. 이때 빌과 함께 메뉴에 맞는 기물들을 세팅한다.
- 주방에서 나온 음식과 고객이 주문한 음식이 맞는지 확인한다.
- 룸서비스 전용 엘리베이터를 타고 객실로 올라간다.
- 객실 앞에서 벨을 누르고 "룸서비스"라고 말하고, 문이 열리면 인사를 한 후 룸서비스 웨건을 이동시켜 고객이 원하는 위치에 세팅한다.

- 빌Bill에 고객의 성함과 사인을 받는다.
- 객실을 나와 감사의 인사를 하고 문을 닫는다.
- 룸서비스 사무실로 내려와 오더 테이커에게 빌을 전달한다.

룸서비스 웨건 Room Service Wagon

룸서비스 웨건은 단순히 서비스 웨건(Service Wagon)만이 아니고 객실에서 식탁으로도 사용되므로, 항상 깨끗한 상태로 정비해 놓아야 한다. 바퀴가 노후화되고 파손된 웨건은 카펫과 바닥을 상하게 하는 원인 중의 하나이므로, 항상 담당자를 정해서 정기적으로 청소를 하고, 바퀴에는 기름을 쳐야 한다. 또한 룸서비스 웨건은 반드시 손잡이를 뒤쪽으로 끌면서 주위의 벽이나 문 등을 손상시키지 않도록 조심히 이동해야 하며, 사용목적 외의 용도에는 절대 사용하지 않는다(p. 47 사진 참조).

3. 도어 놉 서비스

도어 놉Door Knob 메뉴는 투숙객이 원하는 메뉴 · 날짜와 시간 등을 표시하여 밤 12경에 객실문 밖에 걸어 놓으면 룸서비스 직원들이 모든 층과 객실을 돌아다니면서 도어 놉을 수거해 온다. 이때 가장 중요한 것은 고객이 써놓은 객실번호와 실제로 수거한 객실번호가 일치하는지 반드시 확인해야 한다. 이는 객실고객이 룸 번호를 잘못 기재했을 시 조식 제공에 문제가 발생할 수 있으며, 다른 한편으로는 자고 있는 객실의 손님을 깨울 수 있기 때문에 확인하여 정정 · 기록해야 한다.

수거해 온 도어 놉을 시간대별과 같은 층으로 구분하여 빌Bill을 작성한다. 룸서비스 주방에 메뉴를 주문한 후, 다음날 오전에 서비스 웨건을 펼친 후 기본적인 세팅을 해놓는다. 지배인은 주문내용과 빌Bill이 일치하는지 재확인 한 후, 고객이 원하는 정확한 시간에 음식이 배달될 수 있도록 종사원에게 지시한다.

보통 호텔의 룸서비스는 객실 내에 설치된 전화기를 통해서 주문을 하고 있지만, 몇몇 호텔들은 객실 내 TV화면이나 태블릿 오더(디지털 오더), 그리고 모바일 앱을 통한 다양한 메뉴를 주문할 수 있다.

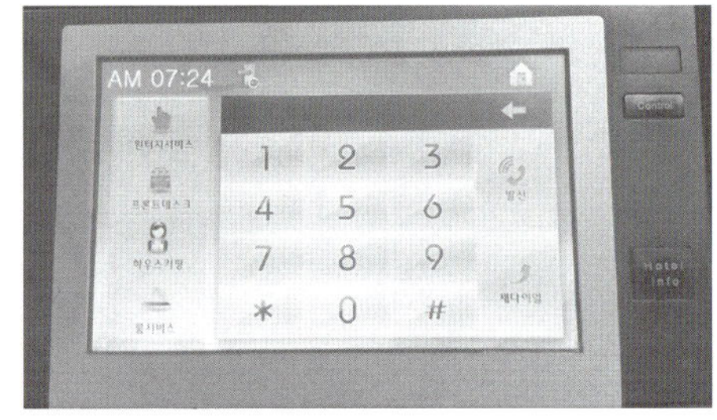

4. 룸서비스 메뉴 Room Service Menu

객실에 투숙한 고객을 위해 각국의 특징 있는 음식을 제공하는 메뉴이며, 대부분 5성급 호텔의 경우 영업시간은 24시간 운영되기도 하지만, 인건비 절감 차원에서 새벽녘에는 운영하지 않는 호텔도 있다.

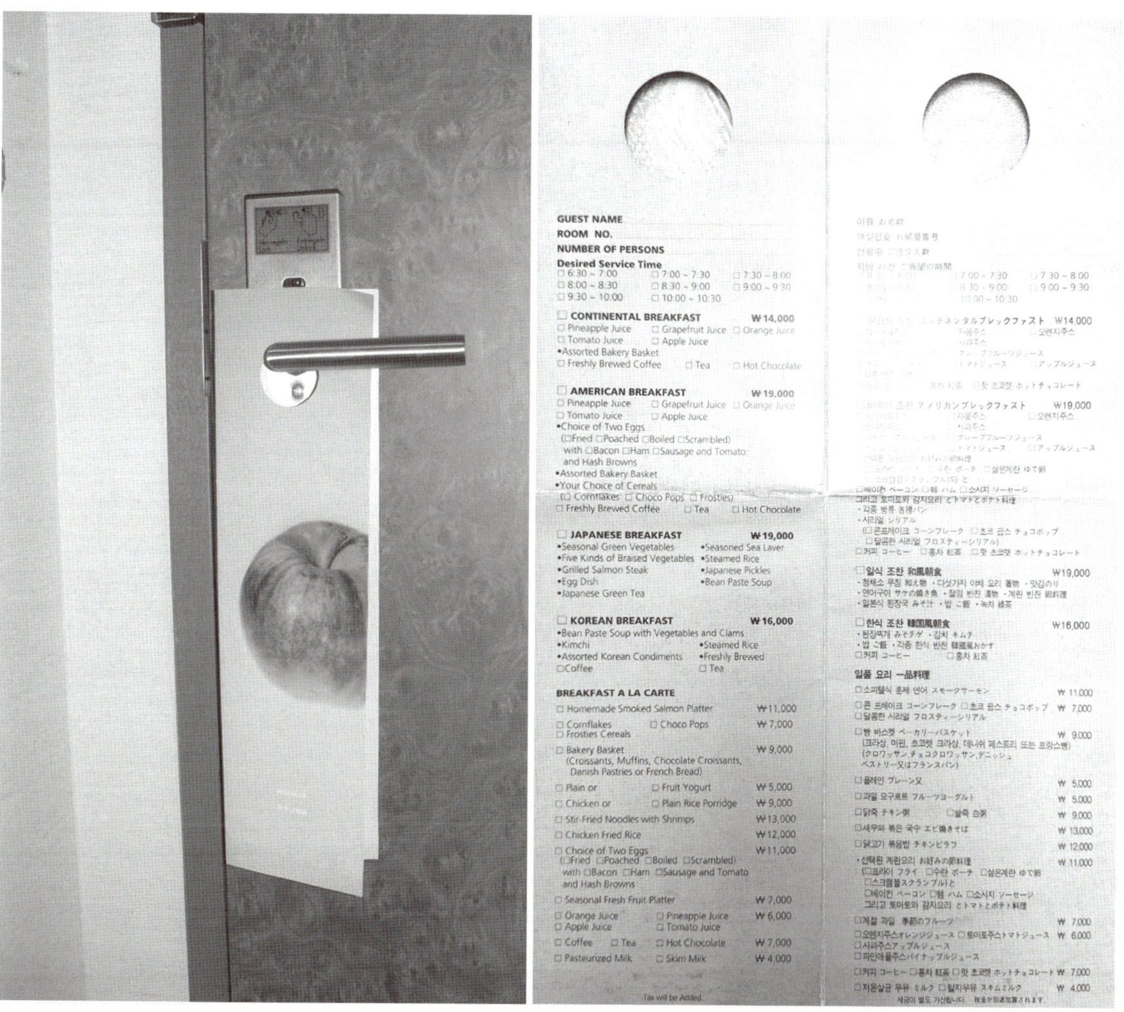

Door Knob

HOTEL RESTAURANT SERVICE PRACTICE

6장

호텔 주장 서비스 실무

호텔 식음료 업장에서의 음식과 음료는 불가분의 관계이다. 호텔에서 주장은 “음료와 유흥적인 요소를 제공하여 고객에게 기분을 회복시켜 주는 공간”이다. 즉 “고객이 이용하기 편리한 장소에 일정한 시설을 갖추어 놓고 각종 음료와 숙련된 종사원의 서비스를 제공하여 영리를 추구하는 영업장”이라고 할 수 있다.

음료는 원가에 비해 판매가격이 높아 영업이익이 많이 나는 품목으로, 고객의 상황에 따라 적절한 추천이나 권유가 필요하다. 이는 음료를 판매하는 것이 음식의 경우보다 일반적으로 수익성이 높기 때문에, 대부분의 호텔에 있어 주장 총매출의 약 55~56% 내·외가 영업이익일 정도로 식음료 부문의 수익성에 상당한 공헌을 한다.

다시 말해, 호텔 식음료 부문의 경영에 있어서 주장의 존재는 단순한 업장 하나의 존재가치를 넘어 그 호텔의 이미지로 나타낼 수 있는 영업장임과 동시에 이익의 창출에 있어서 거대한 공헌을 하는 영업장이다.

1절

음료의 이해와 정의

물은 공기와 함께 생존에 가장 필요한 요소로써, 우리 인간의 신체 구성요건 가운데 약 60~70%가 물로 구성되어 있으며, 20% 정도의 물이 소실되면 생명의 위협을 주어 인간에게 있어서 수분의 섭취는 절대적인 것이라 할 수 있다. 인간의 생명과 밀접한 관계를 가지고 있는 물, 즉 음료라는 것을 생각할 때 음료가 우리 일상생활에 얼마나 중요한 것인가를 알 수 있다. 옛날에는 순수한 물을 마시고 갈증을 해소하는데 만족했지만, 현대에는 생활수준의 향상으로 인해 그 종류가 다양해졌으며, 각자 나름대로의 기호음료를 찾게 되었다.

호텔의 음료부서는 호텔 내에 다양한 주장Bar의 운영을 통해 고객들에게 음료 서비스를 제공하고 있다. 그래서 주장 부문의 업장들은 시설이나 분위기에 있어서 각 호텔의 성격에 알맞은 구조와 인테리어로 고객의 기분을 회복시켜 주는 영업장이라고 할 수 있다.

호텔 식음료 업장에서의 음식Food은 거의 일정량만을 판매할 수 있지만, 음료는 상황에 따라서 무한정 판매할 수 있으며, 상대적으로 음식에 비해 원가가 낮기 때문에 서비스종사원의 권유판매 여부에 따라 매출의 변화를 크게 일으킬 수 있는 상품이라고 할 수 있다. 따라서 식음료 부서의 종사원들은 음료에 대한 상품지식과 판매기술을 충분히 습득하여 매출 증대에 기여해야 한다.

술은 기본적으로 (에틸)알코올을 함유하고 있는 음료이다. 그러나 많은 의약품이나 청량음료에도 소량의 에틸알코올이 혼입되어 있으므로, 편의상 이들 제품과 구분하기 위해서 술은 "알코올 함량이 1% 이상인 음료"라고 정의하고 있다. 그래서 우리나라 「주세법」에서도 술의 정의를 "곡류의 전분과 당분 등을 발효시켜 만든 1% 이상의 알코올 성분이 함유된 음료"를 총칭하고 있다.

술에는 수백 가지 성분이 들어 있으나, 일반적으로는 물과 에틸알코올이 주성분이다. 당분이 많이 함유된 리큐어를 제외하고는 대부분의 술에 함유된 물과 에틸알코올 이외의 성분들은 모두 합쳐봐야 0.1% 미만이어서 술을 '알코올'이라고 부르기도 한다.

2절

음료의 분류

음료란 크게 알코올성 음료Alcoholic Beverage; Hard Drink와 비알코올성 음료Non-alcoholic Beverage; Soft Drink로 구분되는데, 알코올성 음료는 일반적으로 제조방법, 즉 효모를 발효시켜 만드는 양조주Fermented, 양조주를 증류시켜 만드는 증류주Distilled, 양조주나 증류주에다 설탕・시럽・과실류・약초류를 혼합하여 만든 혼성주Compouned 등 3가지로 나누어지며, 비알코올성 음료는 청량음료Soft Drink, 영양음료Nutritious, 기호음료Fancy Taste 등으로 나눈다.

일반적으로 '술을 만든다'고 하는 것은 효모Yeast를 사용해서 알코올 발효를 하는 것이다. 효모는 먹이인 당이 있고, 산소가 풍부하며, 적정한 온도가 유지되는 곳에서는 약 20분마다 2배로 증식한다. 그러나 효모는 밀폐된 공간에서 산소가 다 소비된 이후에만 비로소 알코올 발효를 일으키기 시작한다. 술을 만들려면 원료인 전분(곡류, 감자류)을 우선 당류로 분해시켜야 한다. 이것을 분해하는데 유럽에서는 엿기름을 사용해 왔다.

보리는 싹을 틔우면 아밀라아제라는 효소가 많이 생겨 전분을 쉽게 분해할 수 있다. 보리와 엿기름을 가지고 만든 것이 맥주이고, 동양에서는 곰팡이로 누룩을 만들어 그 아밀라아제를 이용해 술을 빚은 것이 막걸리, 약주, 청주, 소홍주 등이 그것이다. 발효주는 알코올 도수가 낮아 저장성이 없으므로 이들을 증류해서 도수를 높인 것이 증류주이다.

과실주를 증류한 것이 브랜디인데, 보통 포도주로 만든 것이 가장 대표적이다. 사과주를 증류한 칼바도스, 버찌술을 증류한 키르세봐서, 사탕수수로 만든 것을 럼이라고 한다. 전분질 원료로 만든 술로는 소주, 고량주, 위스키, 보드카, 진 등이 있다. 혼성주란 이미 만들어진 술에 설탕, 꿀, 약초, 향료, 색소 등을 첨가해서 가공한 술이다. 박하맛이 나는 페퍼민트 등 리큐르나 단맛이 강한 포트와인 등이 구미계 혼성주에 속하며, 우리의 인삼주, 매실주 등이 있다.

이와 같이 술은 그 제조방법이나 생산지역에 따라 다양하게 구분되는데, 이러한 음료의 분류는 일반적인 분류이지 절대적인 것이 아니며, 이는 인간의 가치관과 문화수준의 변화로 인하여 고객의 욕구가 다양화되고 있기 때문이다.

음료를 종류별로 분류해보면 다음과 같다.

그림 6-1 음료의 분류

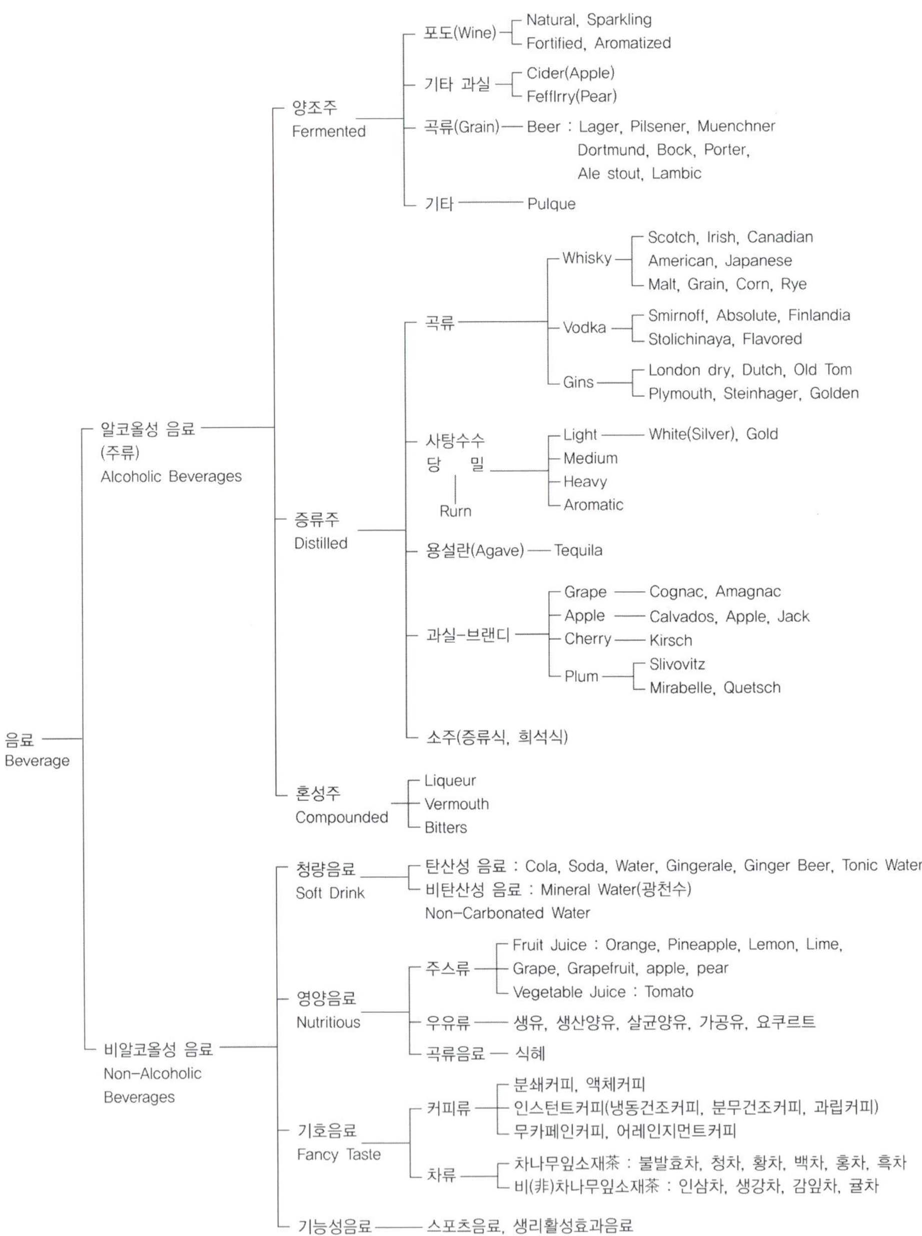

자료: 호텔롯데월드 식음료 직무교재, p. 325.

1. 알코올성 음료

알코올성 음료Alcoholic Beverage인 술은 알코올과 물의 혼합물에 술의 원료 혹은 제조과정 중에서 나오는 미량 성분을 가지고 있는 액체이다.

1) 양조주

양조주Fermented Liquor는 발효주하고도 하며, 인간이 주식으로 하고 있는 쌀, 보리 등의 곡류, 포도・사과 등의 과실류를 원료로 하여 전분이나 과당을 발효시킨 술이다.

술은 역사로 보아 가장 오래 전부터 인간이 마셔온 술로써, 곡류와 과실에 함유된 당분이 효모균에 의해 발효시켜 직접 또는 여과해서 얻어진 주정을 말하는데, 포도주Wine와 사과주Cider 같이 처음부터 당분을 포함한 과즙을 발효시켜 만든 것이 있고, 다른 하나는 전분을 원료로 하여 그 전분을 당화시켜 다시 발효공정을 거쳐 얻어내는 맥주와 청주, 탁주(막걸리)가 있다.

이와 같이 양조주는 알코올 발효가 끝난 술을 직접 또는 여과하여 마시는 것으로, 원료 자체에서 우러나오는 성분을 많이 가지고 있으며, 보편적으로 알코올 함유량이 3~18%로 낮은 것이 특징이나 21%까지 강화된 것도 있다.

(1) 맥주Beer

가) 맥주의 개요

현재 곡물로 조주된 가장 오래된 술로써, 맥주를 뜻하는 'Beer'의 어원은 '마시다'는 뜻을 가진 라틴어의 'Bibere'이나, 곡물을 뜻하는 게르먼어인 'Bior'으로 알려져 있다.

세계에서 가장 많이 소비되는 술로써 전 세계 주류시장에서 60%를 차지하는 술이 바로 맥주이다. 맥주는 값이 싸고 어느 계절을 불문하고 제조할 수 있으며, 알코올 도수가 낮다는 점에서 가장 대중적인 술이라 할 수 있다.

맥주의 역사는 인류의 역사와 같이 동행했다 해도 과언이 아니다. 현재 맥주의 역사가 고고학자들의 연구에 의하면, B.C. 4000년경 혹은 B.C. 7000년경 인류가 농업을 시작함과 동시에 시작되었다고 한다.

19세기1876에 이르러 인공냉각법의 개발과 발효의 아버지로 불리는 파스퇴르Louis Pastueur: 1822~1895가 맥주의 양조와 발효현상을 해명한 업적에 의해 오늘날 우량 맥주의 대량생산을 가능케 한 것이다.

맥주는 간단히 말하면, 보리를 발아시켜 당화하고 거기에 호프를 넣고 효모에 의해 발효시킨 술을 말한다. 다시 말해, 보리(대맥아)를 발효시켜 쓴맛을 내는 호프Hop와 물Water, 그리고 효모Yeast를 섞어서 저장하여 만든 탄산가스가 함유된 알코올성(4~6%) 음료를 말한다.

우리나라 최초의 맥주는 1876년 일본에서 들여온 삿뽀로Sapporo 맥주였고, 그 후 에비스Yebisu 맥주와 기린Kirin 맥주가 들어왔다.

나) 맥주의 제조원료

(가) 보리Barley

맥주에 있어서 보리는 보리술이라고 쓰는 것으로 봐도 보리가 차지하는 중요도가 크다는 것을 알 수 있다. 맥주를 만들 때 보리는 대맥의 맥아Malt, 즉 보리에 수분을 가하여 싹을 틔워 건조한 것으로, 흔히 우리가 엿기름이라고 부르는 것이다. 이 맥아가 발아할 때 생기는 효소가 전분을 분해하고 당분을 만들어낸다. 맥주보리는 껍질이 얇고, 입자가 크고 둥글며 균일한 무게를 지녀야 하고, 성분상 녹말함량이 많아야 하며, 특히 발아력이 왕성해야 한다. 그래서 맥주양조에 가장 많이 사용되는 보리는 전분질이 많은 2줄 보리로써 낟알이 크고 발아력이 왕성하다.

(나) 호프Hop

호프는 맥주의 독특한 쌉쌀한 맛과 상큼한 향기를 내기 위한 것으로, 뽕나무과에 속하는 다년생식물로서 시계방향으로 비틀며 자라는 넝쿨로 매년 5m씩 10~20년까지 자라며, 체코나 독일 등지에서 주로 생산되는 냉량성 작물이다. 또한 호프는 맥주의 맛을 좋게 할 뿐만 아니라 잡균의 번식을 억제하여 부패성을 억제하고 보존성을 높이는 역할과 맥아즙의 단백질 제거, 맥주의 거품을 보다 좋게 하여 맥주를 맑고 깨끗하게 하는 중요한 역할을 하는 불가결한 원료이다.

(다) 물Wate

맥주의 제조원료에서 90% 정도로 가장 중요한 비중을 가지고 있는 것으로서, 맥주는 90%가 물로 구성되어 있다. 때문에 수질에 의해 맥주의 품질에 영향을 주며, 보통 산성의 양조용수를 사용한다.

양조용수는 무색·투명하고, 착색·혼탁·부유물·이취 등이 없어야 하며, 각종 무기성분도 적당량 함유되어야 한다. 물이 원료로 적당치 않으면 물처리 과정을 거쳐 맥주 제조에 알맞도록 조절해야 한다.

(라) 효모Yeast

효모는 과일껍질이나 흙과 물, 그리고 공기 중 어디에나 있는 것으로, 이 효모에 의해 알코올 발효가 일어나 술이 빚어지게 된다. 맥주양조에 사용되는 효모는 야생효모가 아니라 배양효모를 사용한다. 맥주를 발효시켜 주는 효모는 맥아즙(맥아를 분쇄한 후 물과 적당한 온도로 당화시켜 끓인 것) 속의 당분을 분해하고 알코올과 탄산가스CO_2를 만드는 작용을 하는 미생물로, 발효 후기에 표면에 떠오르는 상면발효 효모와 일정기간을 경과하고 밑으로 가라앉는 하면발효 효모가 있다. 하면발효 효모는 5~10℃ 정도의 비교적 저온에서 발효하며, 발효가 종료된 후에는 발효용기의 바닥에 침전한다. 반면, 상면발효 효모는 10~20℃ 정도의 온도에서 발효하며, 용기 밑의 효모침전은 느리고, 저으면 흩어진다.

따라서 효모의 종류에 따라 발효의 효율이나 맥주의 독특한 향과 맛에 영향을 주는 미량성분이 달라질 수 있기 때문에, 각 양조회사마다 독특한 방식으로 효모를 관리하고 있다. 전자는 영국, 미국의 일부, 캐나다, 벨기에 등지에서 많이 사용되고, 후자는 독일, 덴마크, 체코슬로바키아 등지와 우리나라에서 사용되고 있다.

(마) 기타

맥아의 전분을 보충하기 위해 쌀, 옥수수, 기타 잡곡 등이 사용된다. 또한 맥주에 사용되는 설탕은 사탕수수인데, 설탕은 용해과정에서 부드러운 맥주의 단맛에 기여하며 효모균에 의해 알코올의 양을 증가시키는 작용을 한다.

다) 맥주의 분류

맥주는 발효 형태, 효모의 종류 및 특성, 숙성기간 등에 따라 하면발효 맥주와 상면발효 맥주로 구분하고, 맥아의 색깔에 따라 담색맥주와 농색맥주, 알코올 농도에 따라 저알코올 맥주와 저칼로리 맥주, 그리고 살균처리에 따라 병맥주와 생맥주로 구분한다.

(가) 효모 발효법에 의한 분류

하면발효 맥주 Bottom Fermentation Beer: 저온발효 맥주

효모가 맥아즙 속에서 당분을 분해하고 알코올과 탄산가스를 만드는 작용을 하는 미생물로써, 발효가 끝나면서 응집되어 밑으로 가라앉는 효모를 사용하여 만드는 맥주이다. 즉 발효온도를 저온에 맞추면 효모가 맥주 아래로 가라앉는다고 해서 '하면발효' 맥주라고 불리며, 발효온도가 낮아 부드러운 맛과 향기가 있다. 맥주의 품질을 안정시키기 위해 근세에 개발된 방법으로, 비교적 저온에서 발효시켜 만든 맥주인데, 일반적으로 라거맥주Lager Beer라고

표 6-1 하면발효 맥주의 종류와 특징

종류	특징
라거(Lager)맥주	흔히 우리가 마시는 병맥주로, 저온 살균과정을 거쳐 병입된 것이며, 주정도는 4% 정도이고, 황금빛과 갈색계열의 색을 띠며, 부드러운 목넘김에 청량하고 가벼운 느낌을 주는 맥주이다.
생(Draft)맥주	발효균이 살균되지 않은 맥주이다.
필젠(Pilsner)맥주	체코 프라하 서쪽 필젠에서 생산되는 맥주로, 담색 맥아를 사용하기 때문에 맥아의 향기가 약하고 고미(苦味: 쓴맛)가 강한 강호프성 맥주이다.
도르트문트(Dortmunder) 맥주	독일 맥주로 필젠(Pilsner)보다 발효도가 높고, 색은 담색이고 향미가 산뜻하며 쓴맛이 적은 담색 맥주이다.
뮌헨(Munchen)맥주	독일 맥주로 흑갈색 맥아를 섞어서 만들기 때문에 맥아의 향기가 짙고 부드러우면서 감미로운 맛이 나는 대표적인 농색 흑맥주이다.
흑맥주	색이 진하고 단맛이 있어 특유의 향기가 있는 맥주로, 독일에서 많이 생산하는 맥주이다.

부른다. 하이트, 카스, 아사히, 밀러, 버드와이저, 칼스버그 등 우리나라를 비롯하여 세계 맥주 생산량의 약 3/4 정도를 차지하며 주정도는 3~4% 정도이다.

상면발효 맥주 Top Fermentation Beer: 고온발효 맥주

발효 도중에 생기는 거품과 함께 상면으로 떠오르는 성질을 지닌 효모를 사용하여 만드는 맥주이다. 보통 10~20℃ 정도의 고온에서 발효시킨 맥주로 색이 짙으며, 알코올 도수도 높다. 즉 효모가 상온에서 발효하면서 맥주 위로 뜬다고 해서 상면발효 맥주라고 불리며, 냉각설비가 개발되지 않았던 15세기 이전까지 주로 사용되었던 전통적 양조방식으로, 주로 영국에서 많이 생산되었던 맥주이다. 이는 맥아의 농도가 깊고 색상이 진하며 알코올 도수가 높다. 상면효모는 발효 중 발생하는 이산화탄소 거품과 함께 액면상에 떠서 일정기간 가라앉지 않는 효모로 영국의 에일맥주Ale Beer, 스타우트맥주Stout Beer, 포터맥주Poter Bee가 여기에 해당된다. 에일맥주는 보통 상온 10~20℃에서 발효되어 알코올 함량이 높고 색이 진한 것이 특징이다.

표 6-2 상면발효 맥주의 종류와 특징

종류	특징
포터(Porter)맥주	주정도는 5%이며, 영국의 대표적인 맥주로써 맥아즙농도, 발효도, 호프 사용량이 높고, 강하고 진한 흑맥주로, 캐러멜(Caramel)로 착색한 것으로 쓴맛이 덜하다.
에일(Ale)맥주	보통 맥주보다 고온(15~25℃)에서 상면효모로 발효시킨 것으로, 라거(Lager)보다는 호프향이 강한 맥주로서 탄산가스와 거품이 적고 쓴맛이 강하다. 대표적으로 듀벨, 레페, 뉴캐슬 브라운, 런던 프라이드 등이 있으며, 기네스맥주는 쓰면서 달콤한 뒷맛을 가지고 있다.
스타우트(Stout)맥주	스타우트는 '강하다'라는 뜻으로, 알코올 도수가 강한(8~11%) 맥주로써 흑맥주와 같은 거무스름한 색깔이지만, 맛은 흑맥주와는 다르고 볶은 캐러멜(Caramel) 맥아 때문에 검은 빛깔을 가지고 있으며, 다소 탄 냄새를 지니며 강한 맥아향을 가지고 있다.

(나) 맥아의 색깔에 의한 분류

맥주 색의 진한 정도로 맥아의 색깔에 따라 담색맥주(필젠 타입)와 농색맥주(뮌헨 타입)로 구분할 수 있다. 담색맥주는 색깔이 엷고, 농색맥주는 맥주의 맥아제조 시 색깔을 높이거나 캐러멜 등을 첨가하여 색깔을 진하게 만든 맥주이다. 맥아를 건조시킬 때 고온에서 장시간 건조시킨 맥아를 사용하면 색깔이 진해진다.

담색맥주(필젠 타입)

엷은 색의 맥아를 사용하여 양조한 맥주로써, 체코의 필젠Pilsen에서 유래한 타입으로 보

통의 담색 맥아를 사용해 맥아향이 약하고 맛이 담백한 맥주로, 오늘날 대부분의 맥주가 담색맥주로 필젠맥주와 도르트문트맥주가 대표적이다.

농색맥주(뮌헨 타입)

독일의 뮌헨München에서 유래한 타입으로 흑맥아, 뮌헨맥아 등 짙은 색 맥아를 섞어 향미와 색을 부여한 것으로 맥아향이 강하다. 담색맥주에 비해 깊고 풍부한 맛이 있고 진한 풍미를 가지고 있으며, 영국의 페일 에일Pale Ale과 아일드 에일Mild Ale 등이 대표적이다.

(다) 맥주의 알코올 농도에 의한 분류

저알코올 맥주 Low Alcoholic Beer

원맥주의 당도를 낮게 하여 알코올 함량이 4~5%로, 일반맥주에 비해 알코올 농도가 1.8~2%로 가볍고 부드러운 맛을 가진 라이트Light Beer맥주이다.

저칼로리 맥주 Low Caloric Beer

발효 시 당분을 최대한 알코올로 변화시켜 맥주의 당도를 적게 하여 상대적으로 알코올의 농도를 높임으로써 마실 때 단맛 대신 부드럽고 담백한 느낌을 강조한 저칼로리 타입Dry Beer의 맥주이다. 즉 당도를 낮게 하여 칼로리를 낮게 한 맥주이다.

(라) 살균처리에 의한 분류

맥주는 크게 생맥주와 병맥주로 나눌 수 있는데, 생맥주는 원료를 발효, 숙성, 여과하여 만든 것이고, 병맥주는 장기간 보존을 위하여 생맥주를 살균하기 위하여 열처리한 다음 병에 담은 맥주이다. 즉 생맥주는 신선하고 독특한 고유의 맛과 향을 지니고 있지만, 시간이 지나면 변질이 되므로 이를 방지하기 위하여 열처리한 것이 병맥주이다. 일반적으로 맥주의 유통기간은 1년이며, 6개월이 지나면 그 품질이 현저하게 떨어지기 때문에, 양조된 후 30~90일 이내에 소비하는 것이 가장 이상적이다.

병맥주Lager Beer

상당기간의 보존을 위하여 저온살균 과정을 거쳐 효모의 활동을 중지시켜 병입된 일반적인 맥주이다. 또한 맥주는 직사광선에 노출되면 맥주성분이 햇빛에 반응하여 맛이 변할 수도 있어 다갈색이나 짙은 녹색의 병을 사용한다.

생맥주Draft Beer

살균과정을 하지 않아 효모가 살아 있어 맥주 고유의 맛과 향은 병맥주보다 우수하며, 살균을 하지 않아 저온에서 운반·저장해야 하고 장기저장이 어려운 단점이 있다.

(마) 맥주의 취급방법

맥주는 가장 상하기 쉬운 주류로써, 양조장에서 만들어진 제품의 맛과 향을 유지하고 상하지 않도록 잘 다루어야 한다. 맥주의 신선도를 유지하는데 가장 중요한 조건은 온도이다. 맥주의 온도가 너무 낮으면 맥주의 향미성분을 제대로 음미하기 힘들고, 온도가 높아지면 맥주의 청량감이 감퇴한다. 맥주 속에는 탄산가스가 포화되어 있는데, 온도에 의해 방출속도가 달라진다. 알맞은 온도에서는 탄산가스가 서서히 방출되어 마실 때 기포가 입안과 목구멍을 적당히 자극하여 청량감을 낸다.

맥주가 양조장에서 만들어진 상태로 맛과 향을 유지하고 상하지 않게 하기 위해서는 직접 햇빛이 비치는 곳에 진열 또는 보관하거나 적당한 온도(4~10°C)를 맞추지 않은 채 장기간 보관하면 맥주 속의 단백질성분이 자연 응고되어 뿌옇게 혼탁이 오는 등 품질이 저하될 우려가 있다. 그러므로 너무 장기간 저장이나 단기간일지라도 직사광선이나 고온에 노출시킨다는 것은 맛의 변화를 가져오므로 4~20°C의 실내온도에서 통풍이 잘되고 직사광선을 피하는 지하실에 습기가 없는 건조한 장소의 어두운 곳이 가장 적합하다.

이렇게 저장된 맥주는 맥주의 맛과 향을 잃게 해서는 안 되기 때문에, 입고된 제품의 순서대로 불출하는 선입선출F.I.F.O : First In First Out System방법을 사용하여 맥주의 신선도를 유지해야 한다. 만약 37°C 이상이 되면 맥주의 독특한 향취가 급속도로 감소한다.

- 맥주가 어는 온도는 -2.5~-1.8°C이다. 맥주가 얼게 되면 성분 중 단백질이 응고되며 다시 맥주가 녹아도 혼탁해질 뿐만 아니라 맥주의 제 맛이 나지 않으므로, 맥주가 얼지 않도록 보관한다. 또한 겨울에는 5~10°C 정도의 온도가 유지되도록 한다.
- 찬 곳에서 더운 곳으로, 더운 곳에서 찬 곳으로 자주 옮겨 다니게 되면 맥주가 변하므로 심한 온도변화(15°C 이상)를 주지 말아야 한다.
- 맥주를 운반할 때에는 가급적 충격을 피해야 하는데, 이는 맥주 안의 단백질이 응고하는 혼탁현상을 일으켜 맛과 향을 잃어 맥주의 제 맛을 즐길 수 없기 때문이다.

(바) 맥주와 안주Side Dish

맥주의 쏘는 맛은 거의 모든 요리에 잘 어울리며 조화를 이룬다. 매운 음식이나 진한 맛의 요리에는 특히 잘 어울리는 반면, 크림소스나 거품을 낸 크림디저트 등에는 잘 어울리지 않는다. 맥주는 원래 정찬에서는 마시지 않는 것이 예의이나, 가까운 사람들과의 만남에서는 마실 수도 있다. 테이블석상에서의 맥주는 목이 마를 때 마시는 물과 같은 것으로, 식사 중간에 조금씩 물 대신 마시는 것이 이상적이다.

(사) 맥주 서비스

대부분의 사람들이 인식하고 있는 것과는 달리 맥주는 주류제품 중 가장 변질되기 쉬운 제품이다. 지방별, 계절별, 기후에 따라 약간씩의 차이는 있으나, 너무 차다든가 식으면 안 된다.

맥주의 온도는 기호에 따라 조금씩 달라지는데, 일반적으로 맥주의 독특한 맛이 살아나는 온도는 비어쿨러Beer Cooler에서 약 3.5~4.5℃로 보관하였다가, 서브할 때 여름에는 4~8℃, 겨울에는 8~12℃ 정도의 온도로 서브하는 것이 이상적이다. 또한 마개를 땄을 때 맥주가 넘쳐날 경우는 너무 차게 하였거나 아니면 너무 오래되었다고 보아야 한다. 이는 맥주를 빨리 냉각시키기 위해 온도를 너무 낮게 고정해 놓으면 맥주병을 딸 때 맥주가 넘쳐 흘러나오는 경우가 종종 있다. 미지근한 맥주는 거품이 너무 많고 쓴맛이 나며, 너무 차가우면 거품이 잘 일지 않아 맥주 특유의 향도 사라진다. 종종 맥주를 빨리 차갑게 하려고 냉동실에서 급랭시키는 경우가 있는데, 이는 향이나 성분의 조화가 깨져 쓴맛만 남게 되는 경우가 있다.

맥주의 거품은 맥주 중에 녹아 있던 탄산가스가 방출될 때 일어나는 현상으로, 이는 맥주의 산화를 억제하는 보호막 역할을 한다.

맥주를 따를 때는 병을 글라스에서 약 4~5cm 정도 들고 부어서 7부 정도로 잔을 채우고 거품이 일도록 붓는 것이 신선한 향취를 맛보는 데 가장 이상적이다. 맥주 중에 녹아 있던 탄산가스가 방출될 때 일어나는 현상으로, 맥주거품이 없으면 이산화탄소가 전부 맥주 속에 들어 있기 때문에 쉽게 포만감을 느끼게 되고, 또한 호프의 향이 날아가 맥주의 맛을 감소시킨다. 그러므로 따를 때는 2~3cm 정도 거품이 덮이도록 하는 것이 좋다.

또한 첨잔도 금물이다. 처음 따른 맥주의 맛이 가장 좋고, 그 후엔 공기가 닿아서 산화되어 맛이 줄어든다. 맛이 줄어든 맥주에 새로운 맥주를 부으면 맛이 좋아지지 않을 뿐더러, 다시 부을 때 공기가 스며들어 더욱 산화를 재촉하게 된다.

생맥주Draft Beer는 양조장에서 출고될 때가 가장 잘 완숙된 상태이다. 부풀어 오르는 거품이 대단히 아름답고 먹음직스러워 더욱 만족스러운 감을 준다. 그러나 살균을 하지 않았으므로 효모가 살아 있어 취급에 있어 세심한 주의를 기울여야 한다. 생맥주를 맛있고 거품이 오래 지속되도록 따르는 일은 오랜 경험으로 완성되고, 온도와 압력 그리고 글라스의 청결상태가 크게 좌우한다. 생맥주의 저장온도는 2~3℃를 항상 유지해야 하며, 7℃ 이상이 되면 맛은 시어지는데, 생맥주의 서브온도는 3~4℃가 가장 좋다. 또한 맥주잔에 기름기나 물기가 남아 있으면 맥주의 맛과 향기, 거품을 감소시키기 때문에 깨끗한 클로스Cloth로 닦은 후 사용해야 한다.

2) 증류주Distilled Liquor

증류란 양조주를 가열하여 먼저 증발하는 알코올 성분을 응축시켜 농축하는 과정을 말한다. 그래서 양조주보다 순도 높은 주정을 얻기 위해 1차 발효된 양조주를 다시 증류시켜 알코올 도수를 높인 술이다. 양조주는 서서히 열을 가하면 끓는점이 낮은 알코올이 먼저 증발하게 되는데, 이 증발하는 기체를 모아 냉각시키면 고농도의 알코올 액체를 얻을 수 있다. 이는 증류기를 이용하여 증류시키면 물은 남아 있고 알코올만 분리되어 모이는데, 증류기에 따라 최고 약 95% 정도의 높은 알코올을 얻을 수 있다.

다시 말해, 곡물이나 과실 또는 당분을 포함한 원료를 발효시켜 양조한 양조주를 단식 증류기Pot Still나 연속식 증류기Patent Still에 다시 증류하여 알코올 함유량을 높인 술을 말한다.

곡류 및 감자의 전분을 원료로 위스키Whisky, 진Gin, 보드카Vodka 등을 만들고, 포도와 당밀의 당분을 원료로 한 브랜디Brandy, 럼Rum, 그리고 우리나라에서는 문배주, 소주 등을 만들 수 있다. 이러한 양조주는 효모의 성질이나 당분의 함유량에 의해 대개 8~14% 내외의 알코올을 함유한 음료를 산출하는데, 이를 보다 더 강한 알코올음료나 순도 높은 주정을 얻기 위해 증류하는 것이다.

(1) 위스키Whisky

가) 위스키의 제조법

위스키는 옥수수, 밀, 귀리, 호밀, 보리 등 곡류를 주원료로 하여 당화·발효시켜 주정분을 만들어 증류, 숙성의 과정을 거쳐 만들어진 술로써 증류주 중 가장 많이 애용되는 술을 말한다. 이렇게 증류하여 얻어진 무색투명한 알코올을 참나무와 같은 양질의 오크통Oak Barrel 속에 넣어 짧게는 2~3년에서 길게는 수십 년 동안 저장 숙성시키면, 나무의 성분이 우러나와 훌륭한 맛과 향을 지닌 호박색의 위스키가 된다.

위스키의 제조방법에는 산지별, 원료별, 증류법이나 숙성법 등으로 약간씩 다르다.

나) 위스키의 분류

(가) 증류 방법에 의한 분류

증류주는 알코올의 끓는점78°C이 물의 끓는점100°C보다 낮다는 성질을 이용하는 증류법을 이용한 술이다. 즉 양조주는 가열하면 알코올이 물보다 먼저 증발하는데, 이를 적절한 방법으로 냉각시키면 본래의 양조주보다 알코올 도수가 높은 술을 얻을 수 있다.

이러한 증류법에 따라 단식증류기를 이용하여 포트 스틸 위스키Pot Still Whisky와 연속식 증류기를 이용한 패턴트 스틸 위스키Patent Still Whisky가 있다.

단식 · 연속식 증류 위스키

단식증류 위스키

단식 증류기는 알코올을 분리하여 순도가 높은 알코올을 얻기 위한 전통적인 증류방법으로, 구조가 비교적 간단하다. 이 방법은 두 번 이상의 증류과정을 거쳐야만 높은 알코올 도수를 얻을 수 있는데, 증류할 때마다 재료를 매번 채워야 하므로 비용과 시간이 많이 소모되어 대량생산이 어렵다는 단점이 있지만, 위스키 고유의 맛과 향을 얻을 수 있다는 장점이 있어 이 증류방법을 선택하고 있다. 이러한 방법으로 만들어지는 위스키는 스카치 몰트 위스키와 아리리시 몰트 위스키가 있다.

연속식 증류 위스키

연속식 증류기는 19세기에 만들어진 증류기로 단 한 번의 증류과정을 통해 높은 알코올 도수의 술을 얻을 수 있다. 이 방법은 연속적으로 증류가 가능하여 대량으로 생산할 수 있어 생산원가가 싼 장점이 있으나, 위스키 고유의 향기와 향미가 약화되어 순수한 알코올에 가까운 제품이 만들어진다는 단점이 있다. 이 방법으로 만들어지는 위스키는 아메리칸 위스키와 캐나디안 위스키가 있다.

(나) 원료 및 제법에 의한 분류

몰트 위스키 Malt Whisky

발아시킨 보리, 즉 100% 맥아만을 원료로 해서 만든 위스키로써 맥아 건조 시 이탄Peat향이 배이게 한 다음, 건조시킨 보리를 다시 단식 증류기Pot Still로 2회 증류시킨 후 오크통에서 숙성시킨 위스키이다. 싱글몰트 위스키는 한 증류소에서 한 가지 품종의 보리로만 만든 위스키이다.

그레인 위스키 Grain Whisky

발아시키지 않은 곡물을 보리맥아Malted Barley로 당화시켜 발효한 후에 연속식 증류기Patent Still로 대량 증류한 위스키를 말한다. 비교적 향이 덜하며 부드럽고 순한 맛이 특징이며, 오크통 속에서 3~5년 정도 숙성시킨 위스키이다.

블렌디드 위스키 Blended Whisky

몰트 위스키와 그레인 위스키를 적당한 비율로 혼합한 것인데, 우리가 마시고 있는 거의 대부분이 이 위스키이다. 몰트 위스키의 제조원가는 그레인 위스키에 비해 2배 정도 비싸고, 향미가 강해 일부사람들에게 거부감을 주는 경우가 있다. 그래서 풍미가 순하고 부드럽게 하기 위해 두 위스키를 혼합하는데, 몰트 위스키의 혼합비율이 높아야 고급 위스키이다. 배합비율에 따라 맛이 달라지기 때문에 회사마다 배합비율의 노하우를 가지고 있다.

버번 위스키 Bourbon Whisky

미국에서 1800년대에 옥수수를 편리하게 저장하기 위한 수단으로 버번이 탄생되었다. 옥수수와 다른 곡물을 섞어 발효시켜 위스키를 만들면 썩을 염려도 없고 운반도 쉬웠기 때문이다. 버번이란, 미국 켄터키주 동북부의 지명 이름으로, 호밀을 위스키를 만들었으나 호밀이 흉작이 들어 옥수수를 섞어 위스키를 만들게 된 유래로 켄터키 버번지역에서 생산되는 위스키이며, 옥수수를 51% 이상 사용하도록 법률로 정하고 있다. 이것에 호밀Rye과 맥아Malt

등을 혼합하여 당화, 발효시켜 연속식 증류기로 증류한다. 사용하지 않은 새로운 오크통Oak Barrel의 안쪽을 그을린 것에 넣어 4년 이상 저장·숙성시키는 것이 특징이다.

이와 같이 버번으로 불리려면 3가지 조건을 갖춰야 하는데, 첫 번째로 미국 내에서 생산되어야 하고, 두 번째로 옥수수가 51% 이상 첨가되어야 한다. 마지막 세 번째는 내부를 훈제한 새 참나무통에서 숙성해야 한다는 조건을 가지고 있다.

콘 위스키 Corn Whisky

미국 남부에서 생산되며, 전체 원료 중 옥수수의 비율이 80% 이상의 것으로써, 버번 위스키가 안쪽을 그을린 오크통에 저장하며 착색하는데 반해, 콘 위스키는 그을리지 않은 오크통을 사용한다.

라이 위스키 Rye Whisky

제법은 옥수수와 몰트를 혼합하여 당화·발효하여 증류시키는 버번 위스키와 거의 같으나, 호밀Rye을 주원료로 66% 이상 사용하는 위스키로 미국이 주산지이다.

(다) 생산지에 따른 분류

스카치 위스키 Scotch Whisky

영국의 스코틀랜드(브리튼섬 북부)에서 생산되는 위스키를 총칭하는 것으로써 전 세계 3,000종이 훨씬 넘는 상표가 있으며, 세계 위스키 시장의 60% 이상을 점유하고 있다. 부드러우면서 강하고 미묘하며 독특한 향기를 지닌 황금빛 술로, 우리나라 사람들이 가장 많이 마시는 술이다. 1952년 영국에서 발령된 관세와 면허세법에 의하면, 스코틀랜드 내에서 증류하여 사이즈 700L 이하의 오크통에서 최소한 3년간 통에 저장·숙성시킨 위스키에 한하여 'Scotch Whisky'라고 출고허가증과 매도증명서에 기입할 수 있도록 되어 있다.

단식증류법으로 2~3회 실시하는데, 이러한 방법으로 만들어진 스카치는 다른 나라에서 아무리 똑같은 방법으로 만들어도 맛과 향이 다르다.

스카치 위스키의 유명상표로는 시바스리갈Chivas Regal, 조니워커Johnnie Walker, 발렌타인Ballantine, 화이트호스White Horse, 올드파Old Parr, 블랙앤화이트Black & White, 커티삭Cutty Sark, 제이앤비J&B, 로얄살루트, 올드파, 글렌피딕Glenfiddich, 맥켈란Macallan 등이 있다.

표 6-3 스카치 위스키의 종류와 특징

스카치 위스키	특징
맥켈란 15년	스코틀랜드 스페이강 유역의 맥켈란 증류소에서 생산된 위스키를 특별한 오크통에 15년간 숙성시킨 위스키이다. 차가운 홍차나 녹차를 기호에 맞게 섞어 마시면 맛이 한층 부드러워진다.
발렌타인 17년	우드와 바닐라향이 균형 잡혀 깊고 매혹적인 맛을 낸다. 토닉워터를 믹스하고 레몬슬라이스를 곁들이면, 부드러운 칵테일을 즐길 수 있다.
로얄살루트 21년	짙은 황금빛 호박색을 띠는 위스키로, 은은한 스모키향과 깊고 풍부한 과일향의 풍미를 느낄 수 있다. 독특한 보틀 디자인은 스코틀랜드의 전사이자 왕이었던 로버트 더 브루스가 말을 타고 돌진하는 모습에서 영감을 받아 제작되었는데, 장인이 6시간에 걸쳐 정교한 수작업으로 만든다.
시바스리갈 12년	Chivas Regak이란 'Chivas 집안의 왕자'라는 뜻으로, 시바스 특유의 부드러움과 벌꿀, 프루티한 맛의 조화를 느낄 수 있다. 최고의 위스키로 인정받는 스코틀랜드 스트라스아일라 증류소에서 완성된다.

아메리칸 위스키American Whisky

아메리칸 위스키는 신대륙에 이주해 온 영국계 이민자에 의해서 시작되었다. 미국의 위스키에 관한 최고기록은 1770년 피츠버그에서 호밀로 증류주를 만들었다는 내용이 기록되어 있어, 미국에서 생산되는 위스키의 총칭으로 보통 라이 위스키Rye Whisky를 가리킨다. 1795년 제콥빔Jacob Beam이 켄터키Kentucky주의 버번Bourbon지방에서 옥수수로 위스키를 만들었는데, 이것이 버번 위스키의 시초이다. 19세기 초 켄터키주에는 수천 개소의 위스키 증류소가 있었다고 한다. 1920년 1월 금주법이 미국연방의회를 통과하여 소위 암흑의 20년대가 시작되었다가 1933년 비로소 13년간의 금주법이 해제되자, 다시 위스키 산업이 크게 발전했던 것이다.

아메리칸 위스키의 유명상표로는 와일드 터키Wild Turkey, 짐 빔Jim Beam, 잭 다니엘Jack Daniel's 등이 있다.

아이리시 위스키Irish Whiskey

영국의 아일랜드산의 위스키를 총칭하며, 사실상 최고의 전통을 자랑하는 위스키이다. 아이리시 위스키는 맥아 외에 여러 가지의 곡류를 원료로 사용하며, 단식증류기를 사용하여 3번 증류한다.

스카치 위스키의 원료가 100% 맥아인데 비해, 아이리시 위스키는 발아시킨 보리 25~50%에 발아하지 않은 보리·귀리·호밀·옥수수 등을 섞어 원료로 사용하는 차이점이 있다. 유명상표로는 존 제임스John Jameson, 올드 부쉬밀스Old Bushmills, 머프스 패디스Murph's. Paddy's 등이 있다.

아이리시 위스키는 세계에서 제일 먼저 위스키를 만들었다고 하여 'e'자를 추가하여 'Whiskey'라고 표기하여 자신들의 위스키에 대한 자부심과 원조임을 강조하고 있다.

캐나디안 위스키 Canadian Whisky

캐나다의 위스키 역사는 미국의 독립전쟁으로 인해 북쪽의 캐나다로 이주하는 영국이민이 늘어나면서부터 시작되었다. 캐나다 내에서 생산되는 위스키를 총칭하며, 호밀, 옥수수, 귀리 등을 혼합하여 만든다. 주로 온타리오Ontario호 주변에 위스키산업이 집결해 있고, 시장의 태반이 미국이기 때문에 미국 형태의 것을 많이 생산한다. 그러나 아메리칸 위스키에 비해 호밀Rye을 많이 사용하여 간혹 라이 위스키Rye Whisky라고도 불린다.

블랜디한 위스키Blended Whisky만 생산하며, 4년 이상의 저장기간을 규제하고 수출품은 대개 6년 정도 저장한다. 다른 어떤 나라보다 정부의 통제가 엄격하다.

캐나디안 위스키의 유명상표로는 캐나디안 클럽Canadian Club, 시그램스 브이 오Seagram's V.O, 크라운 로얄Crown Royal, 로드 칼버트Lord Calvert 등이 있다.

(2) 브랜디Brandy

브랜디는 좁은 의미로 포도를 발효한 후 증류한 술을 말하며, 넓은 의미로는 모든 과실류의 발효액을 증류하여 오크통에 오랜 시간동안 숙성시킨 알코올 성분이 40~45%인 술을 말한다.

위스키가 맥주를 증류시킨 것이라면, 브랜디는 와인을 증류시킨 것이라고 할 수 있다. 일반적으로 주원료가 포도로 만든 증류주를 일컫는데, 포도 이외의 다른 과실을 원료로 할 경우는 브랜디 앞에 그 과실의 이름을 붙인다. 즉 애플 브랜디Apple Brandy, 체리 브랜디Cherry Brandy, 애프리코트 브랜디Apricot Brandy 등이 있다.

'코냑은 브랜디지만, 모든 브랜디는 코냑이 아니다.' 흔히 사람들은 코냑을 브랜디와 혼동하여 사용하는데, 코냑은 브랜디의 일종이지 브랜디와 같은 말이 아니라는 것이다. 이는 우리에게 브랜디라는 이름보다 코냑이라는 이름으로 더 알려져 있기 때문이다.

브랜디 글라스는 와인과 같은 튤립 모양이지만, 향이 글라스 밖으로 나가지 못하게 하기 위해 입구가 더 좁고 옆으로 더 퍼진 모양을 하고 있다.

가) 브랜디의 등급

브랜디는 숙성기간이 길수록 품질도 향상한다. 이는 술을 썩히지 않고 오래 묵히면 향이 좋아지고 맛이 부드러워지기 때문이다. 그래서 브랜디는 품질을 구별하기 위해 여러 가지 부호로 표시한다.

대부분의 코냑 회사들은 별이나 글자로 그들 회사의 품질을 표시한다. 이러한 표시는 법적으로 규정된 것은 아니고, 코냑 회사의 습관으로 같은 나폴레옹일지라도 각 코냑회사마다 숙성연도가 다를 수 있다. 코냑의 숙성연수 기간은 오크통 속에 있는 기간만을 말하고, 일단 병입이 되면 변화하지도 숙성하지도 않는다.

코냑 브랜디Cognac Brandy에 처음으로 별도의 기호를 사용한 것은 1865년 헤네시Hennesy사에 의해서이다. 이러한 브랜디의 등급표시는 각 제조회사마다 공통된 부호를 사용하는 것은 아니다.

브랜디의 등급과 숙성 연수

- VS or ☆☆☆(3Star): 3~5년 이상
- V.S.O.P(Very Superior(Special) Old Pale): 평균 10년 정도
- Napoleon: 15년 정도
- X.O(Extra Old): 40년 정도
- Extra Napoleon: 70년 이상

어떤 제조업자들은 코냑(Cognac)의 등급을 별로 정하는데, 각 별들은 1년을 표시하고 별 하나에서 최고 별 다섯 까지 만든다.

표 6-4 코냑의 등급

등급 표시	저장 기간
☆☆☆	최소한 3년 이상
☆☆☆☆	10년 이상
V.O(Very Old)	12~15년
V.S.O(Very Special Old)	15~20년
V.S.O.P(Very Special Old Pale)	15~30년
X.O(Extra Old)	40~45년
Extra Napoleon	50년 정도

자료: 이정실 외 2인, 호텔주장관리, 대왕사, 2006: 170.

1991년부터 양주류의 수입이 개방되면서 우리나라 시장으로 세계 각국의 술이 밀려들어 오기 시작하였다. 판매업체에서는 일반적으로 주령을 기준으로 품질의 우수성을 주장하고 있다. 그러나 주령이 높다고 해서 반드시 술의 품질이 우수한 것은 아니다. 숙성 이전에 어떤 원료를 썼으며, 어떤 제조공법을 거쳤는지가 더욱 중요하기 때문이다.

나) 브랜디의 종류

(가) 코냑Cognac

코냑지방은 와인의 명산지인 프랑스 보르도 북쪽에 위치한 도시로, 이 지방에서 생산되는 브랜디만을 코냑이라 명명할 수 있게 프랑스법으로 엄격하게 규제하고 있다.

1936년 프랑스는 코냑을 제조하는 포도품종은 쌩떼밀리옹St-emilion, 폴 블랑시Folle Blanche, 콜롱바르Colombard 포도로 만들어져야 하고, 10%까지 다른 백포도를 사용할 수 있다고 법으로 규정하고 있다.

유명한 코냑 상품으로는 헤네시Hennesy, 레미마텡Remy Martin, 마르텔Martell, 까뮈Camus, 꾸르브와제Courvoisier, 비스뀌Bisquit, 오타르Otard 코냑 등이 있다. 코냑은 자체의 향기유발을 막기 위해 글라스 윗부분이 오목하게 되어 있는 잔으로 마시며, 또한 온더락On the Rocks으로 마셔서는 안 되는데, 이는 코냑의 향기를 방해하기 때문이다.

(나) 알마냑Armagnac

알마냑은 프랑스 보르도의 남서쪽에 위치한 지방의 이름으로써, 이 지방에서 생산되는 브랜디를 말한다. 알마냑은 원료와 토양, 기후 등에 있어 코냑지방과 별 차이는 없으나 증류기법에 차이가 있다. 단식과 연속식 증류기의 절충식으로 증류되며, 알코올 도수가 낮아 향기가 매우 강하며, 숙성기간도 코냑이 화이트 리무진 오크통을 사용하는데 반해, 알마냑은 블랙 오크통을 사용하기 때문에 빨리 숙성되어진다. 보통 8년 정도면 아주 훌륭하게 숙성되며 12년이 지나면 완전히 숙성된다. 알마냑은 근본적으로 코냑과 아주 흡사한 과정을 거치고 다소 독특한, 아주 분명한 향을 가지고 있으며, 등급표시도 코냑과 같이 별이나 VS, VSOP, XO 등으로 숙성기간의 등급과 함께 시장에서 판매되고, 알마냑은 코냑만큼 잘 알려져 있지 않기 때문에 일반적으로 코냑보다 가격이 비싸지 않다.

알마냑의 유명상표는 샤보Chabot, 자뉴Janneau, 말리악Malliac 등이 있다.

(다) 칼바도스Calvados

칼바도스는 프랑스 노르망디아지방의 사과주Cidre를 증류하여 만든 애플 브랜디이다. 잘 숙성된 사과로 만든 이 브랜디는, 맛이 매우 좋으며 세계에서 가장 품질 좋은 애플 브랜디이다. 최고품질의 칼바도스는 발레도즈Vallee dAuge에서 생산된다. 칼바도스는 사과를 짓이겨 6주 동안 발효시킨 시드르Cidre로 만드는데, 이 시드르를 단식증류기로 2번 증류하고 최소 2년 이상 숙성시켜 만든다.

(3) 진Gin

진은 대맥의 맥아, 라이맥을 양조하여 3회 이상 증류를 하여 알코올 성분이 50% 정도로 순도 높은 주정을 만드는데, 주정의 불쾌한 냄새를 없애기 위해 두송나무의 열매Juniper Berry 향을 첨가하여 재증류한 무색주가 바로 진이다. 진은 무색·투명하고 상쾌한 향미를 가진 술로써 다른 술이나 리큐어Lequeur 또는 주스Juice 등과 잘 조화되기 때문에 칵테일의 기본주로 가장 많이 쓰인다.

1660년에 의학교수인 실비우스Sylvius에 의해 만들어졌는데, 이는 동인도지역에서 활약하고 있는 홀랜드인 선원들과 식민지 사람들을 위해서 열대성 열병 특효약을 만들기로 생각하고, 그 당시 쥬니퍼 베리가 이뇨성분이 있음을 알게 되자, 그레인을 증류하여 얻은 스피리트에 쥬니퍼 베리에 담갔다가 이것을 재증류함으로써 의약품으로 만들어졌다. 이 약의 명칭은 쥬니퍼 베리라는 프랑스식 명칭인 즈니에브르Genievre라고 명명하였고, 이것을 네덜란드인들은 제네바Genever라고 부르고, 이 제네바가 영국으로 건너가 영국식으로 만들어짐으로써 오늘날의 런던 드라이진이 되었다.

가) 진의 종류

(가) 런던드라이진London Dry Gin

영국에서 생산되는 진을 뜻하였으나, 현재는 일반적인 용어로써 사용된다. 드라이진으로서는 가장 품질이 우수하다. 단맛이 없는 날카롭고 쌉쌀한 맛이 나며, 유명상표로는 비피터Beefeater, Boord, Booth's High & Dry, Gilbey's Walker's, 고드슨Gordons, 봄베이Bombay, 핸드릭스Hendrick's 등이 있다.

(나) 올드탐진Old Tom Gin

드라이진에 약간의 당분(2~3% 정도)을 첨가해 맛을 순하게 한 스위트진이다.

(다) 프리마우스진Plymouth Gin

1830년 영국의 남서부에 있는 영국 최대의 군항인 프리마우스 시의 도미니크파의 수도원에서 만들어진 것이 시초이다. 런던 드라이진과 올드탐진의 중간 맛을 지녔으며, 향이 강한 것이 특징이다.

(라) 홀랜드진Holland Gin

네덜란드의 암스테르담Amsterdam과 쉬담Schiedam 지방에서 많이 생산한다. 홀랜드 진은 매우 깨끗하나 맛이 진하고 맥아와 비슷한 향기와 맛이 뚜렷하기 때문에 칵테일용보다 스트레이트로 마시기가 더 좋다. 유명상표로는 Bols V.O.Geneva 등이 있다.

(마) 플레버드진Flavored Gin

주니퍼 베리 대신 여러 가지 과실, 씨, 뿌리, 약초 등으로 향을 낸 것이다. 이들은 술의 개념으로 말하면, 리큐어이나 유럽에서는 진의 일종으로 취급되고 있다. 플레버드 진으로는 Sloe Gin(자두의 일종인 야생오얏), Damson Gin(다마스커스종의 서양자두), Orange Gin(오렌지), Lemon Gin(레몬), Cherry Gin(체리), Ginger Gin(생강), Mint Gin(박하) 등이 있다.

(바) 드라이진Dry Gin

감미가 없는 드라이진 특유의 맛과 향이 난다. 세계 여러 나라에서 생산하며, 칵테일용 기본주로 많이 사용된다. 런던 드라이진은 드라이진의 형태에 속하는 것이다.

(사) 골든진Golden Gin; Aging Gin

일종의 드라이진으로써 짧은 기간 술통에서 저장되는 동안 엷은 황색을 낸다.

(4) 보드카Vodka

보드카는 14세기부터 러시아에서 만들기 시작했고, 러시아의 국민주이며 국민성을 잘 나타내는 술이다. 하지만, 현재 세계적으로 유명한 보드카는 러시아 이외의 지역에서 많이 만들어지고 있으며, 세계에서 가장 많이 팔리는 증류주이다. 보드카는 곡류와 감자를 원료로 발효하여 연속식 증류기로 95% 정도의 주정을 얻어낸 후, 자작나무의 활성탄과 양질의 모래로 20~30회 정도 반복 여과하여 만든 술로써 40~60%의 알코올을 함유한다. 보드카는 러시아어의 '물'이라는 뜻의 'Voda'에서 유래한 것으로 '생명의 물'을 의미한다. 보드카Vodka는 슬라브민족의 국민주라고 할 수 있을 정도로 애음되는 술이다. 무색Colorless, 무미Tasteless, 무취Odorless의 술로써 믹스 드링크와 주스에 잘 어울려 각종 칵테일의 기본주Base Liqueur로 많이 사용하지만, 러시아인들은 아주 차게 해서 작은 잔으로 스트레이트로 단숨에 들이킨다.

러시아를 여행하는 외국인이 기대하는 것의 하나로 캐비아Caviar: 철갑상어의 알에 차가운 보드카를 곁들여 마시는 것을 꼽을 수 있다.

가) 보드카의 제조법

원료는 주로 감자나 고구마, 옥수수 등 원료를 쪄서 맥아를 넣고 당화시켜 효모를 넣어 발효시킨다. 이렇게 해서 만들어진 주정으로 자작나무의 활성탄이 들어 있는 여과조로 반복해서 여과한다. 그러면 퓨젤유Fusel Oil 등의 부성분이 제거되어 순도 높은 알코올이 생긴다. 여기에 나무뿌리, 풀, 종자 등의 엑기스를 스며들게 하면, 독특한 풍미를 가진 각종 보드카가 된다. 끝으로, 모래를 여러 번 통과시켜 목탄의 냄새를 제거한 후 증류수로 40~50% 묽게 하여 병입된다.

보드카가 무색, 무미, 무취로 되는 중요 요인은 자작나무의 활성탄과 모래를 통과시켜 여과하기 때문이다. 자작나무 숯이 담긴 큰 탱크에 지속적으로 여과시켜 냄새나는 성분을 제거하여 무취에 가까운 술이 되며, 숯에 여과하는 횟수가 많을수록 양질의 보드카가 된다.

나) 보드카의 유명상표

원래의 전통적인 보드카로 차게 해서 식전주로 사용하거나 풍미를 살려 칵테일 베이스로 많이 쓰인다. 러시아에서 생산되는 스미노프Smirnoff, 모스코프스카야Moskovskaya, 스톨리츠나야Stolichnaya, 스톨로봐야Stolovaya, 페르트소프카Pertsovka 등과, 스웨덴 남부 아후스에서 생산되는 앱솔루트Absolut 등 무수히 많은 종류가 있다.

(5) 럼Rum

적도 부근의 열대지방에서 풍부하게 생산되는 사탕수수에서 설탕의 결정을 분리해 낸 찌꺼기, 즉 당밀을 가지고 발효와 증류과정을 거쳐 만든 술로써 맛이 독특하고 강렬한 방향이 있어 노예와 해적들이 마시면서 '화주' 또는 '해적의 술'이라고도 한다.

가) 럼의 제조법

럼의 원료는 사탕수수를 롤러Roller로 눌러 부순 뒤, 여과한 당액을 그대로 쓰는 경우와, 제당공정의 부산물인 당밀을 쓰는 두 가지 방법이 있는데, 후자의 경우가 많이 사용된다.

원료가 이미 당분이므로 당화의 공정은 불필요하다. 당액을 발효시키는데 라이트 럼Light Rum의 발효는 2~4일 정도이고, 헤비 럼Heavy Rum의 발효는 5~20일 정도에 걸쳐 서서히 이루어진다. 이 발효과정에서 이스트균의 영양분으로써 발효를 돕는 작용을 하는 던더Dunder를 첨가하는데, 이것이 럼 특유의 독특한 방향을 낸다. 향기를 한층 강하게 하기 위해 아카시아 수액이나 파인애플의 즙을 첨가 발효시키는 수도 있다.

다음은 증류인데, 헤비 럼은 단식증류기로 하나, 산지에 따라 라이트 럼Light Rum은 연속증류기로 증류하는 수도 있다. 저장은 셰리와인의 빈 통이나 화이트오크통White Oak Barrel의 안쪽을 그을려 사용한다. 10~12년 정도, 길게는 15년까지 숙성시킨다. 대표적인 상표는 바카디Bacardi가 있는데, 값이 저렴해서 가장 많이 소비된다.

나) 럼의 종류와 산지

럼은 원료의 품질이나 증류 및 숙성방법 등의 차이에 따라 풍미가 가벼운 라이트 럼, 가볍지도 무겁지도 않은 미디엄 럼, 중후한 풍미를 지닌 헤비 럼으로 구분되며, 색깔도 무색투명한 것White Rum에서 짙은 갈색Dark Rum에 이르기까지 다양하다.

(가) 헤비 럼Heavy Rum; Dark Rum

발효·증류한 후 나무통 속에 숙성시킨 것으로, 풍미가 높고 짙은 럼으로 다크 럼이라고도 한다. 발효기간을 약 20일 간 시켜서 감미가 강하고 색도 진한 갈색으로, 특히 자메이카Jamaica산이 유명하다.

(나) 미디엄 럼Medium Rum; Gold Rum

감미가 강하지 않고 헤비 럼과 라이트 럼의 중간색으로, 일반 대중품으로 대량 생산되는 럼이다.

(다) 라이트 럼Light Rum; White Rum

화이트 럼이라고도 하며 단기간 발효하여 약 6개월 간 저장하여 판매하는 것으로, 풍미가 가볍고 무색투명하여 칵테일의 기본주로 사용되며, 맛이 부드럽고 단맛이 나지 않아 가장 많이 애용되는 럼이다.

(6) 테킬라Tequila

테킬라는 멕시코의 지명이자 멕시코를 대표하는 대중음료로써 원료는 용설란과의 아가베Agave인데, 이 나무를 발효시켜 만든 증류주이다. 테킬라의 원산지는 멕시코의 중앙 고원지대에 위치한 테킬라라는 마을이 있으며, 여기서 멕시코 인디언들에 의해 생산되기 시작하였다.

멕시코 여러 지역에서 용설란의 일종인 마 게이Ma Guey와 아가베Agave 등을 이용하여 증류주를 만드는데, 이를 메즈칼Mezcal이라고 하며, 이러한 메즈칼 중 데킬라 마을에서 만든 메즈칼을 데킬라라고 한다.

가) 테킬라의 제조법

10년 정도 자란 용설란의 잎을 잘라내고 직경 50cm 정도의 줄기를 반으로 잘라, 증기솥에 넣어 열을 가하면 줄기 속의 다당류가 쉽게 당화되고, 이 당화액을 발효하면 멕시코 원주민들이 즐겨 마시는 발효주인 팔케Pulque가 만들어진다.

나) 테킬라의 종류

(가) 테킬라 블랑코Tequila Blanco

팔케Pulque를 단식증류기로 두 번 증류하여 화이트 오크통에 약 1달 가량 숙성시킨 후 활성탄으로 정제하고 시판하는 것이 화이트 테킬라Tequila Joven; 테킬라 호벤로 스테인리스통에 단기간 저장한다.

(나) 테킬라 아네하도Tequila Anejado

테킬라 블랑코와 만드는 방법은 같지만, 1년 이상 오크통에 저장・숙성하여 만든다. 테킬라의 일반적 주정도는 40~52%이며, 1968년 멕시코올림픽 이후 세계적으로 널리 알려지게 되었다.

멕시코 원주민들은 테킬라를 마실 때 레몬이나 라임을 반으로 잘라서 왼쪽 손가락 사이에 끼고 손등을 적셔서 소금을 묻힌 후, 찬 테킬라를 스트레이트로 마신 후 레몬이나 라임의 즙을 빨고 손등의 소금을 핥으면서 즐긴다. 이것은 멕시코가 열대지방인 관계로 건조하여, 염분을 보충하고 신맛의 과즙을 섭취하기 위한 것이라고 한다.

테킬라의 유명상표로는 호세 쿠에르보Jose Cuervo; White, Gold, Ventenario, 엘토르El Toro, 헤라두라Herradura, 마리아치Mariachi, 올레Ole, 투 핑거스Two Fingers, 사우자Sauza, 판초빌라Pancho Villa, 패트론Patron 등이 있다.

3) 혼성주Compounded Liqueu

(1) 혼성주의 정의

혼성주는 증류주 또는 양조주에 초근목피 · 향료 · 당분 · 착색료 등을 첨가한 알코올음료이다. 즉 식물성 향미를 배합하고, 다시 감미료, 착색료 등을 첨가하여 만든 술의 총칭이다. 프랑스 및 유럽에서는 리큐어Liqueur, 영국과 미국에서는 코디얼Cordial이라고 부른다. 리큐어의 어원은 라틴어의 '리큐파세르Liquefacere'에서 유래되었는데, 이는 각종 향초와 약초성분이 녹아들었다는 의미로 과일이나 곡류를 발효시킨 주정에 대개 정제한 설탕이나 꿀로 감미를 더하고, 과실이나 약초류, 향료 등 초근목피의 침출물로 향미를 붙인 술이다. 즉 색채, 향기, 감미, 알코올의 조화가 잡힌 것이 리큐어의 특징이며 색깔이나 높은 향미 때문에 칵테일 재료로 많이 사용되며 식후주로 즐겨 마신다. 우리나라 가정에서 만드는 인삼주, 매실주, 모과주 등도 혼성주라 할 수 있다.

(2) 혼성주의 제조방법

가) 증류법Distilled Process

향미물질인 식물의 씨, 잎, 뿌리, 껍질 등을 강한 주정에 담아 부드럽게 한 후에 침출약 또는 배합물질을 증류하는 것이다. 이렇게 얻은 향이 좋은 주정에 설탕 또는 시럽의 용액과 채소 농축액이나 태운 설탕의 형태로 된 염료를 첨가하여 감미와 색을 내는데, 고급 리큐어를 만드는 방법이다. 다시 말해, 방향성 원료를 알코올 속에 담가 우려낸 후 그 액에 열을 가해 증류한 후 설탕이나 시럽 등을 첨가하는 방법으로 핫 방식Hot Method이라고도 한다.

나) 에센스법Essence Process

향유 혼합법이라고도 하며, 주정에 천연 또는 합성의 향료를 배합하여 여과한 후 사카린을 첨가하여 만드는데, 이런 제품은 품질이 좋지 않고 값이 싸며 시설비, 인건비, 제조시간이 절약된다. 독일에서 흔히 이 방법을 사용하고 있다.

다) 침출법Infusion Process

열을 가하면 성분이 변질될 수 있는 과일이나 약초, 향료 따위에 알코올을 가해 향미성분을 용해시키는 방법이다. 열을 가하지 않으므로 콜드방식Cold Method이라고 한다. 이렇게 만들어진 리큐어를 특히 코디얼Cordial이라고 한다.

(3) 혼성주의 종류

가) 감귤류(오렌지계) 리큐어

감귤류와 설탕을 배합하여 만든 혼성주로, 보통 감미가 많으면 감귤류의 향이 진하므로 특히 여성들이 좋아하는 술이다.

(가) 큐라소Curacao

오렌지 리큐르의 총칭으로, 남미 베네수엘라Venezuela의 북방, 카리브해에 있는 큐라소Curacao섬에서 재배되는 오렌지껍질을 건조시켜 알코올에 담금 뒤 향신료를 추가하여 만들었다.

(나) 트리플 섹Triple Sec

화이트 큐라소의 일종으로, 화이트 큐라소는 주정도가 30~35%, 당분이 30~60%인데 반하여, 트리플 섹은 주정도가 38~40% 정도로 당분이 25~30% 정도이다. 트리플 섹은 화이트 큐라소에 오렌지 리큐어를 혼합하여 만든 것으로 세 번 증류했다는 의미이다. 오렌지껍질을 알코올에 24시간 동아 담가 우려낸 뒤 단식증류기로 증류한 무색투명한 리큐어이다.

(다) 쿠앵트로Cointreau

1849년 프랑스 앙주지역에서 쿠앵트로 형제가 만든 화이트 큐라소 중의 최고급이다. 사탕수수로 만든 순수한 증류주에 달고 쓴 비터오렌지와 오렌지껍질을 넣고 블렌딩해서 만든다.

나) 과실류 리큐어

주재료가 되는 과실명을 그대로 리큐어의 명칭으로 사용하기 때문에 비교적 쉽게 알 수 있다. 보통 과일이나 말린 과일 등을 브랜디에 넣어 약 6~8개월 간 두면 색깔과 향미·향취가 술로 옮겨간다. 이것을 여과시켜 설탕시럽을 첨가하여 약 1년간 숙성시킨다.

(가) 체리 브랜디Cherry Brandy

브랜디에 체리Cherry나 시나몬Cinamon, 글로버Clove 등의 향료를 침전시켜 만드는 리큐어이나 체리Cherry 자체를 증류해서 만드는 것도 있다. 주정도는 25~39% 정도이다.

(나) 에프리코트 브랜디Apricot Brandy

살구를 씨와 함께 으깨서 발효시키고 발효액을 증류한 것에 당분을 가한 리큐어이다. 주정도는 30~35% 정도로서 향기 자체가 감미로워 여성의 식후주로 알맞다.

(다) 슬로 진Sloe Gin

야생자두(슬로 베리; Sloe Berry)을 진에 담가 주니퍼베리 향을 첨가해서 만든 붉은색 리큐어이다. 진이라고는 하지만, 증류주의 진과는 전혀 다른 리큐어이다. 주정도는 30% 정도이고 시큼하다.

다) 크림류 리큐어

프랑스에서는 '크렘Creme'이라고 불리는데, 이는 '극상, 정상, 가장 좋은 부분' 등의 뜻을 나타낸다. 보통 당분이 40~45%로 달게 만들어졌으며, 크림과 같이 농도가 있는 리큐어이다. 제품의 원료도 과실, 차, 꽃, 나무껍질, 커피 등 다양하다.

크림 드Cream de란, 프랑스 리큐르 메이커 용어로써 알코올 함유량이 15% 이상, 당분이 40% 이상 매우 단맛의 술을 가리켜 '크림 드'라는 명칭을 붙이고 있다. 따라서 '크림 드'란 설탕을 많이 가당하여 단맛이 풍부한 리큐어라고 할 수 있다.

(가) 크렘 드 망트Creme de Menthe

크렘 드 망트는 이른바 페퍼민트Peppermint라고도 하며, 신선한 박하향을 첨가한 리큐어로 그린, 화이트, 핑크 등이 있다. 주정도는 25~30% 정도이다.

(나) 크렘 드 카카오Creme de Cacao

카카오열매를 주정에 침전하여 당분을 가미한 리큐어로 브라운과 화이트가 있으며 주정도는 25~30% 정도이다.

(다) 크렘 드 카시스Creme de Cassis

영어로 블랙 커랜트 브랜디Black Currant Brandy라고도 한다. 검은 구즈베리Black Currants 열매의 맛을 들인 리큐어이다.

(라) 크렘 드 바이올렛Creme de Violet

바이올렛이란 말은 제비꽃 또는 보라색이란 뜻으로, 제비꽃이나 기타 향초류를 주정에 담가 만든 아름다운 보랏빛으로 로맨틱한 리큐어이다. 주정도는 30% 정도이다.

(마) 크렘 드 바나나Creme de Bananas

주정에 바나나향을 착용시켜 만든 리큐어로써 주로 미국에서 생산한다.

라) 종자류 리큐어

아니제트Anisette와 아니스Anis라는 약초의 종자가 주원료로써 개성적인 향미와 풍미가 있는 리큐어이다.

(가) 아니제트Anisette

회향의 일종Anise의 향이 나며 아니스열매, 레몬껍질, 육계 코리엔더Coriander 등의 향미를 첨가한 리큐어이다. 식전 혹은 식후에 소화를 돕는 것으로 잘 알려져 있으며, 우리나라 사람들에게는 구미에 잘 맞지 않는 술이다. 주정도는 25~30% 정도이다.

(나) 큼멜Kümmel

회향풀로 만드는 리큐어Liqueur이다. 영어의 회향풀Caraway이 독일어로 큼멜Kümmel이다. 1575년 네덜란드에서 처음 생산하였으나, 지금은 독일을 비롯한 여러 나라에서 '화장품의 분냄새가 난다'라고 할 만큼 옛날에는 향이 강했다. 주정도는 30~40% 정도이다.

마) 봉밀류 리큐어

와인이나 스피릿Spirit 또는 위스키에 벌꿀과 약초를 첨가하여 만든 리큐어이다.

(가) 드람부이Drambuie

스코틀랜드산의 유명한 리큐어로 스카치위스키를 기본주로 해서 꿀, 약초류를 가하여 만든 술이다. 드람부이의 어원은 영국 하이랜드지방의 방언인 게일어로 'Dram Buid Heach'이며 '만족스러운 음료'라는 뜻으로, 영국이 자랑하는 세계적인 명품 리큐어이다. 1754년 스튜어트 왕가만의 비주(秘酒)로 전해져오던 것을, 비법을 전수받은 맥키넌이 150년이 지난 1906년에 시판하기 시작했으며, 주정도는 40% 정도이다.

(나) 아이리시 미스트Irish Mist

아일랜드에서 생산되는 담갈색의 리큐어이며 '아일랜드의 안개'란 뜻이다. 주정도는 40% 정도이다.

바) 향초류 리큐어

최상급에 해당하는 리큐어를 이렉실이라고 하는데, 이렉실이란 식물 등에서 추출되는 주정을 말한다. 이와 같이 수많은 향초와 약초를 배합하여 만든 것을 말한다.

(가) 샤르뜨뢰즈Chartreuse

브랜디에 다양한 향료와 약초를 넣어 만들었는데 '리큐어Liqueur의 여왕'이라고 불리는 이 술은 프랑스의 고전적인 리큐어의 하나이다. 프랑스어로 '수도원'이란 뜻이 있는데, 알프스에서 나는 약초를 포도주에 담가 수도승들의 활력 증진을 위한 약주로 애음되었고, 나중에 증류 숙성되어 널리 알려지게 되었다.

(나) 베네딕틴Benedictine

프랑스에서 가장 오래된 리큐어 중의 하나로 호박색을 띠며, 안젤리카Angelica를 주향으로 하여 박하, 약초, 꽃 등 수십 종의 약초를 넣어 만든다. 베네딕틴의 라벨의 D.O.M. 표시는 라틴어로 'Deo Optimo Maximo'의 약어이며 '최대 최선의 신에게'라는 뜻이다. 주정도는 40% 정도로 부드럽고 중후한 맛이 특징이며 피로회복에 좋은 리큐어이다.

(다) 갈리아노Galliano

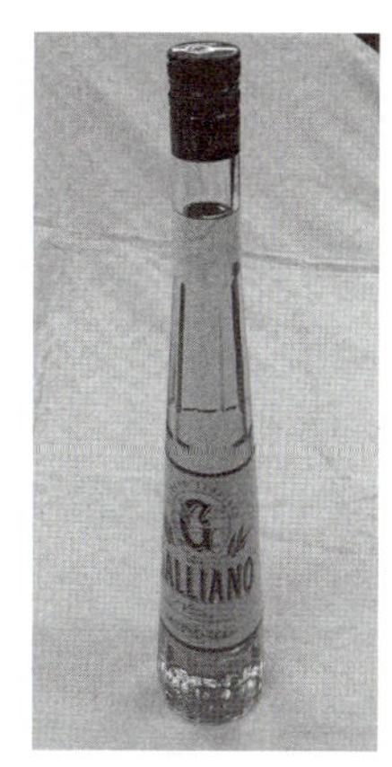

이탈리아 밀라노지방에서 생산되는 오렌지와 바닐라향이 강하며 독특하고 길쭉한 병에 담긴 리큐어로, 9세기 말 동아프리카 전쟁에서 승리한 이탈리아 주세페 갈리아노 소령의 이름을 딴 리큐어이다. 향이 강해 다른 술과 섞어 마시기 어려우며, 갈리아노를 이용한 칵테일이 있는데, 특히 유의할 점은 양이 적으면 전혀 다른 향이 되는 경우가 있다.

사) 아브상Absinthe

라틴어로 압상 튜움영어로 Worm Wood; 향쑥에서 온 말로, 아니스열매와 감초 그리고 쑥 등의 약초와 향료를 원료로 배합하여 만든 리큐어로 태양광선을 쏘이면 7가지 색으로 빛나 일명 '녹색의 마주'라고도 한다. 스트레이트로 마시기에는 너무 독하기 때문에 보통 약 4~5배의 물과 타서 마시고 있다.

아) 아드보카트Advocaat

네덜란드의 달걀술로써 유명하며 브랜디에 달걀노른자, 설탕을 섞어 바닐라향을 곁들인 노란색 리큐어로, 일명 에그 브랜디Egg Brandy라고도 한다. 마시기 전에는 병을 잘 흔들어 따르고, 개봉한 후에는 짧은 기간 내에 마시는 것이 좋다. 주정도는 18% 정도이다.

자) 앙고스트라 비터Angostura Bitter

남미 베네수엘라의 보리바시는 거의 100년 전까지 앙고스트라Angostura시라 불렀다. 이것은 뛰어난 풍미와 향기에 있어서 다른 모든 비터Bitters를 능가하며, 맨해튼 칵테일Manhattan Cocktail을 비롯해서 많은 칵테일의 고미제로 쓰이고 있다. 그 제법은 어느 제조원에서도 모두 외부에 누설하지 않고 있다. 주정도는 45% 정도이다.

차) 깔루아Kahlua

럼을 베이스로 하고 멕시코산 커피를 주원료로 사용한 커피 리큐어이다. 주정도는 26.5%이며, 그 외의 커피 리큐어로는 자메이카산 타이 마리아Tia Maria와 터키산 파스하Pasha 등이 있다. 파스하의 병은 모스크바의 예배당을 본 딴 호화로운 병으로, 이 술을 물 또는 잘게 부순 얼음과 같이 셰이크Shake하면 거품이 생겨 맛있는 음료가 된다.

2. 비알콜성 음료

비알코올성 음료Non-alcoholic Beverage는 알코올 성분이 전혀 들어 있지 않은 음료를 총칭하며 청량음료, 영양음료, 기호음료 및 기타음료 등으로 구분된다.

1) 청량음료Soft Drink

청량음료는 시원한 청량감을 주는 음료로, 알코올 성분이 없으며 주로 음료수에 천연 또는 인공감미료를 함유시키거나 천연과즙에 탄산가스를 함유시켜 만든다. 탄산가스는 미생물의 발육을 저지하고 향기를 보존하여 마실 때 청량감을 준다. 콜라Cola, 소다수Soda Water 진저엘Ginger Ale, 토닉워터Tonic Water, 사이다Cider 등과 같은 탄산성음료Carbonated와 광천수 Mineral Water, 에비앙워터Evian Water 등과 같은 무탄산성 음료Non- carbonated로 구분된다.

표 6-5 청량음료의 분류

탄산음료 (Carbonated)	콜라 (Cola)	1886년 펨퍼튼이라는 약사에 의해 제조되었는데, 커피의 2~3배의 카페인을 함유하고 있으며, 열대지방에서 재배되는 콜라열매 속의 콜라두를 가공처리하여 엑기스를 만들어 레몬・라임・오렌지・너트맥・시나몬・바닐라 등 각종 향료와 탄산가스를 첨가하여 만든 음료이다.
	소다수 (Soda Water)	음료수에 탄산가스를 포화해서 만든 것으로, 인공적으로 이산화탄소를 함유하는 물을 고안해 낸 음료로 소화작용의 효능이 있으며, 탄산가스를 만들 때 중탄산소다를 사용한데서 붙여진 이름이다.
	진저엘 (Ginger Ale)	진저(Ginger; 생강)+엘(Ale; 알코올)=생강주를 의미한다. 우리나라에서는 알코올이 전혀 없는 순수한 청량음료로, 탄산수에 생강을 주재료로 하여 페퍼와 레몬 등으로 향과 맛을 낸 다음 캐러멜 색소로 착색한 음료이다.
	토닉워터 (Tonic Water)	영국의 식민지 열대 노동자들을 위하여 식욕증진과 피로회복의 목적으로 처음 개발하였으며, 무색・투명한 음료이다. 레몬・라임・오렌지・키니네의 껍질 등의 엑기스에 당분과 탄산가스를 함유시킨 음료이다.
	사이다 (Cider)	유럽에서 사과를 발효하여 만든 일종의 발포성 사과주로, 알코올 성분이 1~6% 정도 함유된 음료로 사과주를 영어로 '사이다'라고 한다. 참고로, 우리나라에서 사이다라 불리는 것은 시트르산(구연산)과 감미료 및 탄산가스를 원료로 하여 만든 것과는 다른 음료이다.

무탄산음료 (Non-carbonated)	광천수	칼슘・마그네슘・칼륨 등의 광물질을 미량 함유되어 있는 물을 말한다.
	에비앙워터 (Evian Water)	프랑스와 스위스 국경지대인 '에비앙'시에서 용출되는 양질의 천연광천수이다.
	미네랄워터 (Mineral Water)	인공광천수로 칼슘・인・칼륨・라듐・마그네슘・철 등의 무기질이 함유되어 있는 물이다.
	셀저워터 (Seltzer Water)	독일의 비스바넨(Wiesbaden) 지방에서 용출되는 천연광천수로 위장병에 효능이 있는 물이다.
	비키워터 (Vicky Water)	프랑스 중부의 아리에지방의 '비키'시에서 용출되는 광천수이다.

2) 영양음료Nutritious

영양음료는 과일즙과 설탕 등을 가공하여 만든 음료로서 영양성분이 많이 함유된 음료이다. 레몬・라임・오렌지・자몽 등 과실의 즙을 짜서 만든 과실음료(과즙주스)와 낙농제품의 우유・요구르트 등이 대표적이다.

표 6-6 영양음료의 분류

주스	우리가 흔히 사서 마시는 주스로서 과일의 액즙을 짜서 만든 과즙에 과당을 첨가・가공하여 만든 음료이다.
과즙주스	실제로 과일을 즉석에서 갈아 만든 주스로서 레몬주스(Lemon Juice), 라임주스(Lime Juice), 오렌지주스(Orange Juice), 파인애플주스(Pineapple Juice), 포도주스(Grape Juice), 딸기주스(Strawberry Juice) 등이 있다.
야채주스	채소를 갈아 만든 주스로서 한 종류의 채소만 갈아 만든 주스와 여러 종류의 채소를 혼합해서 만든 주스가 있다.
우유	유백색의 불투명한 음료이다.

3) 기호음료Favorite Drink

기호음료는 영양학적인 관점보다는 기호와 여가의 활용, 사교, 비즈니스를 위한 음료이며, 식전이나 식후에 즐겨 마시는 커피류나 차류를 말한다. 보통 커피는 카페인과 무카페인(디카페인; Caffein Free) 커피로 나누어지며, 차의 종류에는 홍차, 녹차, 인삼차 등이 있다.

4) 기타 음료

기타 음료로는 기능성 음료와 전통음료로 구분할 수 있는데, 기능성 음료는 단순히 음료를 갈증해소를 위하여 마시는 것뿐만 아니라 어떤 목적에 맞춰 마실 수 있는 음료를 말한다. 이는 스포츠음료, 피로회복, 기분전환, 체질개선, 피부미용 등을 목적으로 개발된 음료이다. 전통음료는 그 나라의 고유한 식생활과 관련된 음료로서 식혜・수정과・대추・유자음료 등을 들 수 있다.

3절

호텔 주장의 분류

1. 주장의 정의

호텔의 주장Bar은 주로 음료를 판매하는 곳으로, 식당이 음식을 통하여 고객에게 식욕을 충족시켜 주는 영업장이라면, 주장은 "음료와 유흥적 요소를 제공함으로서 고객의 기분을 회복시켜 주는 영업장"이라고 할 수 있다.

일반적으로 주장이라고 하면 음료를 위주로 판매하는 각종 영업장을 말하는데, 총칭하여 '바Bar'라고 한다. 왜냐하면, 대부분의 주장에는 바가 설치되어 칵테일을 비롯한 각종 음료가 만들어지거나 제공되기 때문이다.

우리나라 바 문화는 1970년대 호텔 비즈니스맨 중심의 정통 바가 그 시초라고 할 수 있다. 이는 외국인 및 특정인을 대상으로 한 정통 메인바 중심의 클래식한 분위기를 연출하였다.

바의 개념은 프랑스어의 '바리에르Bariere; 울타리 경계선'에서 비롯된 말로, 고객과 바텐더 사이에 가로놓여져 있는 널판을 '바'라고 하던 것에서 유래되었다. 바텐더는 Bar와 Tender의 합성어로 바를 부드럽게 만드는 사람, 즉 바에 오는 모든 고객을 내 집과 같이 편안하게 만들며 칵테일 조주 등을 책임지는 사람이라는 뜻이다. 바는 시설이나 분위기에 있어서 독특한 구조와 디자인, 그리고 조명과 시설 및 음악으로 고객의 기분을 회복시켜 주는 공간이다. 이는 술을 중심으로 한 음료판매가 가능한 일정한 시설을 갖추고 이를 판매하는 공간을 말한다.

오늘날 바는 단순히 술을 파는 곳이 아니라, 사교나 비즈니스의 대화 장소로써 여러 가지 시설이나 분위기를 연출하여 고객에게 휴식을 제공하는, 즉 술을 중심으로 한 음료의 판매가 이루어지는 곳이다. 이에 따라 호텔의 주장을 정의하면, "호텔 내·외에 고객이 이용하기 편리한 장소에 일정한 주장시설을 갖추어 놓고 각종 음료 및 서비스를 판매하거나 제공하는 영업장"이라고 할 수 있다. 실제로 한 호텔 내에 스카이라운지, 로비라운지, 칵테일 바, 와인 바 등 다른 목적과 분위기를 가지고 있는 여러 개의 주장이 마련되어 있는 곳이 대부분이다.

2. 주장의 분류

호텔의 바는 운영 형태와 장소, 그리고 위치와 기능에 따라 여러 형태로 분류할 수 있는데, 일반적으로 다음과 같이 분류할 수 있다.

1) 메인 바Main Bar

호텔 내의 대표적인 바로써 식사류보다는 주류 위주의 메뉴를 제공하며, 호텔 이용객들이 대체로 이용하기 편리한 장소에 위치하는데, 바텐더와 고객 사이에 널따란 카운터 형식의 판매대가 있으며, 칵테일을 비롯한 고가의 위스키와 브랜디 등 알코올 도수가 높은 각종 주류와 와인, 맥주 등을 판매하는 영업장이다.

바는 주간영업보다는 늦은 오후부터 다음날 새벽까지 영업을 하는 것이 특징이다.

또한 바는 초저녁(대략 오후 6~8시 정도)에 해피아워Happy hour, Happy time를 운영하여 할인행사 및 다양한 이벤트를 통해 고객창출 및 매출액 증대 등의 마케팅 활동을 하고 있다.

운영 형태에 따라 다양한 명칭으로 사용되며 회원제로 운영되는 멤버스클럽 바Members

Club Bar와 간단한 칵테일 위주로 운영되는 칵테일 바Cocktail Bar로 나눌 수 있다.

2) 라운지 바Lounge Bar

호텔의 바는 장소와 위치에 따라 여러 형태로 분류할 수 있는데, 소파형의 안락한 좌석과 생음악 등의 유흥적 분위기를 갖춰 주로 음료와 칵테일을 판매하는 장소로써, 위치에 따라 일반적으로 1층 로비 근처에 위치하고 있는 로비라운지Lobby Lounge와 호텔의 상층에 위치하여 전망이 좋은 스카이라운지Sky Lounge로 나눌 수 있는데, 만남이나 휴식공간의 기능을 하는 바이다. 로비라운지와 스카이라운지를 별도로 운영하는 호텔의 경우, 영업전략상 로비라운지는 가벼운 음료 위주로 영업을 하고, 스카이라운지는 주로 저녁시간 대에 알코올성 음료인 주류 위주의 영업을 한다.

주로 판매하는 음료로는 커피, 차, 칵테일, 간단한 스낵 등을 판매하고 있다. 최근 5성급 호텔에서는 수익성을 극대화시키기 위해 음식을 함께 제공할 수 있는 다이닝Dining 개념의 라운지 바를 활성화시키고 있다.

3) 펍 바Pub Bar

'Pub'은 'Public House'의 약칭으로써 대중적 사교장을 의미하며 게임, 음악 등 엔터테인먼트Entertainment 요소와 함께 음료와 간단한 음식을 함께 판매하는 영업장으로써, 주로 라이브공연이나 재즈연주 등이 펼쳐지는 영국식 선술집 형식의 업장이다.

호텔에서의 펍 바는 멤버십 바에 비해 경쾌하며

젊은 층을 겨냥한 마케팅 활동을 지속적으로 펼치고 있는데, 밴드와 가수 그리고 최신 음향 시설과 조명시스템을 갖추고 영업을 하고 있다.

4) 멤버십 바Membership Bar

멤버십 바는 호텔 투숙객이나 일정금액을 내고 회원에 가입한 고객과 일행들이 편리하게 이용할 수 있는 바이다. 고정적인 고객을 확보하고 일정 수준 이상의 영업 매출액을 확보하기 위해 회원제로 운영되는 멤버십 바는 라이브공연을 보고 즐길 수 있으며, 신선한 기분을 느낄 수 있는 펍 바와 감미로운 음악이 흐르는 조용한 뮤직 바 등을 갖추고 있다. 멤버십 회원들에게만 제공되는 'Bottle Keeping Box'를 운영하고, 무료 안주와 음료를 제공하기도 한다.

5) 가라오케 바Karaoke Bar

고객들이 음악에 맞춰 노래를 부르면서 음료를 즐길 수 있는 영업장이다. 홀을 비롯하여 각종 크기의 룸을 갖추고 있으며, 주로 위스키와 맥주, 와인, 안주류 등을 판매하며, 일반적으로 다양한 형태의 룸에는 대형스크린, 최첨단 오디오시스템 등을 갖추고 있다. 대표적인 가라오케 바는 롯데호텔 잠실의 '메가 씨씨Mega CC'가 있으며, 최근 변화된 트렌드는 라이브 및 와인 바와 가라오케를 함께 갖춘 바가 증가하고 있다.

6) 엔터테이먼트 바Entertainment Bar

캐주얼한 분위기로서 팝의 개념에 다트게임Dart Game, 당구대 등의 스포츠시설과 디스코텍, 바 등을 갖추고 음료를 판매하는 종합사교 유흥장이다. 1988년 스포츠 바의 효시인 그랜드 하얏트호텔의 '제이제이 마호니스J.J. Mahoney's'와 조선호텔의 '오킴스,' 롯데호텔의 '바비런던' 등의 다양한 주제의 스포츠 바를 운영하고 있다.

3. 주장의 조직과 직무

주장 경영의 성공적인 요소는 주장 종사원의 적극적인 자세라 할 수 있는데, 이들에게 동기유발과 정확한 직무수행을 이루기 위해서는 조직의 편성도 중요하다.

호텔 바는 식음료부의 하부 부서로 소속되어 있는데, 호텔의 규모나 성격에 따라 약간의 차이는 있지만 일반적으로 식음료 부서장의 밑에 지배인 혹은 음료지배인Beverage Manager → 부지배인Assistant Manager → 헤드 바텐더Head Bartender → 소믈리에Sommlier → 어시스턴트 바텐더Assistant Bartender를 기본조직으로 구성되어 있다. 또한 호텔의 바는 야간영업을 하기 때문에 바 종사원들은 일반적으로 오후에 출근하여 다음날 새벽 2~3시경에 퇴근한다. 때문에 종사원의 안전과 시설의 안전을 고려하여 영업을 해야 한다.

그림 6-2 주장의 조직도

1) 음료과장Beverage Manager

음료과장은 호텔에서 영업 중인 바Bar를 비롯하여 로비라운지, 스카이라운지, 커피숍, 가라오케 등의 운영에 전반적인 책임을 가지고 있으며, 바에서 취급하는 모든 음료를 관리한다. 또한 음료업장의 매출 증대를 위해 많은 노력을 하며, 종사원의 인사관리와 서비스 인력계획을 담당한다.

2) 바 매니저Bar Manager

주장 부문에 최고 책임자로서 바 종사원들의 근무 편성과 바 영업을 책임진다. 각종 음료 및 칵테일에 대한 풍부한 지식을 가지고 호텔 서비스 매뉴얼에 따라 종사원들의 교육 훈련을 담당하기도 하며, 주장의 운영상태 파악 및 적절한 인원배치, 음료의 양과 재고관리 등을 감독하며 영업종료 후 영업보고서 및 재료 사용보고서의 영업일지를 작성하여 식음료부장에게 제출한다.

3) 소믈리에Sommelier

소믈리에는 와인스튜어드Wine Steward라고도 불리는 와인전문가를 말한다. 소믈리에란 단어 자체는 고객에게 와인 혹은 일반적인 음료에서 선택의 폭을 넓혀주고 올바른 서비스를 제공해주는 사람을 지칭한다. 와인의 진열과 음료 재고를 점검 · 관리하며 음료창고로부터 보급 · 수령하는 업무를 맡게 되며, 식사 코스에 따라 최상의 와인을 추천하고 서브하는 와인전문가라고 할 수 있다. 또한 고객의 요구를 파악하여 예절바르고 품격 있는 서비스를 제공할 수 있어야 하며, 이는 고품격 와인의 심오한 맛과 정성을 평가하며, 음식과 와인의 조화를 제안 및 와인의 프로모션을 계획하고 진행하며 하우스와인House Wine을 지정하여 이에 따른 판매전략과 교육을 실시한다.

4) 헤드 바텐더Head Bartender

바텐더는 조주사로서 을묘의 조주 및 판매를 하는 업무를 하고 있으며, 바 서비스에 필요한 각종 음료와 기자재 등을 준비하고, 칵테일용기와 글라스 등을 세척, 정리하여 위생적으로 유지해야 한다. 헤드 바텐더는 고객 서비스를 직접 책임지며, 고객의 기호를 파악하여 적절히 제공하며 음료에 관한 지식을 충분히 숙지하여 고객의 질문에 답변하며, 영업시간 전에 서비스 준비사항과 종사원들의 용모・복장 등을 점검하고, 신입사원 및 실습생의 교육을 담당하고 업장 내 월말재고조사Monthly Inventory 실시 등의 행정업무를 담당한다.

5) Bar Captain

접객 서비스의 책임자로서 정확한 주문과 서비스를 담당하며, 필요시 지배인의 업무를 보좌하고 담당구역 및 준비사항 등을 점검하며 고객으로부터 직접 주문을 받고 계산서를 발행한다. 또한 종사원의 근무 스케줄을 작성하여 보고하며, 각종 음료의 판매촉진을 위해 노력한다.

6) Bartender

상급 조주원을 도와서 고객 서비스를 담당하며, 음료판매 시 적정량을 제공하고, 매일 영업에 필요한 각종 음료의 재고량Bar Stock과 기물 등을 준비한다. 또한 주장시설들을 점검하며 각종 음료들이 적정 온도에서 보관되는지 등을 파악하고, 영업종료 후 청소와 기물정리를 담당한다. 또한 고객을 즐겁고 편안하게 해주기 위해 고객의 대화상대가 되어 주기도 한다.

7) Bar Waiter / Waitress

고객의 주문을 받아 바텐더에게 정확한 주문을 하며, 고객 서비스 및 테이블 세팅 등을 담당하고 주장 내의 서비스용 기물의 관리 및 보관 정돈상태를 책임진다. 또한 판매되는 음료 상품을 정확히 숙지하여 고객에게 추천할 수 있도록 한다.

8) Assist Bartender

바 운영에 필요한 각종 주류를 포함하여 기물, 린넨, 비품 등을 창고로부터 수령하거나 칵테일 장식에 필요한 가니시를 만들고, 글라스류를 세척하여 재사용할 수 있도록 준비하고 바 내부의 청결을 유지시키며, 간단한 믹스 드링크와 병으로 제공되는 것들을 상급 바텐더를 도와 제공하는 역할을 한다.

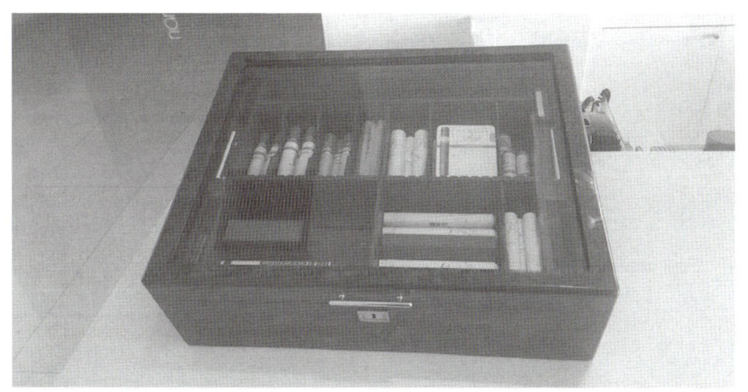

4. 주장의 경영관리

호텔의 식음료 부문에서의 음료판매 증가는 눈부시게 발전하고 있고, 순이익 발생률이 레스토랑 운영보다 바의 이익발생률이 훨씬 앞서고 있어 호텔 식음료 경영에 있어 중추적인 역할을 하고 있다.

1) 원가관리

모든 부서와 마찬가지로 호텔의 바 경영의 근본적인 목표는 수익창출이다. 원가관리는 고객에게 제공되는 메뉴의 원가를 적절하게 최소한으로 유지해야 매출액 증대와 효율적인 원가관리가 이루어져야 한다. 따라서 고객이 선호하는 음료를 예측해야 하며, 표준 레시피 Recipe를 이용하여 재료의 양과 조주방법을 정확히 준수하여 재료의 낭비와 품질을 유지할 수 있게 해야 한다. 이를 위해 일일 재고조사Daily Inventory와 월별 재고조사Monthly Inventory 그리고 연별Yearly Inventory로 실시하여 원가를 관리해야 한다.

2) 판매전략

효율적인 바의 운영을 위해서 어떤 제품이나 상품을 판매할 것인가를 결정해야 한다. 이는 고객이 선호하는 상표나 제품에 따라 전체 매출액과 업장의 이미지, 나아가 호텔의 이미지에 많은 영향을 미치게 된다. 또한 주기적으로 특정상품을 지정하여 판매 프로모션을 실시함으로써 매출액 증가의 효과를 얻을 수 있다. 따라서 바에 근무하는 종사원들은 음료

상품에 대한 지식이 매출액에 상당한 영향력을 줄 수 있음을 인지하여 판매교육 프로그램을 실시해야 한다.

4절

와인 서비스 실무

1. 와인의 개요

기록상으로 인류가 언제부터 와인을 마시기 시작했는지는 정확히 알 수 없다. 와인Wine의 어원은 라틴어의 '비눔Vinum'으로 "포도나무로부터 만든 술"이라는 의미가 있으며, 와인을 "신이 인간에게 준 최고의 선물"이라고 플라톤은 극찬하였다. 의학의 아버지인 히포크라테스는 "적당량의 와인은 질병을 치료할 수 있다."고 했으며, 와인이 긴장감을 해소시키고 노년에 심장병과 고혈압을 저지시켜 주는 등 건강에 좋다는 사실이 과학적으로도 밝혀진 바 있다.

학자들에 의하면, 와인이 만들어진 시기가 약 1만 년 전으로 추정하는데, 이는 야생의 포도를 따다가 보관해오던 중 그것이 자연발생적으로 발효되어 마시기 시작한 것으로 추정하고 있으나, 기록상으로 인류가 포도열매로 와인을 언제, 어디서, 누구에 의해 만들어졌는지는 분명치 않다.

와인은 넓은 의미로 모든 과일로 발효하여 만든 술을 와인이라고 하는데, 주로 포도를 주원료로 하여 발효한 것을 와인이라 통칭한다. 다른 과일로 발효하여 만든 와인은 애플와인, 체리와인 등 과일의 명칭을 와인 앞에 붙여서 사용한다.

와인은 포도 속의 포도당이 효모에 의해 분해되면서 생기는 과실주라고 할 수 있다. 이 분해과정을 발효Fermentation라고 하는데, 포도를 원료로 한 발효주라고 할 수 있다. 와인은 포도즙으로 만들어진 대단히 복잡한 알코올성 음료로, 오늘날 와인을 구성하고 있는 성분은 250여 가지 성분이 발견되었으나, 그들 중 대부분은 아주 적은 양으로 구성되어 있으며 공통적으로 부케Bouquet나 아로마Aroma에 약간의 영향을 주고 있다.

세계의 주류 가운데 와인만큼 품종이나 품질이 다양한 술은 없다. 와인의 품질은 포도의 품질에 따라 달라지는데, 포도의 품종과 함께 재배지역의 토양, 그리고 포도가 익을 무렵의 일조량과 기온 등에 따라 차이가 난다. 따라서 오랜 전통을 가진 와인 메이커가 동일한 포도원의 포도를 사용하여 만든 와인이라 하더라도 해마다 그 품질이 달라진다고 할 수 있다.

포도를 심어서 수확한 다음 눌러 짜서 자연 발효되어 당분이 분해하면서 알코올이 되고 탄산가스를 배출한다. 와인의 화학적인 발효작용은 이스트Yeast, 즉 효모에 의해서이다. 이 효모는 싱싱한 즙 속에서 천연적으로 함유되어 있는 미세한 물질의 반응에 의해 효소가 효모로 변한다. 효모는 당분을 분해시키는데, 분해된 당분은 알코올과 탄산가스를 배출시킨다.

양조는 포도즙을 포도주로 변화시키는 모든 과정을 총칭하는 말로써, 그 주요 단계는 알코올 발효이며, 이것은 효모의 작용으로 포도에 함유된 당분(과당과 포도당)이 알코올로 변화되는 자연현상으로써 화이트와인, 레드와인, 로제와인, 스파클링와인 등 그 양조과정이 각기 다르다.

와인에는 비타민, 미네랄, 타닌 등 300여 가지의 영양소가 들어 있어 노화방지・피로회복은 물론 각종 성인병 예방효과가 있다고 알려져 있다. 그래서 와인을 '노인의 우유'라고도 부른다. 또한 고기를 많이 먹는 사람들은 체질이 산성화되기 쉬운데, 와인 자체가 알칼리성 작용을 하여 고기를 먹을 때 와인을 함께 마시는 것은 체질의 산성화를 방지해 주는 적절한 조화라고 할 수 있다.

전 세계 와인의 생산량은 연간 260억 리터 정도 된다. 이 중 프랑스와 이탈리아가 각각 50~54억 리터를 생산하고 있으며, 스페인에서는 연간 30~35억 리터를 생산하고 있다.

오늘날 세계의 와인산업은 질적 측면에서 급속도로 발전하고 있다. 포도재배 기술의 발달과 양조의 발달, 과감한 투자와 다양한 실험적 연구의 결과로, 와인의 깊은 맛을 최대한 살리면서 소비자의 트렌드도 충족해가고 있다.

2. 와인의 제조과정

와인의 맛은 각 나라 또는 지역마다 토질, 기온, 강수량, 일조시간 등 자연적인 조건과 포도의 재배방법과 양조법에 따라 와인의 맛과 향이 달라지게 된다.

포도를 따서 1~2주 정도 발효시키면 포도당이 알코올과 미량의 향미성분으로 변한다. 발효가 완료되면 찌꺼기에 함유된 바람직하지 않은 냄새를 제거하기 위해 여과를 한다. 갓 발효된 와인은 맛과 향이 거칠기 때문에, 이를 다듬기 위해서는 숙성과정이 필요하다. 숙성은 오크통에서 하는 방법과 병에 넣어서 하는 방법이 있다.

포도는 포도껍질에 효모Yeast가 자생하는데, 이 효모가 포도가 으깨지면서 나오는 포도당을 분해하면서 생기는 알코올과 Co_2를 발생시킨다. 고급 와인일수록 높은 잠재 알코올이 보장되는데, 이러한 이유로 인해 집에서 먹는 포도로는 일반적인 와인을 만들 수가 없다.

포도는 양조용과 식용으로 구분되어지는데, 양조용 포도는 식용에 비해 당도와 산도가 매우 높으며, 당도가 보통 20브릭스Brix 이상은 되어야 한다. 우리가 당도가 높다고 하는 거봉이 10~12브릭스 정도인 것을 감안하면 당도가 매우 높음을 알 수 있다.

와인은 수확된 포도를 즙을 내어 큰 술통에 넣어두면 포도가 지니고 있는 당분과 효모에 의해서 자연적으로 발효되는데, 당분이 많은 포도일수록 좋은 포도주를 만들 수 있다.

1) 레드와인Red Wine

포도 → 수확(손수확 · 기계수확) → 파쇄 → 발효(껍질과 씨를 함께) → 압착 → 숙성 → 앙금제거(걸러내기) → 저장 → 여과 → 보틀링Bottling → 병 숙성 → 출하

2) 화이트와인White Wine

포도 → 수확 → 파쇄 → 압착 → 발효(껍질과 씨를 제거) → 앙금제거 → 숙성 → 저장 → 여과 → 보틀링Bottling → 병 숙성 → 출하(레드와인과의 차이점: 포도즙으로부터 포도껍질을 분리시키기 위해 압착을 한 다음 발효)

3) 로제와인Rose Wine

포도 → 수확 → 파쇄 → 발효(껍질을 도중에 제거) → 압착 → 숙성 → 앙금제거 → 저장 → 여과 → 보틀링Bottling → 병 숙성 → 출하

4) 발포성 와인Champagne

포도 → 수확 → 파쇄 → 압착 → 제1차 발효 → 숙성 → 보틀링Bottling → 효모 · 당분 첨가 → 제2차 발효 → 저장 → 앙금제거 → 가침 → 숙성 → 출하

5) 주정강화 와인

포도 → 수확 → 파쇄 → 압착 → 발효 → 통 숙성 → 브랜디 첨가 → 저장 → 여과 → 혼합Blend → 저장 → 보틀링Bottling → 출하

포도의 품종

암펠리과(Ampelidaceae) → 비티스속(Vitis Genus) → 비티스 비니페라종(Vitis Vinifera: 유럽종 - 카베르네 소비뇽, 메를로, 삐아누아, 샤르도네 등과 같은 와인을 만드는 품종)

와인을 양조하고자 할 때 비티스 비니페라 단일품종으로 만들 때도 있지만, 지역적 특성, 음식, 토양 등에 맞추기 위해 필요에 의해서 인위적으로 품종 간 교배를 하기도 한다. 와인을 양조하는 많은 지역에서 그 지역의 기후와 토양의 조건 등 가장 잘 어울리는 품종이 무엇인지를 찾아내어 최상의 와인을 만들고자 함이다.

3. 와인의 분류

와인은 색깔, 맛, 향 등 어느 하나로 규정할 수 없을 정도로 그 종류가 많다. 하지만, 일반적으로 색깔에 의한 분류, 맛에 의한 분류, 알코올첨가 유무에 의한 분류, 탄산가스 유무에 의한 분류, 식사 시 용도에 따른 분류, 저장기간에 의한 분류 등으로 구분할 수 있다.

이외에도 바디에 의한 분류가 있는데, 바디Body란 입안에서 감지되는 와인의 무게감과 점성도로 와인의 질감을 나타내고, 알코올 · 글리세린 · 당함량에 의해 와인의 스타일을 결정해 준다. 이 스타일에 의해 풀 바디Full Bodied, 미디엄 바디Medium Bodied, 라이트 바디Light Bodied로 구분할 수 있다.

표 6-7 와인의 분류

분류	종류
색에 의한 분류	레드와인(Red Wine)
	화이트와인(White Wine)
	로제와인(Rose Wine)
맛(당분)에 의한 분류	스위트와인(Sweet Wine)
	드라이와인(Dry Wine)
	미디엄 드라이와인(Medium Dry Wine)
알코올 첨가 유무에 의한 분류	강화와인(Fortified Wine)
	비강화와인(Unfortified Wine)
탄산가스 유무에 의한 분류	스파클링와인(Sparkling Wine)
	스틸와인(Still Wine)
식사용도에 의한 분류	식전주 와인(Aperitif Wine)
	테이블 와인(Table Wine)
	식후주 와인(Dessert Wine)
저장기간에 의한 분류	영 와인(Young Wine)
	에이지 와인(Aged Wine; Old Wine)
	그레이트 와인(Great Wine)

1) 와인의 색깔에 따른 분류

(1) 레드와인Red Wine; 적포도주

적포도(흑포도)만을 이용하여 껍질과 함께 즙을 내어 씨와 껍질과 함께 발효시켜 껍질에 함유되어 있는 색소가 우러나와 붉은색이 나게 되며, 씨와 껍질에 들어 있는 타닌Tannin성분까지 함께 추출되므로 떫은맛이 나는 것이 특징이다. 레드와인의 맛은 이 타닌의 조화로움에 크게 좌우되며, 포도껍질과 씨를 얼마동안 발효시키느냐에 따라서, 또는 포도품종에 따라서 타닌의 양이 결정된다.

레드와인은 장기간 숙성・저장이 가능하며, 타닌의 함유량에 따라서 숙성기간이 달라지고 맛은 풍부하고 윤택하다. 대부분 육류나 양념이 많이 된 음식과 잘 어울린다. 알코올 함유량은 대개 12~14% 정도이며, 실온17~19°C에서 보관한 후 마시는 것이 가장 좋으며, 타닌 성분은 와인이 차가울 때 더욱 날카롭게 느껴진다.

(2) 화이트와인White Wine; 백포도주

화이트와인은 레드와인에 비해 달콤한 것이 특징이며, 적 · 백포도를 다 사용하여 포도즙을 낼 때 레드와인과 달리 껍질, 씨, 줄기를 제거하고 포도를 압착하여 과즙만을 발효시켜 포도로부터 색소가 우러나지 않고 산뜻한 맛이 나도록 한 것이며, 타닌성분이 적어 맛이 순하고 포도알맹이에서 우러나오는 색깔로 인해 연한 황금색(노란색)이 난다. 화이트와인은 생선이나 과일, 채소 등 담백한 요리에 잘 어울린다. 대부분 화이트와인은 숙성기간이 짧으며 2~5년 정도 익힌 상태로 알코올 함유량은 대개 10~13% 내외이며, 샴페인쿨러 등에 담아 10°C 전후로 차게 마시는 것이 좋다.

(3) 로제와인Rose Wine

로제라는 라벨이 붙은 최초의 와인이 언제 생산되었는지는 알 수 없다. 맑은 핑크빛 때문에 로제와인이라고 부르는데, 포도를 파쇄하거나 섞어 발효하다가(레드와인은 며칠 또는 몇 주, 로제와인은 몇 시간 정도) 적당한 색이 되었을 때 여과해서 발효조에 옮겨 만드는 방법을 사용한다. 다시 말해, 포도껍질과 함께 발효시키다가 껍질을 제거하여 더 이상 짙은 색이 나지 않게 하는 방법이다. 이렇게 해서 발효된 즙은 얼마동안 포도껍질과 접함으로써 엷은 핑크색과 가벼운 향을 지니며, 로제와인은 보존기간이 짧으면서 오래 숙성시키지 않고 마시는 것이 좋다. 그래서 맛은 오히려 화이트와인에 가까워 차게 마시는 것이 좋으며 담백하고 달콤한 맛을 낸다. 그래서 치즈, 과일, 케이크, 초콜릿 등과 잘 어울리며 가벼운 식사, 샌드위치 등 여름에 주로 마신다.

2) 맛(당분)에 따른 분류

(1) 스위트와인Sweet Wine

주로 화이트와인에 해당되며, 단맛이 함유된 와인으로서 완전히 발효되지 못하고 당분(포도당; 단맛)이 남아 있는 상태에서 발효를 중지시킨 것과 당분을 첨가(보당)한 것이 있다. 스위트와인은 주로 식후 디저트와 함께 마시는데, 소화촉진을 돕는데 적합한 와인으로 포트와인, 크림셰리 등이 이에 속한다.

(2) 드라이와인Dry Wine

일반적으로 단맛이 없는 와인으로, 포도발효 시 천연 포도당이 완전히 발효되어 당분이 거의 없어 약간 쓴맛이 나는 상태의 와인이다.

(3) 미디엄 드라이와인Medium Dry Wine

스위트와 드라이와인의 중간형 와인으로서 데미 드라이Demi Dry 또는 세미 드라이Semi Dry 와인이라고도 하며, 쓴맛도 단맛도 아닌 중간 정도의 맛을 가진 와인을 말한다.

3) 알코올 첨가 유무에 따른 분류

(1) 강화 와인Fortified Wine

주정 강화 와인 또는 알코올 강화 와인이라고도 하는데, 알코올 도수를 높이기 위해 발효과정이나 또는 발효 후 알코올 농도가 높은 브랜디(증류주)를 첨가하여 알코올 도수가 16~21%인 와인으로, 와인 고유의 향미와 미네랄을 그대로 함유하고 있으면서 또한 부패하지 않으므로 장기간 보관이 가능하다. 대표적인 와인으로 스페인의 셰리와인Sherry Wine과 포르투갈의 포트와인Port Wine, 이탈리아의 벌무스Vermouth 등이 있다.

(2) 비강화 와인Unfortified Wine

보통 일반적인 와인을 말하는데, 다른 주정을 첨가하지 않고 순순한 포도만을 발효시켜 만든 것으로, 테이블와인Table Wine이 이에 속한다. 알코올 도수는 보통 8~14% 정도이다.

4) 탄산가스 유무에 따른 분류

(1) 스파클링 와인Sparkling Wine; 발포성 와인

와인 발효과정에서 탄산가스가 새지 않게 모은 와인으로서 대부분 백포도주이다. 다시 말해, 와인 속에 탄산가스가 들어 있는 와인을 말한다. 스파클링 와인은 스틸와인을 만든 후에 다시 당과 효모를 이용해 재발효를 하게 한다. 즉 2차 발효를 일으키게 하기 위해 설탕과 효모를 적당량 넣고 잘 섞은 다음, 뚜껑을 닫아 자연적으로 탄산가스가 생기게 한 것과 탄산가스를 인위적으로 주입Carbonation 시키는 것이 있는데, 이 경우는 자연적으로 생긴 것보다 질이 낮고 가격도 싸다.

종종 샴페인Champagne과 혼동되기도 하는데, 샴페인은 프랑스 파리 동부 샹파뉴지방에서만 생산되는 발포성 백포도주로서 정식 명칭은 뱅 드 샹파뉴Vin de Champagne이다. 샹파뉴에서는 반드시 전통적인 방식인 병 속에서 2차 발효가 일어나게 하는 방법으로 샴페인을 만들어야 한다. 이 지방 외에서 만든 기포 있는 와인은 유럽연합의 법률에 따라 스파클링 와인이라고 해야 한다. 즉 모든 샴페인은 스파클링 와인이지만, 모든 스파클링 와인은 샴페인이 아닌 것이다. 숙성기간은 프랑스에서 1년 이상이나 보통은 3년 이상 숙성시킨다.

(2) 스틸 와인Still Wine; 비발포성 와인

일반 와인으로서 탄산가스를 완전히 제거한 와인으로, 포도당이 분해되어 와인이 되는 과정에서 발생하는 탄산가스를 완전히 증발시킨 와인이다. 대부분 우리가 마시는 와인이 여기에 속하며, 흔히 식사와 곁들여 마시는 테이블 와인으로 거품이 일어나지 않는 와인을 말한다. 보통 알코올 도수가 8~13% 정도이며 단맛부터 쌉쌀한 맛까지 다양하다.

5) 식사 시 용도에 따른 분류

(1) 식전주 와인Aperitif Wine

식사하기 전에 한두 잔 마시는 와인으로 주로 쓴맛, 신맛이 나는 와인이다. 입 속에 침이 나오게 하거나, 위를 자극하여 위액을 분비시킴으로써 식욕을 돋우는 와인이다. 신맛이 나는 화이트와인이나 강화와인으로는 스페인의 셰리와인Sherry Wine을, 향취가 강한 것으로는 이탈리아의 벌무스Vermouth, 캄파리Campari, 마티니Martini 종류가 대표적이라고 할 수 있다. 개

표 6-8 식전주의 종류

식전주	특징
샴페인(스파클링와인을 포함하여 드라이 한 것)	가장 잘 어울리는 식전주이다. 개인적인 모임이나 특별한 파티 또는 어떠한 비즈니스에서도 잘 어울리는 식전주이다.
셰리와인(Sherry)	드라이하며 입을 적당히 긴장시켜 음식의 맛을 더욱 높이는 효과가 있는 식전주이다.
벌무스(Vermouth)	와인에 브랜디를 첨가하여 만든 알코올 강화 와인으로 드라이 벌무스가 식전주로 잘 어울린다.
캄파리(Campari)	이탈리아 혼성주로 쌉쌀한 맛을 내며 식전주로 가장 많이 애음되는 음료 중의 하나이다. 캄파리에 소다나 오렌지주스를 섞어 마시면 더욱 좋다.
마티니(Martini)	칵테일의 왕이라고도 하며 칵테일로써 식전주에 제격이지만, 알코올이 높은 관계로 술에 약한 사람이나 여성에게는 다소 무리가 될 수 있는 식전주이다.

인적 취향에 따라 다양한 식전주가 있을 수 있겠지만, 맥주는 탄산가스를 포함하고 있어 식사도 하기 전에 포만감을 불러일으키기 때문에 식전주로는 어울리지 않는 음료이다.

(2) 테이블 와인Table Wine

와인과 음식은 매우 밀접한 관계를 가지고 있다. 보통 유럽에서는 저녁식사 때 와인을 곁들여 식사를 한다. 이때 식사 중에 마시는 와인으로, 알코올 함유량이 12% 정도로써 식욕을 증진시키는 와인이다. 화이트와인White Wine은 맛이 가볍고 산뜻하며 신맛이 있어 생선요리의 담백한 맛과 조화를 이루며, 레드와인Red Wine은 육류요리를 먹을 때 마시는 것이 일반적이지만, 각자의 취향에 따라 와인을 결정해도 된다. 이는 레드와인에는 떫은 타닌성분이 많아서 육류의 기름기와 짙은 향을 완화시켜 주기 때문이다. 이는 식사 중간 중간에 마셔서 다음 코스에 나오는 음식의 맛을 더욱 풍부하게 느낄 수 있도록 입안을 헹구어주는 역할을 한다.

(3) 식후주 와인Dessert Wine

디저트 와인이라고도 하며 식사 후에 소화를 촉진시키거나 입안을 개운하게 마무리 짓기 위해 마시는 와인으로 주로 단맛이 강한 와인을 말한다. 달콤한 와인은 식사가 끝나 후 입안을 개운하게 해주는 역할을 하며, 단맛은 입속의 침 분비를 억제하는 성질을 지니고 있으며, 대표적으로 포트와인Port Wine과 크림셰리Cream Sherry와인, 바르작Barsac 등이 있다.

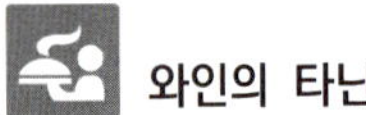

와인의 타닌

타닌은 식물의 열매나 잎과 줄기 등에 널리 퍼져 있는 자연상태의 성분으로, 와인의 타닌은 포도(씨, 줄기)에서 나온 것이며 오크통 숙성 시에도 오크의 타닌이 일부 와인 속에 배어들기도 한다. 와인이 숙성되는 과정에서 타닌은 다른 타닌 분자와 결합하여 중합체를 이루며 그 결과로 병에 침전물이 생길 수 있다. 와인의 맛을 거칠고 깔깔한 맛에서 부드럽고 미묘하며 복잡한 맛으로 변화시킨다. 타닌은 와인의 숙성기간 중에 자연적인 항산화제 역할을 하여 와인을 보존하는데 기여하는데, 타닌이 강한 와인이 모두 훌륭한 숙성와인으로 발전하는 것은 아니고 밸런스가 잘 맞아야 수준급 와인이라 할 수 있다.

6) 저장기간에 따른 분류

(1) 영 와인Young Wine

1~2년 혹은 길게는 5년 정도 저장한 포도주로, 가벼운 느낌이 나는 와인을 말한다. 대표적인 와인으로는 매년 11월 셋째 주 목요일에 전 세계에 판매되는 보졸레 누보를 들 수 있다.

(2) 에이지 와인Aged Wine; Old Wine

중급 와인으로 보통 5~15년 정도 저장한 포도주를 말한다.

(3) 그레이트 와인Great Wine

고급 와인으로 보통 15년 이상 오래 숙성시켜 아주 좋은 와인을 말한다. 하지만 숙성이 오래 되었다고 해서 가격이 비싸거나 품질에 꼭 비례하지는 않는다.

보졸레 누보의 마케팅

보졸레 누보(Beaujolais Nouveau)의 누보는 New라는 의미로 '새롭다'라는 뜻으로 보졸레 지방에서 그 해 수확한 포도로 그 해에 출하하는 햇포도주를 말한다. 보졸레 누보는 현지의 느낌을 최대한 살리기 위해 11월 3째주 목요일에 전 세계에 비행기로 운송하여 출시하며 규정상 이듬해 8월 31일까지만 판매가 가능하다.

보졸레 지역은 지리적 특성상 장기숙성이 어렵고 단기간에 마셔야 하는 포도(가메)품종이 토양과 잘 어울렸다. 당시 일반 소비자들은 숙성되지 않은 와인은 싸구려 와인으로 인식하고 있어, 발효과정이 다른 와인보다 짧은 보졸레 누보는 1950년대까지 값싼 레스토랑이나 조그만 술집에서 파는 저가 와인이었다. 하지만, 조르쥬 뒤바프(Georges Duboeuf)가 과일향이 강하고 떫은맛이 덜하기 때문에 신선한 와인이라는 이미지를 소비자에게 심어주는 등 다양한 마케팅과 프로모션으로 전 세계인들이 동시에 마실 수 있는 축제를 만들어 냈다. 그래서 그를 가리켜 '보졸레의 아버지'라고 칭한다. 보졸레 누보는 연간 약 6천만 병 중 50%가 해외에서 소비되고 있다.

4. 와인의 빈티지

와인의 빈티지Vintage는 포도의 수확(생산) 연도를 의미하는데, 와인을 선택하는 중요한 요인이 된다. 다시 말해, 포도가 수확된 해의 수확상태를 의미하는데 일조량이 많고, 강우량이 적은 해에 수확한 포도는 당도가 높고 신맛이 적으며 색깔도 진하다. 그래서 이러한 해에 만들어진 와인은 매우 우수한 품질로 평가받게 된다. 즉 기후가 좋은 해에 생산된 포도로 만들어진 와인의 품질이 좋기 때문에 와인의 라벨에 적힌 연도는 와인 선택에 있어서 중요한 요인이 된다.

고급 와인의 라벨에는 포도의 수확연도Vintage가 표기되어 있는데, 이것은 그 해의 온도, 일조량 등에 의해 포도의 질이 달라지기 때문에 매우 중요하게 취급된다. 와인 전문가들에 의해 평가되는 빈티지를 예로 들어 보면 1961, 1977, 1978, 1983, 1985년 등이 높은 평가를 받고 있다. 라벨에 적힌 지역 범위 또한 와인을 평가하는 기준이 되는데, 범위가 좁을수록 고급 와인이라고 할 수 있다.

빈티지가 좋고 나쁨을 아는 것도 중요하지만, 더욱더 중요한 것은 언제 와인이 최상의 품질에 도달하느냐 하는 것이다. 빈티지가 나쁜 해에는 숙성이 빨리되며 좋은 해에는 서서히 된다. 와인이 최상의 품질로 이르는 것은 그 와인이 지니고 있는 품질과 개성에 따라 많은 차이가 있는데, 일반 레드와인은 2~5년이면 충분하고, 화이트와인의 경우 무조건 오래 숙성시켰다고 하여 좋아지는 것은 아니다. 보통 레드와인은 최소한 5년 이상은 숙성해야 제맛이 나고, 최상급의 화이트와인은 평균 5년 정도면 마시기에 좋은 상태가 되며, 일반 화이트와인은 2~3년 안에 마시는 것이 좋다. 이 기간 동안 각각의 와인들은 그 풍미가 보다 다양해지고 부드러워지게 되며, 특별한 와인은 보통 다른 와인들보다 타닌과 산이 많이 함유되어 있는 것이 특징이다.

빈티지 차트Vintage Chart는 와인 산지에서 기온과 일조시간, 강우량 그 밖의 그 해 기상조건을 기준으로 각 지역의 와인을 테이스팅하여 점수로 표기하여 작성된다.

상업협회는 와인의 생산지역과 연도에 의해 와인의 질을 서로 비교할 수 있도록 빈티지

표 6-9 세계 주요 와인산지 빈티지 차트

Vintage / Region	2008	2007	2006	2005	2004	2003	2002	2001	2000	1999	1998
Champagne	8	7	8	8	8	7	9	3	8	7	8
Red Bordeaux	7	7	8	10	8	8	8	7	10	7	8
White Bordeaux	8	7	8	9	6	8	7	9	7	8	8
Red Burgundy	8	7	8	9	7	8	9	7	8	9	7
White Burgundy	7	7	9	9	8	6	8	7	8	7	7
Chablis	8	9	8	8	7	7	8	7	8	7	7
Rhone	7	9	8	8	7	7	6	9	8	8	9
Alsace	8	7	7	10	7	7	9	6	8	8	8
Germany	7	9	7	9	7	8	8	9	7	9	8
Spain	8	7	7	8	8	6	6	8	6	6	8
Italy	8	9	8	7	8	8	6	8	7	9	7
Australian	8	7	8	9	8	7	8	9	7	8	9
Port	8	8	7	8	8	9	n/a	7	10	8	7

[Key]
The number indicates the quality of the vintage out of 10(1=lowest; 10=highest)
The colour represents the wine's readiness for drinking:

Needs ageing
Can be drink now, but may benefit from further ageing
Drink now

자료: 안대희 외, 와인 & 소믈리에, 지식인, 2015: 49.

차트를 정기적으로 만들고, 이 평가는 물론 연도에 확실한 근거가 있는 것이며, 여기에 근거하여 차트가 만들어진다.

5. 와인과 라벨(레이블)

와인을 고를 때는 와인 라벨이 주는 정보를 토대로 와인을 선택하게 되며, 와인 판매업자는 고객들의 시선을 끌어당기는 '와인의 얼굴이자 명함' 역할을 하는 라벨에 많은 노력을 기울인다.

라벨을 어렵게 생각하는 이유 중 하나가 각 나라마다 '각기 다른 기준을 가지고 표기'하기 때문이다. 라벨에는 포도이름, 생산지역, 수확시기, 생산자 이름이나 회사명, 등급 등의 단어가 들어간다. 따라서 좋은 와인을 고르거나 제대로 즐기려면 우선 상표 읽는 법을 잘 익혀야 한다. 여기서는 프랑스의 A.O.C.(Appillation d'Origine Controlee, 아펠라시옹 도리진 콩트롤레)제도와 상표 표기법에 대해 살펴보면, 와인 제조업자가 원산지명을 상표에 표기하기 위해서는 지역명칭, 포도품종, 알코올 농도, 단위면적당 생산량, 포도원 관리방법, 와인 제조법, 샘플 분석, 병입 등과 같은 사항을 준수해야 한다.

표 6-10 **구세계 와인과 신세계 와인**

구세계 와인(구대륙)	신세계 와인(신대륙)
프랑스 이탈리아, 스페인, 독일 등	미국, 칠레, 호주, 뉴질랜드 등
전통ㄷ적 혹은 가족 중심 와이너리	기업형 혁신적 와이너리
소규모 포도밭	광범위한 포도 재배지역
전통적 양조 철학	과학적이고 실험적인 접근
테루아(토양이나 환경 같은) 강조	포도 자체의 맛 표현 강조

신세계 와인의 라벨은 아주 간단하고, 와인의 선택을 쉽게 할 수 있도록 되어 있으며, 혁신적이고 실용성에 많은 부분을 접근하여 표시하였다. 반면에 구세계 와인의 라벨은 다소 보수적이며, 오랜 전통을 표시함으로써 그 와인의 역사를 볼 수 있도록 하였다. 구세계 와인의 라벨에 포도품종을 표시하지 않는 가장 큰 이유는 단일 품종을 주로 생산하는 신세계 와인과 달리 구세계 와인은 여러 품종을 블렌딩한 경우가 많아 모든 품종의 표시가 쉽지 않기 때문이다.

1) 지역 명칭

와인 상표에 표기한 지역의 범위가 좁을수록 그 제품의 품질이 우수하다고 생각하기 때문에 좁은 지역명을 사용하려면 그 지역이 포도재배에 알맞은 조건을 검증받아야 한다. 프랑스를 비롯한 이탈리아 · 독일 · 스페인 · 포르투갈 등의 국가에서는 머독, 생테밀레옹 등과 같이 생산자가 테루아Terroir를 중요시 여기기 때문에 생산지나 포도원의 이름을 붙여 와인 이름을 붙인다.

2) 포도품종

원산지 등급이 동일하더라도 포도의 품종에 따라 품질이 달라지므로 포도의 품종을 표기해야 한다. 미국 등 유럽 이외의 나라에서는 카베르네 소비뇽이나 샤도네이처럼 포도의 품종을 와인의 이름으로 붙이는 경우가 많다.

3) 알코올 농도

와인은 정해진 알코올 농도 이상이어야 하며, 와인의 발효 시 첨가되는 설탕의 양은 엄격히 준수되어야 한다.

4) 단위면적당 생산량

일정한 면적에서 포도의 수확량이 많으면 많을수록 와인의 희소성이 적어진다. 그 때문에 지역별 적정 수확량이 엄격히 규제되고 있으며, 생산량은 해마다 각 지역의 기후에 따라 조정될 수 있다.

5) 포도원 관리방법

단위면적당의 포도나무 수와 포도 재배방법 및 수확방법을 준수해야 한다.

6) 와인 제조법

와인 발효나 숙성에 관하여 규정된 방법을 준수해야 한다.

7) 샘플 분석

발효가 완료된 와인은 반드시 검사요원의 품질검사에 합격해야 하며, 두 차례 불합격하는 경우는 원산지 명칭을 사용할 권리가 박탈된다.

8) 병입

경우에 따라서 그 지역 내에서 병입되어야 한다는 조건을 준수해야 한다. 와인의 숙성기간은 와인의 종류에 따라 다르지만, 대체로 레드와인은 5~15년, 화이트와인은 4~6년, 로제와인은 2~3년 정도가 적절하다.

테루아Terroir

테루아의 의미를 정확하게 우리나라 말이나 영어로 나타낼 만한 용어가 없다. 그래서 와인전문가들조차 테루아라는 말을 그대로 사용한다. 그만큼 복합적인 의미를 가지고 있는데, 일반적으로 "포도나무가 자라기에 적합한 전반적인 자연 조건들"을 의미한다. 이를테면 토양이 비옥한지 척박한지, 땅의 고도는 어느 정도인지, 비탈졌는지 평지인지 등의 토양의 성질과 일조량, 바람, 강우량 등의 기후조건과 양조방법까지도 포함한 조건들을 의미한다.

포도나무가 자라는 지역은 일반적으로 매우 척박한 토양이며 연평균 기온은 10~20°C, 연평균 강우량은 500~800mm 정도에 불과하고, 지형은 일조량을 충분히 확보하기 위하여 경사져 있어야 한다. 이러한 요인들이 복합적으로 상호작용을 하면서 조화를 이루어 각 포도원(château)마다 특징 있는 와인을 생산하게 된다. 다시 말해, 각 샤또가 일정한 맛을 유지하게 되는 것은 바로 이 테루아 때문이다.

A.O.C.는 이처럼 엄격하기 때문에 소비자들은 상표만 보고도 그 품질을 믿고 그 제품을 구입하게 되는데, 프랑스에서 생산되는 와인 가운데 15~30%는 A.O.C.급 와인이다.

6. 각국 와인의 특징

1) 프랑스 와인

프랑스 와인의 특징은 전 세계 와인산업의 모델이라 할 수 있을 정도로 제도적·품질적으로 세계 와인시장에서 절대적인 위치에 있다고 할 수 있다.

프랑스 농업에서 와인이 차지하는 비중은 매우 높다. 그러나 막상 와인은 그 품질이 너무

나 다양하고 제조자의 수가 엄청나게 많아 소비자들은 도무지 무엇을 기준으로 와인을 구매해야 할지를 판단하기가 어려웠다. 또한 와인 판매자들이 너도나도 유명한 지역이나 샤토명을 상표에 도용하는 바람에 소비자들의 혼란을 가중시켰다. 1900년대에 들어서면서 이런 폐단을 없애고 생산자와 소비자를 모두 보호할 수 있는 제도가 논의되다가, 1932년에 '원산지 명칭에 관한 규정A.O.C.: Apellation d'Orgine Controlee'이 확립되면서 엄격한 품질관리를 시행하였다.

타 지역에서 생산된 포도를 가져다가 양조해서 라벨링 하는 것을 법으로 강하게 규제하여 포도종의 원산지가 관계당국에 확인되고 통제되었음을 라벨에 표기하여 유통시킬 수 있도록 한 제도이다.

프랑스 와인의 라벨은 4개의 등급과 재배지역으로 나눠지는데, A.O.C.(최고급), V.D.Q.S.(고급), Vin de Pays(중급), Vin de Table(보통)로 나누어지고, A.O.C. 등급은 지명이 기재된다. 원산지 호칭 통제, 즉 A.O.C.를 받으려면 다음과 같은 요건을 충족해야 한다.

- 지정된 생산지에서 포도를 재배
- 공인된 포도종의 사용
- 최소 알코올 수준 이상의 알코올이 생성
- 포도경작과 관련되어 통제를 받음
- 일정량 이상의 와인을 생산할 수 없게 생산량을 제한

Apellation(아펠라시용)

아펠라시용(Apellation: 호칭)이란, 라벨에 해당 와인의 포도가 재배되고 와인이 만들어진 마을 이름을 붙일 수 있는 제도로써 법적으로 강력하게 적용한다.

(1) 프랑스 와인 라벨 읽는 법

그림 6-3 **프랑스 보르도 와인 라벨**

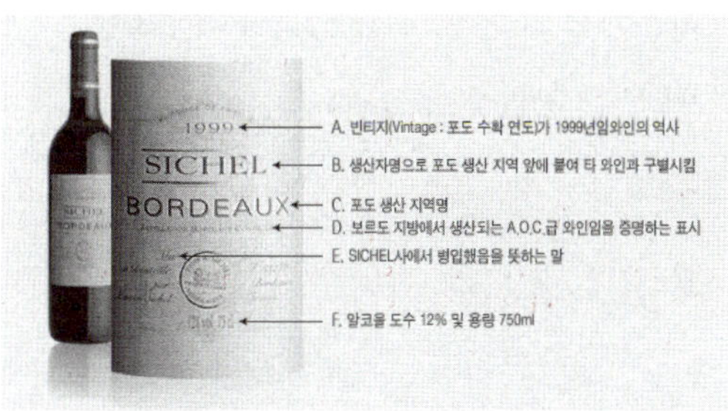

- 루지(Rouge): 레드와인
- 블랑(Blanc): 화이트와인
- 쿠베(Cuvee): 블랜딩된 와인
- 세크(Sec): 약간 단맛이 나는
- 데미 세크(Demi Sec): 단맛이 나는
- 브뤼(Brut): 씁쓸한 맛이 나는
- 네고시앙(Negociant): 자체 포도원 없이 다른 와인공장에서 와인을 구입하여 병에 담아서 파는 회사

2) 이탈리아 와인

이탈이라 와인은 유럽에서 가장 오래된 와인생산국이면서 생산량도 가장 많다. 주로 레드와인을 많이 생산하며, 1963년 「와인관련법D.O.C.」을 제정하였는데, 30여 년의 연구와 노력으로 1992년 4가지 등급으로 개정되었다.

D.O.C.G.(최고급), D.O.C.(고급), I.G.T.(중급), Vino da Tavola(저급)으로 구분되면, 고급 등급인 D.O.C.G.와 D.O.C. 등급은 지역명이 기재된다.

(1) 이탈리아 와인 라벨 읽는 법

그림 6-4 이탈리아 와인 라벨

- 비안코(Vianco): 화이트와인
- 로사토(Rosato): 로제와인
- 로소(Rosso): 레드와인
- 세코(Secco): 단맛이 없는
- 돌체(Dolce): 단맛이 매우 많은
- 스푸만테(Spumante): 스파클링와인

3) 독일 와인

독일 와인의 특징을 살펴보면, 알코올이 낮고 잔당이 있어 스위트하다. 따라서 음식과 어울리기가 쉽지 않아 세계시장에서 많은 고전을 해왔다. 독일에서 음식과 함께하는 음료는 오히려 맥주나 프랑스산 드라이와인을 선호하는 경향이 있다. 이러한 상황을 극복하고자 1980년대 이후 드라이와인을 만들기 시작했으며, 세계적 소비 추세에 맞추어 레드와인의 비중을 늘려가고 있다.

독일은 대부분 화이트와인을 생산하고 있으며, 다른 나라에 비해 와인 라벨이 가장 정교하게 구성되어 있다. 품질등급, 포도품종, 재배 지역명, 와인 생산자명, 빈티지 등이 기재되어 있다. 독일 와인을 이해하는데 가장 중요한 포인트는 와인 속의 잔당인데 이 잔당의 양에 의해 등급이 결정된다. 그래서 당을 높이기 위해 포도를 늦수확 한다.

독일 와인의 라벨은 3개의 등급으로 나눠는데, Q.M.P.(고급), Qualitatswein(중급), Tafelwein(저급)으로 분류된다.

(1) 독일 와인 라벨 읽는 법

그림 6-5 독일 와인 라벨

- 할프트로켄(Halbtrocken): 단맛이 약간 있는
- 밀트(Mild): 단맛이 많은
- 쉬스(Suss): 단맛이 많은
- 리블리히(Lieblich): 단맛이 많은
- 바이스(Weiss): 화이트와인
- 로트(Rot): 레드와인
- 바인구트(Weingut): 자체농장이 있는 와인공장
- 바인켈러라이(Weinkellerei): 자체농장이 없이 다른 와인공장에서 와인을 구입하여 팔거나 병입하여 파는 회사
- 섹트(Sekt): 스파클링 와인

4) 미국 와인

미국 와인 산지는 대부분 해안지역에 위치하며, 그중에서도 캘리포니아가 미국 전체 와인 생산량의 90%를 차지하고 있다. 이는 캘리포니아와 닿아 있는 태평양 해류가 캘리포니아 기

후에 많은 영향을 끼치고 있기 때문에, 아침마다 안개를 형성해 수분을 공급하고 더위는 막아주는 등 포도가 생육할 수 있는 조건을 제공하고 있기 때문이다.

미국 「와인법」은 유럽의 「와인법」처럼 구체적이거나 복잡하지는 않다. 미국 와인은 유럽과 같이 복잡한 원산지 호칭 규제는 없지만, 소비자 보호 차원에서 와인에 관한 정확한 정보를 제공하기 위하여 산지명, 포도 품종명, 수확연도, 알코올 도수 등을 라벨에 표시해야 한다.

(1) 미국 와인 라벨 읽는 법

그림 6-6 미국 와인 라벨

- 드라이(Dry): 단맛이 없는
- 세미 드라이(Semi Dry): 약간 단맛이 없는
- 세미 스위트(Semi Sweet): 단맛이 약간 있는
- 스위트(Sweet): 단맛이 많은

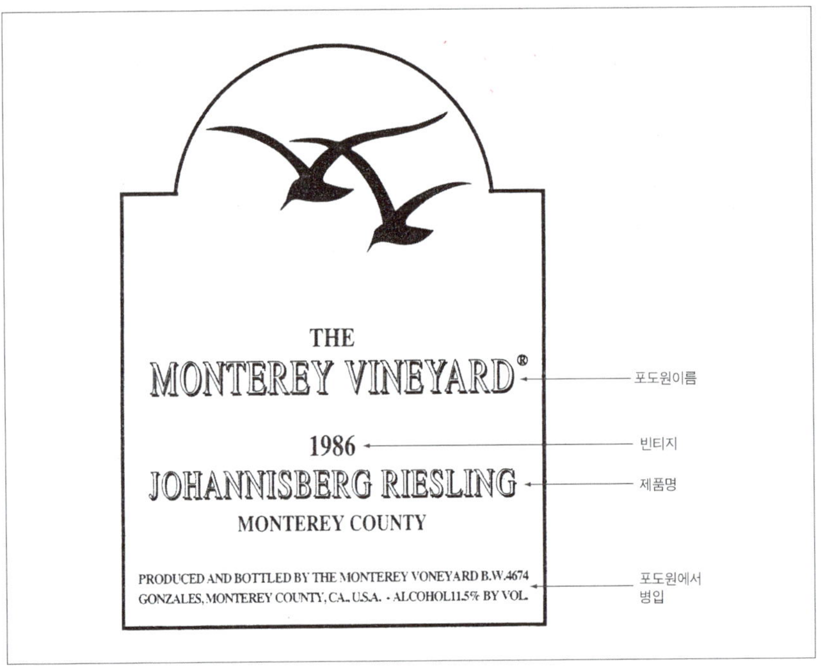

7. 와인의 보관방법

와인의 생명은 와인의 보관이라고 해도 과언이 아니다. 와인을 어떻게 보관하느냐에 따라 맛과 향이 변하기 때문에, 와인의 보관방법은 매우 중요하다. 와인은 보관상의 단순한 규정이나 상태를 준수한다면 쉽게 오랫동안 보관할 수 있다. 지하저장고가 있다면 훨씬 매력적이고 실용적일 것이다. 호텔 등 고급 프랑스식당에서는 와인 셀러Wine Celler나 와인 저장실을 이용・보관하고 있다.

와인들은 포도의 품종과 성분에 따라 보관기간이 각각 달라진다. 프랑스의 머독지방의 와인들은 대체적으로 타닌성분이 풍부하여 장기 숙성이 가능하지만, 보졸레의 와인은 장기 숙성하면 오히려 와인이 변질된다.

1) 온도Temperature

와인만큼 온도에 민감한 음료는 없기 때문에 항상 적정 온도로 보관해야 한다. 와인의 적정 온도를 맞추는 것은 와인의 맛과 향을 최고의 상태에서 즐기기 위함이다.

보통 약 13~17℃ 정도의 일정한 온도가 이상적이며, 특히 기온이 높은 여름에는 섬세한 화이트와인이나 라이트한 레드와인의 품질을 떨어트릴 우려가 있기 때문에 온도에 더 신경을 써야 한다. 레드와인의 경우 온도가 너무 떨어지면 타닌성분의 맛만 강조되어 와인이 떫은맛만 나게 되고, 온도가 너무 높으면 상할 염려와 향과 맛이 흐트러져 와인 본래가 가지고 있는 향을 느끼기가 어렵다. 온도가 너무 낮으면 제대로 숙성이 안 되며, 한 번이라도 20℃ 이상에서 보관한 적이 있다면 산화작용이 아주 빨라지게 되어 코르크마개를 따기 전에 벌써 산화가 되어버리기 때문에 오랜 기간 숙성시키기에 적당하지가 않다.

2) 진동Vibration

와인 속의 찌꺼기가 떠오르는 것을 막고 코르크Cork가 풀어지는 것을 방지하기 위해 최소화해야 한다. 특히, 레드와인Red Wine이나 샴페인Champagne 등을 손으로 운반하거나 테이블 서비스 시에 흔들리지 않게 조심스럽게 다루어야 한다.

3) 음지Darkness

직사광선에 노출시키면 병의 온도가 올라가므로 와인을 망가뜨리는 주요인이므로 대개 어둠이 권장되어지는 이유이다. 조명은 백열등이나 나트륨 전구를 사용해야 하며, 자외선이 와인병에 침투하여 와인을 손상시킬 수 있기 때문에 75와트 이상의 네온 혹은 램프를 사용해서는 안 된다.

4) 습도Humidity

저장소의 습도는 습하지도 건조하지도 않게 적당해야 하며, 일년내내 변치 않아야 한다. 일반적으로 60~70% 정도의 습도가 적당하다.

레드와인은 실내온도(22~25°C)로 선반Rack 보관하고, 화이트와인은 와인 냉장고에 보관한다. 와인을 장시간 보관할 때에는 옆으로 비스듬히 눕혀서 보관해야 되는데, 코르크의 미세한 틈새로 공기가 투입되면 와인이 산화되기 쉽기 때문에 코르크 마개를 젖게 해야 한다. 샴페인의 경우도 병을 눕혀서 보관하는 것이 좋다. 그러나 알코올이 높은 강화와인은 세워 놓아 알코올이 발전하는 것을 도와야 한다.

이러한 일련의 과정은 와인을 보관하기 위한 이상적인 온도를 제공하여 와인을 서비스하는데 최상의 상태를 유지하고, 귀중한 호텔 자산을 관리하는 데에 있다.

코르크 마개Cork

오늘날 와인의 질적 향상을 가져오게 할 수 있었던 요인 중에 하나가 코르크인데, 이는 코르크에 의해 장기 숙성이 가능했기 때문이다.

와인마개에 코르크를 사용하는 이유는 수분(와인)에 의한 팽창력이 커서 산소의 유입을 막는데 효과적이다. 또한 가볍고 밀폐성이 있으며, 재질이 부드러워 병 아귀에 고정이 잘되어 온도변화에 거의 변하지 않아 쉽게 부패하지 않기 때문이다. 와인을 보관할 때 뉘어서 보관하는 이유도 코르크 마개가 마르지 않도록 하기 위함이다.

세계의 와인 포장에 쓰이는 코르크 마개의 90%는 참나무 껍질로 대부분 포르투갈산이며, 코르크는 속이 비어 있는 벌집 모양의 육방형의 방이 1cm^2 공간에 수천 만 개가 들어 있어 그 공간이 전체 부피의 85%를 공기가 차지하고 있다. 그래서 포르투갈산이 탄력이 좋고 조직이 치밀한 것이라고 할 수 있다.
코르크의 길이와 와인의 고급화 정도는 어느 정도 일치한다. 왜냐하면, 고급 와인일수록 오랜 숙성을 요하기 때문에 코르크가 좀 더 길어야 하고 고급의 코르크를 사용한다. 와인 코르크는 재사용을 방지하기 위해 와인의 이름, Shipper, Vintage를 소인한다.
보통 코르크는 Cork Oak의 껍질로 만들어지고, 수명이 150~200년 정도로 수명이 길다. 코르크나무의 껍질을 벗겨서 병마개를 만드는데, 가장 좋은 코르크는 60년 동안 자란 나무로부터 얻어진다.

8. 와인 서비스

1) 와인과 음식

음료 서비스는 식음료 업장에서 음식 서비스에 비해 매우 높은 이윤을 얻을 수 있는 영업 활동의 하나로서 매우 중요한 위치를 차지하고 있다. 그러므로 음료 서비스 종사원들은 음료 상품에 대한 지식을 확실하게 습득하고 권유판매 기술을 통한 다양한 판매촉진 프로그램으로 음료를 최대한 판매할 수 있도록 노력해야 한다. 음료 중에서도 와인 서비스의 비중이 점차 높아지고 있다.

일반적으로 가장 좋은 와인이란 그 요리에 가장 잘 맞는 와인을 말한다. 그러므로 와인은 식사의 종류와 조화를 고려하여 제공한다. 와인의 선택은 식사 전·중·후 또는 음식의 내용에 따라 달라질 수 있다. 와인은 음식에 맞춰 선택해야 하며, 일반적으로 무겁고 달콤한 와인을 제공하기 전에 가볍고 드라이한 와인을 제공하고, 숙성이 오래된 와인은 짧은 와인을 제공한 다음에 제공한다.

일반적으로 기본적으로 식초가 사용된 전채요리에는 가벼운 화이트와인이나 자연 숙성된 레드의 발포성 와인이 잘 어울리는데, 이때 드라이한 화이트와인은 5~8℃ 사이로 차가운 상태로 서브되는 것이 좋다.

생선요리에는 화이트와인이 잘 어울린다는 것은 일반상식이 되었는데, 좀 더 구체적으로 보면 생선의 상태에 따라 와인도 달라진다. 우선 잘 익혀진 생선요리에는 화이트와인을, 구운 생선요리에는 알코올 성분이 좀 높고 2~3년 정도 숙성된 화이트와인이 잘 어울린다. 생선으로 만든 수프

표 6-11 음식에 따른 와인의 종류

음식의 종류	와인의 종류
육류요리	레드와인
흰 생선요리	미디엄 화이트와인
붉은 생선요리	드라이 화이트와인
디저트	스위트와인
가벼운 모든 요리	로제와인

에는 화이트와인보다는 가벼운 레드와인과 로제와인이 더 잘 어울린다.

반면에, 육류요리에는 타닌성분이 많은 레드와인을 마시는 것이 좋으며, 튀긴 고기요리에는 약간 강하고 알코올 성분이 있는 레드와인이 잘 어울린다. 하지만, 송아지고기나 닭고기 혹은 돼지고기처럼 살이 흰 육류에는 레드와인보다는 드라이한 화이트와인이 어울린다.

달걀요리나 오믈렛요리에는 차가운 화이트와인이, 버섯요리에는 도수가 조금 높은 레드와인이, 식사 후 먹는 디저트에는 높은 알코올 도수에 약간 단맛이 나는 와인이 잘 어울린다.

와인을 찾는 고객은 와인의 추천을 의뢰하지 않고 자신이 특별히 선호하는 와인을 요구하기도 하지만, 식음료 종사원은 와인에 대한 지식을 충분히 갖추어 고객이 필요로 할 때 도움을 주어야 한다.

2) 와인 웨어Wine Ware

와인을 마실 때 와인의 종류에 따라 그 와인의 풍미를 최대한 느낄 수 있도록 그에 맞는 와인잔을 선택하는 것도 중요하다고 할 수 있다. 이는 같은 와인이더라도 와인잔에 의해 맛과 향이 다르므로, 와인잔의 선택은 매우 중요하다.

와인잔을 튤립 모양처럼 주둥이 부분을 좁게 만든 이유는 와인의 향기가 한데로 모이도록 한 것이며, 와인의 향과 맛 그리고 색깔과 투명도를 보기 위하여 수정같이 투명한 것이 좋다. 와인을 글라스에 따르면 와인의 온도가 1~3℃ 정도 상승한다. 따라서 와인글라스는 얇을수록 좋다.

와인잔의 볼록한 정도는 포도의 품종이나 산지, 와인의 종류에 따라 조금씩 다르다. 브랜디(코냑, 아르마냑)잔은 손에 감싸질 수 있게 만들어져 체온에 의한 향이 잔에 가득 퍼지게 생긴 반면, 와인잔의 스템Stem은 손의 열이 와인에 전달되어 와인의 온도가 상승되어 와인의 맛

이 변하지 않게 하기 위함이다.

와인잔의 크기는 100ml에서 250ml까지 다양한데, 와인 한 잔의 기준은 4온스(120ml)이므로 와인글라스의 용량은 6온스 이상이 좋다고 할 수 있다. 일반적으로 화이트와인은 온도가 올라가지 않도록 작은 글라스에 따라 빨리 마시지만, 레드와인은 큰 글라스에 많이 따라 놓고 서서히 마시므로 용량이 더 크다. 샴페인은 폭이 좁고 깊어 기포가 빨리 사라지지 않는 플루트Flute형이 좋은데, 탄산가스의 공기방울이 올라오면서 눈으로 잘 볼 수 있게 생긴 글라스이다.

모든 와인은 뚜껑을 따기 전에 고객에게 확인을 받아야 한다. 와인은 흔들리지 않도록 바스켓이나 크레들Silver Basket or Silver Wine Cradle로 제공한다. 세디먼트Cediment라고 하는 찌꺼기가 생긴 레드와인은 디켄터Crystal Decanter에 옮겨 따른다. 또한 화이트와인은 아이스 버켓Silver Ice Bucket으로 차갑게 제공한다.

3) 와인 주문과 서비스 방법

와인을 주문받을 시 고객의 오른쪽에서 상냥하게 인사하고 고객에게 와인 리스트를 제공한다. 이때의 와인 리스트는 항상 깨끗한 상태로 보존되어야 한다.

와인을 적절한 온도로 만든 후 와인잔의 2/3 정도까지 따라야 하며, 와인잔을 손에 들고 받는 것은 정식 매너가 아니다. 또한 와인은 잔에서 비워지기 전에 채워야 하며, 와인을 따를 때는 병 입구에서 흐르는 것을 피하기 위해 병을 약간 돌리면서 들어 올린다. 그리고 잔에 따라진 와인은 2℃ 정도 온도가 상승하기 때문에 시음온도보다 약간 낮은 온도에서 서빙한다.

표 6-12 **와인 서비스 순서**

영와인	▶	숙성와인
화이트와인	▶	레드와인
드라이와인	▶	스위트와인
라이트 바디와인	▶	풀 바디와인
낮은 알코올와인	▶	높은 알코올와인

와인을 즐기기 위한 최적의 온도

레드와인은 시원하게 보관하면 떫은맛이 강해져서 보통 17℃ 정도로 즐긴다. 반면 화이트와인은 차갑게 마시면 특유의 산뜻한 맛을 더욱 깊게 즐길 수 있다. 화이트와인과 로제와인의 경우 10~12℃ 정도로 너무 차게 마시면 와인 특유의 향을 느끼기 어렵다. 스파클링와인은 5~10℃ 정도로 차게 해서 마시는 것이 최상의 맛을 즐길 수 있다.

(1) 레드와인Red Wine 서비스

① 와인을 주문한 고객에게 병을 따지 않고 와인의 상표(라벨)를 확인시키기 위하여 상표가 고객을 향하게 하여 고객의 우측에서 보여준다.

② 고객이 와인을 확인한 후 코르크 스크루Cork Screw에 있는 칼을 이용하여 병목의 알루미늄 캡슐Capsule 윗부분을 제거한 후, 서비스타월로 병마개 주위를 잘 닦는다.

③ 코르크 스크루 끝을 코르크의 중앙에 대고 시계방향으로 천천히 돌려 넣는다. 이때 코르크를 완전히 통과하여 코르크 조각이 술병 안으로 떨어져서는 안 된다. 그러기 위해서는 스크루 부분이 코르크 마개에 적당한 깊이로 들어 갈 때까지 스크루를 회전시키는 것이 좋다.

④ 나사를 천천히 돌려 코르크마개가 1cm 가량 남은 위치까지 뽑은 후, 서비스타월을 받쳐 손가락으로 코르크를 잡고 천천히 돌려서 마개를 뽑는다.

⑤ 코르크의 냄새를 맡아 이상 유무를 확인하고, 고객에게 확인하도록 코르크를 보여준다.

⑥ 서브하기 전에 서비스타월이나 냅킨으로 병목 주위를 깨끗이 닦는다.

⑦ 주문한 고객에게 와인을 조금 맛보도록 하기 위해 고객의 글라스에 1oz 정도 따른다.

⑧ 와인을 잡을 때는 상표를 위로 하여 고객이 쉽게 볼 수 있도록 하고, 와인잔에 2/3 정도를 따른 후 병목을 서비스타월로 닦아, 와인방울이 테이블에 떨어지지 않도록 한다.

(2) 화이트와인White Wine 서비스

화이트와인이나 로제와인은 서비스하기 전에 적당한 온도로 차갑게 제공되어야 한다. 다시 말해, 화이트와인은 차게 보관해서 차게 마신다. 통상 6~8℃ 정도에서 보관하고 와인을 제공하기 전에 와인쿨러Wine Cooler에 20~30분 정도 담아 7.2~12.8℃ 정도가 되었을 때 서브한다. 이때 온도가 지나치게 낮으면 와인의 향기가 감소된다. 숙성이 안 된 영한 와인일수록 8~10℃ 정도로 차갑게 마시고 숙성시킨 고급 화이트와인은 10~12℃ 사이에서 시음하게 한다.

① 적절한 온도를 유지하기 위하여 얼음과 물이 채워진 와인쿨러나 냉장고에 넣어 두어야 한다. 화이트와인을 차게 마시는 이유는 레드와인의 경우 타닌성분인데 반하여, 화이트와인은 산(신맛)이라고 할 수 있다. 따라서 화이트와인을 시음할 때 와인을 차갑게 하면 산도가 적절히 억제되어 다른 향과 맛을 고르게 느낄 수 있는 반면에, 온도가 너무 높으면 산이 활성화되어 산 맛 이외의 맛을 느끼기에는 다소 무리가 따르기 때문이다. 반대로, 온도가 너무 차가우면 와인의 모든 향과 맛이 움츠러들어 화이트와인의 과일향, 상쾌함, 발랄함 등을 느끼지 못하고 그저 시원함만을 느낄 뿐이다.
② 병마개는 고객 앞에 준비된 와인쿨러 속에서 따야 한다.
③ 와인의 온도 유지를 위해 핸드타월Hand Towel로 가볍게 감싸 쥐면서 글라스에 조금만 따라 테이스팅 하도록 한다. 와인을 서브할 때 글라스와 와인병과의 높이는 보통 2~3cm가 적당하며 글라스의 2/3 정도 따르도록 한다.
④ 와인을 서비스할 때에는 와인의 온도를 유지하기 위해서 병에 냅킨을 감싸 잡는다. 화이트와인은 첨잔이 가능한 음료이다. 화이트와인의 첨잔은 고객이 와인을 마시는 양만큼 그때그때 계속해서 와인을 따라준다. 이는 테이블 위의 와인온도가 새롭게 따라주는 새 와인이 차가운 온도로 인해 계속해서 차가움을 유지하기 위함이다.

(3) 샴페인Champagne 서비스

샴페인은 하늘로 용솟음치는 거품과 같이 즐거운 분위기를 창출하고, 맛이 상큼하며 소화에도 도움을 주기 때문에 각종 연회행사에서 빠져서는 안 될 필수음료로 자리 잡고 있다.

샴페인은 화이트와인병보다 두껍고 가스가 들어 있기 때문에 화이트와인보다 충분히 차갑게 한 후 제공한다. 또한 샴페인은 가스가 있으므로 코르크를 제거할 때 사람을 향하거나 천정의 조명기구를 향해서는 안 된다.

① 30분 전에 와인쿨러에 찬물과 얼음을 넣고 샴페인병을 넣어 차갑게 한 다음 서브한다.
② 샴페인병을 들어 고객의 좌측에서 상표를 확인시킨다. 이때 물기가 떨어지지 않게 서비스타월로 샴페인병 밑바닥에 댄다.
③ 왼손 엄지로 병마개를 누르면서 오른손으로 은박이나 금박의 포장지 윗부분을 벗긴다.
④ 왼손 엄지는 계속 병마개를 누르면서 감겨진 철사를 푼다.

⑤ 왼손으로 와인쿨러 속에 있는 병을 꽉 잡고, 오른손으로 코르크를 조심스럽게 소리 나지 않게 빼낸다.

⑥ 병에 물기를 제거한 다음 오른손 엄지를 병 밑쪽 파인 곳에 넣어 나머지 손가락으로 병을 잡고 왼손 인지로 병목 부분을 받치고 따른다.

⑦ 글라스와 병의 높이는 약 3~5cm 정도가 적당하며, 잔은 가득 채우지 말고 절반 이하로 따른다.

⑧ 샴페인 서브 시 ⑥번과 같은 방법을 취하지 않을 때는 서비스타월을 든 왼손은 등 뒤로 붙인다.

⑨ 매 서브 후 서비스타월로 병목의 물기를 조심스럽게 닦아 술이 테이블이나 고객에게 떨어지는 것을 방지한다.

디켄터 서비스 Decanter Service

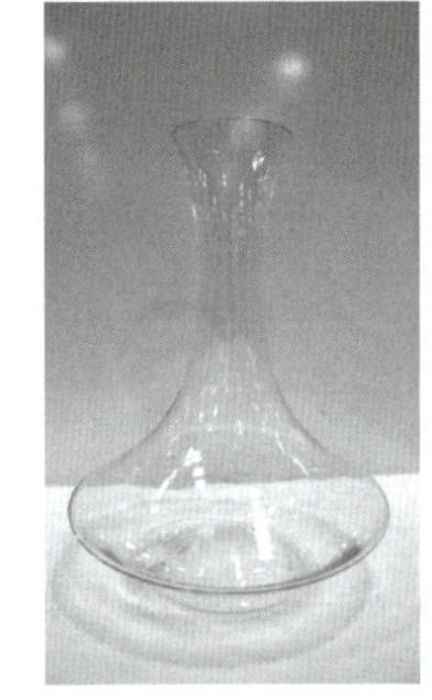

와인은 묵을수록 타닌과 이물질이 결합해 미세한 찌꺼기, 곧 침전물(Cediment)이 생긴다. 좋은 와인일수록 침전물이 많이 생기는데, 와인의 온전한 풍미를 맛보려면 마시기 전에 거르는 것이 바람직하다. 이를 위한 작업이 디켄팅(Decanting)이다. 다시 말해, 디켄팅은 와인을 마시기 직전 침전물을 와인에서 분리시키는 작업을 의미한다.

디캔팅을 하는 이유는 침전물을 제거하여 최상의 상태로 와인을 서비스하기 위해서와 와인을 공기와 접촉하여 숨을 쉬게(Breathing)하면 산화작용을 일으켜 맛은 훨씬 부드러워지고 그윽한 향기가 피어나기 때문에 디켄터(Decanter)에 담아 서브하는 것이다. 모든 와인을 디켄팅하는 것이 아니라 10년 이상 된 풀바디 와인이나 6~10년 정도의 중간 바디 와인이 적당하다. 오히려 30년 이상 된 와인은 맛이 약해져 디켄팅 해도 와인이 살아나지 않을 수 있다. 디켄팅은 짧게는 몇 분, 길게는 한 시간까지 걸린다. 오래된 와인은 공기와 닿으면 맛이 죽는 경우가 있어 마시기 직전 15분 이내에 디켄팅을 완료하는 것이 좋고, 어린 와인은 한 시간 가량 두어도 좋다. 와인 특유의 향과 맛을 만끽하려면 디켄팅 후 바로 마시도록 한다.

- 코르크 스크루(Cork Screw)에 달린 칼로 캡슐(Capsule)을 완전히 제거한다.
- 코르크를 뽑는다.
- 병목 주위를 깨끗이 닦는 후 침전물이 가라앉도록 기다린다.
- 촛불을 켠 다음, 왼손으로 디켄터(Decanter)를 약 15도가량 기울여 잡고, 오른손으로 와인을 잡은 후 와인병의 어깨쯤에 촛불의 불꽃이 비치도록 하여 와인을 디켄터 벽을 타고 흐르도록 천천히 따른다. 침전물이 병목에 오면 중지하고 촛불을 끈 후 테이블을 정리한다.

4) 와인 테이스팅Tasting 방법

와인의 맛을 한 마디로 표현할 수 없는데, 와인은 탄생 · 성장 · 숙성 · 쇠퇴의 사이클을 가지고 있기 때문이다. 와인은 순환과정마다 맛이 달라질 수 있기 때문에 와인의 맛을 보기 위해서는 와인을 최상의 상태로 만들어야 한다. 와인의 맛은 눈, 코, 입으로 맛을 본다. 고객이 와인을 주문하고 난 뒤 와인을 오픈하면 소믈리에Sommelier나 고객이 와인의 질이나 보관상태를 평가하기 위해 와인글라스에 1oz(30ml) 정도 부어 와인을 시음하는데, 이것은 시각과 후각 그리고 미각을 느끼기 위한 방법이다. 이외에도 뒷맛Finish과 균형Balance을 느끼기 위한 평가방법이다.

(1) 색(시각)Sight' Color

와인글라스를 밝은 쪽을 향해 잔을 조금 기울인 상태에서 눈높이까지 들어 올려 와인의 색을 확인한다. 이때 와인의 투명도와 선명도 그리고 농도를 살펴본다. 일반적으로 화이트와인은 담황색의 엷은 금빛, 레드와인은 루비나 석류빛일수록 좋은 와인이다.

(2) 향(후각)Smell; Bouquet

와인의 색을 보고 난 뒤 와인글라스를 2~3번 흔들어 냄새를 맡는데, 이는 잔속의 와인이 움직이면서 표면적이 넓어져 향기성분이 많이 일어나기 때문이다. 이때 은은하고 향기로운 냄새가 나는 와인일수록 양질의 와인이다.

향에는 포도품종이나 알코올 발효과정에서 형성될 때 나는 아로마Aroma와 와인이 오크통이나 병에서 숙성해가면서 생기는 숙성향인 부케Bouquet가 있다.

부케Bouquet

부케는 주로 와인의 발효과정이나 숙성과정 중에 형성되는 여러 가지 복잡하고 다양한 향기를 말한다. 와인의 각 성분들끼리의 어울림, 오크통 속에서의 화학적인 변화, 병 숙성과정 중의 원숙한 교류 등을 통하여 우아하고 변화무쌍한 자기만의 독특한 향을 가지게 된다. 와인의 질이 좋고 오래된 와인일수록 향과 부케는 복잡하고 다양한 향의 조화가 탁월하다.

(3) 맛(미각)Taste; Flavour

입으로 맛보는 와인 테이스팅의 마지막 과정으로, 와인을 천천히 공기와 같이 들이마셔 입안의 모든 부분으로 와인의 맛을 음미하며 즐기도록 한다. 이때 와인을 입안에서 서서히 돌리면서 맛을 본다. 일반적으로 와인에서는 단맛·신맛·쓴맛의 맛을 구별한다. 양질의 와인일수록 와인을 삼키고 난 뒤에도 얼마동안 입안에 뒷맛이 남는다.

와인과 건강

와인이 건강에 좋다는 사실은 과학적으로 밝혀진 이론이다. 단지 사회적으로 건강에 대한 관심도가 높아지고 언론이 이를 취급하기 시작하면서 일반인에게 알려진 것뿐이다.

서양에서 와인을 질병치료에 이용하기 시작한 것은 고대 이집트나 바빌로니아 시대부터 의학의 아버지라는 히포크라테스는 "적당량의 와인은 질병을 치료할 수 있다."고 했으며, 그리스 철학자 플라톤 또한 "와인을 노인에게 처방하라."고 권했다고 한다. 중세에는 수도승들이 와인을 환자치료에 이용하였다. 발효이론을 내세운 파스퇴르, 페니실린을 발견한 플레밍 등 많은 사람들이 와인을 건강음료로 생각하였다. 그러나 이때까지만 해도 와인이 건강에 좋다는 말만 있었을 뿐 구체적인 근거가 없었다. 그러다가 1970년대부터 와인의 건강에 대한 효과가 하나 둘씩 밝혀지면서 와인을 마시면 장수하며, 특히 심장에 좋다는 결과가 나오게 된다.

와인 자체는 산성으로 pH 3.0~3.5로서 위액의 0.9~1.2에 가까운 음료로 적당한 와인을 지속적으로 마실 경우, 산성체질을 알칼리성 체질로 변화시킨다. 와인 자체는 산성이지만 알칼리성식품이라고 불리는 이유는 와인에 들어 있는 칼륨은 유기산과 결합하여 존재하고 있으며, 체내에서 유기산은 물과 탄산가스로 변하지만 칼륨은 체내에 남아 체액을 알칼리성으로 유지시킨다.

미국 캘리포니아대 연구결과로 노화지방에 탁월한 효과가 있음이 밝혀진다. 포도껍질에는 콜레스테롤 축적을 방해하는 안토시아닌이라는 성분이 있는데, 적포도주는 포도껍질을 벗기지 않고 통째로 으깨어 만들기 때문에 백포도주보다 안토시아닌이 10배 정도 많다고 한다.

안토시안의 항산화 능력은 면역력 향상 각종 질병 예방, 암 예방, 노화 지연 등으로 나타나고, 노후에 심장병과 고혈압을 저지시켜 주는 역할도 한다.

5절

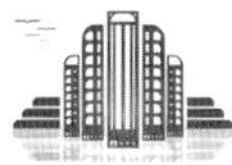

칵테일 서비스 실무

일반적으로 칵테일Cocktail이란, 여러 종류의 양주를 베이스로 하여 고미제, 설탕, 향료를 혼합하여 만든 혼합주로 복잡·미묘한 맛을 지닌 술을 말한다. 이는 세계 각국의 술을 그대로 마시지 않고 마시는 사람의 기호와 취향에 맞추어 독특한 맛과 빛깔을 내도록 한 예술이라 할 수 있다.

사전적인 의미의 칵테일은 "여러 가지 양주에 감미료·향료·고미제·얼음조각을 넣어 조합한 술이다."라고 정의하고 있다. 술은 제품 그대로 마시는 경우를 스트레이트 드링크 Straight Drink라고 하고, 섞어서 마시는 경우 믹스드 드링크Mixed Drink라고 한다.

칵테일이란, 2종류 이상의 알코올성 음료를 혼합하거나 알코올성 음료에 비알코올성 음료를 혼합하여 마시는 음료를 총칭하는 것으로, 믹스드 드링크이다. 즉 술에 술을 섞거나 술에 청량음료 또는 과즙음료 기타 부재료를 이용하여 혼합된 음료를 말한다.

조주법은 그 종류가 수백 종에 달하며, 조주사의 기술과 재량에 따라 새로운 이름의 칵테일이 얼마든지 생겨날 수 있다.

1. 칵테일의 분류

1) 시간에 의한 분류

(1) 식전 칵테일

식전 칵테일Aperitif Cocktail은 식욕증진을 위한 칵테일로서 쓴맛이나 신맛이 나는 칵테일을 말한다. 대표적인 칵테일로는 셰리와인Sherry Wine과 캄파리 오렌지Campari Orange 등이 있다.

(2) 식중 칵테일

식중 칵테일은 식사 중에 마시는 칵테일로 맨해튼Manhattan과 같은 드라이한 칵테일이 있다.

(3) 식후 칵테일

식후 칵테일은 식사 후에 마시는 칵테일로서 단맛을 지닌 리큐어와 은은한 향이 넘치는 브랜디를 베이스로 한 칵테일을 말한다. 엔젤스 키스Angel'S Kiss와 사이드 카Side Car 등이 있다.

2) 베이스에 의한 분류

칵테일을 만들 때 기본이 되는 술을 베이스라고 한다. 주로 증류주와 혼성주 등을 기본으로 하는데 위스키Whisky, 브랜디Brandy, 진Gin, 럼Rum, 보드카Vodka를 5대 베이스라고 하며, 리큐어Liqueur와 와인Wine 등을 베이스로 하는 칵테일도 있다.

3) 용량에 의한 분류

(1) 숏 드링크Shot Drink

숏 드링크는 두 종류 이상의 알코올성 음료를 혼합하여 만든 것으로 비교적 주정이 강하며, 작은 글라스를 사용하여 짧은 시간에 마시는 칵테일을 말한다. 용량이 적은 6oz(180ml) 미만의 칵테일로, 마티니Martini와 맨해튼Manhattan 등이 있다.

(2) 롱 드링크Long Drink

롱 드링크는 한두 가지의 알코올성 음료에 비알코올성 음료를 혼합하여 만든 주정이 약한 칵테일로 용량이 8oz(240ml) 이상인 것으로 큰 글라스를 사용하며, 비교적 장시간 즐기면서 마시는 칵테일을 말한다.

4) 맛에 의한 분류

(1) 스위트 칵테일Sweet Cocktail

리큐어 혹은 시럽이 첨가되어 칵테일의 맛이 단맛이 강한 칵테일로 알렉산더Alexander 등이 있다.

(2) 사워 칵테일Sour Cocktail

레몬 혹은 라임이 첨가되어 신맛이 강한 칵테일로 위스키 사워Whiskey Sour와 가미카제 Kamikaze 등이 있다.

(3) 드라이 칵테일Dry Cocktail

증류주 혹은 양조주가 혼합이 되어 담백한 맛이 강한 칵테일로 캄파리 소다Campari Soda와 맨해튼Manhattan 등이 있다.

5) 온도에 의한 분류

(1) 핫 드링크Hot Drink

칵테일은 대개 얼음을 이용해서 찬 것으로 생각하지만, 커피류와 뜨거운 물 등을 이용한 따뜻한 칵테일도 있다. 대표적이 칵테일로는 아이리시 커피Irish Coffee와 핫 워터 럼Hot Water Rum 등이 있다.

(2) 콜드 드링크Cold Drink

얼음을 이용한 대부분의 칵테일이 해당된다.

6) 알코올 유무에 의한 분류

(1) 알코올 칵테일Alcoholic Cocktail

대부분의 칵테일이 알코올을 함유한 알코올 칵테일이다.

(2) 비알코올 칵테일Non-alcoholic Cocktail

알코올을 함유하고 있지 않는 음료만을 가지고 만든 칵테일을 말한다.

2. 칵테일 기구

칵테일을 맛있게 만들기 위해서 오랜 전부터 전통적으로 사용해오던 여러 가지 기구가 있다. 이러한 기구는 칵테일을 만들기 위한 하나의 목적으로, 기능적으로 완성된 모양으로 오늘날까지 전해지고 있다.

1) 조주용 기구

(1) 셰이커Shaker

혼성음료를 섞을 때 사용하는 기구로 잘 섞이지 않는 재료(달걀이나 크림 등)를 잘 섞이게 하고, 동시에 얼음과 같이 넣어 내용물을 차게 해주는 것이다. 칵테일 재료를 넣고 양손으로 흔들어 재료를 잘 섞이게 하는 셰이커는 캡Cap; 뚜껑과 바디Body; 몸통 그리고 스트레이너Strainer; 여과기로 구성되어 있으며, 은도금 또는 스테인리스 등의 금속성으로 용량은 약 20oz 정도이다.

(2) 믹싱글라스Mixing Glass

바 글라스라고도 하며, 셰이커와 같이 술을 섞을 때 사용하나 셰이커를 사용한 것과는 다른 맛의 칵테일을 만들고자 할 때 사용된다. 그래서 비교적 혼합하기 쉬운 재료를 섞는 데 사용하며, 용량은 보통 17oz 정도이다.

(3) 스트레이너Strainer

믹싱글라스에서 조주한 칵테일을 글라스에 따를 때 얼음이 들어가지 않도록 해주는 역할을 하는 기구이다. 금속제의 나선형 와이어를 단 것으로, 스테인리스가 주로 사용된다.

(4) 스퀴저Squeezer

레몬이나 오렌지 등 과일의 즙을 짤 때 사용하는 기구로서 유리나 플라스틱, 스테인리스 등으로 만들어져 있다.

(5) 바스푼Bar Spoon

일명 '롱스푼'이라고도 하며 믹싱 글라스 속의 재료를 섞을 때 사용하는 기구이다. 길이가 27cm 정도로 휘젓기 좋도록 중간 부위에 나선형으로 되어 있으며, 양쪽은 각각 스푼과 포크로 되어 있다. 레시피 중 1tsp는 바로 이 스푼의 한 개 분량을 말한다.

(6) 지거Jigger

'메저컵Measure Cup'이라고도 부르며, 주로 알코올성 음료의 양을 측정하는 금속제 기구로서 삼각형 컵이 서로 붙어 있는데 보통 30ml(1oz), 45ml(1.5oz)용과 30ml(1oz), 60ml(2oz)용의 두 가지로 되어 있는데, 최근에는 전자의 것이 일반화되어 있다.

(7) 폴러Pourer

술을 글라스나 지거에 따를 때 술의 양이 한꺼번에 많이 나오지 않도록 병 입구에 끼워서 사용하는 기구로, 일정한 양이 지속적으로 나올 수 있도록 하는 것이다.

(8) 칵테일 픽Cocktail Pick

칵테일에 쓰이는 각종 부재료를 꽂거나 장식하기 위해서 사용하는 핀으로, 모양이 매우 다양하다.

(9) 코스타Coaster

글라스가 미끄러지지 않게 하거나 글라스에 묻는 물기를 잘 빨아들이기 위해서 또는 장식을 위해 사용하는 글라스 받침대로 주로 두꺼운 종이로 만든 것을 많이 사용한다.

2) 조주용 글라스

완성된 칵테일을 서빙할 때에는 반드시 고려해야 할 사항 중 하나가 바로 적절한 글라스 선택이라고 할 수 있다. 글라스에 따라서 음료의 맛이 달라보일 수도 있기 때문에 중요하다고 할 수 있다. 즉 시각적인 것 또한 음료의 맛 이상으로 중요하기 때문이다. 글라스류는 모양에 따라 원통형 글라스Cylindrical Glass, 스템드형 글라스Stemmed Glass, 머그형 글라스Mug Glass, 저그형Jug Glass가 있다.

(1) 원통형 글라스

'Stemless Glass'라고도 하며 원통형으로 된 글라스를 말한다. 예를 들면, 콜린스 글라스, 하이볼 글라스, 온더락 글라스, 텀블러 글라스, 올드패션 글라스 등이 있다.

(2) 스템드형 글라스

몸통과 손잡이, 즉 기둥이 있는 글라스를 말한다. 예를 들면, 사워 글라스, 셰리 글라스, 와인 글라스, 샴페인 글라스, 리큐어 글라스 등이 있다.

(3) 머그형 · 저그형 글라스

머그형 글라스는 받침 없는 몸통에 손잡이가 옆으로 달린 글라스로, 맥주잔 또는 커피잔을 말한다. 저그형 글라스는 머그와 비슷하지만 크기나 용량 면에서 머그보다 크고, 주로 홈이 있어 따르기에 용이하다.

(4) 글라스의 명칭

- 숏 글라스Shot Glass: 1~2oz 정도의 작은 잔으로, 위스키 스트레이트를 마실 때 사용한다.
- 올드 패션 글라스Old Fashioned Glass: 'On the Rock' 잔이라고도 하며, 용량은 6oz이다. 주로 위스키와 스윗 벌무스Sweet Vermouth와 같은 음료에 사용된다.
- 텀블러 글라스Tumbler Glass: 6~8oz의 용량으로 원통형이다.
- 하이볼 글라스High Ball Glass: 6~8oz의 용량으로 원통형으로 일부 윗부분이 약간 넓은 것도 있다.

- 콜린스 글라스Collins Glass: 하이볼 글라스와 형태는 비슷하나 길이가 좀 더 길다. 용량은 12oz로 텀블러 글라스 형태의 콜린스 칵테일 전용 글라스이다.
- 칵테일 글라스Cocktail Glass: 역삼각형 모양으로 기본적으로 3~4oz가 있다.
- 리큐어 글라스Liquer Glass: '코디얼Cordial' 글라스라고도 부르며, 1oz 정도의 용량으로 리큐어 전용 글라스이다.
- 사워 글라스Sour Glass: 4~5oz 정도의 몸통이 좁고 긴 스템드 글라스이다.
- 셰리 글라스Sherry Glass: 용량이 3oz 정도로 셰리와인용 글라스이다.

3. 조주기법

칵테일은 재료의 성질에 따라 다양한 조주기법을 사용하며, 같은 재료라도 기법에 따라 맛과 향이 달라진다.

1) 쉐이킹Shaking

칵테일을 만드는 방법 중 가장 기본이 되며, 달걀이나 꿀·설탕·크림 등 잘 섞이지 않는 재료 또는 칵테일을 아주 차게 만들 때 셰이커Shaker를 사용하여 강하게 흔들어준 후 잔에 따르는 기법이다.

2) 스터링Stirring

'휘젓는다'는 뜻으로, 비중이 가볍고 잘 섞이는 두 가지 이상의 재료를 믹싱글라스Mixing Glass에 넣어 바 스푼이나 머들러로 잘 저어 잔에 따르는 기법으로, 원래의 맛과 향기를 그대로 유지하며 가볍게 섞거나 차게 할 때 이용하는 기법이다.

3) 블렌딩Blending

재료와 얼음을 함께 믹서기라고 하는 'Blender'에 넣고 기계의 힘으로 혼합하는 기법이다. 주로 달걀이나 크림 등 잘 섞이지 않는 칵테일이나 드링크의 특성상 거품을 많이 필요로 하는 펀치류Punch와 같은 드링크를 만들 때 사용한다.

4) 빌딩Building

셰이커나 믹싱글라스 등의 어떠한 기구도 사용하지 않고 칵테일글라스(하이볼, 언더락)에 얼음, 술, 청량음료 등을 직접 따라 바로 만드는 기법으로, 진 토닉과 버번 콕 등이 있다.

5) 플로팅Floating

술의 비중을 이용하여 띄우는 방법으로써 글라스 안에 한 번에 한 가지씩의 재료를 넣는 기법이다. 플로트 할 때는 글라스 안쪽에 바 스푼 뒷부분을 대고 위에 술을 천천히 따른다. 따를 때에는 비중이 가벼운 것부터 무거운 순으로 따르나, 빛깔이 다른 술을 아름답게 보이게 하기 위해서는 비중이 무거운 것부터 따른다.

4. 칵테일 조주 순서

- 얼음을 제일 먼저 넣는다.
- 베이스를 먼저 넣고, 부재료를 나중에 넣는다.
- 특별한 재료(달걀 등)는 먼저 넣는다.
- 혼합을 다하여 잔을 따른 후 장식한다.
- 스트로는 맨 마지막에 꽂는다.

장식Garnish하는 방법

- 칵테일을 한층 돋보이게 해야 한다.
- 보석을 치장하듯 칵테일과 조화를 이루어야 한다.
- 청결하고 신선한 것으로 정성을 들여 장식한다.

칵테일의 알코올 도수 계산법

흔히 칵테일은 알코올 도수가 강한 것으로 생각하기 쉬우나 오히려 주정도수가 낮다.

공식$= \frac{(\text{재료 알코올 도수} \times \text{사용량}) + (\text{재료 알코올 도수} \times \text{사용량})}{\text{총사용량}} = \text{칵테일 알코올 도수}$

ex) 진 토닉의 알코올 도수 계산

- 드라이 진 1oz(30ml)
- 토닉 워터 3oz(90ml)

공식$= \frac{(40\% \times 30) + (0 \times 90)}{120} = \frac{1200 + 0}{120} = 10\%$

7장

커피 서비스 실무

1절

커피의 이해

1. 커피의 특성

1) 커피의 유래 및 정의

커피의 발견은 칼디, 마호메트, 오마르의 전설 등 여러 가지 설이 있으나, 일반적으로 에티오피아 목동인 '칼디의 전설'이 가장 널리 알려져 있으며, 커피의 어원은 에티오피아 고원지대인 카파Kaffa 지역의 명칭에서 유래되었다.

(1) 커피의 전설

문헌상 남아 있는 커피의 기록이 없어 정확히 언제, 어디서, 누가, 어떤 목적으로 커피가 만들어졌는지 알 수는 없지만, 입에서 입으로 전해 내려오는 것들이 대부분이다. 그중 칼디의 전설이 가장 신빙성 있는 기원설로, 아프리카에서 6~7세기경 칼디라는 염소치기가 염소들이 어떤 나무의 빨간 열매를 먹고 흥분하는 것을 보고 이 열매들을 근처의 수도원장에게 주게 되었고, 수도원장도 그 맛이 궁금하여 맛을 보니 정신이 맑아지고 기분이 매우 유쾌해져 악마의 열매라 하여 불 속에 던져버렸는데, 이것을 다려서 먹었더니 밤에 잠이 잘 오지 않았다. 수도원장은 밤에 기도할 때 앉아서 조는 제자들을 위해 이 열매(커피)를 마시게 하였고, 종교적 목적으로 사용되었다고 전해진다. 이 수도원은 얼마 후 '졸지 않는 수도원'이라는 명성까지 얻게 되었다고 한다.

(2) 커피의 정의

커피나무에서 생두를 수확하여 가공 공정을 거쳐 볶은 후, 한 가지 혹은 두 가지 이상의 원두를 섞어 추출하여 음용하는 기호음료이다. 커피의 '맛있다'와 '맛없다'의 기준은 향(아로마)

이 많이 나느냐? 밸런스(신맛, 쓴맛, 단맛, 떫은 맛, 짠맛)가 좌우되느냐? 바디body; 무게감, 중후함가 좋으냐? 등 여러 가지 요인에 의해 맛이 결정된다. 그리고 건조된 생두는 아주 다양한 성분으로 구성(탄수화물, 지방성분, 카페인, 타닌, 무기질, 비타민, 단백질 등)된다.

어느덧 우리 일상생활에서 커피는 기호음료를 넘어 일상의 한 부분이 되었다. 영국의 '티타임Tea Time'에서 비롯된 '커피타임Coffee Time'이란 용어도 생겨났다. 하지만, 커피타임은 콩글리시로 '커피 브레이크Coffee Break'가 옳은 표현이다.

(3) 커피의 발전과 전파

예멘Yemen에서 경작이 처음 시작되었으며, 초기에는 약용, 식용으로 사용되다가 이슬람 문화권에 의해 음료로 발전(이슬람의 와인)되었으며, 인도 출신의 바바 부단Baba Budan이라는 이슬람 승려가 커피씨앗을 훔쳐 인도의 마이소르Mysore 지역에 커피를 심게 되었다. 베니스의 무역상들에 의해 커피가 처음 유럽에 소개되었으며, 네덜란드에 의해 1658년 실론(현재 스리랑카)에서, 1690년 인도네시아 자바에서 유럽국가 중 처음으로 커피를 경작하게 되었다.

2) 한국 커피 전파의 유래

우리나라에 커피가 전파된 계기는 1895년 명성황후 시해사건인 을미사변 후 신변에 위협을 느낀 고종과 왕세자는 1896년 2월 11일부터 약 1년간 왕궁을 떠나 러시아 공관으로 거처를 옮기는 아관파천을 하였다. 러시아공관에 머물 당시 초대 러시아 공사였던 웨베르의 처형인 손탁Sontag에 의해 고종이 매 식사 시 항상 커피를 제공하여 이때부터 커피를 마셨다고 전해지는데, 이것이 우리나라 커피 역사의 시작이었다.

아관파천에서 돌아온 고종이 국내에서 본격적으로 커피를 즐기기 시작한 것은 명성황후가 시해된 경복궁이 아닌 덕수궁 내 근대 건축물 중 가장 오래된 정관헌(靜觀軒)이라는 서양식 건물에서 양음악과 함께 즐긴 것으로 알려졌다. 고종은 커피를 전파한 손탁에게도 정동의 건물 한 채를 하사하기에 이르렀는데, 이것이 우리나라 최초의 서양식 호텔인 손탁호텔Sontag Hotel이다. 그리고 1902년 건물 1층에 우리나라 최초의 다방인 '정동구락부'가 들어서면서 국내 커피의 역사가 흐르게 된다.

당시 커피는 상류계층의 소수 사람들만이 즐길 수 있었으며, 서양에서 들어온 '탕약 같은 국물'이라는 뜻의 양탕국(양인들이 마시는 차)이라 불렸으며, 이 정동구락부는 우리나라 최초의 커피하우스이기도 하다.

그 후 8·15해방과 6·25전쟁을 거치면서 국내에 주둔한 미군으로부터 인스턴트커피가 공급되면서 일반인들도 커피를 접하게 되었고, 1970년 최초로 국내 동서식품에서 인스턴트 커피가 생산되어 대중들이 즐기는 기호음료로 자리 잡게 되었다.

2. 커피의 종류

커피나무는 다년생 쌍떡잎식물로 꼭두서니과에 속하며, 열대성 상록교목으로 키가 10~15m, 지름이 10cm 정도 자라지만, 수확을 용이하게 하기 위해 나무의 키를 2~3m 정도로 유지해준다. 잎은 긴 타원형이고 두꺼우며 잎 표면은 짙은 녹색이고 광택이 난다. 커피나무의 경제적인 수령은 약 30년 정도이다.

커피는 크게 3가지 종류가 있는데 코페아 아라비카, 코페아 카네포라, 코페아 리베리카로 나누어진다. 코페아는 커피의 옛말이며, 전 세계에서 코페아 아라비카가 70%를 차지하고 있고, 나머지 30% 중 코페아 카네포라가 27~28%로 대부분 차지하며, 코페아 리베리카는 2~3%로 거의 취급되지 않는다. 꽃잎은 흰색이며 재스민Jasmine 향이 나며, 꽃잎은 아라비카가 5장, 로부스타가 5~7장이다.

1) 코페아 아라비카Coffea Arabica

흔히 아라비카Arabica라고 부르며, 원산지는 아프리카, 에티오피아 지역으로 연평균 기온이 20°C 전·후인 온화한 기후에서 잘 자라며, 카페인이 1%대, 밤낮의 기온차가 큰 700~2,000m의 고산지대에서 주로 재배된다(콜롬비아 수프리모, 자메이카 블루마운틴, 하와이안 코나, 예멘 모카, 코스타리카 따라주, 인도네시아 토라자).

2) 코페아 카네포라Coffea Canephora

로부스타가 대표종이기 때문에 로부스타Robusta라고 부르며, 아라비카종에 카페인이 2~3%대, 저지대(들판), 가격이 싸고 주로 인스턴트용으로 많이 사용된다(브라질 로부스타, 베트남 로부스타, 인도네시아 로부스타 등).

3. 커피의 성분과 효능

커피의 대표적인 성분은 카페인, 타닌, 무기질, 비타민, 단백질, 지질, 탄수화물 등의 수십 가지의 화합물로 이루어졌으며, 커피의 향은 약 700여 가지의 휘발성 성분을 함유하고 있기 때문에 그 성분들은 빠른 속도로 날아가는데, 좋은 성분은 빨리 날아가고 나쁜 성분일수록 오래 남게 된다.

1) 카페인

카페인은 졸음을 쫓고 이뇨작용이 있으며 다이어트 효과가 있다. 또한 의학적 효과가 있어 흥분제로서 이뇨 · 진통 등에 효과가 있으며, 특히 편두통에 효력이 있다고 한다. 하지만, 카페인을 과다 복용하게 되면 불안감과 매스꺼움 또는 수면장애 등의 부작용이 일어날 수 있어 적당량의 카페인 섭취가 필요하다. 아라비카Arabica종의 카페인 성분은 약 1~1.7% 내 · 외이고, 로부스타Robusta종은 약 2~3% 정도를 넘는다.

2) 클로로젠산

요즘 주목받고 있는 성분으로, 암 예방과 동맥경화 억제효과가 있다. 또한 숙취의 원인이 되는 아세트알데히드 분해를 촉진하며, 구운 고기 섭취 시 위암을 발생시키는 성분을 억제하는 효과가 있다.

3) 폴리페놀

항산화작용을 통해 노화를 늦춰주는 효과가 있다.

4) 니아신

커피 속에 들어 있는 비타민으로, 우리 몸에서 칼로리 소비를 늘리는 작용을 하기 때문에 다이어트에 도움이 된다.

5) 지방산

지방산은 탄소결합물이며, 커피 안에서 산소와 반응하여 맛이 변하게 된다.

6) 타닌

커피의 쓴맛 성분으로, 체내의 노화를 유발하는 활성산소를 제거하고 동맥의 혈전을 없애줌으로써 동맥경화를 예방하는 효과가 있다.

4. 커피의 산지

1) Coffee Zone & Coffee Belt

커피나무는 아무 곳에서 잘 자라지 못하고 온도가 높고 강수량이 많은 지역으로, 적도를 중심으로 남위

그림 7-1 커피벨트 지도

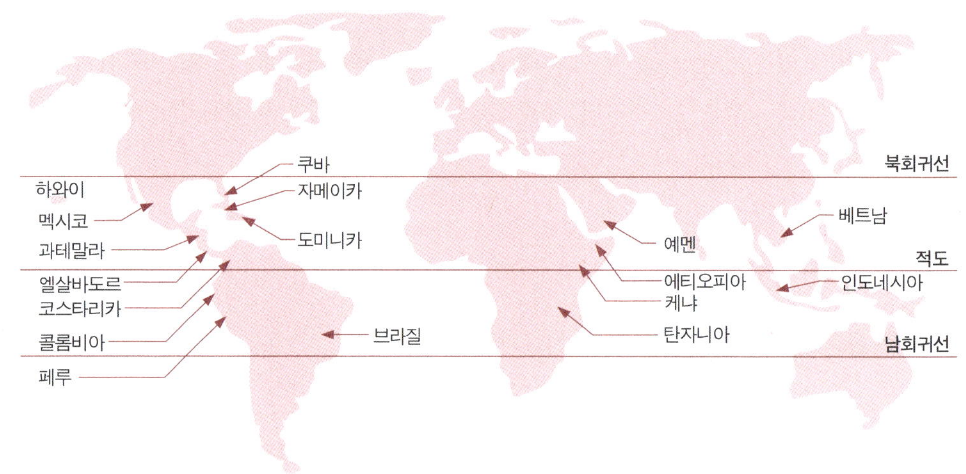

25도에서 북위 25도 사이의 열대·아열대 기후에 속하는 나라이다.

세계에서 커피가 가장 잘 자라는 나라들로 마치 벨트 모양처럼 위치하고 있어 '커피존' 또는 '커피벨트'라 하고, 약 60여 개국에 달하며, 커피를 생산하여 전 세계에 수출하고 있다.

세계 3대 원두

자메이카 블루마운틴, 하와이안 코나, 예멘 모카 마타리

구분	특징
자메이카 블루마운틴 (Jamaica Blue Mountain)	• 커피의 왕이라 불리는 고급 커피 • 신맛, 단맛, 쓴맛이 균형 잡힌 부드러운 맛 • 깔끔한 향과 긴 여운 • 한정된 생산량과 엄격한 품질관리로 높은 가격
하와이안 코나 (Hawaiian Kona)	• 달콤한 향과 부드러운 맛 • 과일 향과 초콜릿의 풍미 • 적당한 신맛과 낮은 쓴맛 • 하와이의 작은 농장에서 소량 생산
예멘 모카 마타리 (Yemen Mocha Mattari)	• 깊은 초콜릿 향과 와인 같은 풍미 • 강한 개성과 독특한 스파이시한 맛 • 전통적인 방식으로 자연 건조

자료: 세계 3대 원두커피, 당신이 꼭 알아야 할 명품 커피, 작성자 원두마루 재구성. (https://blog.naver.com/ggbarista2)

2) 커피벨트에 속한 나라들

커피를 가장 많이 생산하는 나라는 브라질이며, 중남미 지역에서는 페루, 콜롬비아, 코스타리카, 엘살바도르, 과테말라, 하와이, 자메이카, 쿠바, 도미니카가 있으며, 아프리카에서는 에티오피아와 딘자니아, 케냐, 예멘, 동남아에서는 베트남과 인도네시아에서 커피를 생산한다. 이들 나라는 모두 60여 개국에 달하며, 커피를 생산하여 전 세계에 수출하고 있다.

5. 커피의 재배조건

1) 토양

커피나무는 기온과 강수량, 재배고도가 가장 중요한 재배조건이라고 할 수 있는데, 커피는 크게 아라비카종과 로부스타종 그리고 리베리카종으로 구분되는데, 리베리카종의 경우 품종이 안 좋고 수확량도 매우 적어 현지에서 대부분 소비된다.

2) 강수량

커피 재배에 적당한 강수량은 연간 1,400~2,000mm 정도가 필요하다. 커피꽃이 피는 시기에는 건기가 필요하기만, 커피꽃이 진 뒤 커피 체리가 자라는 시기에는 적당한 강수량이 필요하다.

3) 햇볕

커피열매의 수확을 위해 연간 2,000~2,200시간의 적당한 일조량이 필요하지만, 커피나무가 직사광선을 맞게 되면 잎의 온도가 올라가 광합성 작용이 저하되게 된다. 그래서 강한 햇볕과 열을 막아주기 위해 쉐이드 트리Shade Tree를 함께 심어 그늘을 만들어주기도 한다.

4) 기온

커피 재배에 적합한 온도는 연간 평균기온이 22℃ 정도이며 서리가 내리지 않은 지역이어야 한다. 적정 온도보다 기온이 올라가면 열매가 빨리 익지만 커피녹병Coffee Leaf Rust에 걸리기 쉽고, 기온이 너무 낮으면 나무가 늦게 자라며 수확량이 줄어들 수 있다.

5) 지형과 고도

커피 경작에 적합한 지형은 평지나 약가 경사진 언덕이고, 커피를 재배하기에 적합한 고도는 1,200~2,000m의 고지대로, 아라비카종은 높은 지대에서 재배가 되며 로부스타종은 고도 1,000m 이하의 저지대에서 재배된다. 고지대에서 자란 커피일수록 고품질인 이유는 일교차가 크면 꽃이 피고 열매를 맺기까지의 시간이 길기 때문인데, 이에 따라 육질이 단단하고, 조직이 치밀하며, 향기와 산미가 우수하다.

커피나무가 재배되기 적합한 토양은 유기성이 풍부한 화산성 토양의 충적토가 좋고, 용암과 화산재가 풍부한 토양은 부식이 잘되어 경작이 용이하고 배수가 좋은 토양이라 할 수 있다. 이러한 커피나무가 재배되는 토양의 성격은 생두에 영향을 미쳐 커피맛을 결정하는 중요한 요소가 된다.

표 7-1 아라비카와 로부스타의 비교

구분	아라비카(Arabica)	로부스타(Robusta)
원산지	에티오피아	콩고
발견시기	6~7세기	19세기 중엽
번식	자가수분	타가수분
적정 기온	15~24°C	24~30°C
재배지역	열대의 비교적 서늘한 고원지대	고온다습 지대
재배고도	800~2,000m(고지대)	700mm 이하(저지대)
강수량	1,500~2,000mm	2,000~3,000mm
병충해	약함(잎사귀 갈색 반점)	강함(커피녹병)
뿌리	깊다(가뭄에 강함)	얕다(가뭄에 약함)
생두	평평하다.	둥글다.
주요 생산국	브라질, 콜롬비아, 코스타리카, 과테말라, 케냐, 탄자니아	베트남, 인도네시아, 인도, 브라질, 멕시코
생산	60~70%	30~40%
주요 소비처	원두커피용	인스턴트커피 및 원두커피용
카페인 함량	평균 1.2~1.4%	평균 2.0~2.2%

6. 커피 체리Coffee Cherry

커피나무는 심은 지 2~4년이 지나면 흰 꽃을 피우고, 꽃이 떨어지고 나면 그 자리에 열매를 맺게 되며, 초기에 녹색의 열매가 열린 후 그 열매가 익어감에 따라 노란색이나 빨간색을 띠게 된다. 이를 체리 또는 커피 체리라 부르며, 길이는 15~18mm 정도이다. 커피의 수확시기와 방법은 재배지역에 따라 다양하다.

1) 원두 수확방법

(1) 핸드피킹Hand-picking

커피열매는 성숙되면 녹색에서 점차 붉은 색으로 바뀌게 되며, 재배 중 잘 익은 원두만 골라 인부가 손으로 일일이 여러 번 수확한 후, 수확기가 끝날 무렵 모든 체리를 수확하는 방법이다. 익은 것만을 선별적으로 수확하므로, 커피의 품질은 우수하나 여러 번 수확을 해야 하므로 인건비가 많이 드는 단점이 있다.

(2) 스트리핑Stripping

1회성 수확으로 스트리핑은 '소젖을 짜는 것과 유사하다' 하여 밀킹Milking이라고도 하며, 체리가 어느 정도 익었을 때 체리가 흙과 접촉하지 않도록 커피나무 줄을 따라 나무 아래에 천을 깔고 손으로 훑어 일시에 수확하므로 수확에 따른 비용을 줄일 수 있고 효율적이다. 커피나무에 손상을 주며, 품질이 균일하지 않은 단점이 있다.

(3) 기계수확Mechanical Harvesting

기계수확은 브라질 지역처럼 경작지가 평평하고 커피나무 줄 사이의 간격이 2~3m 넓이 지역이나 하와이 같이 노동력이 부족하고 임금이 비싼 지역에서 주로 시행하는 방법이다. 커피나무의 줄을 따라 이동하면서 유리섬유와 나일론으로 된 살 모양의 막대로 나무에 진동을 주면 익은 체리만 떨어뜨려 수확하는 방식이다.

2) 커피 체리의 구조와 각 부분의 명칭

- 외피Outer Skin: 맨 바깥의 겉껍질(외과피)
- 펄프Pulp: 단맛이 나는 과육 부분(중과피)
- 파치먼트Parchment: 생두를 감싸고 있는 껍질(내과피)
- 은피Silver Skim: 생두에 부착되어 있는 얇은 막
- 생두Bean: 커피콩
- 센터 컷Center Cut: 생두의 가운데에 나 있는 홈

그림 7-2 **커피 체리의 구조**

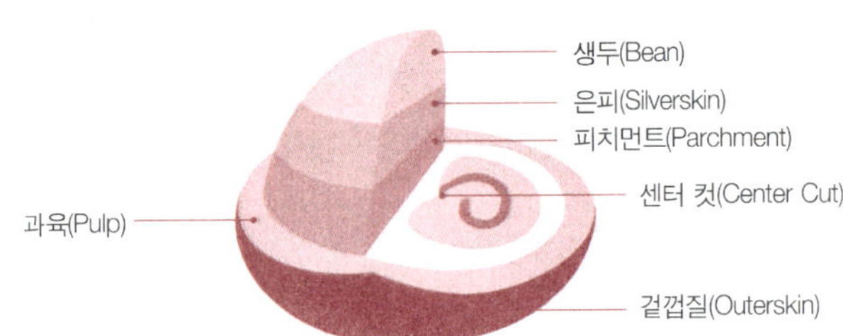

3) 커피 체리의 가공

커피 체리의 가공방식은 크게 건식법과 습식법으로 구별이 되는데, 지역적인 여건, 즉 습도, 일조량, 물공급 여부 등에 따라 결정되며 농장의 규모에 따라 동일한 방식이라도 차이가 있다. 풍부한 노동력을 이용하여 전통적인 방식으로 처리하는 곳도 있고, 현대화된 시설이나 장비를 이용하여 대규모로 가공하는 곳도 있다.

(1) 자연건조 방식Natural Coffee

일명 '건식법'이라고도 하며 가장 전통적인 방식이다. 말 그대로 햇빛을 이용하여 커피를 건조시키는 방식으로, 커피열매가 나뭇가지에서 검게 될 때까지 말렸다가 건조된 열매에서

파치먼트를 분리해내는 방식이다. 다시 말해, 수확한 체리를 펄프(과육)를 제거하지 않고 그대로 건조시키는 방법으로, 물이 부족하고 햇빛이 좋은 지역에서 주로 이용하는 전통적인 방식이다. 수확한 커피열매는 햇빛이 드는 시멘트나 아스팔트, 벽돌로 된 넓은 땅에 펼쳐놓고 말린다.

(2) 세척 방식Washed Coffee

수세 방식 또는 습식법이라고도 하는데, 커피열매의 펄프(과육)를 벗겨내고 파치먼트 상태에서 건조하는 방식으로, 대부분의 나라에서 신맛을 얻기 위해 많이 사용하고 있다. 다량의 물과 발효시키는 탱크를 필요로 하고 있어 비용적인 면에서 건조방식보다 비싼 편이다.

(3) 펄프드 네추럴 방식Pulped Natural Coffee

자연건조 방식과 세척 방식의 중간 정도여서 Semi-method라고 불리기도 하며, 브라질에서 많이 사용하는 방식이다. 펄핑을 한 후에 점액질을 제거하지 않고 그 상태로 건조하는 방식으로, 이 방식을 사용하기 위해서는 습기가 적어야 하며 단맛 성분의 점액질로 쌓인 커피생두를 발효가 되기 전에 재빠르게 말릴 수 있어야 한다.

4) 선별과정

건조가 끝난 생두는 생두의 크기Size, 밀도Density, 색깔Color, 수분함유율Oisture Content 등에 의해 등급이 구분된다. 커피의 등급표시는 과테말라Guatemala, 코스타리카Costs Rica처럼 재배고도에 따라 등급을 표시하는 국가가 있고, 케냐Kenya, 탄자니아Tanzania처럼 생두의 크기에 따라 등급을 표기하는 국가가 있으며, 브라질Brazil, 에티오피아Ethiopia처럼 결점두의 수에 따라 등급을 표시하는 국가가 있다.

2절

로스팅(배전, Roasting)

1. 로스팅의 종류와 특징

'커피를 볶는다'는 의미인 로스팅Roasting은 수분이 함유된 생두Green Bean에 열을 가함으로써 열에 반응한 생두가 수분 증발과 함께 팽창되며 향미를 형성하는 과정을 말한다. 즉 아무런 맛도 향도 없는 생두Green Bean를 볶아서 마실 수 있는 원두Roastebean 상태로 만드는 과정으로 '커피콩을 볶다' 또는 '배전한다'라고 표현한다. 로스팅의 정도에 따라 강도가 약할수록 산미가 강하고 강도가 강할수록 쓴맛이 강하게 된다.

로스팅이 커피를 만드는 여러 과정 중 가장 중요하게 여겨지는 이유는 볶는 과정을 통해 커피의 맛과 색이 결정되기 때문이다. 이는 원두 안까지 익혀야 좋고, 그렇지 않으면 풀내가 나기 때문이다. 로스팅에 사용되는 기계를 로스터Roaster라고 부른다.

- 핸드픽Hand Pick 후 원두를 강하게 볶을지 약하게 볶을지 결정해야 한다.
- 커피생두는 200~300°C의 온도에서 최대 30분 내에 볶아야 한다.
- 1차 크랙 시 탁하고 튀는 소리, 2차 크랙 시 픽하고 튀는 소리가 난다.
- 생두상태로 선로스팅 후 후블랜딩 할지, 선블렌딩 후 후로스팅 할지를 결정한다.
- 로스팅 후 1주일 정도 숙성한다(갓 볶은 커피를 추출하면 숙성이 되지 않아 맛이 떨어진다).

2. 로스팅의 과정

1) 1단계: 생두 투입

로스팅Roasting의 초기단계로, 가열된 드럼에 선별한 생두를 투입하는 과정이다. 생두의 색은 밝은 녹색에서 황록색으로 점차 변화되고, 생두가 단단하고 수분함량이 많을수록 풋내가 오래 지속되며 수분증발이 늦게 나타난다.

2) 2단계: 건조단계Drying Phase(옐로우 시점)

이 단계에서 생두는 황록색을 거쳐 노란색으로 바뀌며, 풋내는 고소한 빵 굽는 향으로 바뀌게 된다. 생두가 열을 흡수(흡열반응)하면서 70~90% 가까운 수분이 소실되고, 드럼의 온도가 서서히 증가한다. 댐퍼Damper, 배기 송풍 조절기를 통해 드럼 내부의 열량과 기압 공급이 균일하도록(화력은 통상 210°C를 넘지 않도록 하고, 댐퍼는 닫거나 30~50% 개방)하고, 드럼 회전속도도 40~50회 정도가 적당하다.

3) 3단계: 1차 크랙1st Crack

열을 가한 생두는 이 시기에 탄수화물이 산화되면서 생두의 센터 컷Center Cut이 탁탁 갈라지는 소리가 들리게 된다. 이 과정을 통해 원두의 표면은 보다 팽창되고, 색은 갈색에 가까우며 표면도 매끈해진다. 또 신향의 발산이 강한 시점으로 불필요한 신향을 줄이고 싶다면 댐퍼를 열어둔다. 통상 이 시점을 시나몬 로스팅Cinamon Roasting 단계라고 한다.

4) 4단계: 2차 크랙2nd Crack

원두의 고유한 향이 발산되는 시점으로, 로스팅 과정에서 가장 중요한 단계이다. 1차 크랙 이후 원두 내부의 오일성분이 원두의 표면으로 올라오게 된다. 원두는 점차 갈색에서 진한 갈색으로 바뀌며, 원두의 표면은 1차 크랙 때보다 더 팽창하게 된다. 대략 이 시점을 풀시티 로스팅Full City Roasting 단계라고 하며, 가열로 인한 캐러멜화로 신맛보다는 단맛이 섞이게 된다. 2차 크랙 이후부터는 신맛과 단맛은 거의 없어지고 쓴맛이 강해지는 프렌치 로스팅French Roasting, 이탈리아 로스팅Italian Roasting 단계가 된다.

3. 로스팅의 결과

커피생두는 200~230°C의 온도에서 최대 30분 이내에 볶아야 한다.

- 수분 증발로 인하여 무게가 15~20% 감소한다.
- 커피콩의 압력이 높아지기 때문에 크기가 커진다.
- 커피콩이 커지면서 커피껍질이 벗겨진다(실버스킨).
- 색이 갈색으로 변하게 되는데, 처음 색이 변할 때를 라이트 로스트라고 하며, 이는 커피껍질이 벗겨지는 순간까지 시나몬, 미디엄 로스트로 이동한다.
- 갑자기 색이 짙어지면서 배전은 급격히 진행되며, 하이로스트 이후 시티, 풀시티로스트까지는 불과 30초에서 1분밖에 걸리지 않는다. 거의 검정색에 가까운 프렌치 로스트 다음에는, 완전히 검으면서도 윤기가 나는 이탈리안 로스트 순서로 진행된다.

4. 블렌딩Blending

최초의 블렌딩 커피는 인도네시아 자바 커피와 예멘, 에티오피아의 모카 커피를 혼합한 모카 자바Mocha-Java로 알려져 있다. 고급 아라비카 커피는 스트레이트Straight로 즐기는 것이 보통이지만, 원두의 원산지, 로스팅 정도, 가공방법, 품종에 따라 블렌딩을 통해 향미가 조화로운 커피를 만들 수 있다. 즉 커피 블렌딩은 각각의 원두가 지닌 특성을 적절하게 배합하여 균형 잡힌 맛과 향기를 내는 과정을 뜻한다. 혼합되는 원두의 가짓수는 보통 3~5가지 종류의 원두를 선택하여 블렌딩한다.

1) 선로스팅 후블렌딩

각각의 생두를 로스팅한 후 블렌딩하는 방법이다. 정점에서 로스팅된 원두가 서로 혼합되어 풍부한 맛과 향을 얻을 수 있다. 그러나 혼합되는 가짓수만큼 일일이 로스팅을 해야 하고, 생두에 따라 로스팅 정도가 다르므로 블렌딩 커피의 색이 불균형한 단점이 있다.

2) 선블렌딩 후로스팅

기호에 따라 미리 정해놓은 생두를 혼합하여 동시에 로스팅하는 방법이다. 한 번만 로스팅하므로 편리하고 블렌딩된 커피의 색이 균형적이다. 그러나 생두의 특징이 고려되지 않기 때문에 정점의 로스팅 정도를 결정하기 어려운 단점이 있다.

5. 원두의 보관방법

볶은 원두가 바리스타의 손에서 한 잔의 커피로 만들어질 때, 그 커피가 지닌 맛과 향을 그대로 보존시켜 주는 것이 포장의 목적 중 하나이다. 이때 사용되는 가장 일반적인 원두의 포장방법은 원-웨이 밸브One-way Valve를 포장재에 부착하여 밸브 구멍을 통해 내부의 기체는 외부로 나올 수 있지만, 외부의 산소는 내부로 들어갈 수 없는 방식의 포장방법을 사용한다.

- 직사광선을 피하고 온도변화가 적은 서늘하고 어두운 곳에 보관한다.
- 원두는 건랭한 장소에 보관하고, 더운 여름철에는 냉장고에 보관한다.
- 원두포장을 개봉하여 호퍼(그라인더 원두 보관통)에 보관 시 2~3일 이내에 소진한다.
- 분쇄한 원두는 표면적이 넓어져 산화와 향 손실이 빨라져 분쇄 후 2~3시간 이내에 소진한다.
- 냉동 보관된 원두를 사용할 때는 사용시간 2~3시간 전에 미리 실온으로 꺼내어 실온

과 같은 온도로 만든 후 개봉한다. 이는 냉동상태의 원두봉지를 개봉하는 순간 공기 중의 수분을 원두가 빠른 시간에 흡수하기 때문이다.

- 원두를 개봉하는 순간부터는 원두는 공기를 접촉하게 되고 원두의 오일성분이 산화되기 시작한다. 또한 원두를 갈아놓으면 2주 정도 지나면 품질이 저하되며 향도 날아가고 산패되기 시작한다.
- 원두의 유통기한은 보통 로스팅일 기준 1년으로 많이 표기되며, 로스팅 후 1개월 내 소비가 이상적이다.

3절

커피 제조방법

커피를 추출하는 방식에는 크게 에스프레소 방식과 핸드드립 방식으로 나눌 수 있다. 핸드드립이란, 뜨거운 물을 떨어뜨려 커피의 성분을 용해시켜 침출, 여과시키는 것을 말하고, 에스프레소는 에스프레소 머신을 이용하여 커피를 추출하는 방식이다. 커피를 추출할 때에는 커피의 양, 분쇄입자, 추출시간, 온도 등 커피의 맛과 향에 영향을 주는 요소들을 고려해야 한다.

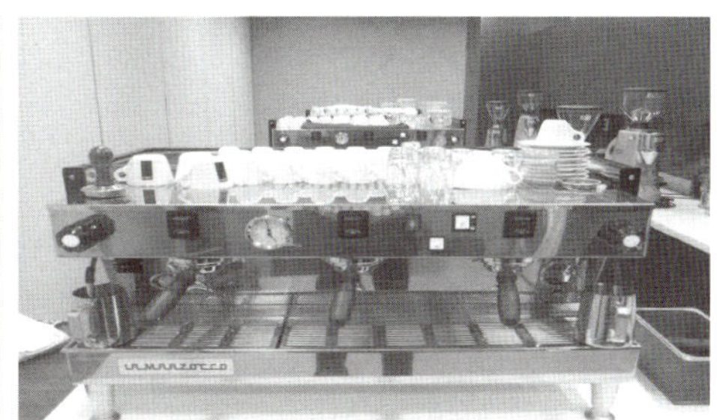

1. 에스프레소의 이해

에스프레소Espresso는 이탈리아어로 '빠르게'라는 뜻을 지니고 있으며, 압력에 의하여 추출되는 커피를 일컫는다. 커피 원두의 향취를 100% 살리기 위해 추출된 커피의 원액으로, 잘 분쇄한 커피(7~7.5g)를 90~95℃의 물과 8~10기압의 압력으로 약 20~30초 동안 약 30ml (약 1oz)의 커피를 추출하는 것을 말한다.

에스프레소의 가장 큰 특징은 인위적으로 약 8~10기압의 높은 압력을 이용하여 향을 담당하는 용해성 물질의 대부분과 지방이나 콜로이드 같이 비용해성 물질까지도 추출이 가능하므로, 보다 농축된 커피를 뽑아낼 수 있고 추출된 에스프레소의 표면에 크레마Cerma라는 거품층을 형성하게 된다. 이는 드립방식과 같은 다른 커피음료에서는 거의 맛볼 수 없는 것들이며, 우리가 훌륭한 에스프레소를 마셨을 때 오래 지속되는 커피풍미가 색다른 여운을 주게 된다. 추출된 에스프레소의 온도는 WBC World Barista Championship 기준 67~68°C가 적당하다.

크레마Crema

크레마는 에스프레소 머신이 커피 추출 시 약 3~5초 정도 순간적으로 커피를 우려내고 난 후 8~10bar의 압력으로 밀어낸 결과 생기는 황금색 또는 갈색의 크림이다. 이는 원두에 포함된 오일이 증기에 노출되어 표면 위로 떠오른 것으로, 에스프레소의 향을 잡아두고 산화를 늦추는 역할을 한다. 곱게 간 원두에서 나오는 아교질과 섬세한 오일의 결합체로 고운 입자들이 쉽게 침전되지 않고 커피액 위에 떠 있는 상태라고 할 수 있다. 이 크레마는 커피의 숙성, 신선도, 커피의 양, 분쇄 정도, 탬핑, 물의 양, 온도, 추출시간, 추출압력, 블렌딩, 로스팅 등 다양한 요인에 의해 차이가 난다. 한 잔의 에스프레소는 약 7~7.5g에 해당하는 원두의 모든 특징을 고루 포함하고 있다.

원두 분쇄 Grinding

커피를 원두 분쇄하는 이유는 원두상태로는 물과 만나는 표면적이 작아 추출이 원활하지 않게 되는 반면에, 그라인딩을 통해 원두를 분쇄해 표면적을 넓혀 물이 원두입자를 쉽게 통과하게 해서 커피에 맛을 주는 성분들을 추출하기 위해서이다. 원두의 분쇄 정도는 에스프레소 용도로 아주 가늘게 분쇄하는 것부터, 드립용도의 굵고 거칠게 분쇄하는 단계까지 추출 목적에 따라 다양하다고 할 수 있다.

1) 에스프레소 추출방법

① 예열된 포터필터를 분리한 후 물 흘리기를 한 후, 마른 행주를 이용하여 물기와 찌꺼기를 제거한다(샤워홀더 내부청소와 포터필터 내부청소).

② 포터필터를 그라인더 도저 밑 거치대에 얹고 그라인더를 작동시켜 원두를 분쇄시켜 포터필터에 분쇄된 원두를 담는다(도징).

③ 탬핑Tamping(수평 맞추기)은 1차 탬핑 시 포터필터 바스켓에 담겨 있는 원두를 고르게 다져 주는 과정으로, 가볍게 수평을 맞춘다. 수평이 맞지 않으면 낮은 쪽으로 물이 쏠려 맛이 틀리고 오버추출이 된다. 탬핑 후 포터필터 내부 벽면에 묻어 있는 원두가루들을 제거한 후(태핑) 2차 탬핑을 실시한다. 이때 수평을 유지해서 강하고 간결하게 한다.

④ 포터필터 윗부분에 묻어 있는 원두를 손으로 가볍게 제거한다.

⑤ 추출버튼을 눌러 물흘리기를 실시한다.

⑥ 탬핑된 커피에 균열이 일어나지 않도록 충격을 주지 말고 조심스럽게 그룹에 포터필터를 장착한다.

⑦ 장착 후 추출버튼을 누른 후 샷 잔을 준비한다(샷 잔을 미리 내려놓고 추출버튼을 누르면, 그룹헤드에 장착된 포터필터 안의 원두가 뜨거운 열에 의해 맛이 변할 수 있다).

⑧ 25~30초 정도에 30ml 정도의 에스프레소를 추출한다.

⑨ 추출 후 포터필터를 그룹에서 분리하여, 커피 찌꺼기를 넉 박스에 버리고, 포터필터는 물 흘리기를 한 후 그룹에 장착한다.

에스프레소의 4대 조건 '4M'

① 블렌딩(Miscela)
② 그라인더(Macinadosatori)
③ 기계(Macchina)
④ 바리스타의 손(Mano)

표 7-2 **에스프레소 추출상태 판단**

항목	미달된 에스프레소	이상적인 에스프레소	오버된 에스프레소
크레마의 색깔과 두께	연갈색(베이지)이며, 크레마의 두께가 얇다.	아름다운 갈색이며, 두툼한 크레마이다.	아주 진한 갈색이며, 크레마가 얇은 편이다.
크레마의 지속상태	짧다(20초 미만).	적당하다(20~30초).	길다(30초 이상).
원두의 분쇄된 상태	입자가 너무 굵다.	입자가 최적의 굵기이다.	입자가 너무 가늘다.
중량(커핏가루)	6.5g 이하	7~7.5g	8g 이상
물의 온도	85°C 이하	90~95°C	95°C 이상
물의 압력	8bar 이하	8~10bar	
추출시간	20초 이하	25~30초 사이	32초 이상
맛의 특성	향이 약하고 밋밋하며 싱겁다.	향이 풍부하며, 조화롭고 부드러우며 진한 맛이다.	쓰고 떫은맛이 나며, 향이 약하고 싱겁다.

2) 우유Milk

우유 및 우유 거품은 에스프레소를 이용하여 만드는 커피음료인 카페라테, 카푸치노 등 여러 음료를 만들 때 중요한 요소라고 할 수 있다.

스팀을 이용하여 우유 거품을 곱게 만들어서 우유와 혼합을 시키는데, 잘 혼합된 우유를 벨벳 밀크Velvet Milk라고 한다. 벨벳 밀크는 말 그대로 벨벳과 같은 미세한 우유 거품을 포함한 스팀 밀크를 말한다. 보통 사용되는 우유는 저지방 우유나 무지방 우유보다 일반적인 우유가 거품을 내기에 좋다. 요즘은 카페에서 사용되는 전용 우유를 판매하기도 한다.

(1) 우유의 관리방법

- 유통기간을 확인하고 항상 신선한 우유를 사용한다.
- 항상 냉장고에 보관한다.
- 사용 중 용기에 담겨 있는 우유는 신선도를 수시로 확인한다.

(2) 우유 스팀방법

우유분자 사이로 공기분자를 주입한다(노즐에 의한 화상 조심).

- 우유를 피쳐Pitcher에 부어 스팀노즐을 용기의 중앙에 위치하도록 하여 담든다. 노즐의 위치는 0.5~1cm가 되도록 한다. 노즐을 너무 깊게 담그면 우유 온도가 급격히 상승하여 거품이 나질 않는다.
- 스팀노즐을 최대한 틀어준다. 용기에 넣은 온도계를 확인하면서 계속 노즐 깊이를 조정한다.
- 스팀피처를 아래로 서서히 내리면, 우유 표면에 공기를 유입시켜 40°C까지 거품을 낸다.
- 온도가 40°C를 넘으면 노즐 끝부분을 우유에 담가 큰 회전이 일어나게 한다. 완성된 스팀 밀크의 온도는 65~70°C 정도가 적당하다(40°C까지 올리고, 60°C 정도에서 뺀다).
- 위에 생긴 거품층과 아래 우유층이 잘 혼합되지 않은 때, 노즐의 각도를 살짝 틀어주면 큰 회전력을 얻을 수 있다.
- 노즐의 깊이는 최소 깊이로 하여 아래쪽 우유가 절대 끓지 않도록 해야 한다(75°C를 넘기지 않는다. 단백질과 유지방이 파괴와 비린내가 날 수 있다).
- 스팀 후 스팀기 호스를 깨끗한 행주로 닦아내고, 스팀기를 두세 번 틀어 스팀 호스 내부의 청결을 유지한다.

그림 7-3 우유 스팀 방법

2. 커피 메뉴의 종류

1) 카페오레Cafe au Ait

프랑스식 모닝커피로 '커피'와 '우유'라는 의미로, 이탈리아에서는 '카페라테'라고 불린다.

2) 카페 카푸치노Cafe Cappuccino

이탈리아 타입의 짙은 커피로, 우유와 시나몬(계피)향을 더한 커피로 회교종파의 하나인 카푸티노교도들이 머리에 두르는 터번과 모양이 같아서 '카푸치노'라는 이름이 지어졌다.

3) 더치커피Dutch Coffee

워터 드립이라고도 하며, 찬물로 장시간(보통 12시간) 추출하는 방식이다. 원두의 분쇄도와 물이 맛에 중요한 작용을 하는데, 카페인은 70℃ 이상의 온도에서만 추출되므로 찬물에서는 소량만 추출된다. 분쇄도Mash는 드립과 에스프레소 중간 정도이며, 물은 2~3초에 한 방울씩 떨어뜨린다. 추출된 커피는 냉장보관하여 숙성을 거치기 때문에 강한 커피맛과 부드러운 와인맛을 동시에 느낄 수 있다. 그래서 더치커피를 '커피의 와인,' '커피의 눈물'이라고도 부른다.

4) 아메리카노Americano

에스프레소를 물에 희석한 커피이다.

5) 카푸치노Cappuccino

일반 잔(6oz)을 사용하며, 에스프레소 1shot+거품이 1cm 이상이다.

6) 카페라테

일반 잔보다 큰(10oz) 잔을 사용하며, 거품이 1cm 이하이다.

표 7-3　커피 메뉴와 제조방법

커피 메뉴	제조방법
에스프레소	① 분쇄된 원두를 포터필터 안에 16~20g을 넣어 그룹 헤드에 장착한다. ② 20~30초 안에 30ml를 추출한다.
아메리카노	① 에스프레소를 추출한다. ② 잔에 물을 부어 희석한다. ③ 아이스 아메리카노: 에스프레소 더블샷에 물과 얼음을 넣는다.
카페라테	① 에스프레소 30ml를 추출한다. ② 카페라테 잔(270ml)에 부어준다. ③ 스팀밀크(거품 반스푼)를 부어준다.
카푸치노	① 에스프레소를 추출한다. ② 우유를 카페라테보다 거품을 많이 만들어 스팀한다. ③ 180ml 커피잔에 원을 만들어 우유거품을 가득히 채운다.
카페마키아토	① 에스프레소 잔에 에스프레소 30ml를 추출한다. ② 스팀밀크를 만든다. ③ 스팀밀크 거품을 티스푼을 이용하여 원형의 모양으로 올린다.
라테마키아토	① 225ml 유리잔에 설탕시럽 20ml를 넣는다. ② 스팀밀크를 잔 손잡이까지 부은 후 잘 섞어준다. ③ 에스프레소를 추출하여, 스팀밀크 잔에 0.5cm 정도를 남기고 채운다. ④ 에스프레소를 넣는다.
모카카푸치노	① 180ml 잔에 초코소스 15ml를 넣는다. ② 에스프레소를 추출하여 잔에 넣고 잘 저어준다. ③ 스팀밀크로 잔을 채운다.
모카라테	① 270ml 잔에 초코소스 15ml를 넣는다. ② 에스프레소를 추출하여 잔에 넣고 잘 저어준다. ③ 스팀밀크를 부어 잔을 채운다.
카페콘파냐	① 에스프레소 잔에 에스프레소를 추출한다. ② 휘핑크림을 올린다.
카페모카	① 180ml 잔에 초코소스 15ml를 넣는다. ② 에스프레소를 추출하여 잔에 넣고 잘 저어준다. ③ 스팀밀크를 잔에 1.5cm 남기고 부어준다. ④ 휘핑크림을 올린다. ⑤ 초코소스(또는 초코가루)로 장식한다.
바닐라라테	① 리스트레토 더블샷을 추출한다. ② 바닐라시럽 20ml를 넣는다. ③ 스팀밀크를 부어준다.
비엔나커피	① 리스트레토 더블샷을 추출하여 잔에 넣는다. ② 설탕 2스푼을 넣는다. ③ 잔의 80%까지 물을 부어 섞어준다. ④ 휘핑크림을 올려준다.

녹차라테	① 라테용 스팀밀크를 만든다. ② 노차파우더 20ml를 소량의 스팀밀크와 섞어준다. ③ 스팀우유를 넣는다.
딸기스무디	① 450ml(14온스) 잔에 딸기 스무디액 90ml를 넣는다. ② 우유 110ml와 얼음(6~7개)을 넣는다. ③ 냉동딸기를 넣는다(6개).
고구마라테	① 블렌더에 고구마페이스트 80g을 넣는다. ② 우유 225ml를 부어준다. ③ 스팀피처에 부어 스티밍한다. ④ 잔에 부은 후 아몬드 슬라이스로 장식한다.
녹차프라페	① 블렌더에 우유 200ml를 넣는다. ② 녹차파우더 50~60ml(2스쿱)을 넣는다. ③ 각 얼음 12개를 넣은 후 30초간 갈아준다. ④ 잔에 담은 후 휘핑크림을 올린다. ⑤ 녹차가루로 토핑한다.
초코칩프라페	① 블렌더에 초코소스 60ml를 넣는다. ② 파우더 30ml(1스쿱)을 넣는다. ③ 우유 130ml와 각 얼음 12개를 넣어 30초 간 갈아준다. ④ 초코칩 1스쿱 넣어 살짝 갈아 컵에 담는다. ⑤ 휘핑크림을 토핑 후 초코시럽과 초코칩으로 장식한다.
아포카토	① 아이스크림 1스쿱을 넣는다. ② 과자와 초콜릿 슬라이스, 아몬드 등으로 토핑한다. ③ 리스트레토 더블샷을 따로 잔에 준비한다.

4절

호텔 커피숍 서비스 실무

호텔 커피숍은 호텔 식음료 업장 중 가장 기본적인 영업장으로 기능과 역할이 매우 다양하다. 보통 타 식음료 업장과 달리 영업시간 중 브레이크 타임Break Time 없이 이른 아침부터 밤늦게까지 영업한다.

일반적으로 커피와 각종 차 등과 같은 음료를 포함하여 스낵류, 디저트류, 빵류 등을 제공하는 업무부터 아침식사, 점심식사, 저녁식사를 판매하는 식당의 기능역할도 수행한다. 커피숍을 방문하는 고객들은 비즈니스 업무로 찾아오는 고객들이 대부분이기 때문에 신

COFFEE

ESPRESSO 에스프레소	12,000
AMERICANO 아메리카노	
ESPRESSO MACCHIATO 에스프레소 마끼아또	13,000
CAPPUCCINO 카푸치노	
CAFFÉ MOCHA 카페 모카	
CAFFÉ LATTE 카페 라떼 Vanilla, Hazelnut, Caramel	
CARAMEL MACCHIATO 카라멜 마키아또	13,000
AFFOGATO 아포카토	13,000

TEA (HOT / ICED)

NYC BREAKFAST NYC 브렉퍼스트	15,000
EARL GREY 얼그레이	
GREEN TEA 녹차	
CHAMOMILE TEA 캐모마일	
COOL MINT 쿨 민트	
ROOIBOS TEA 루이보스	

SPECIAL TEA (HOT / ICED)

MILK TEA 밀크티 Royal Milk, Earl Grey	15,000
LEMON ICED TEA 레몬 아이스티	
GRAPEFRUIT ICED TEA 자몽 아이스티	

SQUEEZE JUICE

FRESH ORANGE JUICE 신선한 오렌지 주스	15,000
FRESH TOMATO JUICE 신선한 토마토 주스	

SMOOTHIE

MANGO 망고 스무디	15,000
STRAWBERRY 딸기 스무디	
BLUEBERRY 블루베리 스무디	

ADE

CHERRY & LEMONADE 체리 & 레몬 에이드	15,000
GREEN GRAPE & LIMEADE 청포도 & 라임 에이드	

NON COFFEE

CHOCOLATE LATTE 초콜릿 라떼	13,000
GREEN TEA LATTE 그린 티 라떼	
MILK 우유	

SOFT DRINK

COKE,COKE ZERO, SPRITE, PEPSI ZERO LIME (250ML) 코카콜라,코카콜라 제로, 스프라이트, 펩시 제로 라임	6,000
SAN PELLEGRINO (PLAIN, 250ML) 산 펠레그리노	
EVIAN (500ML) 에비앙	4,000

ALL PRICE ARE IN KOREAN WON AND INCLUSIVE OF 10% GOVERNMENT TAX.
상기 가격은 10% 세금이 포함되어 있습니다.

ICE CREAM

SOFT ICE CREAM 소프트 아이스크림 Cup, Cone	7,000

SIGNATURE MENU

DESSERT

CHOCOLATE FUDGE with Ice Cream 진한 초콜릿이 흘러내리는 Lava Cake (초콜릿)	21,000
TROPICAL FRUITS PANCAKE 바나나, 키위, 용과, 망고, 딸기 등 화려한 열대과일로 장식한 팬케이크	23,000
SOFT MERINGUE PANCAKE with Ice Cream, Caramel Syrup 머랭을 첨가하여 볼륨감을 준 부드러운 팬케이크	21,000
CROFFLE with Ice Cream, Caramel Syrup 믹스베리, 생크림, 아이스크림, 믹스넛, 메이플 시럽 토핑	23,000
CROSS CHEESE BAGUETTE BALL with Squid Ink 먹물, 치즈, 닭고기, 루꼴라가 들어간 따뜻한 바게트 볼 (먹물-스페인 / 밀가루-미국산 / 닭고기-국내산)	20,000
EGG TART 에그 타르트	3,500

SANDWICH

BAGUETTE SANDWICH 베이컨, 토마토, 양상추가 들어간 바게트 샌드위치 (토마토-국내산 / 베이컨(돼지고기)-미국산)	16,000
JAMBON BEURRE 수제 햄과 고급버터가 들어간 프랑스의 대표적인 샌드위치 (버터-프랑스 / 햄(돼지고기)-국내산)	16,000

디저트 또는 샌드위치 주문 시 원하시는 플레이트를 말씀해주세요.
선택하신 플레이트에 디저트가 제공됩니다.
Tell the staff the plate you want when ordering dessert or sandwich.
Desserts will be served on the plate you choose.

1. 카스텔로 2. 버터플라이 3. 에메랄드
4. 오너먼트 5. 킨타즈

밀가루-호주, 미국산 / 계란-국내산 / 우유-국내산
알레르기나 식이요법이 있으신 분은 직원에게 알려주시기 바랍니다.
If you have any food allergies or dietary recurements, please do not hesitate to contact Heartists.

속・정확하고 친절한 서비스를 제공해야 한다. 또한 좋은 만남의 장소로서 찻집Tea Room의 기능을 복합적으로 지니고 있다. 호텔 커피숍의 커피 서비스 방법을 보면 다음과 같다.

- 커피는 항상 커피 워머Coffee Cup Warmer에 넣어 커피컵이 항상 따뜻하도록 한다.
- 커피컵은 고객의 우측에서 손잡이가 오른쪽으로 향하도록 하며, 티스푼은 컵 앞 또는 뒷부분에 손잡이와 평행이 되도록 놓는다.
- 슈거보울Suger Boul 크리머는 양이 충분한지 확인하고 항상 청결을 유지한 후, 손잡이는 고객이 쉽게 잡을 수 있도록 한다. 크리머Creamer의 경우 액상 크림을 많이 사용하는 관계로 항상 냉장보관을 해야 한다.
- 커피의 서브온도는 80°C가 적당하며, 슈거나 크림을 넣을 때 65°C가 되면 이상적이며 커피컵의 8부 정도 커피를 채운다.

"진한 향기는 와인보다 달콤하고, 부드러운 맛은 키스보다 황홀하다."
* 프랑스 작가 타테랑의 '커피예찬' 중

커피 서빙 방법

커피는 영양보다는 맛과 향을 즐기는 기호음료이므로, 커피를 제공할 때에는 맛과 향이 살아 있도록 세심한 주의를 요하기 때문에 커피는 제 맛을 즐길 수 있는 온도를 맞추기 위해 커피컵이 항상 따뜻하게 준비되어야 한다. 크림도 너무 차거나 장시간 사용하면 굳거나 변하기 때문에, 크림피처 아래 코스타를 깔고 서비스한 후에 자주 체크해야 한다. 커피를 대량으로 추출하여 오랫동안 두면 향이 날아가기 때문에, 이런 상태의 커피는 서브해서는 안 된다.

커피는 약 8~9g으로 한 잔의 양은 100ml 정도이고, 적정 온도는 80~83° C이며 설탕과 크림을 넣었을 때 60~63°C를 유지해야 커피의 맛이 가장 좋다. 커피를 서브할 때는 고객의 우측에서 커피포트에서 커피가 테이블로 흐르지 않도록 하여 서브하며, 커피잔에 2/3컵 정도를 따른다.

커피컵은 고객의 우측에서 손잡이가 오른쪽으로 향하도록 물컵 아래쪽에 제공하며, 티스푼(Tea Spoon)은 컵의 앞부분에 손잡이와 평행이 되게 얹어 놓는다.

이태리 정통커피인 에스프레소(Espresso Coffee)는 보통 커피컵의 1/2 되는 크기의 데미타세(Demitasse)로 설탕과 크림을 제공하지 않는 것이 원칙이나, 고객의 요구가 있을 때에는 제공한다.

커피는 항상 리필(Refill)하는 경우가 많으므로, 고객이 커피를 모두 마시면 반드시 더 드실 것인가를 물어보아야 한다. 리필을 원할 경우, 반드시 새로 추출한 신선한 커피를 제공한다.

표 7-4 서울 시내 5성급 호텔 라운지

호텔 명	특징	영업시간
GRAND INTERCONTINENTAL SEOUL PARNAS "Lobby Lounge & Bar"	• 3층 높이의 높은 천정과 창을 통해 들어오는 자연채광과 감미로운 피아노연주와 함께 커피, 차, 칵테일 및 간단한 스낵을 즐길 수 있는 로비라운지	• 좌석수: 136석 • 영업시간: 09 : 00~24 : 00
LOTTE HOTEL SEOUL "THE LOUNGE"	• 은은한 오후의 햇살 사이로 흐르는 감미로운 클래식 연주와 아름다운 폭포수가 흐르는 곳, 저녁시간에 라이브공연을 제공하는 라운지	• 영업시간: 11 : 00~22 : 00
GRAND MERCURE IMPERIAL PALCE SEOUL "DELMAR"	• 호텔 로비 중앙에 위치해 있으며, 로마네스크 양식의 기둥과 벽면을 흐르는 분수소리가 아름답고, 고풍스런 황제의 궁전인 로비라운지	• 좌석수: 95석 • 영업시간: 08 : 00~24 : 00
JW MARRIOTT "LOBBY LOUNGE"	• 로비를 수놓은 라이브 뮤직과 따뜻한 차 한 잔의 여유로움을 선사하는 로비라운지	• 좌석수: 103석 • 영업시간: 07 : 00~23 : 00
SOFITEL Ambassador Seoul Hotel "Jardin d'Hiver," "l'Espace"	• 쟈뎅 디베르는 도심 속에 자리한 정원이 전면 유리창으로 보이며, 커피와 디저트를 즐길 수 있는 카페 • 레스파스는 석촌호수 뷰를 감상하며 프렌치 스타일의 간단한 식사와 샴페인, 칵테일, 티, 커피를 즐길 수 있는 라운지	• 카페 영업시간: 08 : 00~21 : 00 • 라운지 영업시간: 10 : 00~22 : 00
JOSUN HOTEL & RESORTS "LOUNGE & BAR"	• 100년의 역사를 간직한 공간에 모던과 클래식이 공존하는 오픈형 라운지 & 바	• 영업시간 - 월~금: 09 : 00~01 : 00 - 토: 10 : 00~01 : 00 - 일 · 공휴일: 10 : 00~24 : 00

8장

호텔 연회 실무

1절

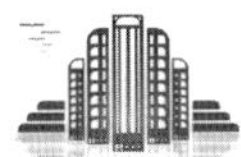

호텔 연회의 의의와 중요성

과거에는 호텔에서의 연회행사는 부유층만이 이용하는 것으로 여겨져 일반인들에게는 다소 거리가 멀고 생소하게 느껴졌으나, 최근 들어 가처분 소득의 증대, 교육수준 및 의식수준의 향상 등으로 특수계층의 전유물이고 생각했던 호텔에 대한 대중화가 가속화되고 있다. 그중의 한 부서가 호텔의 식음료 부서 중 연회과가 대표적이라고 할 수 있다.

연회Banquet & Catering란 "고객이 사전에 요구한 예약사항에 의해 준비된 장소에서 필요한 서비스 인원과 식음료 서비스를 제공하고 그 대가를 받는 행사"를 말한다. 사전적 의미로 축하, 위로, 환영, 석별 등을 위하여 여러 사람이 모여 베푸는 잔치로 되어 있지만, 호텔에서의 연회의 의미는 이러한 의미 외에 각종 회의, 전시회, 세미나, 교육, 패션쇼 등 다목적인 의미도 포함되어 있다. 다목적의 기능을 가진 룸으로서의 의미가 강하기 때문에 연회장을 방켓룸Banquet Room 또는 팡션 룸Function Room이라고 부른다.

호텔의 연회장은 식음료 부문 중 단일 영업장으로는 가장 넓은 공간을 확보하고 있으며, 그랜드볼룸과 같은 대연회장과 다양한 중·소 연회장을 갖추고 있다.

연회는 식당이나 주장과는 달리 식탁과 의자가 준비되어 있는 것이 아니라, 일정한 장소에서 고객의 요구, 행사의 내용, 성격, 인원 등에 따라 각종 행사를 수행하는 식음료 업장 중의 하나이다. 즉 "식음료를 판매하기 위해 일정한 장소에서 2인 이상의 단체고객에게 식음료와 기타 부대시설을 제공하여 고객이 원하는 행사의 목적을 달성할 수 있도록 해주고, 그에 따른 대가를 받는 부서"를 말한다. 여기서 2인 이상의 단체고객이란, 동일한 목적을 위해 참석한 일행을 말하며, 일정한 장소란 별도로 준비된 장소를 말하고, 기타 부대시설이란 고객이 식사 이외의 목적을 달성하기 위한 행위 및 시설 등을 말한다.

이는 식당 서비스와는 달리 제공될 메뉴, 인원수, 가격 등이 미리 정해지고 확정된 행사에 의해 식음료뿐만 아니라 필요한 기물과 장비 그리고 연출행사와 함께 이루어지기 때문에 사전계획을 가지고 수준 높은 서비스를 제공한다.

현대 호텔경영에서는 수입과 규모, 경영의 탄력성으로 식음료F&B부서 중 연회의 비중이 점진적으로 증가되고 있으며, 단일 업장으로서 가장 면적이 큰 평수와 다양한 크기의 연회장을 이용하여 호텔 전체 매출액에 커다란 영향을 끼치는 매우 중요한 부분이라고 할 수 있다. 이에 따라 현대의 대규모화 된 호텔에서는 식음료 매출의 승부는 연회행사에 달려있다고 해도 과언이 아니며, 다양한 규모의 연회장을 준비하여 연회 성격에 적합한 연회행사를 유치하고 있으며, 특히 호텔의 기능이 점차 대중화되면서 지역의 집회장소 또는 가족단위의 모임, 국가적 행사, 국제적 행사를 치룰 수 있는 장소로 인식받게 되었다.

따라서 연회장Banquet Room이란 공간과 시간을 판매하는 장소이고, 연회 식음료 서비스란 연회장에서 행사에 알맞게 제공하는 물적·인적 서비스를 의미한다.

연회는 일단 고객의 예약에서부터 시작된다. 계약체결이 이루어지면 메뉴가 결정되고, 인원에 따라 구매량을 산출하여 식재료를 구매하며, 식탁과 의자도 행사 성격에 알맞게 배치하는 등 무(無)에서 유(有)를 창조한다고 할 수 있다. 출장연회Outside Catering Service는 호텔 연회장과 상관없이 고객이 원하는 외부 장소에서 이루어지므로, 점진적으로 시장의 규모는 증가하고 있다.

1999년 8월 당시 특1급 호텔의 결혼식이 전면 허용됨에 따라 대부분의 호텔들이 결혼식 유치에 많은 노력을 기울이고 있다. 호텔 식음료 사업의 발달은 자연히 연회를 새로운 형태의 영업으로 도입하게 되었으며, 현대에는 일개 독립된 부서로 자리 잡고 호텔 영업의 중추적인 역할을 해내고 있다.

표 8-1 레스토랑과 연회장 영업의 비교

구분	레스토랑	연회장
조직	레스토랑서비스 단위 조직	예약, 판촉, 서비스 등 3개의 조직으로 구분되어 있음.
영업장 규모	30~100여 명 정도 수용	많게는 수천 명까지 수용 가능
메뉴 및 서비스	고객의 주문 내용에 따라 달라짐.	동일 메뉴, 동일 서비스
예약 여부	반드시 예약을 하지 않아도 됨.	반드시 사전 예약을 해야 함.
영업시간	일정함.	정해진 영업시간이 없음.
홀 대여	영업 불가능	영업 가능
영업범위	레스토랑 내에서만 가능	출장파티 등 외부영업이 가능함.
테이블 배치 및 세팅	고정적	가변적
운영방법	단위 레스토랑별 독자 운영	연회관련 부서 및 호텔 내 타 부서와 외부에서 지원받아 운영

자료: 이정학, 호텔연회관리론, 기문사, 2006: 20.

2절

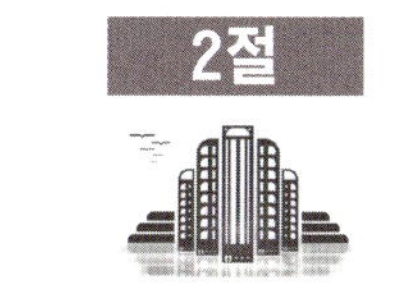

호텔 연회의 특징

호텔에서 연회는 호텔의 중추적인 수익성을 창출하는 영업장이다. 최근 들어, 경제발전과 더불어 각종 가족행사들을 호텔에서 이용하고 있는데, 호텔의 연회행사는 대형화·다양화·조직화되고 있어 그에 따른 대형 연회장을 마련하고 있으며, 많은 호텔들은 연회를 전담하는 부서를 조직화하여 연회의 유치와 성공적인 행사 진행을 하고 있다.

1999년 8월 정부에서 특1급 호텔의 결혼식을 허용하면서, 호텔들은 최신식 시설을 갖춘 대형 연회장을 마련 또는 개·보수하여 더욱 조직화하여 성공적인 행사 진행을 위해 많은 노력을 기울이고 있는 실정이다. 이러한 연회장은 다른 식음료 업장과는 다른 특성을 가지고 있는데, 그 특징을 보면 다음과 같다.

그림 8-1 **호텔 연회과의 기본 조직**

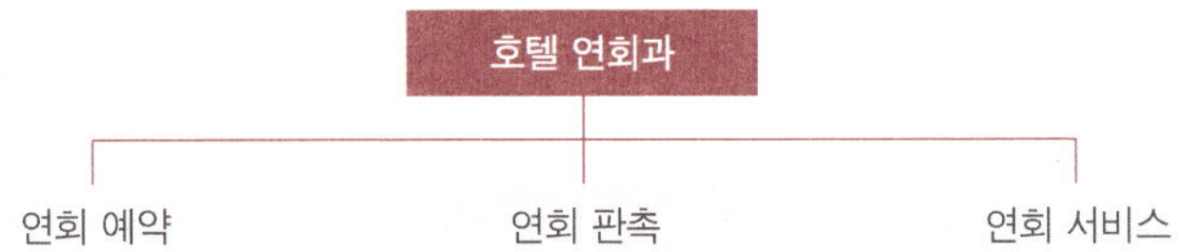

1) 인력자원을 탄력적으로 운영할 수 있다

각종 연회는 예약에 의해 접수되고, 계약이 성립되면 행사를 하기 때문에 다른 식당이나 주장보다는 인력수급 계획을 탄력적으로 할 수 있을 뿐만 아니라, 외부 인력을 사용할 수 있어 인건비를 절약할 수 있다.

2) 상품가격을 차별화시킬 수 있다

식당이나 주장에서는 가격을 결정하고 고객에게 판매하지만, 일반적인 연회상품의 구성은 크게 연회장 사용료와 식음료 요금 등으로 구성되고, 고객의 예산 수준에 따라서 그 비용의 배분에 차이가 많이 난다. 즉 연회는 연회 예약 시 고객의 예산과 행사의 중요도에 따라 가격이 결정되므로 상품가격을 다양화 및 차별화 할 수 있다. 다시 말해, 일반식당이나 주장처럼 규정된 가격에 의해 연회 상품이 판매되지만, 연회 예약 접수 시 고객의 예산과 행사의 특성 및 중요도에 따라 특별한 메뉴를 요구할 경우 그에 따른 특별요금(별도의 요금)이 적용될 수도 있다는 특성이 있다. 그 이유는 식음료 수입 가운데서도 연회, 회의, 세미나 등으로 인한 수입이 높기 때문에, 어느 호텔이든지 연회고객 유치를 위한 판촉활동을 활발히 전개하고 있기 때문이다. 또한 연회에서는 일시에 대량으로, 동일한 서비스로, 똑같은 메뉴로 식음료가 서비스되는 특징을 가지고 있다.

3) 단체고객을 유치할 수 있다

여행사의 단체고객을 모집할 때 파티 등을 포함한 패키지 상품을 판매하므로, 연회장의 유무에 따라 유치가 결정되는 경향이 있다. 연회장의 규모에 따라 특별이벤트 유치뿐만 아니라 각종 연회상품을 개발하여 판매할 수 있다. 또한 대형 여행사 단체고객의 경우, 식사를 호텔의 일반 레스토랑에서 하지 않고 연회장에서 하는 경우가 매우 많다.

4) 연회 예약을 통해서 사전에 준비되고 개최된다

호텔 연회는 일반식당과는 달리 예약에 의해서만 판매가 가능하다. 연회장을 이용하여 행사를 하고자 하는 고객은 이용하는 목적이 회의, 세미나, 리셉션, 가족모임 등 여러 가지이다. 행사를 위한 최초의 단계는 연회 예약을 담당하는 부서의 예약직원이 연회 상품을 설명하고 견적에 의해 계약을 하게 되며, 연회 예약 시 접수된 고객의 모든 행사정보를 행사지시서Event Order에 표기하여 연회 서비스 부서를 비롯하여 관련 부서에 송부하게 된다. 연회 서비스 부서에서는 행사지시서에 의거, 행사를 준비하게 되고 행사 당일 최종적으로 예약한 각종 연회 상품을 판매한다.

일반 레스토랑은 고객의 유무에 상관없이 일정한 영업시간을 가지고 있다. 또한 개별고객이 수시로 이용하기 때문에 계속적으로 영업을 해나가고 있으나, 연회는 예약에 의해서 개최되므로 예약이 있을 때만 영업이 이루어지게 된다. 즉 호텔 연회는 비정기적인 영업을 한다고 할 수 있다.

따라서 연회장에서는 영업을 하지 않는 시간에는 종사원 교육이나 다음 행사를 위한 준비시간으로 사용되어 연회 종사원의 근무 스케줄(근무시간, 근무요일) 변동이 매우 심한 편이다. 이에 연회장 활용도를 높이기 위해서는 연회행사가 끊임없이 이루어지도록 노력해야 한다. 이는 연회 판촉팀(세일즈팀)과 연회 예약팀의 능력과 노력에 따라 좌우된다.

5) 연회의 목적 및 성격에 따라 연회장 세팅을 달리할 수 있다

일반 식음료 업장의 레이아웃Lay-out은 특별한 이유가 없는 한 일정기간 동일한 형태를 취하게 된다. 하지만, 호텔 연회장은 행사의 목적과 종류, 그리고 고객의 필요와 요청에 따라 적합하게 분위기를 연출할 수 있기 때문에, 이 점은 어떤 업장에서도 흉내 낼 수 없는 연회 상품의 특성이다.

연회장의 분위기를 살리기 위해 연회장 내·외부에 여러 가지 장치와 조명시설, 회사의 로고와 장식을 설치하게 되며, 연회장의 세트도 연회의 성격과 기능에 따라 구별되어야 하고, 이에 따른 테이블의 배치도 그때그때 다르게 장식할 수 있다. 이는 고객의 맞춤형 서비스로 예약에 의해 고객이 원하는 파티의 성격별로 사전에 치밀한 준비가 됨으로써 동시에 많은 고객들에게 서비스할 수 있다.

6) 관련 부서 간 긴밀한 협조가 필요하다

연회는 일반 식음료 업장과는 달리 단체고객의 특정한 목적을 위해 열리는 행사에 식음료와 부대서비스가 제공되는 행사이다. 이 연회행사는 행사의 규모 대·소를 불문하고 특정 개인이나 부서 단독으로 수행할 수는 없다. 행사를 유치하는 판촉직원, 연회예약담당자, 현장의 서비스담당자, 조리부서, 음향·조명 등의 기술담당 부서 등과 주차장, 시설부(조명·냉난방)에 이르기까지 모든 부서가 관련된다.

이처럼 연회행사는 관련 부서들 간의 공조를 통해서만이 가능하다. 여기서 중요한 것은 연회와 직·간접으로 관련되는 제 부서 간의 체계적인 협조체계를 구축하는 것이다. 어느 한 부서에서 실수를 범하면 행사 전체에 악영향을 미치므로 명확한 의사소통과 책임감 있는 업무수행 자세가 요구된다.

3절

호텔 연회의 기능과 특성

1. 호텔 연회의 기능

호텔 연회는 결혼식, 세미나, 기업행사 등 대・중・소규모의 연회장을 갖추고 다양한 목적과 성격을 가진 모임을 위한 공간과 서비스를 제공하는 기능을 가지고 있다. 이를 통해 호텔의 많은 수익을 올릴 수 있는 기능을 한다.

호텔 연회는 단순히 식음료서비스를 제공하는 공간을 넘어 행사 주최와 호텔 홍보 및 호텔 수익 등 다양하고 복합적인 기능을 수행한다. 이는 단순한 식사 공간을 넘어 행사 기획부터 운영, 사후관리까지 원스톱으로 제공하는 복합 서비스 공간이라고 할 수 있다.

2. 호텔 연회의 특성

1) 호텔의 대중화와 호텔 홍보의 효과성이 크다(호텔 홍보효과의 극대화)

회의나 연회의 규모에 따라 상이하지만, 동시에 최다고객을 호텔 내로 유입할 수 있어 호텔 시설이나 호텔에서 제공되는 다양한 서비스를 자연스럽게 대중매체를 통해 홍보할 수 있는 기회가 된다. 이러한 훌륭한 연회 서비스는 호텔의 이미지와 홍보를 극대화 할 수 있는 장점이 있다.

일부 한정된 사람들에 의해서만 이용이 가능한 다른 부문의 영업과는 달리, 연회는 불특정다수 고객을 표적시장으로 하고 있기 때문에 호텔의 대중화에 기여하며, 여러 종류의 문화행사는 호텔의 이미지를 개선하는 데 상당한 효과가 있다. 이에 따라 현대의 대규모화 된 호텔은 다양한 연회장을 준비하고 이에 적합한 연회행사를 유치하고 있으며, 특히 호텔의 기능이 점차 대중화되면서 지역의 집회장소 또는 가족단위 모임을 치를 수 있는 장소로 인식받게 되었다.

2) 타 영업부서의 매출 증진에 영향을 미친다(호텔 매출증진의 극대화)

컨벤션이나 연회고객이 객실 및 부대시설 이용으로 호텔의 매출 증대에 기여한다. 고객이 만족할 만한 행사는 재방문 고객이 되고, 연회행사의 유치는 연회매출 증진에만 기여하는 것이 아니라 행사에 참석하는 고객들이 객실에 투숙하기도 하고, 호텔의 식음료 영업장을 이용하기도 하고, 각종 부대시설(사우나, 골프, 수영장, 레저시설 등)을 이용하기도 하며, 또한 호텔 내의 쇼핑센터에서 필요한 물건을 구매하는 등 연회장 운영에 따른 직접적인 매출과 더불어 객실과 타 부서의 매출에도 영향을 미친다. 이처럼 연회행사의 개최는 호텔 내의 많은 영업장의 매출증진에 기여하는 바가 크다.

호텔영업에 있어서 객실·식음료·부대시설의 3요소가 주종을 이루고 있다. 호텔의 객실 수는 한정되어 있어 정해진 요금Rack Rate에 의해 한계가 있으며, 고정자본의 투자비율이 식음료 부문보다 훨씬 높다. 다시 말해, 객실영업은 아무리 매출액을 높이고자 해도 정해진 요금과 객실 수에 의해 한계가 있기 때문이다. 하지만, 연회 부문은 객실에 비하면 아주 작은 공간이지만, 식음료의 종류에 따라서 매출액이 상당히 탄력적이며, 또한 연회장을 회전율에 따라 효용을 극대화시킬 수 있다.

3) 저원가로 원가절감과 노동생산성을 극대화시킬 수 있다(호텔 식음료 원가절감)

식음료 원가절감 효과로서 확정된 동일한 메뉴를 일시에 대량으로 생산·판매함으로써 저원가와 창고에 저장되어 있는 재고식자재를 다량으로 처분할 수 있는 효과가 있으며, 같은 메뉴를 동시에 서비스하기 때문에 서비스 요령 또한 동일하여 노동생산성을 극대화 할 수 있다.

실제로 서울권 주요 호텔의 식음료 부문 식재료 원가분석 현황에 의하면, 일반 레스토랑의 식재료 원가율보다 연회 부문의 식재료 원가율이 훨씬 낮게 나타나고 있다. 즉 원가가 적게 든다는 것은 그만큼의 매출이익률이 높다는 것이고, 결국 호텔 식음료의 생산성을 극대화시키는데 중요한 역할을 하고 있다는 것이다.

4) 호텔 출장연회로 외부판매가 가능하다

출장연회를 통하여 호텔 내의 연회장이 아닌 다른 공간을 이용하여 연회 매출을 올릴 수 있은 특징이 있다. 즉 호텔 영업은 모든 부문이 시간과 공간의 제약을 받는 호텔 내부 판매만이 가능하나, 출장연회는 호텔 내의 연회장이라는 공간적 제약은 거의 받지 않고 판매될 수 있는 특징이 있다. 다만, 출장연회는 연회 매출의 무한성을 가능하게 하는 중요한 요인이라는 점을 강조하며, 출장연회만을 전문적으로 취급하는 외식산업체가 급증하고 있다는 것은 이 부문의 매력성을 입증하는 것이라고 볼 수 있다.

5) 식음료 비수기를 타개하여 매출을 증대시킬 수 있다

호텔 상품은 계절성 상품이라는 특성을 지니고 있다. 계절성 상품이란 성수기와 비수기가 형성되고, 성수기와 비수기 간의 영업매출 격차가 큰 상품이라는 뜻이기도 하다. 따라서 모든 관광상품이 그렇듯이, 호텔도 비수기 타개가 주요 과제로 되어 있다. 연회행사 특히 컨벤션은 계절성의 영향과 주말의 영향을 덜 받기 때문에 객실 판매 비수기 혹은 주중의 타개책으로 이용할 수 있다. 호텔의 연회장은 비수기에 특별 이벤트Special Event를 기획하고 패키지 상품을 개발하거나 임대나 특별행사를 개최하여 호텔영업에 상당한 기여를 하게 된다.

4절

호텔 연회의 분류와 종류

1. 호텔 연회의 분류

연회행사는 사회생활의 다양화와 함께 행사의 종류도 계속해서 늘어나고 있다. 연회는 분류하는 기준에 따라 다양하게 분류할 수 있지만, 일반적으로 분류하면 다음과 같다.

첫 번째로, 기능에 의한 분류로 식음료를 중심으로 생산과 판매가 이루어지는 식음료 연회행사와 연회장을 중심으로 한 장소판매를 목적으로 하는 임대 연회행사로 나눌 수 있다.

두 번째로, 장소에 의한 분류로 호텔 내에서 이루어지는 연회In-house와 고객의 요청에 의해 연회과 종사원과 조리과 종사원들이 외부로 출장을 나가 행사를 치루는 출장연회Outside Catering가 있다.

세 번째로, 행사목적에 의한 분류로 가족모임(돌잔치, 회갑 · 칠순 · 팔순), 약혼식 · 결혼식 · 피로연, 회사행사 신년회, 송년회, 사은회, 정부행사, 각종 이벤트, 전시회 등 행사의 내용과 목적에 따라 구분할 수 있다.

네 번째로, 시간별로 분류하면 아침행사(06 : 00 ~ 10 : 00), 브런치행사(10 : 00 ~ 12 : 00), 점심행사(12 : 00 ~ 15 : 00), 저녁행사(18 : 00 ~ 22 : 00) 등으로 구분할 수 있다.

다섯 번째로, 음식의 종류에 따라 양식Western 행사, 한식Korean,행사, 중국식Chinese 행사, 일식Japanese 행사, 칵테일Cocktail 행사, 뷔페Buffet 행사, 다과회Tea Party 등으로 분류할 수 있다.

2. 호텔 연회의 종류

1) 식음료 연회행사

(1) 정찬 파티Table Service Party, Dinner Party

정찬 파티는 연회행사의 종류 중 가장 품격 있고 격식을 갖춘 연회로서 비용도 높을 뿐만 아니라, 사교적 모임이나 비즈니스 또는 국제적인 행사 등에 개최하는 연회행사이다. 초대장을 보낼 때도 연회의 취지와 주빈의 성명을 기재하며 복장에 대한 명시를 해야 하고, 명시가 없으면 정장을 해야 한다.

유럽 쪽에서의 정찬 파티는 으레 예복(턱시도)을 입고 참석한다. 연회 식순이 정해지고 참석자를 위해 연회장 입구에 테이블 플랜배치도; Place Card을 놓아두며, 식전 칵테일 파티가 없으면 안내인에 의해 자신의 좌석에 착석하게 된다. 특히 정찬 파티는 초청자와 주빈이 입구 쪽에서 일렬로 서서 손님을 마중하는, 소위 리시빙 라인을 이루어 손님을 맞이한다. 테이블 서비스 연회에서는 요리의 코스도 5~9코스의 풀코스Full Course Dinner로 음식이 제공되는 연회이다.

그림 8-2 연회의 종류

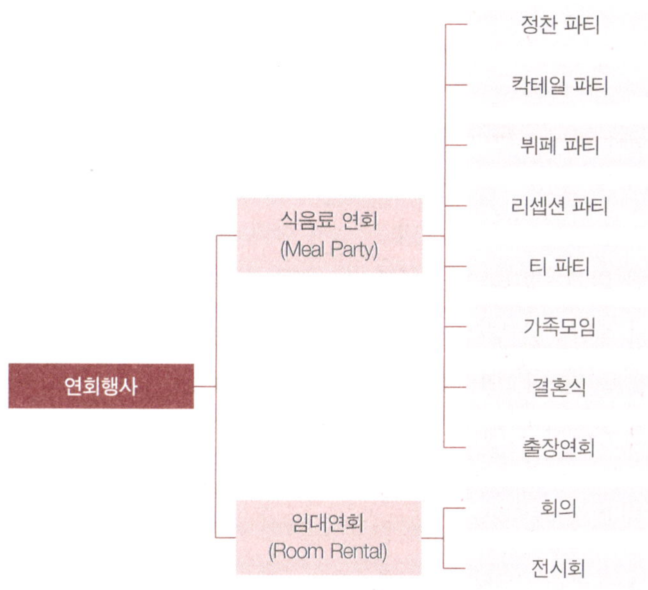

(2) 칵테일 파티Cocktail Party

칵테일 파티는 고객들이 입식 형태로 각종 주류와 음료를 갖추어 놓고 전채Hors D'oeuvre를 곁들이면서 행해지는 연회를 말한다. 다시 말해, 여러 가지 주류와 간단한 식료 및 음료를 주제로 하고 부재료(시럽, 과즙, 주스, 우유, 달걀, 탄산음료 등)를 혼합해서 색, 맛, 향을 조화롭게 만들며, 오드볼을 곁들이면서 스탠딩 형식Standing Party으로 행해지는 연회를 말한다.

칵테일 파티는 보통 점심이나 저녁식사 중간 또는 전에 베풀어지는 연회패턴이다. 칵테일 파티 자체가 이벤트 성격을 가지고 행사가 진행되기 때문에, 그 규모와 제공하는 메뉴 등이 다양하다. 칵테일 파티를 위한 준비내용은 다음과 같다.

우선 정확한 예산과 초대인원을 알아놓고 다양한 메뉴를 구성한다. 그리고 파티의 성격에 따라 식사대용으로 할 것인지, 아니면 식욕을 촉진시키는 역할을 할 것인지를 파악한다.

칵테일 파티의 장점은 테이블 서비스 파티에 비하여 비용이 적게 들며, 남녀노소 및 지위고하를 막론하고 자유로이 이동하면서 자연스럽게 담소할 수 있고, 참석자의 복장이나 시간에도 별로 제약을 받지 않는다. 고객들이 파티장 입구에서 주최자와 인사를 나눈 다음 입장을 하고, 연회장 내에 차려져 있는 바에서 좋아하는 칵테일이나 음료를 주문하여 받은 다음 격의 없이 고객들과 어울리게 된다. 행사가 한창 무르익어 행사 중・후반쯤 됐을 때 주빈은 단상이나 마이크 시설이 있는 곳에서 행사의 취지와 간단한 인사말을 하며 때로는 건배를 제의하기도 한다.

(3) 뷔페 파티Buffet Party

뷔페 파티는 보통 입식 뷔페Standing Buffet와 착석 뷔페Sitting Buffet로 나눌 수 있으며, 찬 음식과 더운 음식을 같이 낼 수도 있다. 서비스도 거의 셀프 형태인데, 경우에 따라서는 음식을 연회 직원이 서비스할 수도 있으며, 고객이 자기 양껏 기호대로 가져다먹을 수도 있다. 참석인원수에 맞게 뷔페 테이블에 각종요리를 큰 쟁반에 담아놓고 서비스 스푼과 포크를 준비하여 고객들이 적당량을 덜어서 식사할 수 있으며, 일반적으로 좌석 순위나 격식이 크게 필요 없는 것이 특징이다. 연회장 내의 서비스 종사원은 음료 서비스에 신경을 써야 하며, 사용된 접시는 식사하는 데 불편함이 없이 즉시 회수해야 한다.

(4) 리셉션 파티Reception Party

일반적으로 리셉션 파티는 공식적인 행사로써 만찬이나 오찬에 들어가기 전이나 혹은 순수한 리셉션만을 위한 파티로 주최자와 초청된 고객 간의 인사교류 형식의 연회이다.

초대된 손님들이 행사가 진행되기 전에 서로 모여 교제할 수 있도록 배려하는 식사 전 리셉션과, 저녁과 동시에 리셉션만 베풀어지는 연회행사 중 하나인 풀 리셉션이 있다. 식사 전 리셉션에서 제공되는 음식은 구미를 돋우는 시고, 달고, 맵고, 약간은 자극적이어야 하며 배가 부르지 않는 음식을 제공하는 것이 특징이다. 또한 음료들은 대개 위스키와 소다, 진과 토닉워터, 그리고 과일주스, 소프트드링크 등이 통상적으로 이용되며, 리셉션 장소는 고객들이 서로 이동하는데 불편함이 없는 충분한 공간이 필요하다.

풀 리셉션은 목적과 행사규모 성격에 따라 주최자가 요구하는 음식과 음료들로만 채워지고 일반적으로 2시간 정도가 진행된다. 풀 리셉션에서 제공되는 음식은 대체적으로 카나페, 샌드위치, 커틀릿, 치즈, 디프류, 작은 패티 등의 한입거리 음식으로 준비하며, 식사 전 리셉션의 음식보다는 내용이 더 실속이 있어야 하고, 더운 음식과 차가운 음식 등이 다양하게 구성되어 있어야 한다.

(5) 티 파티Tea Party

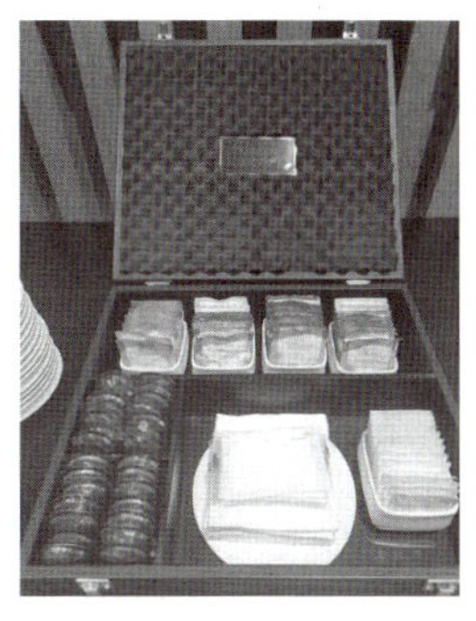

티 파티는 세미나, 학회, 소모임 등 일반적으로 회의가 진행되는 중간의 휴식시간Break Time에 간단하게 개최되는 파티를 말하는데, 커피 브레이크Coffee Break라고도 한다. 칵테일 파티와 마찬가지로 연회행사 성격에 따라 착석 또는 입식으로 커피와 티를 겸한 음료와 과일, 샌드위치, 디저트류, 케이크류, 쿠키류 등을 곁들인다. 티 파티는 소그룹회의, 좌담회, 간담회, 발표회 등에서 많이 하는 연회행사가 일반적이다. 간단한 다과류와 음료를 1인분 가량 세트로 차려놓고 격식을 차리지 않고 자유스럽게 담소를 나누며 즐기는 연회행사이다.

(6) 가족연회Family Party

최근 들어, 가처분 소득의 증대로 인해 가족모임을 호텔에서 많이 진행하고 있으며, 이러한 가족모임 행사는 신장률이 높고 잠재력 있는 행사이기도 하다. 특히 가정에서 잔치에 필요한 음식의 준비와 장소의 제약에 따라 가족연회는 매년 그 규모가 확대되고 있다. 이러한 가족모임의 종류에는 약혼식이나 생일잔치(돌, 회갑 · 칠순 · 팔순 등 장수연), 기념일 등이 행사가 있다.

(7) 결혼식Wedding Ceremony

결혼식은 보통 일생에 한 번 있는 중요한 행사이므로, 고객이 원하는 행사 콘셉트에 최대한 맞추어 시간을 꼭 지켜서 진행하도록 하며, 무대진행 담당자, 예식홀 담당자는 전체적인 행사 흐름을 충분히 이해하고 파악하여 최고의 웨딩 행사서비스가 되도록 노력해야 한다.

결혼식의 본 행사가 마무리됨과 동시에 원활한 피로연을 위해 준비해야 한다. 피로연에는 피로연 오찬과 사진 촬영, 폐백의 순서로 진행되며, 원활한 진행을 위해 작은 소품까지도 잘 준비해야 한다. 특히 하객이 예약된 인원Guaranteed; GTD보다 초과되는 경우를 대비하여 추가서비스를 위한 서비스 종사원 간의 원활한 내부 의사소통이 이루어져야 한다.

(8) 출장 연회Outside Catering Party

출장연회는 호텔의 한정된 연회장을 떠나 고객이 원하는 장소, 시간에 따라 음식, 음료, 기물, 비품 등 파티에 필요한 장비와 서비스 인원을 준비하여 주최자의 지정된 장소에서 연회를 개최하는 것을 말한다. 모든 연회의 업무는 연회장에서 하는 것과 동일하게 취급하며, 가격은 주최자측과 협의 하에 별도로 부과하도록 되어 있다.

그 밖에 가족모임으로 약혼식, 생일 관련 축하연 같은 연회와, 호텔의 정원이나 수영장 등에서 특별히 행하는 가든파티Garden Party가 있는데, 야외에서 이루어지는 행사일 경우 우천 시 발생할 수 있는 문제 등을 고려해야 한다.

(9) 디너쇼 & 콘서트Dinner Show & Concert

디너쇼는 특별한 날 특히 어버이날과 연말연시에 개최하게 되는데, 어떤 가수나 연예인을 초청하느냐에 따라 타깃 마켓Target Market이 달라지며 매출이 달라진다. 보통 대연회장에서 개최하는데, 1부와 2부로 나눠 행사를 진행한다. 디너쇼의 경우에 1부의 경우 식사시간을 배정하고, 2부에는 가수나 연예인들의 공연을 관람하게 된다. 콘서트의 경우 간단한 음료 등을 제공하고 가수의 공연을 관람하는 방식으로 운영한다.

2) 임대 연회행사

임대 연회행사는 식음료판매 중심의 행사가 아니라 주로 연회장 및 기타 시설 및 기자재를 임대Rental하는 목적을 갖는 연회행사로써 회의 및 전시회 등이 있다. 연회장 대여는 연회장의 규모와 사용시간에 따라 요금이 달라지고, 식사 여부에 따라 무료와 일부 유료를 적용하는 경우도 있다. 시설 및 기자재 대여는 연회행사를 하면서 필요한 각종 기자재를 대여하는 경우를 말한다.

(1) 회의

회의는 대체적으로 여러 사람이 일정한 장소에 모여 의논이나 토의 또는 행사를 갖는 것으로, 포괄적인 의미를 가지고 있는 형태별, 성격별, 지리적 영역별로 다양하게 분류된다. 형태별로 분류하면 컨벤션Convention, 컨퍼런스Conference, 콩그레스Congress, 포럼Forum, 심포지엄Symposium, 패널토의Panel Ciscussion, 강연Lecture, 세미나Seminar, 워크숍Workshop 등으로 분류되며, 성격별로 분류하면, 기업회의, 협회회의, 비영리단체회의, 정부주관회의 등으로 지리적인 영역별로 분류하면 지방회의, 지역회의, 전국회의, 국제회의 등으로 구분할 수 있다.

(2) 전시회

전시회는 무역, 산업, 교육 분야 혹은 상품이나 서비스 판매업자들의 대규모 상품진열을 의미하는 것으로, 회의를 수반하는 경우도 있다. 전시회, 무역전이라고도 하며, 유럽에서는 주로 'Trade Fare'라는 용어를 사용한다. 그 밖에 자동차 신차 발표, 패션쇼나 문화, 예술의 공연, 체육행사, 콘서트, 디너쇼, 이벤트, 신제품 발표 등이 있다.

5절

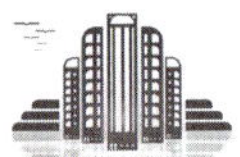

호텔 연회 메뉴

연회장에서 제공되는 메뉴는 식음료 업장에서 판매되는 모든 메뉴를 판매할 수 있다. 하지만, 주방 시스템과 조리부 종사원 그리고 영업이익률 등을 고려하여 연회 메뉴를 구성하여 판매하고 있다. 또한 단시간 내에 많은 음식을 제공해야 하기 때문에 메뉴를 세트화시켜 판매하고 있지만, 고객의 요청에 따라 메뉴의 구성을 변경하기도 한다.

1. 조찬 메뉴

조찬 메뉴에는 아침에 시행하는 연회행사에 제공되는 메뉴로써 양식, 한식, 일식, 뷔페 등이 있는데, 세부적인 가격과 메뉴의 내용은 고객의 기호에 맞게 결정된다.

2. 정찬 메뉴

정찬 메뉴는 주로 점심과 저녁에 제공되는 메뉴로써 양식, 한식, 중식, 일식, 뷔페 등 다양한 메뉴로 구성되어 있으며, 메뉴의 종류와 음식의 질에 따라 가격이 달라진다.

MENU

신랑 한동철 & 신부 정인경

Shrimp Ceviche on a bed of Cucumber
with Baby Salad
어린 샐러드를 곁들인
매콤한 소스의 새우 세비체

Mushroom Soup
양송이 크림 수프

Seasonal Green Salad with French Dressing
프렌치 드레싱의 샐러드

Grilled Australian Beef Tenderloin
with Fried Kimchi Rice, Steamed Vegetable
and Robert Sauce
양파와 백포주 소스를 곁들인 안심 스테이크
김치 볶음밥과 야채

Traditional Korean Noodle Soup with Garnish
고명을 곁들인 잔치 국수

Tiramisu with Rich Espresso Sauce
에스프레소 소스를 곁들인
티라미수 케이크

Coffee or Tea
커피 또는 차

6절

호텔 연회 서비스 실무

연회가 성립되기 위해서는 예약담당자와 판촉직원이 밀접한 협력체제를 갖추고 능률과 기능을 최대한 발휘하여 최대의 효율성을 올려야 하며, 연회 서비스 직원들의 정성어린 서비스로 인해 고객만족을 통한 이윤증진 및 신규연회 예약의 활성화를 도모해야 한다. 연회행사의 절차와 진행단계를 살펴보면 [그림 8-3]과 같다.

그림 8-3 연회행사 절차

문의(Inquiry)	직접 방문, 전화, FAX, 인터넷(E-mail), 연회판촉직원
연회 예약현황 파악	연회장 유무 확인
견적서 및 메뉴 작성	일자, 인원, 서비스 형태, 가격 등
가계약	컨트롤 차트에 행사 일시 작성
계약(Contract)	세부사항 확정 및 계약서 작성, 예약금 수령
평면도 작성(Floor Plan)	
연회행사통보서(Event Order) 작성 및 관련 부서에 배포	
행사 진행(Party)	행사장 준비, 식음료 준비, 플래카드 설치, 조명 · 음향 준비, 공조상태 확인, 장식(꽃 · 얼음), 병풍, 사진, 밴드, 고객 영접
최종 계산서 작성 및 청구(Final Bill)	
고객 환송(Farewell)	고객의 분실물 점검, 종사원들과 행사담당 지배인의 최종 인사
고객관리 감사편지 및 설문서 발송	

10

그림 8-4 **연회행사 계약서**Function Agreement

BANQUET CONTRACT 연회계약서			
Company 회사명			
Organizer 담당자		Telephone 전화	
Address 주소			
Date of Function 연회 일자		Venue 장소	
Type of Function 연회 종류		No. of Guarantee 최저 인원수	

ITEM / 구분	MENU & PRICE PER PERSON / 메뉴 & 단가	AMOUNT / 금액
FOOD 음식		
Beverage 음료		
F&B Sub-Total 식음료 합계		
10% Service Charge 10% 봉사료		
10% VAT 10% 부가세		
F&B Total 식음료 총계		
Room Rental 대실료		
Decoration 장식		
AV Equipment 시청각 기자재		
Outside Vendor 협력업체		
Corkage Charge 주류 반입료		
Other 기타 선택사항		
Sub-Total		
10% VAT 10% 부가세		
Total 합계		
Grand Total 총합계		
Deposit Paid 계약금		

Signed in agreement of the above and subject to the terms and conditions on the backside of this contract

Date	CLIENT	HOTEL

그림 8-5 혼인 예식 계약서

예약일자: 년 월 일

(로고 삽입)

No. ______________

(호텔 주소 삽입) (도장 삽입)
예식부 Tel. (02)2270-3123
Fax. (02)2270-3227

혼인 예식 계약서

뷔페식당 가격:
양 · 중 · 일식당 가격:

보호자	氏 女史	관계		신랑		주소			
				HP		E-mail		전화	
보호자	氏 女史	관계		신부		주소			
				HP		E-mail		전화	

예식일시: 년 월 일 ( ) 시		장소:	주관자:
지불보증인원: 명	예상인원: 명	지불방법:	계약금:
구분	내역		금액(원)
식사			
음료 및 주류			

구분	규격 및 수량	금액(원)	구분	규격 및 수량	금액(원)
웨딩케이크			부케, 코사지		
스위트캔들			결혼예복		
조명			신부화장		
드라이아이스 연출			실내악		
얼음조각			청첩장		
결혼식 소모품			폐백음식		
폐백실 사용료			떡		
예식장 사용료	좌석당 300원		주차료		
꽃장식			주례		
테이블 캔들(생화)			테라피		
테이블 캔들(조화)			선물 또는 리무진		
원판 사진			예식상품권		
진행 앨범			객실		
비디오			Sohappy Card		
야외촬영			시식		
합계(원)					

1. 식음료 반입은 규정상 일체 금지됩니다.
2. 계약서의 지불보증인원 이상에 대하여 계산됩니다. (지불보증인원의 가감은 행사일 48시간 전까지의 통보로 합의하여 조정될 수 있습니다.)
3. 고객께서 동의하신 지불보증인원을 초과 시에는 추가된 인원 수 만큼 가산되어 계산됩니다.
4. 혼주측이 예약 후 연락 없이 결혼 당일 결혼식을 거행하지 않았을 경우 영업자에게 영업손해에 대한 배상금을 지불하여야 합니다.
5. 계약금은 반환되지 않습니다. (단, 천재지변의 경우는 예외임)

※ 권장사항: 과다한 상차림의 피로연은 자제하고, 간소한 메뉴로 하며, 음식물 쓰레기 줄이기 운동에 참여합시다.
자가용 이용을 자제하고 대중교통을 이용합시다.

상기 내용에 동의하여 계약을 체결합니다. 계 약 자 성명: (서명)
년 월 일 예식담당자 성명: (서명)

1. 연회 예약 상담 업무

연회 서비스에 있어서 예약은 고객이 계획하고 있는 행사를 차질 없이 진행하기 위한 호텔과 고객 간의 약속이며, 연회 예약 시 약속한 주문을 최대한 서비스하여 고객에게 즐거움과 만족을 주도록 최선을 다해야 한다.

따라서 연회 상품을 정확하게 이해하고 고객 문의에 따라 정확한 정보를 전달함과 동시에 신속하게 응대할 수 있어야 하며, 고객과의 원활한 커뮤니케이션을 위해 적절한 어휘를 선택하여 명확하고 밝은 목소리로 응대할 수 있어야 한다.

이제는 고객으로부터의 예약을 기다리는 시대는 지났으며, 적극적인 판촉활동을 통하여 고객 확보에 최선의 노력을 기울여야 한다. 또한 경쟁 호텔과의 차별화 전략을 위해 최고급 시설과 특징 있는 요리, 품위 있는 장식, 최고의 고객감동 서비스를 지속적으로 제공될 수 있도록 해야 한다. 아울러 친절한 예절과 정중한 언어구사, 상품지식 등을 습득하여 고객에게 좋은 이미지를 심어주는 것도 이러한 발전을 뒷받침해주는 큰 요인이다.

1) 연회 예약의 접수

호텔의 연회 예약실의 조직은 연회장의 수와 규모 등에 따라 차이가 있으며, 연회 예약지배인과 연회 예약 코디네이터 및 연회 예약 클럭 등 각 직책에 따라 업무가 분담되어 있다.

연회 예약은 고객이 직접 호텔을 방문하여 예약하는 경우와 전화로 예약하는 경우가 대부분이며, 이 외에도 팩스 또는 인터넷 등과 같은 직·간접적인 경로를 통하여 이루어지고 있다. 또한 연회판촉을 담당하는 직원들이 배치되어 있으며, 예약담당 직원과 판촉담당 직원이 서로 긴밀한 협력체계를 갖추고 호텔의 수익 극대화에 최선의 노력을 다해야 한다.

따라서 고객의 정보를 확보하기 위해 상황에 따라 고객의 성함과 연락처 및 명함을 요청할 뿐만 아니라 다양한 질문과 응답을 통해 고객정보를 확인해야 한다. 또한 사전에 고객의 과거 행사정보를 숙지하여 정확하게 확인한 후 사후관리 계획을 수립해야 한다.

고객이 연회 예약을 문의하면 연회행사의 종류에 따라 연회행사별 특성을 확인하여 연회의 성격과 규모(인원), 날짜와 시간, 음식과 음료의 종류, 특별 주문 등을 파악한 다음, 기타 세부사항은 연회 예약서를 기초로 상담하고 협의한다. 특히 연회 예약을 접수하기 위해서는 연회의 구성요소를 충분히 사전에 숙지할 필요가 있는데, 연회장의 규모나 크기, 시설이나 기자재의 유무, 식음 상품의 메뉴와 가격, 테이블 배치Lay-out 등의 전반적인 사항을 인지하고 있어야 한다.

고객이 연회 예약을 문의하면, 제일 먼저 연회의 성격과 규모를 파악한 다음 연회장의 사용가능 여부를 확인하고, 만약 당일 연회장이 불가능할 시 대체 일자와 장소를 제안할 수 있어야 한다. 이를 바탕으로 고객과 여러 가지 사항을 연회 예약서Function Reservation Sheet를 토대로 하여 상담하고 협의하면서 관련 부서와의 업무협조를 한다.

과거 연회 예약실에서 다루었던 예약장부를 대신해서 모든 예약절차는 호텔 전산 시스템에 의해 운영되고 있다. 호텔 연회 판촉직원이 외부에서 휴대폰이나 태블릿 PC 등을 이용해 인터넷에 접속하여 판매 가능한 연회장을 조회하고, 즉시 연회 예약을 할 수 있는 시스템이 구축되어 있는 호텔들이 증가하고 있다.

2) 연회 예약 계약서 작성

연회행사 유치 확정 후 연회행사 개최를 위해 계약서를 작성해야 하는데, 연회 예약 담당자는 호텔연회예약시스템에 근거하여 연회장의 사용 여부를 확인한 후 연회행사 예약·확정 내용을 입력해야 한다. 또한 연회행사의 일시, 참석 예상인원, 장소, 행사 형식, 행사 규모에 따른 예산, 예약 담당자나 판촉지배인의 이름과 전화번호 등을 연회 예약장부Banquet Reservation Book, B/Q Reservation Control Book 또는 연회 예약 시스템에 접속하여 정확히 기록·입력해야 한다. 이때 연회행사 계약 규정 및 개인정보 보호동의서를 제시해야 하며, 지불방법 및 지불 주제를 파악하여 계약서를 작성하도록 한다. 이러한 연회 계약서를 바탕으로 연회행사 예상 매출액을 예측할 수 있다.

그림 8-6 Banquet Reservation Book

BANQUET RESERVATION BOOK

Date : . . .( )

VENUE			BREAKFAST	LUNCH #1	LUNCH #2	DINNER
GRAND BALLROOM	BALL ROOM	East Palace	E/O : T. R. C. Organization: Time: Rep.: No. of Pax.: Tel No.:	E/O : T. R. C. Organization: Time: Rep.: No. of Pax.: Tel No.:	E/O : T. R. C. Organization: Time: Rep.: No. of Pax.: Tel No.:	E/O : T. R. C. Organization: Time: Rep.: No. of Pax.: Tel No.:
		West Palace	E/O : T. R. C. Organization: Time: Rep.: No. of Pax.: Tel No.:	E/O : T. R. C. Organization: Time: Rep.: No. of Pax.: Tel No.:	E/O : T. R. C. Organization: Time: Rep.: No. of Pax.: Tel No.:	E/O : T. R. C. Organization: Time: Rep.: No. of Pax.: Tel No.:
	South Jewel		E/O : T. R. C. Organization: Time: Rep.: No. of Pax.: Tel No.:	E/O : T. R. C. Organization: Time: Rep.: No. of Pax.: Tel No.:	E/O : T. R. C. Organization: Time: Rep.: No. of Pax.: Tel No.:	E/O : T. R. C. Organization: Time: Rep.: No. of Pax.: Tel No.:
	Middle Jewel		E/O : T. R. C. Organization: Time: Rep.: No. of Pax.: Tel No.:	E/O : T. R. C. Organization: Time: Rep.: No. of Pax.: Tel No.:	E/O : T. R. C. Organization: Time: Rep.: No. of Pax.: Tel No.:	E/O : T. R. C. Organization: Time: Rep.: No. of Pax.: Tel No.:
	North Jewel		E/O : T. R. C. Organization: Time: Rep.: No. of Pax.: Tel No.:	E/O : T. R. C. Organization: Time: Rep.: No. of Pax.: Tel No.:	E/O : T. R. C. Organization: Time: Rep.: No. of Pax.: Tel No.:	E/O : T. R. C. Organization: Time: Rep.: No. of Pax.: Tel No.:
VIP			E/O : T. R. C. Organization: Time: Rep.: No. of Pax.: Tel No.:	E/O : T. R. C. Organization: Time: Rep.: No. of Pax.: Tel No.:	E/O : T. R. C. Organization: Time: Rep.: No. of Pax.: Tel No.:	E/O : T. R. C. Organization: Time: Rep.: No. of Pax.: Tel No.:
Doraji			E/O : T. R. C. Organization: Time: Rep.: No. of Pax.: Tel No.:	E/O : T. R. C. Organization: Time: Rep.: No. of Pax.: Tel No.:	E/O : T. R. C. Organization: Time: Rep.: No. of Pax.: Tel No.:	E/O : T. R. C. Organization: Time: Rep.: No. of Pax.: Tel No.:
Orchid			E/O : T. R. C. Organization: Time: Rep.: No. of Pax.: Tel No.:	E/O : T. R. C. Organization: Time: Rep.: No. of Pax.: Tel No.:	E/O : T. R. C. Organization: Time: Rep.: No. of Pax.: Tel No.:	E/O : T. R. C. Organization: Time: Rep.: No. of Pax.: Tel No.:
Lotus			E/O : T. R. C. Organization: Time: Rep.: No. of Pax.: Tel No.:	E/O : T. R. C. Organization: Time: Rep.: No. of Pax.: Tel No.:	E/O : T. R. C. Organization: Time: Rep.: No. of Pax.: Tel No.:	E/O : T. R. C. Organization: Time: Rep.: No. of Pax.: Tel No.:
Rose			E/O : T. R. C. Organization: Time: Rep.: No. of Pax.: Tel No.:	E/O : T. R. C. Organization: Time: Rep.: No. of Pax.: Tel No.:	E/O : T. R. C. Organization: Time: Rep.: No. of Pax.: Tel No.:	E/O : T. R. C. Organization: Time: Rep.: No. of Pax.: Tel No.:

2. 연회 기획 · 행사 서비스

1) 연회 서비스 및 연회행사 준비

연회 서비스Banquet Service란 방켓Banquet에서 이루어지는 각종 행사를 운영함에 따르는 모든 서비스를 말한다. 연회 서비스에서는 일시에 많은 고객들에게 서비스를 제공하기 때문에 다른 어떤 서비스보다 사전 계획성을 필요로 한다. 연회 서비스는 사전 준비에 따라 연회의 성공 여부가 결정되기 때문에 행사준비를 위해 여러 가지 세부사항이 고려되어야 하는데, 무엇보다도 각 부서와의 긴밀한 협조가 필수적이다. 연회 서비스가 완벽하고 친절하게 이루어져 고객만족을 시킨다면, 연회는 따로 판촉이 필요하지 않을 정도로 큰 영향을 미친다. 보통 그 행사의 규모나 성격에 의해 연회부서 종사원들의 맨파워(인력 확보)가 구성되어진다. 연회 행사의 책임자는 자신이 담당하는 연회행사지시서Event Order를 체크하여 연회행사의 내용을 충분히 파악해야 한다. 연회행사지시서는 Event Order, Function Sheet 등 호텔마다 표현하는 방법은 상이하다.

연회 서비스를 계획하고 운영하는데 관련된 중요한 업무사항은 다음과 같다.

(1) 연회내용 사전 숙지 내용

- 연회의 목적
- 인원수
- 연회행사 명칭
- 고객층(연령대)
- 음식과 음료의 종류
- 연회장 장소

(2) 연회행사 준비

- 적정 서비스 종사원의 수 배정
- 테이블 · 의자 · 린넨 · 기물류 등의 확보
- 꽃장식 · 명찰 · 깃발 등의 주문

- 연단, 무대, 간판 시청각 장치의 지시
- 메뉴 조정을 위한 조리장과의 의논
- 특별 연회음식 준비
- 테이블 세팅 디자인
- 코스에 따른 음식을 적절한 시간에 제공할 수 있도록 하는 종사원 간의 신호
- 코스가 끝날 때마다 접시를 치우도록 하는 종사원 간의 신호
- 특별히 필요한 장비나 다른 요청사항 발생 시 즉시 해결

최종적으로 연회행사 3~4일 전에 행사지시통보서Event Order를 작성하며, 지배인은 이 행사지시통보서를 바탕으로 연회의 성격, 메뉴, 내용, 테이블 배열, 진행순서 등을 연회 종사원들에게 설명해 주고 서비스 일관성이 있도록 교육시킨 후 행사시작 3~4시간 전부터 연회장의 자리배치Lay-outt에 따라 테이블 세팅과 장식 및 장비류, 아이스카빙Ice Carving, 실내온도, 조명, 음향관계, 린넨류 점검 등 기타 모든 면에서 점검을 해야 한다.

연회행사에서는 메뉴가 식당처럼 일품요리À la Carte를 서브하는 것이 아니라, 통일된 요리Set Menu를 서브하기 때문에, 연회책임자는 각별히 서비스 연출에 운영의 묘를 살려야 한다. 또한 연회장의 전반적인 업무의 흐름을 보아 진행사항 등에 관해서도 주방과의 긴밀한 협조가 이루어질 수 있도록 한다.

콜케이지 차지 Corkage Charge

'콜케이지 차지'는 고객이 호텔의 음료 상품을 이용하지 않고 직접 외부에서 음료를 반입하여 오는 데 대해 호텔에서 반입료를 부과하는 것을 말한다. 보통 호텔마다 차이는 있지만 판매가의 30% 정도를 부과하고 있으며, 외부 음료에 필요한 글라스나 얼음, 레몬 등을 제공한다.

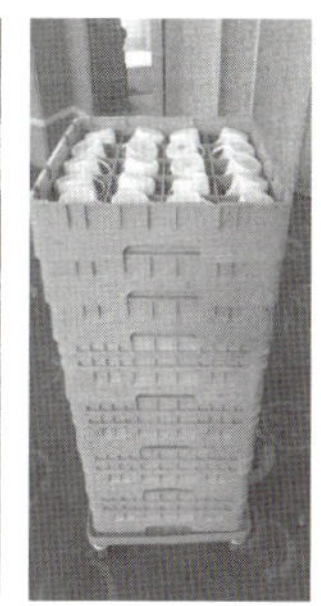

2) 연회 테이블

(1) 테이블의 형태 및 크기

연회장의 의자와 테이블의 배열은 연회의 성격과 행사장의 크기 및 구조에 따라 많은 영향을 받는다. 여기서는 호텔에서 사용하고 있는 일반적인 형태의 테이블 형태와 배치를 살펴보면, 테이블의 크기와 종류, 활용 등은 레스토랑의 성격에 따라 다소 차이가 있으며, 연회행사에 필요한 테이블은 연회장의 연회 내용이나 성격, 행사장의 크기 및 구조, 참가고객의 인원수를 고려하여 테이블 형태에 신경을 써야 된다.

가) 라운드 테이블Round Table

라운드형 테이블은 연회행사 시 식사용으로 가장 많이 사용되는 테이블로써 보통 8인용과 10인용이 있다.

나) 직사각형 테이블Rectangular Table

직사각형 테이블은 클라스룸 스타일의 세미나 책상으로 많이 사용되며, 18인치는 보통 미팅 테이블이라고도 한다. 30인치는 식사용이나 뷔페 테이블을 만들 때 사용된다.

다) 하프라운드 테이블Half Round Table

반원형의 테이블로서 직사각형 테이블의 끝부분에 붙여 모양을 낼 때 사용된다.

라) 쿼터라운드 테이블Quarter Round Table

1/4 원형의 테이블로서 단독으로 사용되지 않고 주로 다른 테이블로 끝이나 뷔페 테이블을 꾸밀 때 주로 사용된다. 또한 행사장이 좁을 경우 구석에 맞추어 넣어 물건을 올려놓는 용도로 사용된다.

마) 정사각형 테이블Square Table

각종 미팅 시에 빔프로젝터나 랩탑Lap Top 등을 올려놓는 테이블로 많이 사용하며, 일반적으로 어떤 테이블의 형태를 꾸밀 때 다른 테이블의 보조로 사용된다.

바) 서퍼타인형 테이블Serpentine Table

초승달 모양의 테이블 같이 생겨서 'Crescent'라고도 하는데, 단독으로 사용하지 않고 다른 테이블과의 조화로 여러 가지 모양을 내는데 사용된다. 경우에 따라서 기둥을 돌려서 음식용 테이블을 만들 때 활용할 수 있으며, 칵테일 리셉션에서 여러 개의 테이블을 이어 붙여서 음식 데이블로도 연출될 수 있다.

표 8-2 테이블의 종류 · 규격 · 용도

종류	규격(인치)	용도
라운드형 (원형: Round)	42 54 60 72	2인용에서 14인용까지 있으나, 주로 8인용과 10인용 테이블을 연회 행사 시 식사용으로 가장 많이 사용한다.
직사각형 (Rectangular)	30 × 60 30 × 72	72인치도 있으며, 30인치는 보통 식사용이나 뷔페 테이블을 만들 때 사용된다.
Meeting Table (Seminar)	18 × 60 18 × 72	클래스룸 스타일의 책상으로 주로 사용된다.
하프 라운드형 (Half Round)	60	반원형의 테이블로서 Oval형의 형태를 연출할 때 직사각형 테이블 끝에 붙여서 모양을 낸다.
쿼터 라운드형 (Quarter Round)	30	1/4 원형의 테이블로 주로 테이블의 끝처리나 꾸미기에 사용된다.
정사각형 (Square)	30 × 30	칵테일 파티를 제외하고는 단독으로 사용되는 경우가 별로 없으며, 주로 다른 테이블의 보조로 사용된다.
서퍼타인 (Serpentine / Crescent)	30	다른 테이블과 붙여서 모양을 내는데 사용하는 테이블로써, 주로 뷔페 테이블을 만들 때 사용된다.

표 8-3 테이블 모양

종류	모양	종류	모양
라운드형 (원형 : Round)		쿼터 라운드형 (Quarter Round)	
직사각형 (Rectangular)		정사각형 (Square)	
하프 라운드형 (Half Round)		초승달 모양 (Serpentine)	

(2) 테이블 배치테이블 플랜; Table Lay-out

연회행사장의 배치Lay-out는 연회의 성격이나 분위기, 그리고 장소와 형식에 따라 다르게 이루어지므로, 연회장의 공간을 최대한 활용할 수 있도록 테이블과 의자를 배열해야 하며, 무엇보다도 시각적으로 안정되고 행사의 규모와 인원대비 서비스 종사원들의 동선을 반드시 고려하여 배치한다. 같은 크기의 연회장인데도 구조나 인원수 등 다양한 변수에 따라 그 행사에 어울리는 테이블 배치를 해야 한다. 또한 어떤 테이블이나 어떤 의자를 사용하느냐에 따라 행사의 분위기 차이가 난다고 할 수 있다.

테이블의 재료는 나무, 금속제 등과 같은 재료를 사용하여 만드는데, 대부분 나무로 된 테이블을 많이 사용하고 있으며, 가장 좋은 품질의 테이블은 단풍나무로 만든 것이다.

테이블 배열은 장방형(일렬 직사각형), 원형, 네모형, T자형 등 여러 형태가 있는데, 이들의 배열은 장소와 분위기에 알맞게 해야 하며, 연회장의 공간을 최대한 활용해야 한다. 연회의 성격에 따라서 테이블의 배치가 달라지는데 극장식 배치, U자형, E자형, T자형, 이사회형, D자형, 말굽형, 교실형 배치 등 아이디어에 따라 다양한 형태가 있다.

가) 라운드 테이블 배열Round Table Shape

원형 테이블의 용도는 주로 인원수가 많은 행사 시 필요한 테이블 배치이다. 식사와 함께 제공하는 디너쇼나 결혼식, 패션쇼 등의 테이블을 배치할 때 많이 사용되며, 테이블과 테이블 간격은 2.3m 정도, 의자와 의자 사이의 간격은 90cm 정도로 하고, 안쪽 통로는 60cm 공간을 유지하도록 한다. 테이블을 무대 중심으로 중앙부분을 고정한 뒤 앞줄부터 맞추면서 배열하고, 뒷줄은 앞줄의 중앙부분이 보이도록 지그재그식으로 맞춘다.

나) 교실형 배열School Shape

45×153cm의 세미나 테이블을 이용하여 세미나, 발표, 기자회견 등에 매우 많이 사용되는 형태로, 학교 교실처럼 설명을 듣고 필기를 할 수 있는 형태에 유용한 배열로 공간 활용도가 매우 높다.

다) U자형 배열U Shape

U자형 배열은 일반적으로 30×60인치 직사각형 테이블을 사용하는데, 주로 회의를 하거나 소수인원이 식사를 할 때 가장 많이 쓰이는 배열로, 서로 상대방의 얼굴과 스크린을 볼 수

있다. 테이블 전체 길이는 연회행사 인원수에 따라 다르며, 일반적으로 의자와 의자 사이에는 50~60cm 정도의 공간을 유지해야 하며, 헤드테이블 앞쪽에는 드랩스Drapes : Skirt를 쳐서 다리가 보이지 않도록 한다.

라) E자형 배열E Shape

E형 배열은 많은 인원이 식사를 할 때 이용되며, 테이블 안쪽의 뒷면 의자의 사이는 다니기에 불편이 없도록 120cm 정도의 간격을 유지해야 한다.

마) T자형 배열T Shape

많은 고객이 헤드 테이블에 앉을 때 유용하며, 헤드 테이블을 중심으로 T형으로 길게 배열할 수 있으며, 상황에 따라 테이블의 폭을 2배로 늘릴 수 있다.

바) 회의형 배열I Shape

호텔 현장에서는 'Board Type'이라고 칭하는데, 일반적으로 상석이 필요한 경우 많이 사용된다. 예상되는 참석자수에 따라 테이블을 배열하며, 30×60, 30×72인치 테이블을 2개 붙여서 배치하는데, 의자와 의자의 간격은 60cm 공간을 유지하도록 한다.

사) 오발형 배열Oval Shape

I형 테이블 모형과 비슷하게 배열하나, 오발형 배열은 양쪽에 Half Round를 붙여 사용한다.

아) 공백사각형 배열

U자형 배열과 비슷하지만 테이블을 사각형으로 붙인 형태로 중간은 비어 있으며, 의자는 바깥쪽에만 놓은 특징을 가지고 있다. 테이블 가운데 공간에는 드랩스Drapes: Skirt를 쳐서 다리가 보이지 않도록 한다.

자) 말굽형 배열

U형 테이블과 같이 배치하지만, 양쪽 모서리를 반원형 테이블을 배열한 형태이다. 의자는 바깥쪽에만 배열하며 안쪽에는 드랩스(스커트)를 쳐준다.

그림 8-7 **테이블 배열**

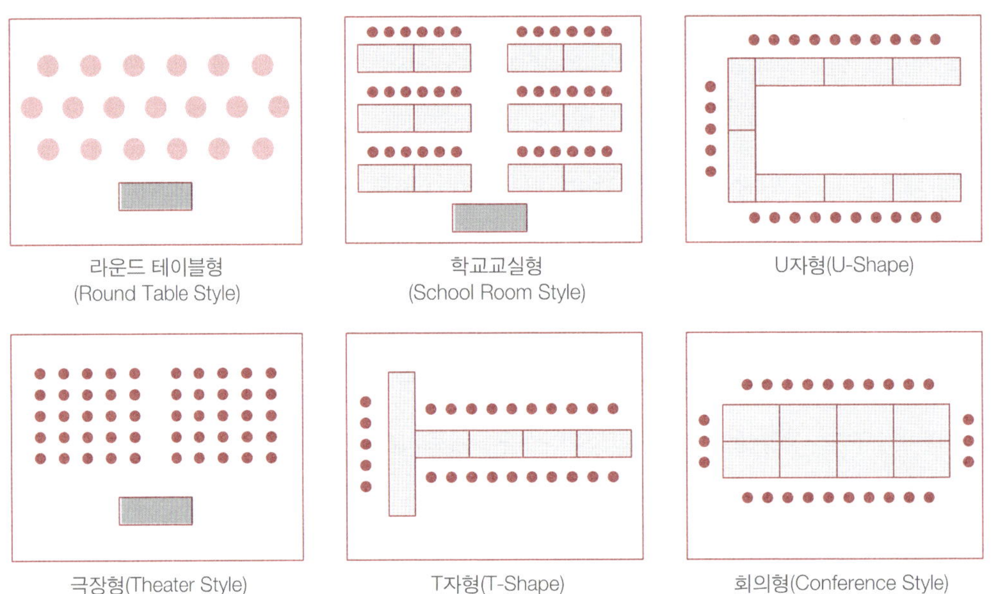

자료: 박영배, 식음료 서비스관리론, 백산출판사, 2002: 206.

차) 공백식 타원형 배열

말굽형 테이블과 같이 배치하며, 모서리 부분을 서펀타인Serpentine을 연결하여 사각형 모양으로 만든 형식이다.

3) 연회 의자

대부분 식당에서 테이블은 주의 깊게 관리하면서 의자는 신경을 덜 쓰는 경우가 많다. 의자도 테이블과 같이 식사하는데 불편하지 않도록 주의 깊게 신경을 써야 한다.

(1) 스타킹 체어Stacking Chair

호텔에서 사용되는 의자는 스타킹 체어와 암 체어Arm Chair가 있는데, 스타킹 체어는 일반적인 연회행사와 대규모 연회행사에서 널리 사용되며, 의자를 포개서 이동이나 보관이 가능하기 때문에 주로 사용된다. 그리고 스타킹 체어는 10개 이상 쌓지 않도록 하고 의자운반용 카트를 사용해야 한다.

(2) 암 체어Arm Chair

암 체어는 의자 양쪽에 팔걸이가 있어 VIP 행사나 고급 연회행사에 주로 사용되는데, 단상이나 무대 위에서 특별한 행사가 진행될 때 VIP 좌석으로도 사용된다. 대부분 고급의자로 의자를 포개어 보관할 수 없기 때문에 이동과 관리에 어려움이 크다.

(3) 베이비 체어Baby Chair

베이비 체어는 돌잔치나 가족행사 등 아이를 동반한 연회행사에 아이들이 안전하게 앉을 수 있는 의자이다. 의자를 취급할 시 무리한 충격을 주지 않아야 되며, 사용용도 외에는 사용하지 않는다. 그리고 의자에 이물질이 묻어 있는지 체크하고 항상 청결을 유지하며, 쿠션이 마모되었거나 흔들리는 의자는 수리를 요청한다.

(4) 병풍Folding Screen

병풍은 많은 행사에 유용하게 사용되는데, 주로 공간을 가리는 가리개와 돌상이나 칠순 등 가족행사 시 벽면을 장식하는데 사용된다. 병풍의 그림은 십장생이나 신선도를 그린 병풍을 주로 사용한다. 병풍은 2인 1조로 운반하며 손때가 묻지 않도록 장갑을 끼고 모서리가 손상되지 않도록 주의하여 운반해야 한다. 연회행사 사용 후 반드시 커버를 씌워 직각으로 세워 보관하도록 한다.

(5) 사인보드Sign Board와 배너Banner

고객은 행사장에 설치할 배너와 호텔 로비나 행사장 입구에 사인보드를 요청하게 되는데, 사인보드는 호텔에서 무료로 작성한다. 배너는 유료가 원칙이지만 행사의 규모에 따라 무

료로 제공하는 경우도 있다. 사인보드나 배너를 설치할 시 오자가 있는지 확인한 후 설치해야 한다.

(6) 카펫Carpet

카펫은 VIP고객의 입장에 필요한 레드카펫Red Carpet이나 결혼식에 사용되는 버진 로드Virgin Road 등 행사장의 분위기를 연출하는 중요한 장비이다. 규격은 행사장의 성격에 따라 매우 다양하며 실내·외 행사 종료 후 청소와 관리를 철저히 해야 한다.

이 외에도 드라이아이스 기계Dry Ice Machine, 피아노, 화이트보드, 연단, 국기 등 여러 가지 서비스 기물들이 사용된다.

3. 고객 환송 및 사후관리 서비스

1) 정산 및 고객 환송

연회행사가 종료되면 그 연회를 담당한 지배인이 빌Bill을 작성한다. 연회 예약부서에서는 세부상담에서 지불방법에 대한 사항을 주최측과 협의·결정하여 연회행사지시서에 기록해 두면, 행사 당일 행사비를 받는 것이 훨씬 수월할 수 있다. 이때 사전에 협의된 지불조건에 의해 주최측이 정산을 완료하더라도 마지막 참석까지 모두 퇴장할 때까지 최선을 다해야 한다. 정산 시 주최자와 함께 연회 예약실이나 POS기계가 설치된 곳에서 정산을 하는데, 반드시 영수증을 전달해야 한다. 주최자가 연회장을 나갈 때까지 고객에게 좋은 모습과 인상을 남겨, 다음 연회행사에도 다시 찾아 줄 수 있게끔 노력해야 한다.

2) 사후관리 서비스

연회행사는 한 행사로 끝나는 것이 아니라 연속성과 지속성을 가지고 있다. 다시 말해, 연회업무 가운데 가장 중요한 업무가 지속적인 고객의 창조와 유지이다. 따라서 매주 또는

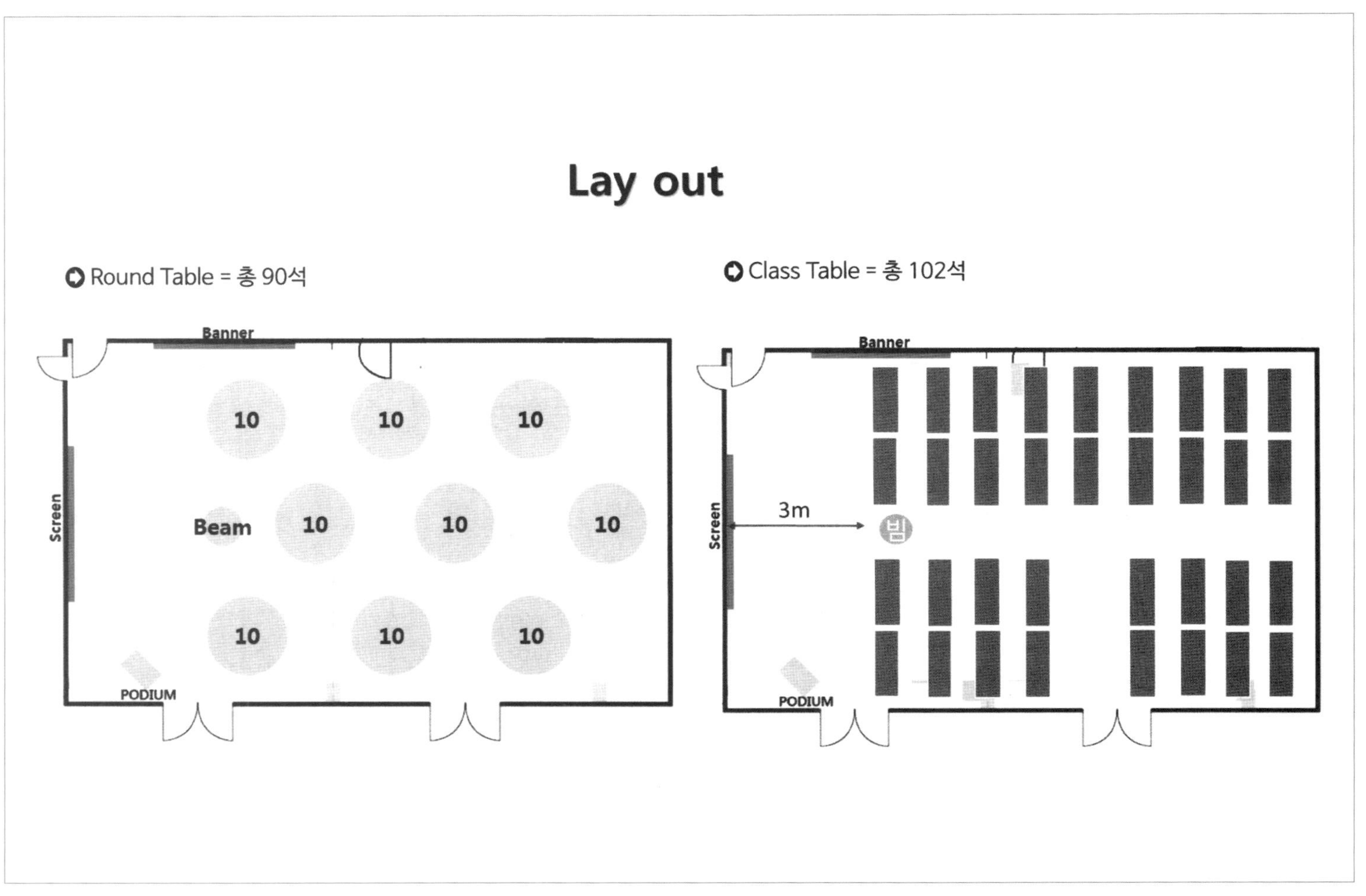
Lay out
Round Table = 총 90석
Banner
Screen
10
10
10
Beam
10
10
10
10
10
10
PODIUM
Class Table = 총 102석
Banner
Screen
3m
빔
PODIUM

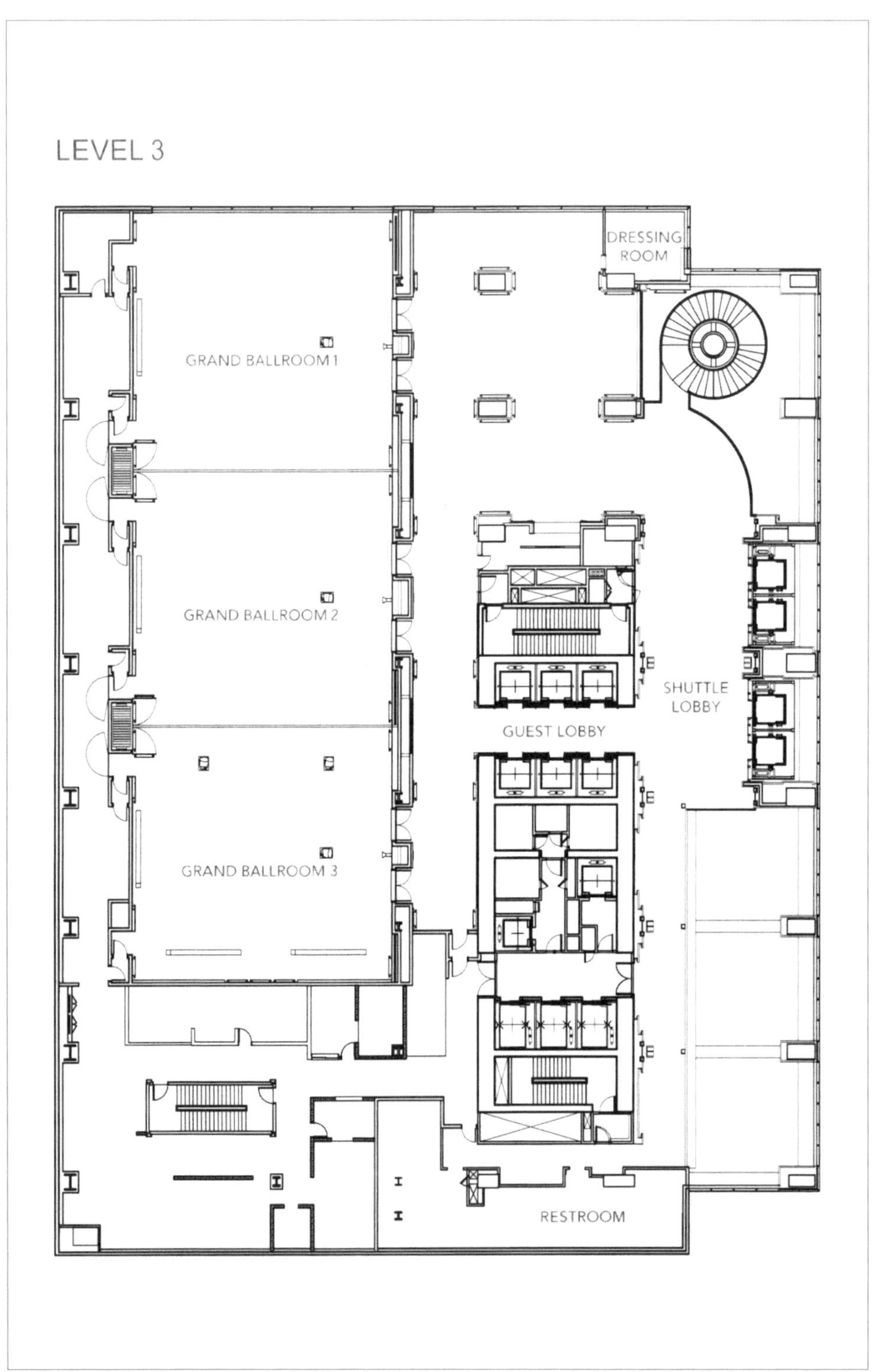
LEVEL 3
DRESSING ROOM
GRAND BALLROOM 1
GRAND BALLROOM 2
GRAND BALLROOM 3
SHUTTLE LOBBY
GUEST LOBBY
RESTROOM

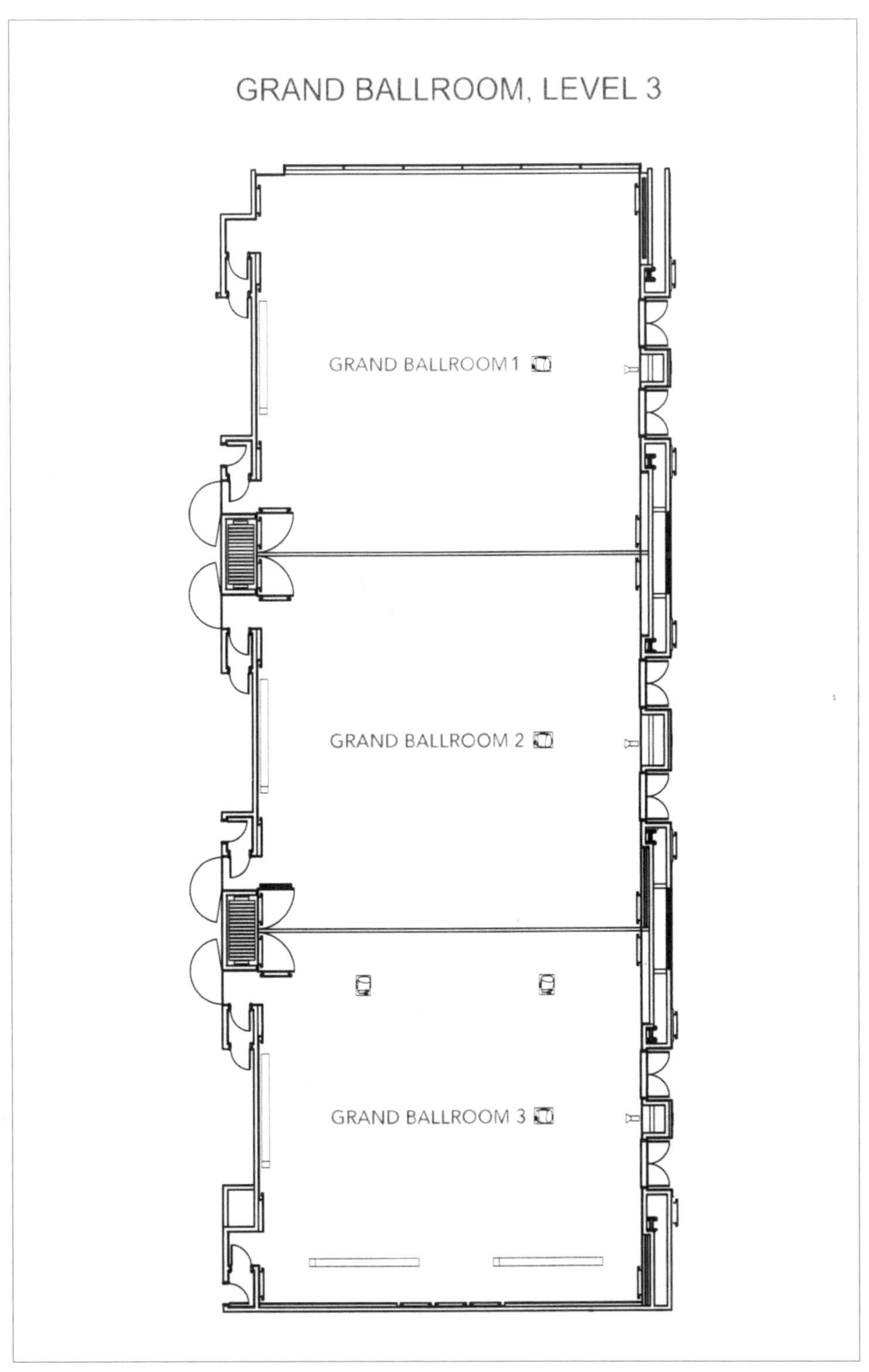
GRAND BALLROOM, LEVEL 3
GRAND BALLROOM 1
GRAND BALLROOM 2
GRAND BALLROOM 3

매달 개최되는 정기행사와 같이 연속성을 띤 행사는 행사 종료 후 전화 또는 이메일을 통해 만족 여부를 확인하고, 불만족 시 어떠한 부분에서 문제가 있었는지 파악해야 한다. 좋은 이미지를 가진 고객은 또 다시 다른 연회행사를 주최할 수 있고 구전효과가 매우 높은 충성 고객으로 만들 수 있다. 따라서 고객의 행사와 관련된 모든 내용은 고객관리 카드를 만들어 내용들을 작성하도록 하며 주기적으로 고객과의 연락을 취하도록 해야 한다. 고객관리에 대한 사항은 거의 대부분의 호텔에서 전산시스템을 도입하여 모든 자료를 입력하여 관리하고 있다.

7절

호텔 연회 매출의 구성

호텔에서 개최되는 연회행사는 매우 다양하다. 하지만, 연회행사 비용은 크게 식음료비, 장식비, 행사장 임대료, 장비 및 집기 사용료 등으로 구성된다. 그중에서 가장 큰 부분을 차지하는 것이 식사비인데, 인원이나 행사목적에 따라 달라질 수 있다. 음료비는 와인, 맥주 등과 같은 알코올성 음료와 탄산음료에 대한 비용이 있다.

행사장 임대료는 식사목적 및 연회행사에 따라 연회장을 임대하는 경우 발생하는 비용으로, 임대시간과 연회장의 크기에 따라 그 비용이 달라진다. 기타 비용으로는 빔프로젝트, 동시통역서비스 등의 장비 사용비용과 꽃장식, 아이스카빙, 풍선장식, 배너, 상차림 등의 장식비용 등이 발생한다. 이러한 비용들이 모두 합해져서 최종 연회 매출액이 구성된다.

표 8-4 서울 시내 5성급 호텔 대연회장

호텔 명	연회장 명	현황
그랜드 인터컨티넨탈 서울 파르나스	대연회장(하모니 볼룸)	고급스러운 인테리어와 7.5m의 높은 층고와 약 1,500명의 인원을 수용할 수 있으며, 3개의 섹션으로 구분이 가능
앰배서더 서울 풀만	그랜드 볼룸	2013년 리노베이션을 통해 기존 클래식한 느낌을 모던하고 럭셔리한 느낌의 디자인으로 탈바꿈시키고, 최고급 조명과 음향장비를 도입
롯데호텔 서울	크리스탈 볼룸	대규모 국제회의 및 결혼식 등을 개최할 수 있는 대연회장으로 800여 명을 수용할 수 있으며, 3개의 섹션 구분이 가능한 연회장
JW 메리어트 서울	그랜드 볼룸	대형 국제회의에서 화려한 갈라 디너까지 기존의 연회장과 연회 서비스와는 차별화된 시설과 분위기를 갖춘 고품격 연회 공간
콘래드 서울	그랜드 볼룸	최대 1,200명이 수용 가능하며 자연채광이 있어 쾌적하고, 7m의 높은 천장과 기둥 없이 탁 트인 공간은 다양한 행사를 할 수 있는 장소
그랜드 워커힐 서울	비스타 홀	한강을 한눈에 조망할 수 있는 뛰어난 전망과 최첨단 시설을 갖춘 연회장으로 국제 컨퍼런스와 패션쇼, 브랜드 런칭 파티, 신차 발표회 등 다양한 규모의 성격의 행사가 가능하며, 최대 1,500명을 수요할 수 있는 연회장

9장

호텔 주방관리 실무

1절

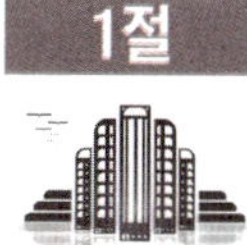

호텔 주방의 일반적 개요

1. 호텔 주방의 개념

주방Kitchen의 사전적 의미는 "음식을 만들거나 차릴 때 쓰도록 정해놓은 방"을 의미한다. 즉 조리시설을 갖춘 장소로써 각종 식재료를 가공 또는 조리하는 일반적인 장소로 음식이 준비되는 곳을 의미한다. 다시 말해, 식음료 상품을 만들기 위해 각종 조리기구와 식재료 저장시설을 갖추어 놓고 조리사의 기능적 작업 수행으로 고객에게 판매할 음식을 생산하는 작업공간이라고 할 수 있다. 이처럼 호텔 주방은 법적 자격을 지닌 조리사가 정확한 제법 또는 레시피Recipe에 의해 음식을 만들어내며, 일반적인 주방의 개념보다 내용면이나 규모면에서 넓은 의미를 포함하고 있다.

호텔 식음료부서의 경영성과 기능에 가장 핵심적인 역할을 하고 있으면서 차별적 경영시스템을 도입해야만 원활한 업무수행이 진행되는 부서가 바로 주방이라고 할 수 있다. 호텔의 주방은 점차적으로 발전하여 호텔마다 각 업장에 따른 주방의 역할이 세분화 되어 있기 때문에 현대적 감각과 실용적인 측면을 고려하여 호텔들은 건축 초기단계부터 합리적인 주방 규모 배치를 설정하여 주방시설과 장비를 적용하여 운영하고 있다.

또한 메뉴를 개발하고 음식을 생산하는 곳으로, 5성급 호텔에서는 단위식음료 업장마다 별도의 주방을 운영하고 있다. 소규모 호텔에서는 메인 주방Main Kitchen 하나로 전체 업장을 관리하는 경우도 있다. 이에 호텔에서 음식을 조리·생산하는 부서를 조리부라고 한다.

2. 호텔 주방과 식당과의 관계

호텔의 식음료를 담당하는 부서는 생산 부문의 조리부와 영업 부문의 식음료부로 구성되어 있는데, 이 두 부서는 각각 독립되어 있지만 상호 협력을 통해 호텔의 식당과 음료영업을 담당하고 있다.

호텔경영의 합리적인 운영이 곧 경영목표를 달성할 수 있듯이, 호텔 내부에서 주방을 어떻게 운영하느냐에 따라 호텔 전체 수익에 영향을 주기 때문에, 주방이 점차적으로 호텔경영 과정에서 큰 비중을 두는 부서로 인식하고 있다. 따라서 호텔 식음료 부문의 경영성과 기능에 가장 중요한 역할과 수익성을 담당하고 있는 부서가 바로 주방이다.

주방은 고객에게 판매할 상품, 즉 음식을 만드는 '생산공장'이며, 식당은 고객을 직접 접대하는 '판매현장'이라고 할 수 있다. 다시 말해 호텔의 주방은 식음료 상품을 생산하여 고객 경험의 품질을 좌우하는 핵심 생산부서이다. 또한 호텔 내 식음료 업장에서 판매되는 상품들의 기획 · 개발 · 생산이 모두 이루어지는 공간으로서, 식음료 레스토랑, 연회장, 룸서비스 등 각 식음료 부문에 상품을 공급하는 '생산공장' 역할을 수행한다.

주방과 식당과의 관계는 업무상 매우 긴밀한 상호 협조를 요하는 사이로, 두 부서의 관계가 완벽한 조화를 이룰 때 고객의 욕구를 충분히 만족시킬 수 있다. 주방에서 생산되는 음식 상품을 식당에서는 인적 서비스를 더해 상품적 가치를 부여하고 고객의 욕구를 충족하도록 최상의 서비스를 제공하는 유기적인 관계라 할 수 있다. 아무리 주방에서 훌륭한 요리를 만들어도 식당 서비스 종사원이 양질의 서비스를 고객에게 제공하지 못한다면 아무런 성과를 얻을 수 없다.

일반적으로 호텔의 식음료부와 조리부는 서로 독립되어 있지만, 상호 불가분의 관계로 긴밀한 협력을 통해 호텔의 식음료 영업을 책임지고 있다. 주방에서 만든 조리 상품은 미각적으로 맛있게, 위생적으로 안전하게, 시각적으로 보기 좋게, 영양적으로 손실이 적게 섭취할 수 있도록 하는데 그 목적이 있다.

조리사는 음식을 만드는 일 뿐만 아니라 창의성과 기획력을 갖춰 기획 · 마케팅도 조리할 수 있는 멀티플레이어여야 한다. 따라서 조리는 기본이고, 새로운 것을 보여주려는 기획력, 고객에게 다가가는 마케팅 능력을 두루 갖추어야 한다. 호텔 주방과 식당은 호텔 내 식음료 서비스에서 긴밀하게 연결된 두 공간으로, 하나의 서비스 체계로 운영된다.

이처럼 호텔 주방과 식당은 호텔의 식음료 서비스에서 상호 보완적 관계로, 각각의 전문성과 역할이 조화를 이루면서 운영되고 있다.

3. 호텔 주방의 기능

조리란 음식을 만드는 것으로 그 행위 자체를 과학 또는 예술이라고도 한다. 그만큼 조리 자체가 정밀하며 계수적이고, 음식의 모양과 색상을 조화시키고 창조한다는 점에서 예술적인 감각이 동원되어야 하기 때문이다. 호텔에서 음식 생산기능을 담당하는 조리 부문의 외적·내적 기능을 살펴보면 다음과 같다.

- 고객의 성향, 식문화 트렌드, 건강 및 환경에 대한 이슈 등 표적시장정보Target Market Information에 근거한 식료 상품, 즉 음식을 고객의 취향과 소비성향 변화에 적합하도록 연구하고, 이를 메뉴로 개발하여 상품화한다.
- 개발된 상품을 고객 주문에 따라 생산하고, 이를 고객 요구에 적합하도록 제공한다.
- 식재료의 불필요한 낭비와 원가절감을 위한 정확한 수요예측이 필요하다.
- 조리사들의 교육훈련을 통한 자질 향상과 고객과 조리사들의 신체적 안전 및 위생교육을 실시하여 호텔기업의 자산보호, 비용절감을 위한 인력관리, 식재료의 적정량 재고관리 등 경영의 효율성을 위한 관리시스템을 운영한다.

그러므로 호텔 주방의 기능은 음식의 개발 및 생산과 마케팅 활동, 지속적인 생산성 향상을 위한 식재료의 재고 조절과 효과적인 노무관리 등으로 요약할 수 있다. 주방의 기능을 호텔기업 조직의 관점에서 보면, 식음료의 판매 및 서비스 부문을 적극적으로 지원하는 기능이 있다.

그림 9-1 호텔 주방의 기능

2절

호텔 주방의 분류

호텔 주방의 조직은 음식의 생산, 식자료 구매, 메뉴관리, 인사관리 등 음식 상품과 주방 운영에 관계되는 전반적인 업무를 효율적으로 수행하기 위한 일체의 인적 구성을 의미한다. 주방을 구분하는 데는 어떤 시각에서 접근하느냐에 따라 조금씩 차이가 있다. 그러나 음식의 생산적인 면에서 살펴보면, 각 업장별 영업 형태에 따라 생산되는 메뉴의 종류가 다르기 때문에, 기능별로 주방 동선과 시설이 다르게 운영되어야 한다. 그러므로 서비스적 기능은 생산된 메뉴에 따라 업장의 유형이 다르기 때문에 지원 주방과 영업 주방으로 나누어 분류할 수 있다. 또한 주방사무실(조리사무실)은 조리부의 모든 행정적인 업무와 인사관리 및 고객관리를 담당한다. 호텔의 조리부는 호텔의 경영방침 · 규모 · 위치 등에 따라 다양하게 조직이 구성되어 있다.

호텔의 주방은 호텔 식음료상품의 가치와 경쟁력을 결정짓는 매우 중요한 부서로서, 일반적으로 대규모 호텔의 경우 서비스적 기능에 따라 메인주방Main Production Kitchen과 영업주방Business Kitchen으로 구분하여 운영하고 있다.

1. 지원(준비) 주방Main Production Kitchen

모든 요리의 기본과정을 통해 준비하여 각 업장으로 지원하는 주방으로, 1차 가공된 식재료를 각 영업 주방으로 지원하는 주방이다. 이는 고객에게 제공할 음식을 사전에 반가공 형태로 조리하여, 알맞은 시간에 제공할 수 있도록 지원하는 호텔 주방의 핵심 주방이며, 보통 메인 주방Main Production Kitchen이라고도 한다.

지원 주방은 다음과 같이 더운요리 주방, 찬요리 주방, 부처 주방, 제과 · 제빵 주방, 기물관리 주방, 얼음조각실로 나누어진다.

1) 더운요리 주방Hot Food Kitchen

온요리 주방이라고도 하며, 각 주방에서 필요로 하는 기본적인 소스Sauce와 스톡Stock 그리고 수프Soup 등과 더운요리를 조리하여 공급하는 주방으로, 각 영업주방에서 고객에게 판매할 음식을 준비하여 알맞은 시간에 제공할 수 있도록 지원하는 기능을 하고 있다. 각각의 주방에서 조리하는 것보다 시간과 공간 그리고 재료의 낭비를 줄일 수 있고 일정한 맛을 유지할 수 있다.

그림 9-2 **호텔 주방의 조직도**

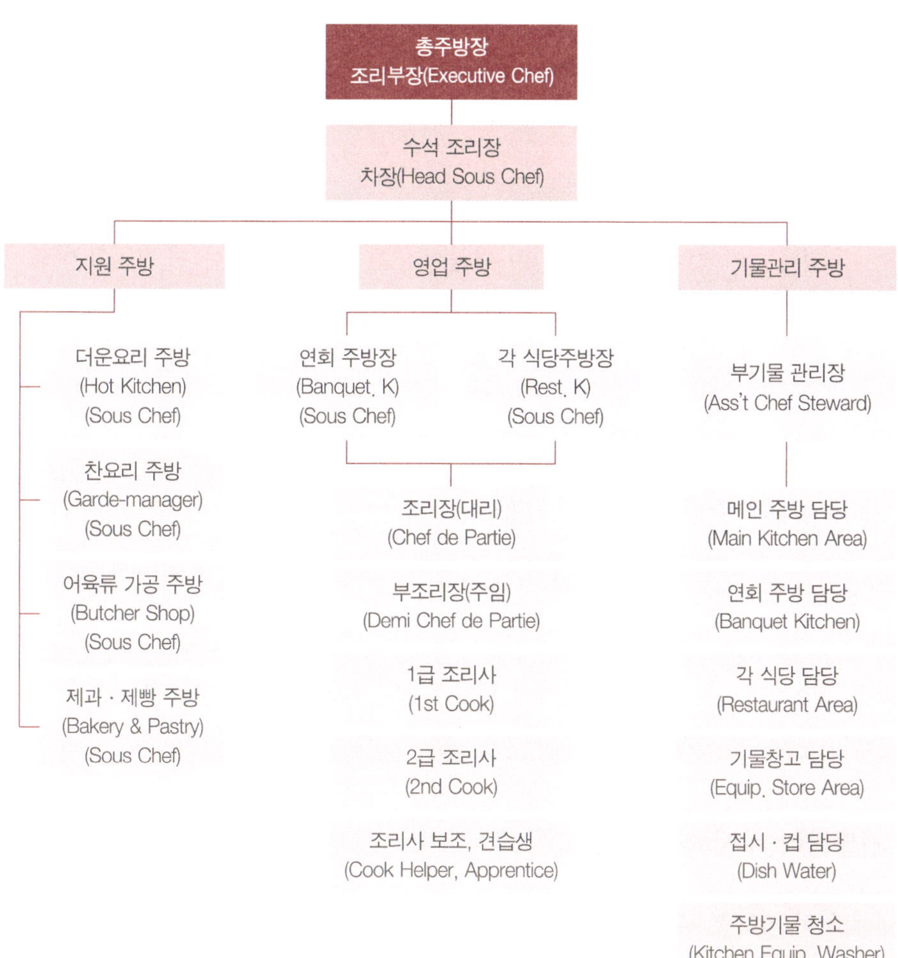

자료: 김기영 · 추상용, 연회기획관리실무론, 현학사, 2003: 47.

2) 찬요리 주방Cold Food Kitchen

찬요리와 더운요리 주방을 구분하는 가장 근본적인 이유는 요리의 품질을 유지하기 위함이다. 더운요리는 뜨겁게, 찬요리는 차갑게 제공해야 하는데, 더운요리 주방의 경우 많은 열기구의 사용으로 같은 공간을 사용할 경우 음식의 적정 온도를 유지하는 데 어려움이 따르고 쉽게 부패할 수 있기 때문이다.

찬요리 주방은 냉요리를 담당하는 주방으로 과일, 채소, 샐러드 등의 신선식품 중심의 식재료를 다양하게 이용하여 업장별 주방에 공급하는 중요한 주방이다. 주로 냉전채요리Cold Appetizer, 냉소스Cold Sauce, 냉수프Cold Soup, 각종 샐러드Salad, 안티페스토Antipato, 테린Terrine; 서양식 어묵, 빠테Pate, 갈라틴Galantine 등을 만들어 각 업장별로 공급하는 주방이다.

3) 부처 주방Butcher Kitchen

부처 주방 역시 각 주방에서 필요로 하는 육류, 생선 및 가금류 등을 손질하여 부위별 모양과 크기 및 형태별 크기의 양을 조절하여 지원해 주는 역할을 담당한다. 그리고 여러 종류의 어패류와 육류를 이용하여 햄이나 소시지와 같은 가공식품을 만들어 업장별 주방에 제공하기도 한다. 부처 주방에서는 각종 자동기계를 많이 취급하므로 안전사고에 항상 조심해야 한다.

4) 제과 · 제빵 주방Pastry & Bakery Kitchen

각 업장에서 사용되는 모든 종류의 빵과 쿠키, 파이, 디저트, 초콜릿 등을 생산하는 주방으로, 매일 신선한 빵을 고객에게 제공하기 위해 24시간 운영하는 특성을 지니고 있다. 그리고 독립된 판매 공간을 확보하여 주방에서 만들어 낸 각종 제과 · 제빵류의 제품을 고객에게 판매하기도 한다. 규모가 작은 호텔에서는 메인 주방 소속으로 되어 있는 경우도 있다.

5) 기물관리 주방Steward Section

현대에 와서 기물관리의 중요성이 더욱 부각되고 있는 것은 요리에 필요한 기물이 그만큼 다양해졌다는 것을 말해준다. 일반적으로 대규모 주방은 시설이 현대화되고 조직이 거대해지면서 기능을 분리하여 운영하는 것이 보다 더 효율적이고 경제적이라고 할 수 있다. 이

기물세척 주방의 기능은 각 단위 주방은 물론이고 모든 주방의 기구 및 기물의 세척과 공급 그리고 품질유지를 담당한다.

6) 얼음조각실 Ice Art Room

대규모 조직을 갖춘 주방조직은 얼음조각실이 분리되어 있지만, 대부분의 호텔에서는 지원 주방 내에서 함께 이루어지고 있다. 주로 얼음을 이용하여 연회행사장의 분위기와 음식의 미각을 돋우는 역할을 한다. 하지만, 요즘 대부분의 호텔들은 인건비 절감 차원에서 외부에서 기성품을 구입하여 냉동고에 보관했다가 이용하고 있는 추세이다.

2. 영업 주방 Business Kitchen

영업 주방은 영업장을 갖추고 고객이 요구하는 메뉴를 생산하는 주방을 말한다. 영업 주방의 특징은 지원 주방에서 만들어진 음식을 제공받아 각 업장에서 고객의 주문에 따라 음식을 완성하여 제공하는 주방을 말한다.

1) 커피숍 주방 Coffee Shop Kitchen

커피숍 주방은 대개 커피나 차 또는 주스, 샌드위치, 디저트, 브런치 등을 제공하는 경우가 많아 이러한 음료를 직접 생산하기도 하며, 간단한 식사를 제공하기도 한다. 그래서 주기적으로 메뉴를 특색 있게 개발하여 제공하는 것이 바람직하며, 대개 5성급 호텔의 경우 아침식사를 판매하는 경우도 많다.

2) 연회 주방 Banquet Kitchen

연회 주방의 경우에는 주로 지원 주방과 각 업장별 주방의 지원을 받아 연회행사의 내용에 맞게 음식을 제공하는 주방이다. 대부분의 연회주방은 자체 주방에서 더운요리를 직접 만들어 제공하고, 또한 독립된 주방을 갖추고 있다 하더라도 냉요리와 디저트 및 제과·제빵류는 지원 주방의 도움을 받는다.

3) 룸서비스 주방Room Service Kitchen

룸서비스는 객실에 투숙한 고객에게 제공하는 일련의 식음료 서비스를 말한다. 그래서 룸서비스 주방은 객실에 투숙한 고객을 대상으로 한식, 양식, 일식, 중식 등 다양한 음식을 만드는 주방이다. 대부분의 룸서비스 주방은 독립된 주방으로서 역할을 하지만, 경우에 따라서 메인 주방이나 커피숍 주방과 같은 장소에서 이루어진다.

4) 각 업장별 주방Section Kitchen

호텔은 각 업장별 종류와 크기에 따라 호텔의 등급 결정에 영향을 받은 경우가 있다. 각 업장별 주방은 한식 주방, 양식 주방, 일식 주방, 중식 주방, 뷔페 주방 등이 있다. 이들 각 업장별 영업은 특정국가의 문화와 향토색 짙은 음식을 만들어 내・외국인 고객들에게 제공하는 주방이기 때문에, 지원 주방의 지원을 덜 받는 편이다.

표 9-1 주방의 기능별 관리영역

구분	지원 주방(Support Kitchen)	영업 주방(Business Kitchen)
특성	모든 요리의 기본과정을 통해 준비하여 각 업장으로 지원하는 주방이다.	지원 주방의 도움을 받아 각 업장별로 요리를 완성하여 제공하는 주방이다.
종류	• 주요리 주방(Main) • 어육가공 주방(Butcher) • 제과 · 제빵 주방(Pastry & Bakery) • 얼음조각실(Art Room)	• 양식 주방 • 한식 주방 • 일식 주방 • 중식 주방 • 이태리 주방 • 커피숍 주방 • 연회 주방 • 뷔페 주방 • 룸서비스 주방 등

자료: 김기영, 호텔 · 외식산업 주방관리실무론, 백산출판사. 2006:18.

10장

호텔 식음료 상품 관리

1절

호텔 식음료 상품의 유형

호텔의 식음료 부문Food & Beverage Division은 호텔기업의 음식과 음료상품에 대해 직접 생산 및 판매를 담당하는 핵심 부서로, 주로 고객들에게 식사 및 음료 서비스를 제공함으로써 이윤을 창출하는 것이 주목적이라 할 수 있다.

따라서 호텔 식음료 상품은 호텔에 체재하는 고객뿐만 아니라 호텔을 방문하는 고객에게 식욕을 충족시켜 주는 수단으로 판매되는 유·무형의 상품이라고 할 수 있다. 여기서 유형의 상품인 음식Food은 조리를 통해 생산되는 각종 요리이며, 음료Beverage는 알코올성의 음료와 비알코올성의 음료를 의미한다. 이는 식음료 상품이 음식과 음료, 인적 서비스, 시설이나 분위기 등이 시스템적으로 운영되어야 훌륭한 가치를 지니게 된다.

그림 10-1 호텔 식음료 상품의 시스템

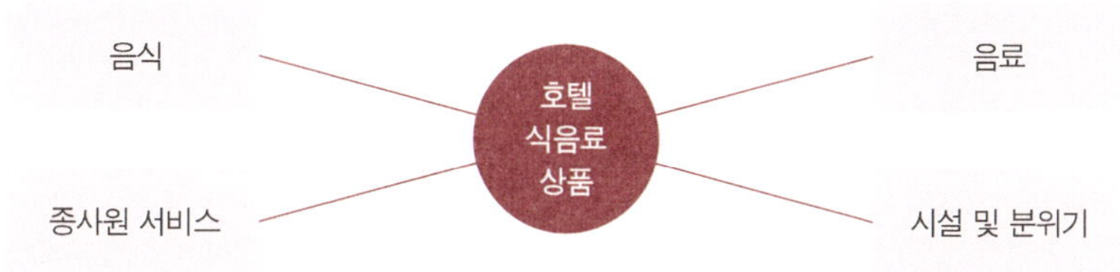

2절

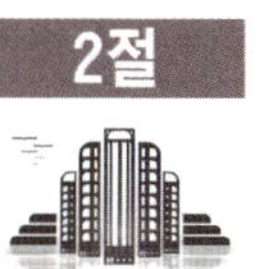

호텔 식음료 상품의 특성

호텔은 고객들의 다양한 욕구를 충족시키기 위해 식음료 서비스를 비롯한 다양한 서비스를 제공하고 있는데, 호텔기업의 매출 측면에서 식음료 부문의 매출은 객실에 이어 두 번째

그림 10-2 **호텔 식음료 상품의 3요소**

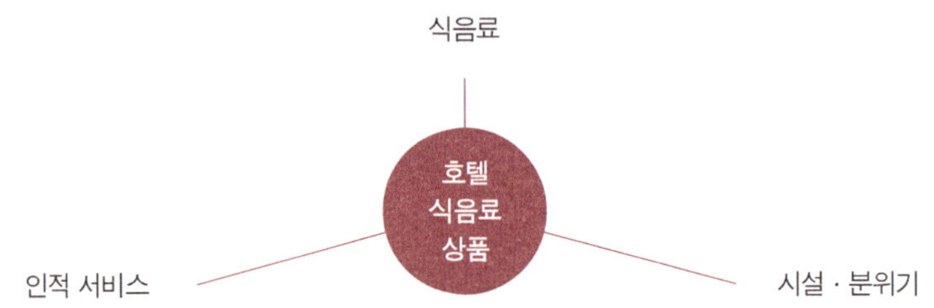

- 상품: 고객의 식욕을 충족시켜 주는 음식과 음료
- 업장: 식음료 상품이 판매되는 공간
- 서비스: 식음료 상품을 고객에게 전달하기 위한 인적 서비스

로 큰 비중을 차지하고 있다.

호텔 식음료 상품은 음식을 위주로 판매하는 식당 상품과 음료 상품을 판매하는 주장 상품 그리고 각종 행사를 위한 연회 상품 등 다양한 호텔 식음료 상품으로 나눌 수 있다.

이러한 호텔 식음료 부문은 상품(식음료), 서비스, 업장(시설 및 분위기) 등의 3대 요소가 시스템적 혹은 유기적으로 잘 통합됨으로써 고객의 욕구를 충족시켜 줄 때 고객은 만족한 식음료 상품을 소비했다고 할 수 있다.

일반 제조업과는 달리 호텔 식음료 부문은 다음과 같이 생산적인 측면과 판매적인 측면의 특징을 가지고 있다.

1. 생산 측면에서의 특성

호텔의 식음료 상품은 일반 제조업의 제품과는 달리 상이한 특징을 가지고 있다.

1) 주문생산을 원칙으로 한다

일반 제조업에서는 공장에서 물건을 만들어 놓고 대리점에서 물건을 판매하는 것처럼 장소가 분리되어 있으나, 호텔 식음료 부문에서는 생산과 소비의 동시성이라는 제약으로 고객이 업장을 방문한 후에 주문을 해야지만 식음료 상품이 생산하고 판매되는 특징을 가지고 있다. 다시 말해, 고객이 직접 방문하여 주문과 동시에 상품이 생산되어 판매되며, 또한 동시에 최종적으로 소비되는 '주문생산을 원칙'으로 한다.

2) 수요예측이 곤란하다

일반 상품의 경우 수요예측을 통하여 물건을 생산하여 판매하는데, 일정기간 판매되지 않을 경우 재고로 남겨 다시 판매할 수 있다. 그러나 호텔 식음료 부문의 경우 어느 정도 영업분석과 경험에 의해 수요예측을 하지만 급격한 관광환경의 변화나 식자재 수급문제, 대량생산의 불가능, 고객의 욕구변화 등으로 인해 수요를 예측한다는 것은 매우 어렵다고 할 수 있다. 다만, 과거의 데이터나 경험 그리고 예약된 고객의 명단을 통해 어느 정도 예측하고 있지만, 상당히 어렵고 해결하기 힘든 특징을 가지고 있다.

3) 원가에 비해 이익률이 다르다

호텔 식음료 업장은 고정자산에 대한 투자비용(인테리어 비용, 집기 및 설비투자비 등)이 매우 크며, 식재료비에 대한 가격이 고가이므로 원가에 대한 이익의 폭이 매우 다르다고 할 수 있다. 이는 판매가격에서 원가(생산에 필요한 인건비와 식재료비, 감가상각비 등)를 뺀 가격이 이익이라고 할 수 있는데, 음식Food의 경우 원가에 비해 이익률이 적으며, 음료Beverage의 경우 원가에 비해 이익률이 높다고 할 수 있다. 최근 식재료비의 인상과 종사원의 인건비 상승, 고품질의 식음료 상품을 생산 등으로 인해 실제적인 영업이익률, 즉 순이익이 매우 낮은 것이 호텔 식음료 업장의 현실이다.

- 이익＝판매가격－원가(생산에 필요한 경비와 구입원가)
- 이익률＝총매출 / 원가 × 100

4) 상품의 단일화 및 표준화가 어렵다

식음료 상품에 대해 고객마다 개성과 성향이 달라 호텔 식음료 상품의 표준화가 어렵다. 아무리 똑같은 음식과 서비스를 제공한다 하더라도 받아들이는 고객의 감정과 성향에 따라 평가가 달라지는데, 이는 고객의 물질적 기대Physical Expectation와 심리적 기대Psychological Expectation의 차이로 인해 고객의 욕구와 취향에 따라 다양하게 만들어지므로 상품의 단일화나 표준화가 어렵다. 이러한 어려움을 극복하기 위해 표준조리법Standard Recipe, 스탠더드 서비스Standard Service 등의 방법을 사용하여 일관된 식음료 상품의 질을 유지하려고 노력하고 있다.

2. 판매 측면에서의 특성

1) 장소적 · 시간적 제약을 받는다

일반제품의 경우 대량으로 생산하여 판매할 수 있지만, 호텔 식음료의 경우 고객이 직접 식음료 업장을 방문하여 식음료 상품을 구매해야지만 판매가 가능하기 때문에 업장의 크기, 테이블 수, 업장의 위치, 접근성 등과 같이 장소적인 제약을 받는다. 또한 호텔 내에서만 판매가 이루어지므로 유통과정이 없으며 다양한 메뉴에 의해 많은 조리기구와 공간들이 필요하다.

그리고 한정된 장소에서 제한된 시간에 일시에 많은 고객들을 한꺼번에 수용할 수 없다는 점(테이블 회전수)과 단시간 내에 완전한 식음료 상품으로 조리하여 고객에게 제공해야 되는 시간적인 제약을 받는다.

2) 인적 서비스의 의존도가 매우 높다

아무리 좋은 유형적인 시설이나 상품도 잘못된 무형적인 서비스에 의해 나쁜 상품으로 인식될 수 있기 때문에, 호텔 식음료 업장에서 판매되는 식음료 상품은 고객과 접촉하는 종사원들의 인적 서비스에 매우 높게 의존하기 때문에 효율적인 업무수행과 지속적인 서비스 교육이 필요하다. 또한 호텔 식음료 종사원의 인원과 주중과 주말의 매출액의 차이 등 시간적 비효율성이 발생하는 단점이 있다.

3) 상품의 부패성을 가진다

호텔 식음료 상품이 이미 판매하기 위해 만들어졌다면, 단시간 내에 판매하지 않으면 부패되고 식재료 또한 오래 보관할 수 없다. 다시 말해 호텔 식음료 상품은 보관 및 이월이 쉽지 않은 단점을 가지고 있다. 특히 식료의 경우 부패성이라는 특성 때문에 정확한 수요예측에 의하여 적정한 식재료를 구입하여 식음료 상품을 생산해야 한다.

4) 메뉴에 의해 상품이 판매된다

메뉴는 그 업장에서 판매하고 있는 상품에 대한 가격과 종류 등에 대한 정보들을 설명하여 고객에게 식음료 상품을 판매하는 역할을 하는 '무언(無言)의 세일즈맨Sales Man'이다. 다시 말해, 메뉴는 고객의 입장에서 구매결정을 쉽게 하는 기능과 역할을 하는데, 대부분의 고객들은 메뉴에 의해 식음료 상품을 구매한다고 할 수 있다. 그러므로 다양한 식음료 상품을 개발하여 고객의 욕구에 최대한 부응하는 메뉴를 개발해야만 한다. 또한 식음료 상품의 특수성으로 인해 식재료나 조리법, 기타 장식 등에 따라 여러 형태의 메뉴를 생산할 수 있어 독점적 판매가 어렵다고 할 수 있다.

5) 자본회전율이 높다

호텔 식음료 업장에서 판매되는 상품들은 신용카드Credit Card나 현금Cash 판매를 원칙으로 하고 있기 때문에 운영자금의 회전율이 높다고 할 수 있다.

6) 식음료 업장의 환경 영향을 많이 받는다

호텔 식음료 시설의 노후화와 장비・기물의 교체 주기가 과거에 비해 매우 빨라지고 있다. 이는 호텔 식음료 업장 내・외부의 제반 시설의 고급화와 청결화, 인테리어, 소품, 가구, 분위기 그리고 개성화 경향이 뚜렷하지 않으면 살아남기가 힘들다. 특히 중식당이나 한식당 등은 전통의 분위기를 고집하던 경향에서 벗어나 점차 밝고 국제적인 분위기로 변화하고 있다.

7) 식재료의 보관이 어렵다

식재료를 구매한 후 각 식재료별로 검수절차를 거쳐 최적의 저장창고에 보관하고 있지만, 신선한 식음료 상품을 만들기 위해서는 식재료를 장시간 저장・보관할 수 없어 단시간 내에 판매되어야 한다.

3절

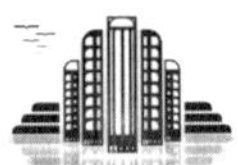

호텔 식음료 메뉴관리

"레스토랑의 모든 것은 메뉴로 시작한다."라는 말이 있는데, 이는 경쟁호텔들과의 차별화가 요구되며 호텔 식음료의 경우 메뉴의 중요성이 지속적으로 부각되고 있다고 할 수 있다.

메뉴를 관리하는 것은 주방에서 조리사가 음식을 조리하는 것보다 더 중요하다고 할 수 있다. 레스토랑은 메뉴에 의해서 평가된다고 말할 수 있을 정도로 매우 중요하다.

일반적으로 메뉴란 단순히 판매 가능한 음식을 기술한 목록으로 생각하는 경향이 많은데, 이는 업장에서 음식을 판매하고 알리기 위한 마케팅 도구 이상인 것이다. 다시 말해, 메뉴는 업장의 이미지를 나타내고 조리사에게는 어떠한 음식을 만들어야 되며, 서비스 종사원들은 음식을 어떻게 서브해야 되는가를, 구매부서는 어떤 식자재를 구매해야 하는가 등 매우 많은 지침을 제공하고 있는 것이다. 따라서 각 식음료 업장의 콘셉트Concept에 따라 메뉴도 다양하게 변하고 있다.

식음료 영업은 모든 것이 메뉴로 시작된다고 할 만큼 각 업장에 있어서 메뉴는 중요한 요소이다. 마케팅 믹스의 요인 중 메뉴 믹스를 제외한 다른 믹스 요인만으로는 마케팅 전략이 불가능한 만큼, 마케팅 전략에 있어서도 상당히 중요시 고려되어야 할 믹스요인이다. 따라서 주방에서 고객들이 호기심을 불러일으킬 만한 메뉴를 효과적으로 개발하여 고객의 만족을 유도하고, 수익의 극대화를 창출시킬 수 있는 방안을 수립해야 한다.

메뉴는 인쇄물로 된 메뉴판의 의미와 음식의 종류라는 두 가지의 의미를 가지고 있으므로, 내용에 따라 그 의미를 달리 적용하여 이해해야 한다.

결론적으로 호텔 식음료 메뉴관리는 고객의 욕구와 수익성, 원가, 위생, 서비스품질 등을 고려하여 식음료 메뉴를 기획하고, 운영 및 관리하며, 원가와 수익성을 개선하는 일련의 과정을 말한다.

1. 메뉴의 개념

1) 메뉴의 유래 및 정의

메뉴는 일반적으로 식음료 업장에서 인쇄물 형태로 만들어진 메뉴판Menu Book, Board이라는 의미와 각각의 음식의 아이템Food Item이라는 의미로 함께 사용되고 있다.

메뉴는 차림표 또는 식단이라는 의미로, 오늘날 세계적으로 쓰고 있다. 메뉴Menu란 단어의 어원은 라틴어의 '미넛트스Minutus'와 프랑스어의 'Menue'에서 유래한 말로 아주 작은표Small or Small List라는 뜻으로, 영어의 미넛Minute에 해당되며, 그 의미는 '상세하게 기록한 것'이라는 의미이다.

원래는 요리장에서 요리의 재료를 조리하는 방법을 설명한 것이라고 하며, 요리장에서 식탁으로 나오게 된 것은 서기 1541년 프랑스 앙리Hanri8세 때 브랑위그 공작이 베푼 만찬회 때부터였다고 한다. 주인인 공작은 여러 가지 음식을 접대함으로써 생기는 복잡함과 순서가 틀리는 불편을 해소하기 위해 요리명과 순서를 기입한 리스트를 작성하여 그 리스트에 의해 음식물을 차례로 즐겼는데, 연회에 참석한 손님들도 그 편리함을 깨닫고 요리표를 사용하게 됨에 따라 널리 전파되었으며, 그 후 19세기에 이르러 프랑스의 파리에 있는 펠리스로열Palace Royal에서 메뉴의 명칭이 일반화되어 사용되었다고 한다.

메뉴란 "고객의 육체적 · 정신적 만족을 증대시켜 주기 위해 제공되는 품목과 형태를 체계적으로 짜놓은 차림표"를 말하는 것이다. 이와 같이 식사로 제공되는 음식을 상세히 설명하고 있는 메뉴라는 용어는, 흔히 우리 주변에서 메뉴판이란 용어로도 사용되고 있다. 다시 말해, 음식의 종류와 인쇄물로 된 메뉴판이라는 두 가지의 의미로 사용되고 있다.

『웹스터Webster사전』에 의하면, 메뉴란 "A detailed list of the foods served at a meal : bill of fare"이라고 설명되어 있고, 『옥스퍼드Oxford사전』에서는 "A detailed list of the dishes to be served at a banquet or meal"로 설명되어 있다. 즉 "식사로 제공되는 요리를 상세히 기록한 목록표"라 할 수 있는데, 이는 고객과 호텔 식당 간의 식음료 제공을 약속하는 차림표라고 할 수 있다.

우리가 보편적으로 알고 있는 메뉴는 식음료를 판매하는 영업장에서 취급하는 모든 품목과 그 가격을 고객이 알기 쉽도록 표시한 표라고 할 수 있는데, 이는 "판매 상품의 이름과

가격 그리고 상품을 구입하는데 필요한 조건과 정보를 기록한 표"로써 단순히 상품의 안내에만 그치는 것이 아니라 고객과 식당을 연결하는 판매촉진 매체로서 기업이윤과 직결되며, 업장의 얼굴과 같은 중요한 역할을 하고 있다. 다시 말해, 메뉴판은 그 업장의 상징으로써 호텔의 수익성과 고객의 식사경험을 만족시켜 주는 중요한 가교역할을 수행하고 있다.

따라서 오늘날 사용되고 있는 메뉴를 정의하면 "고객이 알아보기 쉽도록 식음료의 품목과 가격을 작성·기록하여 고객이 식음료를 주문하는데 필요한 정보를 제공하여 고객과 호텔 간의 식음료 상품을 제공하는 목록표"라고 할 수 있다.

2) 메뉴의 역할

메뉴는 레스토랑에서 생산되는 품목을 표시하고, 또한 그것을 읽는 고객에게 상품을 전달하고자 하는 인쇄물로서 레스토랑 경영에 있어서 상당히 중요한 것으로 식음료 업장의 이미지를 제공한다. 또한 레스토랑의 경영목표를 전달하는 도구로써 매우 중요한 역할을 하고 있으며, 이에 대한 메뉴의 역할은 다음과 같다.

(1) 식음료 마케팅 도구 역할

메뉴는 레스토랑의 수준을 결정하며 레스토랑의 얼굴이다. 이는 판매광고·판매촉진을 포함하는 마케팅 툴Marketing Tool이라 할 수 있다. 고객층의 결정과 수요에 영향을 주는 중요한 마케팅 도구로서 영업의 정책이나 목적에 의해 이윤의 극대화, 영업목표의 달성, 고정고객의 확보, 향후 영업전략을 수립하는 데 중요한 도구이다.

(2) 식음료 업장의 분위기 창출 역할

메뉴판 표지의 업장 로고와 디자인, 색상, 크기, 모양 등은 그 업장을 상징하고, 메뉴판 자체는 연출물로써 분위기를 창출한다.

(3) 무언(無言)의 세일즈맨 역할

고객이 식당을 방문하여 착석과 동시에 메뉴를 보게 된다. 즉 메뉴는 "고객과 식당 사이에 이루어지는 최초의 대화"라고 할 수 있다. 이는 고객에게 말없이 안내를 해주고, 고객은 메뉴에 의해서 주문하게 되는데, 이는 고객에게 그 영업장에서 판매하는 식음료 상품을 말없이 세일즈하고 있는 것이다.

(4) 식음료 업장의 규모와 조리능력을 결정하는 역할

메뉴는 필요한 인력과 숙련도를 결정한다. 이는 메뉴의 종류에 따라 식음료 업장의 규모를 알 수 있고, 또한 조리사의 조리수준과 서비스를 가늠해 볼 수 있다.

메뉴판 취급법

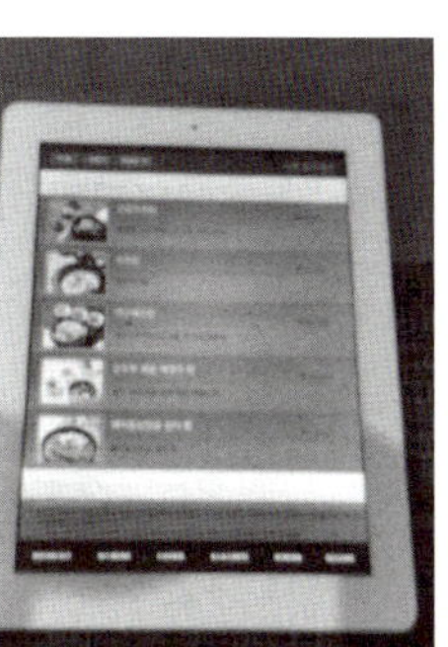

- 메뉴판은 메뉴와 가격을 정리해 고객이 쉽게 주문하도록 돕는 도구이다.
- 메뉴판은 식당의 얼굴이다. 메뉴판 안에 있는 것만 판매가 가능하다는 상품의 목록표로 소중히 다루어야 한다.
- 고객에게 드리기 전에 더럽거나 파손되지 않았는지 살펴보고, 특선메뉴 등이 제대로 끼워져 있는지 확인한다.
- 메뉴판이 헐거나 찢어졌을 경우에는 적절한 기간마다 교체하도록 한다.
- 메뉴판은 정해진 위치에 보관해야 하며, 사용한 메뉴판을 놓을 때는 항상 조심스럽게 취급한다.

- 덮개식 메뉴판은 경우에 따라서 안쪽 부분을 펴서 고객에게 보여드리는 것도 좋은 방법이다.

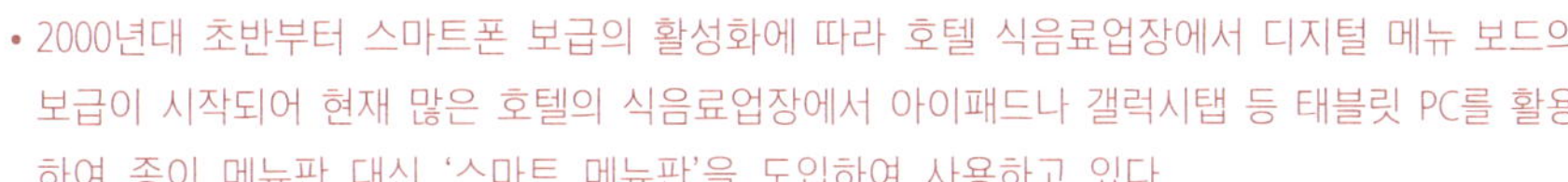

- 2000년대 초반부터 스마트폰 보급의 활성화에 따라 호텔 식음료업장에서 디지털 메뉴 보드의 보급이 시작되어 현재 많은 호텔의 식음료업장에서 아이패드나 갤럭시탭 등 태블릿 PC를 활용하여 종이 메뉴판 대신 '스마트 메뉴판'을 도입하여 사용하고 있다.

---

2. 메뉴의 종류 및 분류

메뉴를 분류하면 식음료업장의 운영목적과 주고객층 등 여러 가지 기준으로 나눌 수 있다. 여기서는 내용에 의한 메뉴 분류, 시간에 의한 메뉴 분류, 특별 메뉴, 메뉴를 바꾸는 빈도에 의한 분류, 식당별 메뉴에 의해서 분류하면 다음과 같다.

1) 내용에 의한 메뉴 분류

메뉴는 일종의 카탈로그Catalogue로, 고객이 음식을 쉽게 이해하여 선택할 수 있도록 요리명이나 간단한 설명 또는 사진이나 그림 등을 곁들인 음식의 목록표를 의미한다. 메뉴는 그

형태로 정식 메뉴Table D'hôte, 일품요리À la Carte, 연회Banquet메뉴, 뷔페Buffet메뉴 등이 있다.

(1) 정식 메뉴Table d'hôte Menu

'Table of the Host'의 의미로, 여행자들이 호텔에 머물면서 호텔주인과 식사를 함께 한데서 유래된 것과, 프랑스의 연회행사Host's Table에서 커다란 테이블에 많은 고객들이 똑같은 음식을 제공받는 데서 유래되었는데, 매우 호화스럽고 고급스러운 저녁만찬을 의미한다.

정식 메뉴란, 정해진 가격에 모든 고객에게 똑같은 코스요리를 제공하는 것으로, 고객에게는 각 코스요리의 선택권이 없다. 다시 말해, 정식 메뉴는 확정된 가격으로 메뉴 코스 순서에 따라 식사를 하는 형태를 의미하는데, 풀코스 메뉴Full Course Menu 또는 세트 메뉴Set Menu라고도 한다. 제공할 음식의 종류와 순서가 미리 정해지고, 이에 따라 정형화된 서비스를 제공하며 가격이 고가이고, 고객의 선택폭이 제한되어 있다는 단점이 있지만 비교적 고급 음식과 격조 높은 서비스를 제공받을 수 있다. 그리고 정식 메뉴는 매일 변화 있게 작성해야 하며, 재료의 한계로 반복되는 경우가 많으므로 주기적으로 새로운 메뉴를 작성하여 고객의 기대와 호기심을 충족시켜 주어야만 한다. 과거에는 메뉴 코스가 16가지나 되었다고 하나, 지금은 5~9가지 코스로 약식화·세트화 되어 있는 것이 보통이다. 요즘은 한식, 일식, 중식요리에서도 정식 메뉴가 코스화 되고 있는 추세이다.

표 10-1 코스의 종류와 요리의 내용

코스의 종류	코스요리 내용
5 Course	Appetizer → Soup → Main Dish → Dessert → Coffee or Tea
7 Course	Appetizer → Soup → Fish → Main Dish → Salad → Dessert → Coffee or Tea
9 Course	Appetizer → Soup → Fish → Sherbet → Main Dish → Salad → Dessert → Coffee or Tea → Pralines

(2) 일품요리À la Carte Menu

이 메뉴의 구성은 정식 메뉴의 순으로 되어 있으며, 각 코스별로 여러 가지 종류를 나열해 놓고 고객의 취향과 기호에 맞는 음식을 선택하여 먹을 수 있도록 만들어진 메뉴이다. 즉 각 코스별로 여러 종류의 음식을 나열해놓고 고객은 자신이 원하는 품목만 개별적으로 주문할 수 있다. 고객의 식성과 양에 알맞게 음식을 고를 수 있으며, 요금도 선택 여하에 따라 각기 다르게 나타난다.

선택할 수 있는 메뉴의 종류가 많아 단체고객 주문에는 관리가 쉽지 않기 때문에 적합하지 않지만, 고객의 입장에서는 선택의 폭이 넓다. 그날의 메뉴나 특별식 메뉴에 자주 이용된다.

일반적으로 수프나 샐러드 중에서 1가지를 선택하고, 앙트레 중에서 1가지를 선택하고, 디저트나 음료 중에서 1가지를 선택하는 방식으로 주문이 이루어지는 경우가 많다. 이 메뉴는 한 번 작성되면 장기간 사용하게 되므로 요리준비나 재료구입 업무에 있어서는 단순화되어 능률적이라 할 수 있으나, 원가상승에 의해 이익이 줄어들 수도 있어 고객의 호응도를 감안하여 새로운 메뉴계획을 꾸준히 시도해야만 한다.

(3) 세미 주문식 메뉴Semi À la Carte Menu

요리 중에서 몇 가지는 가격에 관계없이 선택할 수 있지만, 다른 몇 가지는 개별적으로 선택하여 먹을 수 있는 것을 말한다. 즉 코스의 몇 부분을 묶어서 가격을 정한 것을 의미한다.

(4) 연회 메뉴Banquet Menu

연회 메뉴는 정식 메뉴와 일품요리 메뉴의 성격을 겸한 메뉴로써, 음식의 가격과 순서에 따라 다양한 일품요리 메뉴로 연회를 하려는 고객과 상의하여 고객이 원하는 요리를 선정해서 정식 메뉴로 구성하여 연회 시에 사용하는 메뉴이다. 그리고 다수의 고객이 일정한 장소에서 연회를 할 때와 같이, 동시에 많은 사람들에게 요리를 제공하는데 용이하도록 구성된 메뉴이다.

(5) 뷔페 메뉴Buffet Menu

뷔페란 다양한 종류의 음식을 대량으로 만들어 제공하는 형태로, 음식을 만들 때까지 기다릴 필요 없이 고객의 취향에 따라 만들어진 음식을 골라먹을 수 있도록 하는 음식의 제공

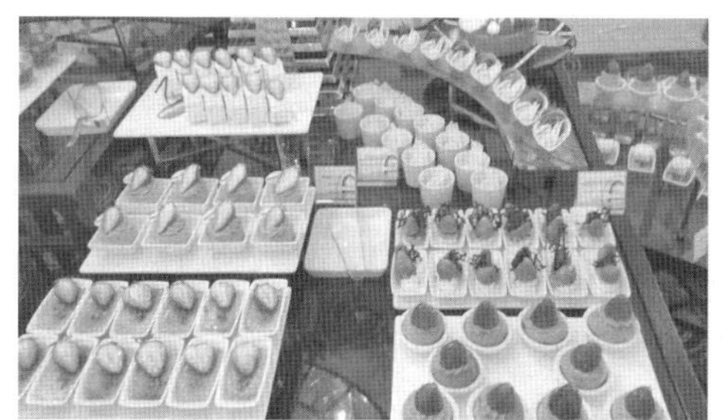

방식이다. 고급음식을 많이 먹을 수 있는 장점은 있으나 격조 높은 서비스는 기대하기 어렵다. 대개 호텔 뷔페식당은 상설뷔페Open Buffet로서 불특정 다수의 고객이 일정한 요금만 지불하면 마음껏 먹을 수 있는 형태이다. 하지만, 정해진 금액과 인원수에 맞추어 음식을 제공하는 형태를 주문뷔페Close Buffet가 있는데, 이는 연회장에서 이용되는 형태이며, 특정고객 이외에는 그 뷔페를 이용할 수 없다.

2) 시간에 의한 메뉴 분류

식사 제공시간에 따른 분류로써 조식 메뉴, 브런치 메뉴, 중식 메뉴, 정찬 메뉴 등으로 나누어진다. 조식 메뉴는 아침식사로 제공되는 모든 요리를 일컫는데, 주로 오전 6시에서 10시경 내·외까지 제공되는 메뉴로서 양조식, 한조식, 일조식, 조식 뷔페 등이 있다.

(1) 조식 메뉴Breakfast Menu

- American Breakfast: 주스, 시리얼, 햄 또는 소시지 또는 베이컨과 달걀, 토스트, 커피 또는 티로 구성되어 있는데, 달걀요리가 곁들여지는 아침식사를 말하는데 최근에는 요거트 및 신선한 과일 등을 포함시키는 경우도 있다.
- Continental Breakfast: 일명 대륙식 조식으로 미국식 조식보다 간단하여 가격이 저렴하며, American Breakfast 중에서 달걀요리와 시리얼을 제외한 식음료가 제공된다. 주스, 토스트나 모닝 패스트리, 커피 또는 티로 구성되어 있는 가벼운 아침식사를 말한다.
- Vienna Breakfast: 스위트 롤 또는 데니쉬 패스트리, 삶은 달걀, 커피 또는 우유로 구성되어 있다.
- English Breakfast: 주스, 시리얼, 생선, 토스트, 커피 또는 티로 구성되어 있는데, American Breakfast에 간단한 생선요리가 추가되는 조식을 말한다.
- Breakfast Buffet: 비즈니스맨과 단체관광객들을 위해서 보통 오전 6시경부터 10시경까지 제공하는 식사로써 주스류, 곡물류, 빵류, 과일류, 소시지류, 음료 등이 제공된다.
- Oriental Breakfast: 한식이나 일식 등의 동양식 아침식사가 제공된다.
- Healthy Breakfast: 최근 성인이나 여성들의 건강에 대한 관심으로 인해 영양식보다는 건강식 메뉴를 제공한다. 채식주의자 조식으로 많이 사용되고, 당뇨환자나 고혈압환자(성인병)의 영양식으로도 제공한다. 샐러드, 올리브오일을 곁들인 토스트, 과일, 허브차 등이 있다.

그림 10-3 일본식 · 한식조찬 메뉴

JAPANESE BREAKFAST 일본식 조찬		₩50,000
Grilled Salmon 연어구이	Miso Soup 일본식 된장국	
Japanese Pickles 절임 반찬	Steamed Rice 밥	
Egg Dish 계란 반찬	Japanese Green Tea 녹차	

KOREAN BREAKFAST 한식 조찬		₩50,000
Bean Paste Soup with Vegetables and Clams 된장 찌게		
Kimchi 김치	Assorted Kroean Condiments 각종 한식 반찬	
Steamed Rice 밥	Freshly Brewed Coffee or Tea 신선한 커피 또는 홍차	

(2) 브런치 메뉴Brunch Menu

아침과 점심의 합성어로서 일요일이나 공휴일에 아침 늦게 일어나는 고객들을 대상으로 제공되는 메뉴이다. 10 : 30~14 : 30분경까지 주로 한두 가지 달걀요리와 빵, 샌드위치 메뉴를 제공하며 휴양지 호텔에서 많이 제공하는 메뉴이다.

(3) 중식 메뉴Lunch Menu

주로 11 : 30~15 : 00시 사이에 제공되며, 저녁보다는 간단하고 코스도 3~4가지로 적을 뿐만 아니라 가벼운 주요 순서로 구성되어 있으며, 정식 메뉴, 일품메뉴, 뷔페 메뉴 등이 제공될 수 있다. 대부분 메뉴판에는 점심과 저녁메뉴가 구분되어 있지 않은 경우가 많은데, 점심특선 형식으로 별도의 메뉴를 운영하는 식당도 있다. 격식을 갖춘 점심메뉴일 경우 런천luncheon이라고 한다.

(4) 정찬 메뉴Dinner Menu

보통 18 : 00~22 : 00시경까지 저녁시간대에 제공되는 메뉴로서 정식 코스Full Course로 구성되어 있어 고객은 시간적 여유를 가지고 식사할 수 있으며, 제공되는 메뉴는 다른 메뉴들

보다 가격 면에서 비싼 가격으로 구성되어 있다. 와인이나 칵테일 등 음료를 함께하는 등 정중하고 우아한 서비스를 제공하며, 전반적인 분위기를 강조한다. 늦은 저녁에 샌드위치나 샐러드 등 간단히 먹는 메뉴는 서퍼Supper라고 한다.

(5) 스낵 메뉴Snack Menu

아침과 점심, 점심과 저녁 사이, 저녁 후에 간단히 식사를 대용할 수 있는 메뉴로서 햄버거, 샌드위치, 주스, 소시지, 케이크류, 아이스크림, 요구르트, 치즈 등이 포함되어 있다.

3) 특별 메뉴Special Menu

특별 메뉴는 원칙적으로 매일 시장에서 특별한 재료를 구입하여 주방장이 최고의 기술을 발휘함으로써 고객에게 식욕을 돋우는 메뉴이다. 기념일이나 명절과 같은 특별한 날이나 계절과 장소에 따라 그 감각에 어울리는 산뜻하고 입맛을 돋우게 하는 메뉴이다. 특별 메뉴를 사용함으로써 매일매일 준비된 상품으로 신속한 서비스를 할 수 있으며, 재료의 재고를 소진할 수 있고, 고객의 선택을 흥미롭게 할 수도 있다.

(1) 축제 메뉴Gala & Festival Menu

추수감사절이나 성탄절과 같은 특정 국가의 축제일이나 특별한 날을 기념하기 위하여 만든 메뉴로서 특별 메뉴로 추수감사절 때의 칠면조요리가 대표적이다.

(2) 오늘의 특별 메뉴Daily Special Menu

주방장이 당일에 구성하는 메뉴로서 고객의 기호나 신선한 재료의 사용, 새로운 메뉴의 판매촉진을 위한 프로모션, 비수기 식재료의 소비촉진 등을 위해 마련된 메뉴로 고객의 흥미를 유발시켜 매출을 증진시킬 수 있는 메뉴이다.

(3) 계절 메뉴Seasonal Menu

식자재의 성숙기인 계절을 선택하여 작성된 메뉴로서 그 계절의 대표적인 요리를 중심으로 구성된다. 육류는 일반적으로 연중 어느 때나 좋으나, 돼지고기는 여름에 기피하고, 양고

굴(Oyster)	9~10월
연어(Salmon)	3~9월
송어(River Trout)	4~9월
꿩(Pheasant)	10~2월

기는 가을에 많이 제공한다.

(4) 건강식 메뉴Healthy Food Menu

저지방, 무염, 무설탕, 스태미나 식품의 요리로 구성된 메뉴로서 건강에 관심이 많은 고객들을 위하여 만드는 음식을 말한다.

(5) 채식 메뉴Vegetarian Menu

채소 및 콩 종류를 주재료로 하며, 달걀과 우유는 제한적으로 사용되기도 한다. 최근 채식인구의 증가로 일부 호텔에서는 채식주의자를 위한 메뉴를 일품요리 메뉴에 넣기도 한다.

(6) 가족 메뉴Family Style Dinner Menu

각 업장의 대표적인 메뉴를 몇 가지 묶어서 애피타이저Appetizer와 메인 디시Main Dish를 구성하여 가족단위의 고객들로 하여금 여러 가지 음식을 맛볼 수 있도록 만든 메뉴이다. 또한 가족 중에서 어린이들 위주로 어른들이 식당을 선택하는 경우가 많으므로 어린이를 위한 메뉴도 제공되어야 한다.

4) 메뉴를 바꾸는 빈도에 의한 분류

(1) 고정 메뉴기본 메뉴: All-year-round Menu

고정메뉴는 'Fixed Menu' 또는 'Static Menu'로서, 말 그대로 수년간 지속적으로 거의 변하지 않는 메뉴를 뜻한다. 이러한 메뉴는 합리적인 방법으로 메뉴 품목을 결정하고 이를 오랜 기간 동안 동일하게 제공하는 방식으로, 일단 이러한 메뉴가 개발되면 같은 메뉴만 반복하여 조리하기 때문에 생산성이 높아지고 원가가 절감된다. 하지만, 고객의 취향에 유연하게 대응할 수 없다는 단점이 있다.

(2) 순환 메뉴Cycle Menu

순환 메뉴는 일정한 기간을 두고 특정 기간이나 계절을 단위로 주기적으로 판매하는 메뉴이다. 그 기간의 기준은 여러 가지 목적에 따라 설정된다. 우리나라와 같이 뚜렷한 계절을 가지고 있는 나라나 지역의 경우, 계절적 특색을 살려 매 계절마다 생산되는 재료에 바탕을 두어 신선한 요리를 고객에게 제공함으로써 호텔 내부에서는 원가관리와 함께 고객만족을 줄 수 있는 긍정적인 반응을 이끌 수 있는 메뉴이다.

(3) 단기 메뉴Market Menu

매일 혹은 주별로 제공되는 메뉴로써 고객들이 원하는 새로운 메뉴개발과 짧은 주기에 의한 메뉴 교체를 원함으로써, 호텔에서는 오늘의 특선요리나 금주의 요리Weekly Menu, 주방장 추천요리Chef's Recommendation Menu 등 신선한 계절적인 상품을 주방장의 창안에 의해 만들어진다. 이러한 단기메뉴는 저렴하고 품질 좋은 재료를 적시에 구입할 수 있다는 점과 원가절감과 품질관리를 할 수 있다는 장점이 있으며, 지속적이고 새로운 메뉴개발에 대한 창의력을 요구한다.

(4) 혼합 메뉴Hybrid Menu

고정 메뉴와 순환 메뉴 그리고 단기 메뉴를 혼합한 특별 메뉴이다.

5) 식당별 메뉴에 의한 분류

(1) 서양식 메뉴Western Style Menu

프랑스, 이탈리아, 미국, 스페인, 멕시코 등의 식음료 업장에서 판매하는 메뉴를 말한다.

(2) 동양식 메뉴Oriental Style Menu

기본적으로 한식과 중식, 일식, 인도식, 베트남식, 태국식 등의 메뉴를 말한다.

(3) 혼합식 메뉴Mix Menu

퓨전요리 등의 신개념으로 개발된 메뉴를 말한다.

메뉴 ABC 분석

메뉴에 나와 있는 식음료 상품의 품목을 일정기간 동안 판매하여 잘 팔리는 메뉴를 A, 보통 정도로 팔리는 메뉴를 B, 잘 팔리지 않는 메뉴를 C로 나누어 통계를 내어 판매 분석하는 것이다. C를 받은 메뉴는 재고로 인한 원가상승을 발생시키기 때문에 다음 메뉴개발 시 없애거나 새로운 메뉴를 개발해야 한다.

5) 식당별 메뉴

(1) 한식당 메뉴Korean Restaurant Menu

한국요리를 제공하며 영업은 점심과 저녁에 하고, 점심과 저녁 사이에 Close Time이 있다.

(2) 일식당 메뉴Japanese Restaurant Menu

일본음식을 제공하며, 영업은 아침과 점심과 저녁에 하고, 중간식사 사이에 Close Time이 있다. 아침의 경우 주로 일본인 관광객들의 일조식이 판매된다.

회석요리 会席料理 GASTRONOMIC COURSE

調理長特選コース 조리장 특선 코스 Chef's Special Course ₩170,000

挑山コース 모모야마 코스 Momoyama Course ₩150,000

食前酒	식전주	Apperitif
先附	진미	Amuse Bouche
前菜（5点）	전채	Assorted Seasonal Appetizer
吸物	맑은국	Soup of the Day
造り	생선회	Assorted Sashimi
燒物	구이요리	Broiled Dish
煮物	조림요리	Braised Dish
揚物	튀김요리	Fried Dish
酢の物	초회	Vinegared Dish
御飯	식사	Steamed Rice with Soy-Bean Soup
果物	과일	Fresh Fruit
甘味	감미	Dessert

(3) 중식당 메뉴Chinese Restaurant Menu

"날아다니는 것은 비행기만 빼고, 다리 달린 것은 책상 · 의자만 빼고 다 요리할 수 있다." 라는 말이 있을 정도로, 풍부한 식재료와 다양한 조리법, 향신료를 이용한 요리라고 할 수 있다. 중국음식을 제공하며, 영업은 점심과 저녁에 하고, 점심과 저녁 사이에 Close Time이 있다.

定 棹

정식 / TABLE D'HOTE / 定食

菊 *Gug* .... (1人分) ₩130,000
(6人 以上)(6 Persons Minimum)

大上海拼盆	대상해 오품냉채 / 大上海五種冷菜 / *Great Shanghai Special Cold Dish*
蠔油排翅	특품상어지느러미찜 / ふかひれのガキ油煮 / *Braised Whole Shark's Fin w/Oyster Sauce*
乾燒龍蝦	바닷가재와 칠리소스 / 伊勢海老のチリソース煮 / *Braised Lobster w/Chilli Sauce*
海參鮑魚	해삼과 전복 / あわびとなまこの煮込み / *Sauteed Sea Cucumber & Abalones*
松茸帶子	송이와 관자 / 貝柱とまつたけの炒め / *Sauteed Scallops w/Pine Mushroom*
北京烤鴨	북경식 오리껍질 요리 / 家鴨巻き北京風 / *Roast Duck Skin in Beijing Style*
紅燒海鮮	생선과 칠리소스 / 雪魚炒めチリソース煮 / *Braised Fish w/Chilli Sauce*
食　　事	식사 / 麵類又は炒飯 / *Fried Rice or Noodles*
應市水果	계절 고급과일 / 果物 / *Fresh Fruits in Season*

桃 *Tao* .... (1人分) ₩150,000
(6人 以上)(6 Persons Minimum)

梅花拼盆	대상해 오품냉채 / 大上海五種冷菜 / *Great Shanghai Special Cold Dish*
金華排翅	금화 상어지느러미찜 / ふかひれガキ油煮 / *Braised Whole Shark's Fin*
紅燒全鮑	홍소전복 / あわびの煮込み / *Sauteed Abalones*
金絲烏龍	해삼과 쇠고기조림 / なまこと牛肉の煮 / *Breaised Sea Cucumber & Beef*
羅漢上蔬	야채볶음 / 野菜炒め / *Sauteed Vegetables*
清蒸海鮮	특미생선찜 / 鮮魚の蒸し物 / *Steamed Fish*
竹笙燕窩湯	제비집스프 / 燕の巣スープ / *Swellow's Nest Soup*
花　　捲	화권 / はなまき / *Steamed Chinese Rolls*
食　　事	식사 / 麵類又は炒飯 / *Fried Rice or Noodles*
應市水果	계절 고급과일 / 果物 / *Fresh Fruits in Season*

(4) 프렌치 레스토랑 메뉴French Restaurant Menu

프랑스요리를 제공하며, 메뉴는 불어와 영어로 표기하고 정찬요리와 일품요리, 오늘의 요리메뉴 등이 있다. 영업은 점식과 저녁에 하며, 점심과 저녁 사이에 Close Time이 있다.

LA TERRE 육지

LE CANARD / 오리	110,000

Coffre de canard rôti aux bâtons de cannelle: les suprêmes sont levés et terminés dans un jus lié de chocolat amer.
통 계피 향으로 익힌 오리 가슴 구이: 카카오를 가미한 소스.
Marmelade de fruit et légumes racine.
뿌리 야채와 과일 마멀레이드.
Fondant au cumin; cubes de chou rouge.
큐민 향의 퐁당; 붉은 양배추 젤리 큐브.

LE BOEUF / 쇠고기	150,000

Filet marqué au beurre, concombre de mer au poivre mignonnette.
버터에 구운 안심, 후추를 두른 해삼.
Compote d'échalote, raisins blonds, dominos de kaki au vieux vinaigre.
에샬롯 꽁포트, 건 포도, 오래된 포도식초로 조리한 감 도미노.
Tartare, jus clarifié au sésame, râpée de navet.
타르타르, 깨를 가미한 콘소메 젤리, 무즙.
Basse côte cuite à four doux, servie froide, accompagnée d'une confiture de tomate à la groseille.
약한 불에 익힌 양지머리, 그로제이를 가미한 토마토

(5) 이탈리안 레스토랑 메뉴 Italian Restaurant Menu

이탈리아요리를 제공하며, 메뉴는 영어, 일본어, 한글로 표기되어 있고, 메뉴의 종류와 영업시간은 프랑스식당과 유사하다.

피 자

PIZZA ALLA NAPOLETANA
Tomato, Garlic and Anchovies
나포리식 피자
₩30,000

PIZZA COMBINAZIONE
Tomato, Mozzarella, Ham, Mushrooms, Artichoke, Pimento, Salami, Tuna
컴비네이션 피자
₩43,000

해산물 요리

GRIGLIATA MISTA DI PESCE CON ARAGOSTA VIVA
Assortment of Grilled Salmon, Lobster, Snapper and Squid Brushed with a Garlic and Lemon Dressing
모듬해산물 석쇠구이
₩35,000

FILETTO DI BRANZINO IMPANATO ALLA OLIVE NERE E SEMOLINO
Fillet of Seabass Baked with a Semolina and Black Olive Crust
다진 올리브를 얹은 농어구이
₩45,000

FILETTO DI SOGLIOLA IN PADELLA CON PANCETTA E GAMBERETTI
Panfried Sole and Shrimps on a Savory White Wine Lemon Sauce
크림 쏘오스의 새우와 혀넙치구이
₩32,000

FILETTI DI TRIGLIA DI SCOGLIO AI FUNGHI PORCINI CREME AL BASILICO
Steamed Fillet of Red Snapper on a Spicy Mushroom Basil Cream Sauce
이태리 국수를 곁들인 도미찜
₩44,000

(6) 커피숍 메뉴Coffee Shop Menu

각국의 특징 있는 음식을 제공하며, 식사뿐만 아니라 음료를 제공한다.

Coffee

Coffee 커피	₩10,000
Cappuccino 카푸치노	₩13,000
Caramel Macchiato 카라멜 마끼아토	₩13,000
Café Latte 카페 라떼	₩13,000
Café Con Panna 카페 콘 파나	₩13,000
Affogato 아포가토	₩13,000
Green Latte 녹차 라떼	₩13,000
Cafe Mocha 카페 모카	₩13,000
White Café Mocha 화이트 카페 모카	₩13,000
Iced Coffee 아이스 커피	₩13,000
Iced Café Latte 아이스 카페 라떼	₩13,000
Iced Cappuccino 아이스 카푸치노	₩13,000
Iced Caramel Macchiato 아이스 카라멜 마끼아토	₩13,000
Iced Café Mocha 아이스 카페 모카	₩15,000
Iced White Mocha 아이스 화이트 모카	₩15,000
Espresso Macchiato 에스프레소 마끼아또	₩15,000
Viennese Coffee 비엔나 커피	₩15,000
Irish Coffee 아이리쉬 커피	₩15,000

Herb & Fruit Tea

Earl Grey Lavender Tea 얼 그레이 라벤더 티	₩10,000
English Breakfast Tea 잉글리쉬 블랙퍼스트 티	₩11,000
Golden Flower Tea 골든 플라워 티	₩11,000
Sweet Ginger Peach Tea 스위트 진저 피치 티	₩11,000
Southern Mint Tea 서던 민트 티	₩11,000

Tea

Tea 홍차	₩10,000
Green Tea 녹차	₩11,000
Citron Tea 유자차	₩11,000
Chinese Quince Tea 모과차	₩11,000
Ginger Tea 생강차	₩11,000
Ginseng Tea 인삼차	₩11,000
Iced Tea 아이스 티	₩11,000
Iced Green Tea 아이스 녹차	₩11,000
Iced Citron Tea 아이스 유자차	₩12,000

(7) 연회 메뉴Banquet Menu

연회 메뉴는 연회 예약 시 행사 내용 또는 주최측의 요구에 따라 정식 메뉴와 일품요리 메뉴의 장점과 독특한 성격만을 혼합하여 만든 메뉴이다. 한꺼번에 많은 고객들을 맞이할 수 있어 단체관광객, 결혼식, 생일축하연 및 특별행사에 많이 사용된다.

WESTERN MENU (Orchid)

₩120,000 (봉사료 & 세금 별도)

Foie Gras and Sauterne Dome with Chervil
and Balsamic Reduction, Hazelnut Oil Dressing
프와그라와 쳐빌, 헤즐넛 오일 드레싱

*

Sherry and Mushroom Scented Consomme with Black Truffle
버섯과 블랙 트러플 콘소메

*

Duck and Shitake Parcel with Chili Plum Sauce
오리고기와 표고 버섯 칠리 자두 소스

*

Pink Champagne and Pink Peppercorn Sherbet
핑크 샴페인과 핑크 페퍼콘 셔벳

*

Seared Beef Tenderloin with Lobster Tail,
Blue Cheese Pastilla, Thyme and Chambourcin Reduction
특선 쇠고기안심과 바닷가재,
블루치즈 파스티야와 샴버신 소스

*

Assorted Lettuce and Endive Salad with Red Wine Raisins
특선 샐러드와 레드와인 드레싱

*

Blueberry Tiramisu with Tropical Fruit Salad
and Pistachio Biscuit
블루베리 티라미수와 열대 과일 샐러드

*

Coffee or Tea
커피 또는 홍차

*

Selection of Mini Pastries and Friandises
제과장 특선 미니 페이스트리와 쿠키

CHINESE MENU (Emperor's Boat)

W 95,000 (봉사료 & 세금 별도)

Selection of Cold Dishes "Emerald Sea" Style
청해식 냉채

*

Braised Shark's Fin with Crabmeat
상어 지느러미와 게살찜

*

Braised Sea Cucumber with Oyster Sauce
해삼과 굴 소스

*

Glazed Abalone and Pine Mushrooms
전복과 송이

*

Braised King Prawns with Hot Bean Sauce
왕새우와 두반장 소스

*

Three kinds of Braised Vegetables and Ginkgo Nuts
세가지 야채와 은행

*

Roast Peking Duck
북경 오리

*

Fried Rice
볶음밥

*

Sliced Fresh Fruit
신선한 과일

*

Jasmine Tea
자스민 차

(8) 로비라운지 메뉴Lobby Lounge Menu

COFFEE

Lounge Blended Coffee ····· ₩ 11,000
브랜드 라운지 커피 ブレンドラウンジコーヒー

Cappuccino ····· ₩ 12,000
카푸치노 カプチーノ

Café Latte ····· ₩ 12,000
카페라떼 カフェラテ

Vienna Coffee ····· ₩ 12,000
비엔나 커피 ウィンナーコーヒー

Hot Chocolate ····· ₩ 12,000
핫초코 ホットチョコ

Café Mocha ····· ₩ 12,000
카페 모카 カフェモカ

Iced Coffee ····· ₩ 13,000
아이스 커피 アイスコーヒー

Espresso ····· ₩ 9,000
에스프레소 エスプレッソ

SPECIAL COFFEE

Jamaican Blue Mountain 100% ····· ₩ 13,000
자마이카 블루 마운틴 커피 ジャマイカ産ブルーマウンテン

Irish Coffee ····· ₩ 13,000
아이리쉬 커피 アイリッシュコーヒー

Bailey's Coffee ····· ₩ 13,000
베일리스 커피 ベイリーズコーヒー

FRESHLY SQUEEZED JUICE

Ginseng ····· ₩ 15,000
인삼 高麗人蔘

Fruit Punch ····· ₩ 15,000
과일 펀치 フルーツポンチ

Grapefruit ····· ₩ 13,000
자몽 グレープフルーツ

Tomato ····· ₩ 13,000
토마토 トマト

Kiwi ····· ₩ 13,000
키위 キウイ

Pineapple ····· ₩ 13,000
파인애플 パイナップル

Melon ····· ₩ 13,000
멜론 メロン

Carrot ····· ₩ 13,000
당근 キャロット

Orange ····· ₩ 13,000
오렌지 オレンジ

UNCULTIVATED KOREAN TEA

Wild Chrysanthemum Tea 야생 국화차 菊花茶 ····· ₩ 15,000

Wild Mulberry Leaf Tea 야생 뽕잎차 桑の葉茶 ····· ₩ 15,000

TRADITIONAL KOREAN TEA

Special Green Tea 특선녹차 特選緑茶 ····· ₩ 14,000

Woo-Jeon Tea 우전녹차 雨前緑茶 ····· ₩ 13.000

Sea-Jak Tea 세작녹차 細雀緑茶 ····· ₩ 11,000

Raspberry Tea 복분자차 ラズベリー茶 ····· ₩ 14,000

Ginger Tea 생강차 生薑茶 ····· ₩ 12,000

Jujube Tea 대추차 ナツメ茶 ····· ₩ 12,000

Plum Tea 매실차 プラム茶 ····· ₩ 12,000

Ginseng Tea 인삼차 高麗人蔘茶 ····· ₩ 12,000

Omija Tea 오미자차 五味子茶 ····· ₩ 12,000

Pine Needle Tea 솔잎차 松の葉茶 ····· ₩ 12,000

Sipjeondaebo Tea 십전대보차 十全大輔茶 ····· ₩ 12,000

Citron Tea 유자차 柚子茶 ····· ₩ 12,000

HERBAL TEA

Camomile Tea 카모마일 カモミール ····· ₩ 12,000

Peppermint Tea 페파민트 ペパーミント ····· ₩ 12,000

CLASSIC TEA

English Breakfast
잉글리쉬 블랙퍼스트 イングリッシュブレックファースト ····· ₩ 12,000

Darjeeling 다즐링 ダージリン ····· ₩ 12,000

Earl Grey 얼 그레이 アールグレイ ····· ₩ 12,000

Assam 아쌈 アッサム ····· ₩ 12,000

Iced Tea 아이스 티 アイスティー ····· ₩ 13,000

3. 메뉴기획Menu Engineering

메뉴 엔지니어링은 호텔의 식음료 업장에서 판매되는 메뉴를 분석하여 수익성 및 선호도를 바탕으로 메뉴 아이템을 평가하여 그에 따른 판매전략을 최적화하는 기법이다. 단순한 메뉴 구성의 차원을 넘어서 각 메뉴의 기여도를 체계적으로 분석해 식음료업장의 매출을 극대화하고 영업의 운영효율을 높이는 데 목적이 있다.

메뉴기획이란 제공할 음식의 메뉴를 결정하는 과정으로 '무엇을 만들어 팔 것인가'라는 계획의 기능을 담당한다. 하지만, 호텔 경영자들은 메뉴계획을 비교적 중요하지 않은 것으로 생각하고 있다. 그러나 메뉴는 호텔 식음료 업장의 중요한 경영도구Managerial Tool라고 할 수 있다.

이러한 메뉴가 업체의 중요한 전략도구로 이용하기 위해서는 성공적으로 계획 및 제작이 되어야 한다. 메뉴의 성공적인 계획과 제작이란 제공될 여러 종류의 음식을 판매하기 전에 어떤 고객에게 어떤 재료를 가지고, 어떻게 조리하여, 어떤 가격으로 판매할 것인가를 사전에 종합적으로 검토하여 작성하는 작업을 말하는 것이다. 즉 메뉴를 계획하기 위해서는 고객의 필요성, 메뉴의 다양성과 매력성, 영양성, 원가와 수익성, 식품의 이용가능성, 조리설비의 한계성 등을 고려하여 작성해야 한다. 즉 고객의 눈과 관점의 입장에서 메뉴를 보아야 할 것이다.

그리고 새로운 메뉴를 계획할 때는 새로운 메뉴를 제공하는 이유가 분명해야 한다. 즉 메뉴를 제작하기 이전에 그 메뉴가 지불액을 인상하기 위한 것인지, 새로운 고객을 확보하기 위한 것인지, 또는 현 고객시장을 개척하기 위한 것인지 그 이유가 분명해야 한다. 그러기 위해서는 고객과 그들이 좋아하는 음식에 대한 풍부한 지식을 가지고 그들을 관리·운용할 줄 알아야 한다. 물론, 음식이란 것이 조리방법에 의해서 달라질 수 있고, 매일 달리 준비될 수 있어 메뉴계획상 어려운 문제일 수도 있다. 그러나 메뉴와 식품을 구매할 때 특정 세분시장의 고객 요구가 무엇인지를 고려하는 것이 필요한데, 경영자가 이들 독특한 요구에 관해 해박한 지식을 가지고 있으면 그 경영은 성공하게 될 것이다.

또한 고객에게 매력성이 있고, 특별한 메뉴를 계획하기 위해서는 이에 적합한 장비를 갖추고 있는 주방이라야 한다. 따라서 메뉴의 작성은 주방의 크기와 장비의 종류 및 생산시설 능력을 감안해야 하며, 장비의 이용과 장비의 수에 따라 커다란 작업부담이 없는 한도 내에서 작성되어야 한다.

그리고 아무리 훌륭한 메뉴라도 재료를 적기에 구입하지 못한다면, 그것은 아무런 쓸모없는 메뉴에 지나지 않는다. 그러므로 식재료의 계절적인 출하상황이라든가 재배작황 또는 산지의 가격형성 등 모든 재료에 대한 정보를 입수하고 재료의 물량 공급 및 기간 등에 유념하여 일 년 사시사철 알맞은 재료에 대한 메뉴를 작성할 수 있어야 한다. 계절별로 미각을 살릴 수 있고, 출하 가능 식자재가 고려된 작성기법이 필요하다. 그리고 보유식자재 재료를 감안한 작성이 이루어져야 한다. 재고가 충분치 않은 품목은 구입 소요기간이 고려되어야 하며, 때에 따라서는 악성재고의 처분을 위한 특별 메뉴의 운용도 생각해 볼 수 있을 것이다.

결국 메뉴를 계획할 때에는 고객의 음식습관과 선호에 영향을 미치는 경제적, 사회적, 지역적, 윤리적, 종교적 그리고 형태적 배경을 감안해야 하며, 주방에 보유한 조리기구의 특성과 고객의 미각변화에 대처할 수 있는 영양적 요소와 메뉴 제시의 다양성과 매력을 가미해야 하며, 고객의 선택이 용이하도록 하기 위해서 표현방법과 설명 제시가 추가되어야 한다.

메뉴도 만들어진지 일정한 시간이 지나면 수명이 다해 새로운 메뉴로 대체해야 하는데, 이것이 바로 조리장의 역할이다. 새로운 메뉴를 계획하는데 있어 고려해야 할 요인은 무수히 많다. 새롭게 변화하는 시장에서 언제나 같은 메뉴만 가지고는 경쟁에서 살아남을 수 없으므로 항상 새로운 메뉴개발에 노력해야 한다. 이러한 메뉴 엔지니어링은 고객의 수요나 메뉴 믹스 각각의 아이템에 대한 이익 등 현재와 미래의 메뉴를 평가하고 디자인과 가격 결정을 위한 마케팅지향적인 접근방법을 진행해야 한다.

1) 메뉴기획 시 고려사항

메뉴기획은 식음료 업장의 종류와 형태, 고객의 분류, 제공할 메뉴 품목, 식자재 시장조건, 메뉴 품목 수와 다양성, 메뉴 제공 시점, 매출액 등을 고려하여 식음료 매출 목표를 달성할 수 있는 가장 이상적인 메뉴 품목으로 선정해야 한다. 또한 메뉴기획은 각종 요리와 그 기본 조리법, 서비스 방법에 대한 전문적인 지식과 음식의 영양가에 대한 이해와 음식의 복합구성에 심미안적인 감각을 지녀야 한다. 다시 말해, 메뉴기획을 할 때에는 음식의 조리 방법 및 서비스 방법에 대한 전반적인 지식이 요구되며, 각종 음식에 대한 이해와 더불어 영양가에 대한 지식 및 디자인・색상감각 등의 예술적인 지식과 메뉴관리에 대한 지식을 필요로 한다. 이렇게 메뉴계획을 고려해서 선정된 차별화된 메뉴는 경쟁시장에서 우위를 다질 수 있다.

그림 10-4 메뉴기획 시 고려사항

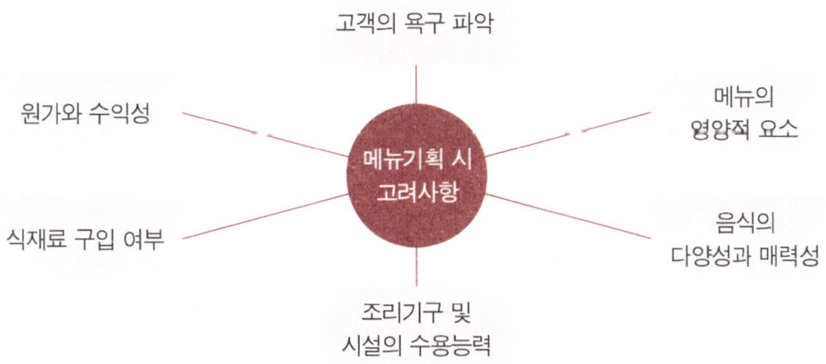

(1) 고객의 욕구 파악

고객 관점과 관련하여 가장 중요한 요인은 메뉴 품목의 선정으로 고객의 음식습관과 선호도이다. 다시 말해, 메뉴가 누구를 대상으로 계획되고 있으며, 그들이 좋아하는 것이 무엇인가를 분석해야 한다. 그러기 위해서는 메뉴의 주요 대상층과 그 대상층의 욕구와 경향을 파악하는 시장조사가 선행되어야 한다. 그래서 표적고객층의 필요와 요구에 부응하는 시장성 있는 메뉴를 개발하기 위해서는 다양한 정보를 수집해야 한다.

(2) 원가와 수익성 조사

메뉴의 구성 목적은 원가절감을 통한 이윤창출에 있다. 따라서 아무리 좋은 메뉴라도 원가가 높은 재료들로 구성되어 고객에게 부담이 클 경우, 그 메뉴는 실제로 가용이 불가능할 것이다. 메뉴 계획자는 항상 원가의 목표율을 염두에 두고 계획함으로써 적절한 이윤을 얻음과 동시에 매출도 늘릴 수 있다. 따라서 적정한 판매가격을 통해 가격 경쟁력에 대처하고 매출증대에 기여할 수 있어야 한다.

(3) 식재료의 구입시장 파악

대부분의 식재료는 계절성이 강하기 때문에 메뉴 계획자는 메뉴에 사용되는 식재료가 무엇인가를 알고 시장에서 안정적 또는 독점적으로 공급받을 수 있는 방법과 적시에 원하는 양만큼 구입 가능한 품목, 그리고 현재 보유하고 있는 재고품목을 활용할 수 있도록 하며, 식재료를 구입하는 사람은 시장조건에 대한 정보를 메뉴 계획자에게 제공해야 한다.

(4) 조리시설 및 조리사의 조리능력 고려

주방공간의 크기와 장비 및 조리기구의 종류 등 주방시설과 조리사의 인원수와 조리사의 기술을 고려해야 된다. 그러므로 메뉴 계획자는 주방에서 사용 가능한 전문 조리설비와 조리인력의 한계를 감안하여 계획에 임해야 한다.

(5) 음식의 다양성과 매력성 가미

메뉴의 다양성은 메뉴 품목뿐만 아니라 색깔, 형태, 그리고 음식의 종류와 조리방법에 따라 달라질 수 있다. 고객의 선택의 폭을 넓히기 위해 다양한 품목을 갖추어야 하며, 호기심과 식욕을 돋울 수 있는 매력이 있어야 한다.

(6) 메뉴의 영양적 요소 고려

오늘날 고객은 건강에 많은 관심을 가지고 있다. 메뉴계획에서 적용되는 영양적인 요소는 고객들의 생활수준, 연령, 성별, 신체적 상태 등이 다르기 때문에 고려해야 한다. 또한 음식의 질과 맛 외에 영양적 요소에 대한 고객들의 관심이 점점 높아지고 있는 추세이므로 메뉴의 칼로리와 저염, 저지방 등 건강식Healthy Food에 대한 깊은 배려가 있어야 한다.

(7) 메뉴의 가격 책정

메뉴의 가격전략으로 원가 · 경쟁 · 수요에 따라 가격을 결정하게 되는데, 가격별 시장점유율의 유지 및 확대와 객단가 이익의 극대화 목적을 가지고 있다. 세부적인 가격 책정 전략으로 메뉴 생산에 사용된 원가를 기준으로 가격을 결정하는 원가지향적 가격전략과 경쟁업체들의 메뉴가격을 비교 · 분석하여 가격을 결정하는 경쟁지향적 가격전략, 그리고 고객의 수요에 따른 가격을 결정하는 수요지향적 가격전략으로 구분할 수 있다.

2) 메뉴 작성의 원칙

일반적으로 메뉴는 식음료 업장에 따라 약간의 차이가 있지만, 메뉴를 작성하는 데 있어서 지켜야 할 원칙은 다음과 같다.

- 같은 재료의 요리를 중복시키지 않는다.
- 같은 색의 요리를 반복시키지 않는다.

- 비슷한 소스를 중복해서 사용하지 않는다.
- 같은 조리방법을 두 가지 이상 같은 요리에 사용하지 않는다.
- 요리제공의 순서는 경식輕食; Light Dish에서 중식重食; Heavier Dish으로 균형을 맞춘다.
- 요리와 곁들여지는 재료와의 배합과 배색에 유의한다.
- 계절감각과 용도별 성격, 특산물을 고려하여 작성한다.
- 메뉴의 표기문자는 요리의 내용에 따른 각국의 고유문자를 사용하거나 나라명, 지방명, 사람의 이름 등 고유명사는 대문자로 표기한다.

4절

호텔 식재료관리 실무

1. 호텔 식재료의 개념

보통 식재료란 식음료 영업장에서는 원재료로 한정한다. 원재료란 음식을 만들기 위하여 직접적으로 투입되어 소모되는 소재들을 의미한다. 호텔 식음료 영업장에서 식자재 원가 매출액의 30~40% 정도를 차지하는 만큼 식재료의 관리는 매우 중요하다. 그러므로 필요한 식재료를 알맞게 구매하여 최선의 상태를 유지함으로써 이윤을 창출하고 낭비되는 재료를 줄이는 것이 식재료관리의 목적이라고 할 수 있다. 호텔 식음료 영업장에서는 식재료의 질 자체가 바로 상품의 질과 수명으로 연결되는 경우가 많기 때문에 식재료관리의 중요성은 아무리 강조해도 지나치지 않다.

효율적인 식재료관리란 합리적·능률적인 관리로서 식재료의 분류, 용량의 산정, 구매, 보관, 공급 처분에 이르는 일련의 과정을 합리적이며 능률적으로 수행하는 것이라고 할 수 있다.

이러한 식재료의 특성을 살펴보면, 생산기술과 저장방법의 발달로 식자재의 대부분을 차지하는 농산물은 공급의 양과 시기가 확대되고 있기는 하나 아직도 자연조건의 영향을 받

그림 10-5 식재료관리 업무 흐름도

구매 → 발주 → 검수 → 저장 → 출고

는 까닭에 공산품과 비교해볼 때 가격 및 공급량의 변화폭이 상대적으로 큰 편이다. 가격변동의 경우를 보면, 농수산물의 특정품목 중 최저가격과 최고가격이 10배 이상 될 때도 있는데, 여기에는 사실 식재료 유통의 문제점인 복잡한 유통결과에 따른 중간상인들의 이익률에 기인하는 부분도 있다. 또한 식재료의 모양, 품질, 특성 등의 다양성으로 다른 분야의 식재료들처럼 균일화, 규격화시키기 어렵다는 것도 결국 음식의 표준화를 어렵게 하는 주원인이라고 할 수 있다. 이렇듯 식재료는 다른 재료와 달리 취급하기 어려운 측면이 많아 관리에 신중을 기울여야 한다.

레스토랑에 따라 다르겠지만, 일반적으로 식재료비가 전체 매출액의 30~40%를 차지하고 있는 만큼 식재료와 관련된 사항은 호텔에서 매우 중요하다고 할 수 있다.

식재료관리는 음식을 생산하기 위해 필요한 식재료의 구매·검수·저장·출고 등과 관련된 전반적인 관리를 의미한다.

호텔에서 식재료의 구매·검수·저장·출고와 관련된 업무는 구매부서 직원이 전적으로 담당하고 있지만, 조리사도 식재료관리에 대한 기본적인 지식은 습득하고 있어야 한다.

2. 식재료의 구매관리

좁은 의미의 구매Purchasing란 음식을 만들기 위해 사용되는 모든 식재료를 사는 것이며, 넓은 의미로 정의할 때는 경영 주체가 그 영업장의 기능을 수행하기 위하여 필요한 원재료와 여타 주변 자재들을 필요한 시기에 최소한의 비용으로 최선의 품질을 얻기 위한 관리활동을 말한다. 이것은 완제품의 질과 직접적으로 관련이 되고 생산원가관리에도 중대한 영향을 미치기 때문에, 식음료 영업장을 운영함에 있어 구매는 특별하게 주의를 요하는 부분이다.

식음료 영업장의 구매관리에 어려움을 가중시키는 것 중 하나는 판매시장의 급속한 변화를 들 수 있는데, 구매자는 그 변화에 대처하여 신속히 움직일 수 있는 능력을 구비해야 한다. 즉 구매를 제대로 수행하기 위해서는 식재료 마케팅과 조리 및 생산 부문에 이르기까지의 많은 노하우를 가지고 있어야 하며, 더 나아가 해당 영업장의 메뉴와 그 가격체계뿐만 아니라 거시적인 호텔 식음료의 구조나 특성에 대한 이해를 갖추고 있어야 효율적인 구매관리Purchasing Management를 기대할 수 있게 된다.

구매담당자는 식재료 가격에 영향을 주는 가격변동 요인과 최저가격에 최상의 품질의 식재료를 구입할 수 있는 장소 등에 대해서도 항상 조사해야 한다. 그러기 위해서는 유능한 구매담당자는 끊임없이 음식의 질과 서비스를 향상시키기 위해 보다 나은 질의 식재료를 찾아내려고 노력하며, 비용과 구매절차를 향상시킬 수 있는 모든 요소들을 탐색해야 한다.

구매관리는 결코 단순하거나 쉬운 일이 아니다. 구매관리가 수반되는 절차를 살펴보면 다음과 같다.

1단계는 필요한 상품을 생산해 내는데 적합한 질과 기타 요소들을 고려하여 필요한 식재료를 결정하는 것이다. 2단계는 시장 내에서 그 품목을 찾아내는 것이고, 3단계는 품목조사 및 구입결정 여부를 결정하는 것이다. 4단계는 구매자와 판매자 사이의 협상이고, 5단계는 품목 사용에 따른 효율성과 경제성의 평가이다.

모든 구매기능과 활동은 4가지 목표를 갖는다.

첫째, 구매활동과 기능에서 적정량의 재고 유지와 그 관리가 필요하다. 이는 영업장에서 필요한 만큼의 각 품목별 식재료의 재고량을 항상 유지하는 것을 말한다. 과소한 재고량만 가지고 영업을 하게 되면 자주 식재료가 부족해지고 고객에게 특정 음식을 제공하지 못하게 되어 서비스의 질을 떨어뜨리게 되며, 반대로 과잉 재고를 보유하게 되면 많은 비용이 불필요하게 낭비되어 운전자금 증가의 원인이 되어 저장시설을 필요로 하게 되는 불합리성이 있다. 이를 위해서는 우선 적어도 식음료부장이나 주방장과 구매담당자가 함께 한 달에 한 번 저장실의 재고를 검사해야 한다. 신속한 재고 파악을 위해서는 사전에 항상 저장실을 잘 정돈해두고 식재료 상자나 용기 등에 가격과 수량, 구입한 날짜 등을 표시해두는 것이 바람직하다.

둘째, 일단 품질기준이 설정되면 식재료 품질의 변동은 수용할 수 있는 범위 내에서만 가능하게 되므로, 이 기준에 맞도록 구매품의 품질을 유지하는 것도 구매담당자의 주요한 의무이자 목표이다.

셋째, 같은 크기의 사과를 비슷한 가격에 구매하더라도 어떤 사과는 껍질이 얇고 송치가 적어 먹을 수 있는 부분이 많고, 또 어떤 사과는 껍질이 두껍고 송치가 커서 겉보기와는 달리 가식부율이 낮을 수 있다. 현명한 구매담당자는 각 식자재 품목마다 이러한 품종의 제품을 가려낼 수 있는 안목과 능력을 갖추어 같은 가격에 구매한 식재료라도 가식부율을 최대한 높여서 결과적으로 구매가격을 최소화시키는 것을 목표로 한다.

넷째, 구매담당자는 많은 구매경쟁자들보다 납품업자로부터 더 나은 가격에 더 좋은 품질의 상품을 더 좋은 조건으로 살 수 있도록 노력해야 한다. 즉 구매에 소용되는 화폐의 가치를 더욱 높이는 것이 구매담당자의 주요 목표이다.

구매담당자는 주방장이나 직접 또는 간접적으로 그 물품들을 사용할 사람들과 함께 영업장에서 필요로 하는 물품의 수량과 종류를 결정하여 구매하도록 한다.

구매방법에는 조직과 필요에 따라 여러 가지 구매방법이 있는데, 크게 계약에 따른 방법과 구매기간에 따른 방법이 있다. 계약에 따른 방법에는 공개경쟁 방식과 임의계약 방식(수의계약 방식)으로 나눌 수 있으며, 구매기간에 따른 방법은 수시구매, 정기구매, 장기계약구매, 위탁구매로 나눌 수 있다.

주방에서의 식재료 구매절차는 각 업장 주방이 예상소비 식재료를 구매청구서를 작성하여 총부주방장은 각 단위 주방의 청구서와 재고량을 검토하여 구매청구서PR: Purchase Requisition를 작성하여 구매부서에 보낸다. 구입된 식재료는 일정한 절차를 거친 후 창고에 보관한 후 각 영업 주방이나 단위 주방에서 식재료를 반출하여 음식을 만든다.

표 10-2 **구매방법**

구매방법	장점	단점
공개경쟁 방식	업체 간의 경쟁으로 가격 대비 좋은 품질의 식재료를 공급받을 수 있다	절차가 복잡하고 시간이 많이 걸린다.
임의계약 방식 (수의계약 방식)	절차가 간단하고 구매시간이 적게 걸린다.	불리한 가격과 품질의 식재료를 공급받을 수 있다.

3. 식재료의 검수관리

검수관리Receiving Management란, 구매한 식재료가 호텔로 입고되기 전 식재료를 세밀하게 조사하고 그것들을 수령하거나 반품하는 일련의 행위를 말한다. 이는 납품업자가 보낸 식재료가 수령 장소에 도착하는 것에서부터 검수원이 모든 구매 식재료의 수량을 세고, 무게를 달며, 색이나 향을 식별하는 등 구매조항에 명시된 품질기준과 일치하는지의 여부와 식재료의 질이 구매명세서와 일치하는가를 일일이 살피는 과정이다. 지정된 검수원이나 수령담당자는 식재료의 품질, 수량, 무게, 가격 등이 구매명세서와 내용이 일치하는가를 평가할 수 있어야 하므로, 식재료에 대해 가능한 한 많은 정보와 지식을 습득해야 한다.

정확한 품질과 정량의 식재료를 최적의 공급자로부터 최적기에 좋은 구매가격에 획득하는 것이 구매의 목표라면, 검수의 주요 목표는 구매된 식재료가 이러한 기준에 적합한가를 점검하고 수령된 식재료를 통제하는 일이다. 일단 검수원이 식재료를 수령하게 되면, 그것이 어떤 것이든 간에 호텔의 자산이 된다.

효율적인 검수의 필수요건은 우선 유능한 검수원이다. 검수관리에는 절대적으로 유능한 종사원이 필요하다. 검수원이 갖추어야 할 기본 자질로는 두뇌, 정직성, 직업에 대한 흥미와 의욕, 식재료에 대한 지식 등이 있다. 검수관리는 시간과 비용의 소모가 초래되는 작업이므로 검수원은 다양한 상품의 질에 대해 평가할 수 있는 능력을 갖추어야 하고, 필요한 서류작업과 컴퓨터를 이용한 기록관리 등을 적절히 수행할 수 있는 사무능력도 겸비해야 한다.

검수방법에는 전수조사와 표본(샘플링)조사가 있는데, 전수조사는 구매량이 적고 고가인 경우 구매된 물량 전체를 조사하는 것으로, 시간과 비용이 많이 든다. 반면, 표본조사는 구매량이 많고 저가의 경우 구매된 물량 중 일부 표본을 추출하여 검수하는 것으로, 신속한 검수를 할 수는 있으나 다소 품질의 오차가 발생할 수 있는 단점이 있다. 또 적절한 검수장비가 필요하다. 식자재의 무게를 달고 길이를 잴 저울과 자, 당도측정기 등은 가장 기본적인 검수도구이다. 최신 장비로는 레이저 건이 있는데, 이는 포장 상품의 바코드를 읽는 데 사용하며, 배달된 상품들을 정확하고 편리하게 검수할 수 있다.

그리고 적절한 검수시설이 필요하다. 여기서 시설이라 함은 전체 검수지역을 일컫는다. 예를 들어, 검수지역의 조명은 식재료들을 관찰할 수 있을 만큼 충분한 조도가 유지되어야 하고, 적절한 안전설비가 있어야 하며 검수원과 배달원 모두 작업하기에 편리하도록 설계되어야 한다.

표 10-3 검수기준

검수기준	내용
완전성	식재료가 깨지거나 흠이 없는지의 여부
청결성	식재료에 흙이나 벌레 등 이물질이 묻어 있는지의 여부
균일성	식재료의 크기나 모양이 일정한지의 여부
안전성	식재료에 농약 등 위해물질이 묻어 있는지의 여부
보존성	식재료 고유의 색과 맛, 향 등 고유 특성 유지 여부

검수시간은 사전에 계획되어야 한다. 가능하다면 배달시간을 시차제로 하여 일시에 검수 작업이 몰리는 것을 피해 검수지역이 혼잡하게 되는 일을 줄인다. 또한 식재료 배달 차량의 위생상태와 적절한 온도를 유지하였는지 등도 함께 확인해야 된다.

4. 식재료의 저장관리

구매와 검수절차를 마친 식재료들은 일정한 장소에 일정기간 동안 보관하게 되는데, 이는 최상의 상태를 유지하고 부패에 의한 손실 발생을 최소화하는 데 그 목적이 있다. 다시 말해, 저장관리Storing는 적정 조건에 식재료를 보관함으로써 최상의 품질을 유지시키고 부패에 의한 손실과 도난을 방지하려는 활동이다. 저장은 검수와 조리업무를 연결하는 역할을 하고 있으며, 생산하고자 하는 음식의 품질에 직접적인 영향을 미치는 중요한 업무이다.

종사원이나 고객들에 의한 절도는 호텔의 작은 기물이나 식재료가 누출되는 원인이 된다. 지배인이나 경영자의 허가 없이 음식을 소모하는 것도 절도의 일종으로, 흔히 '재고수축'이라고 표현하기도 한다. 종사원들의 비리로 유출되는 손실을 줄이기 위해서는 영업장 내에서의 서비스과정과 조리과정에 대한 적절한 관리감독이 수행되어야 하고, 반드시 지정받은 종사원만이 식재료 창고와 보관지역을 출입할 수 있게 하며, 이들에 대한 관리와 감독을 철저히 하도록 한다.

부패와 변질에 의한 손실은 도난과 절취에 의한 손실보다는 조금만 신경을 쓴다면 잘 관리할 수도 있다. 식재료의 부패와 변질의 주요 원인은 부적당한 저장조건에 있고 그 결과는 곧 원가상승으로 나타나기 때문에 저장온도, 기간, 환기, 저장 시 재료 간의 간격, 위생 등 적당한 저장조건의 조성과 유지는 저장관리의 본질적인 기능이며, 원가관리의 기초가 된다. 냉장고는 5℃ 이하, 냉동실은 영하 18℃ 이하로 온도를 유지해야 한다. 건조식품의 경우 10~21℃ 사이, 습도는 50~60%를 유지해야 한다. 좀 더 자세히 살펴보면, 식재료를 덮개로 덮어두거나, 용기에 밀봉하여 보관하거나, 벽이나 바닥에서 일정간격을 띄어두고 식재료를 보관해야 한다. 또한 식품저장소에는 독극물이나 유독물질, 세척제와 같은 물품을 함께 보관하지 않도록 한다.

저장관리 목표 달성의 필수 요소로는 적절한 공간과 시설, 적절한 온도와 습도 유지, 저장위치 표식, 분류 후 저장유지 관리, 최대의 공간 활용, 작업수행을 위한 충분한 시간 등이 있다.

표 10-4 **저장기준**

품목	온도	습도
육류	0~2.2°C	75~85%
생선류	-1~10°C	75~85%
유제품	3.3~4.4°C	75~85%
과일 · 채소류	4.4~7.2°C	85~95%
건식품	15°C 정도	50~60%

자료: 이정학, 호텔식음료실습, 기문사, 2012: 18.

5. 식재료의 출고관리

출고Issuing란 식재료관리에 있어서 마지막단계로, 구매나 여타의 경로를 거쳐 호텔에서 입수된 물품을 조리부서나 식음료 부서로 공급하는 일련의 과정을 말한다. 이 과정은 또한 조리부서에 보내진 식재료에 대한 통제와 관리를 수반하며, 원가관리에 필요한 정보를 제공하는 수단이 된다. 출고는 일시적으로 쓰이지 않아 저장해 두는 저장출고와 즉각적으로 출고되는 직접출고가 있다. 직접출고는 구입 당일 날 소모될 식자재에 해당하는 경우가 많으므로, 구입 당일 날 소모되지 않은 모든 식재료는 저장출고에 의한다.

식재료는 선입선출법FIFO: First-in, First-out에 따라 가장 오래 보관된 식품이 가장 먼저 사용되도록 한다. 따라서 포장지나 용기에 수령한 날짜를 반드시 표기하도록 한다.

선입선출법FIFO

먼저 입고된 식재료를 먼저 쓰고, 나중에 들어온 식재료를 나중에 사용하는 방법이다. 이에 식재료의 유효기간에 유념하고, 식자재 창고에 저장할 때도 들어온 순서와 날짜를 구분하여 적어 관리해야 한다.

식재료가 검수과정을 거쳐 저장실로 옮겨지고 저장실로부터 조리부서로 보내져 당일 소모가 되면 이 역시 저장출고라 볼 수 있는데, 저장출고에 대한 기본적인 관리는 모든 식자재를 조리부서로부터 식재료 출고요청 양식에 따르지 않는 한 어떤 식자재도 출고되어서는 안 된다.

모든 출고요청서는 주방장이 사전점검을 하여 과연 필요한 식재료가 정확한 양만큼 요청되는지 살펴본 후, 적절하다고 판단되면 주방장이 최종적으로 승인해서 창고관리 담당종사원에게 양식을 보낸다.

식재료관리에 있어 재고조사는 호텔이 보유하고 있는 식자재 물자를 품목별로 수량, 상태 및 위치를 정확히 파악하여 그 결과를 장부상의 기록과 대조하여 차이가 발생된 경우에 그 원인을 규명하고 언제나 장부상의 계정과 현물의 수량상태가 실제 내용과 일치하도록 관리하는 업무를 말한다. 재고조사의 목적은 정확한 재고자산을 파악하고 관리의 제도적인 개선의 기본요소를 제공하여 물자관리의 모든 문제점을 도출하려는 데 목적이 있다.

식재료의 재고조사는 일반적으로 크게 두 가지 방법에 의한다. 가장 일반적인 방법은 실지재고조사법으로 주요 재고품을 낱낱이 세는 방법이다. 다른 하나는 계속기록법으로 모든 구매 내역과 출고요청서의 내역을 기록하여 항시 정확한 재고 파악이 가능하도록 기록해두는 방법을 말한다. 파악된 재고 내역은 실제적으로 판매된 식재료 원가와 비용을 계산하는 데 필요하다. 또한 적정 수준의 재고가 유지되는지 알려주며 장래의 구매량 등을 예측하도록 해준다.

식재료는 가장 신선한 상태로 조달되어야 하며, 연 4회 이상 일일 식자재 납품업체, F&B Director, Executive Chef, Outlet Manager, Purchasing Agent, F&B Cost Controller 등과 만나 전반에 관해 협의해야 한다.

HACCP Hazard Analysis Critical Point

1995년 12월에 우리나라에서 도입하였으며, 「식품위생법」에서 '식품위해요소중점관리기준'이라고 한다. 이는 식품의 원재료 생산에서부터 제조, 가공, 보존, 조리 및 유통단계를 거쳐 최종소비자가 섭취하기 전까지 각 단계에서 위해 물질이 해당식품에 혼입되거나 오염되는 것을 사전에 방지하기 위해 발생할 우려가 있는 위해요소를 규명하고, 이들 위해요소 중에서 최종 제품에 결정적으로 위해를 줄 수 있는 공정, 지점에서 해당 위해요소를 중점적으로 관리하는 위생관리시스템이다.

11장

호텔 식음료 기물관리와 테이블 세팅

호텔 식음료 영업을 수행하기 위해서는 각 영업장에서 필요한 서비스용품은 제공품목과 서비스 방법에 따라서 종류가 매우 다양하다. 일반적으로 고객이 호텔 식음료 업장을 이용하면서 사용하는 필요한 도구들의 종류는 크게 기물류, 비품류, 장비류 등으로 구분할 수 있고 자산의 가치로서 많은 비중을 차지하고 있다. 그러므로 일별 · 주별 · 월별 · 연도별 재고조사(inventory)를 실시하여 체계적인 재고관리가 필요하다.

그림 11-1 **호텔 식음료 서비스 용품**

1절

호텔 식음료 기물

호텔 식음료 부서에서 사용되는 기물들은 일반적으로 같은 종류의 기물보다 고급스러움을 나타내야 하기 때문에 매우 고가이다. 그래서 이러한 기물들은 호텔의 고정자산으로서 매우 중요하므로 세심한 관리와 주의가 필요하다,

호텔 식음료 업장에서 사용되는 기물은 크게 은기물류Silver Ware, 도자기류China Ware, 글라스류Glass Ware, 기타 도구류Utensil로 나눌 수 있다.

그림 11-2 호텔 식음료 기물의 종류

1. 은기물류Silverware

은기물류는 순은제와 은도금, 스테인리스 등 세 종류가 있는데, 순은제는 가격이 고가이고 관리가 어렵기 때문에 스틸Steel로 만들어진 것에 은으로 도금을 한 기물을 주로 사용하고 있다. 하지만, 현재 호텔에서는 가격이 싸고 관리가 쉬운 스테인리스 기물Stainless Still을 많이 사용하고 있다.

고객이 테이블에서 식사할 때 사용하는 나이프, 포크, 스푼 등의 모든 은기물들을 커틀러리Cutlery라고 부르기도 한다.

1) 나이프Knife

애피타이저 나이프Appetizer Knife, 샐러드 나이프Salad Knife, 피시 나이프Fish Knife, 미트 나이프Meat Knife 혹은 앙트레 나이프Entree Knife, 디저트 나이프Dessert Knife, 과일 나이프Fruit Knife, 카빙 나이프Carving Knife, 버터 나이프Butter Knife, 테이블 나이프Service Knife 등이 있다. 나이프와 포크의 크기는 Meat용이 가장 크며, Salad, Appetizer, Dessert 용은 중형 크기이다.

2) 포크Fork

에스카르고 포크Snail Or Escargot Fork, 칵테일 포크Cocktail Fork, 애피타이저 포크Appetizer Fork, 샐러드 포크Salad Fork, 피시 포크Fish Fork, 미트 포크Meat Fork, 디저트 포크Dessert Fork, 과일 포크Fruit Fork, 카빙 포크Carving Fork, 서빙 포크Serving Fork 등이 있다.

3) 스푼Spoon

뷔용 스푼Bouillon Spoon, 수프 스푼Soup Spoon, 디저트 스푼Dessert Spoon, 티스푼Tea Spoon, 커피 스푼Coffee Spoon, 멜론 스푼Melon Spoon, 아이스크림 스푼Ice Cream Spoon, 서빙 스푼Serving Spoon 등이 있다. 스푼의 크기는 Soup용이 가장 크며, Cake or Pudding용은 중형, Ice Cream과 Coffee 용은 가장 작은 것이다.

4) 기타 서비스 기물

수프 튜린Soup Tureen, 냅킨 홀더Napkin Holder, 소스 보트Sauce Boat, 워터 피처Water Pitcher, 샴페인 쿨러Champagne Coller, 커피 포트Coffee Pot, 아이스 패일Ice Pail 등이 있다.

5) 은기물류 취급방법

은기물류는 원가가 대단히 비싼 편이며, 또한 관리하는 데 상당한 주의를 요한다. 즉 약품처리를 해야 하며, 항상 반짝반짝 광이 나도록 해야 한다.

사용된 기물은 지정된 통에 같은 종류의 기물끼리 모으며, 취급 시에는 던지거나 소음을 내지 않도록 해야 하고, 찌그러지거나 흠이 잘 생기므로 주의하여야 한다. 모인 기물은 세척기Dish Washer에서 뜨거운 물로 세척액을 사용하여 충분히 씻어 낸다.

은기물류는 세척 후 얼룩이 생기는 관계로 뜨거운 물에 담근 후 깨끗이 닦은 후에 반드시 마른 워시 타월Wash Towel을 이용하여 물기를 제거한다. 이때 종류별로 분류된 기물을 왼손에 쥐고 용기에 뜨거운 물에 넣었다가 핸드 타월로 기물의 손잡이를 쥐고, 오른쪽으로 음식

그림 11-3 은기물류의 종류

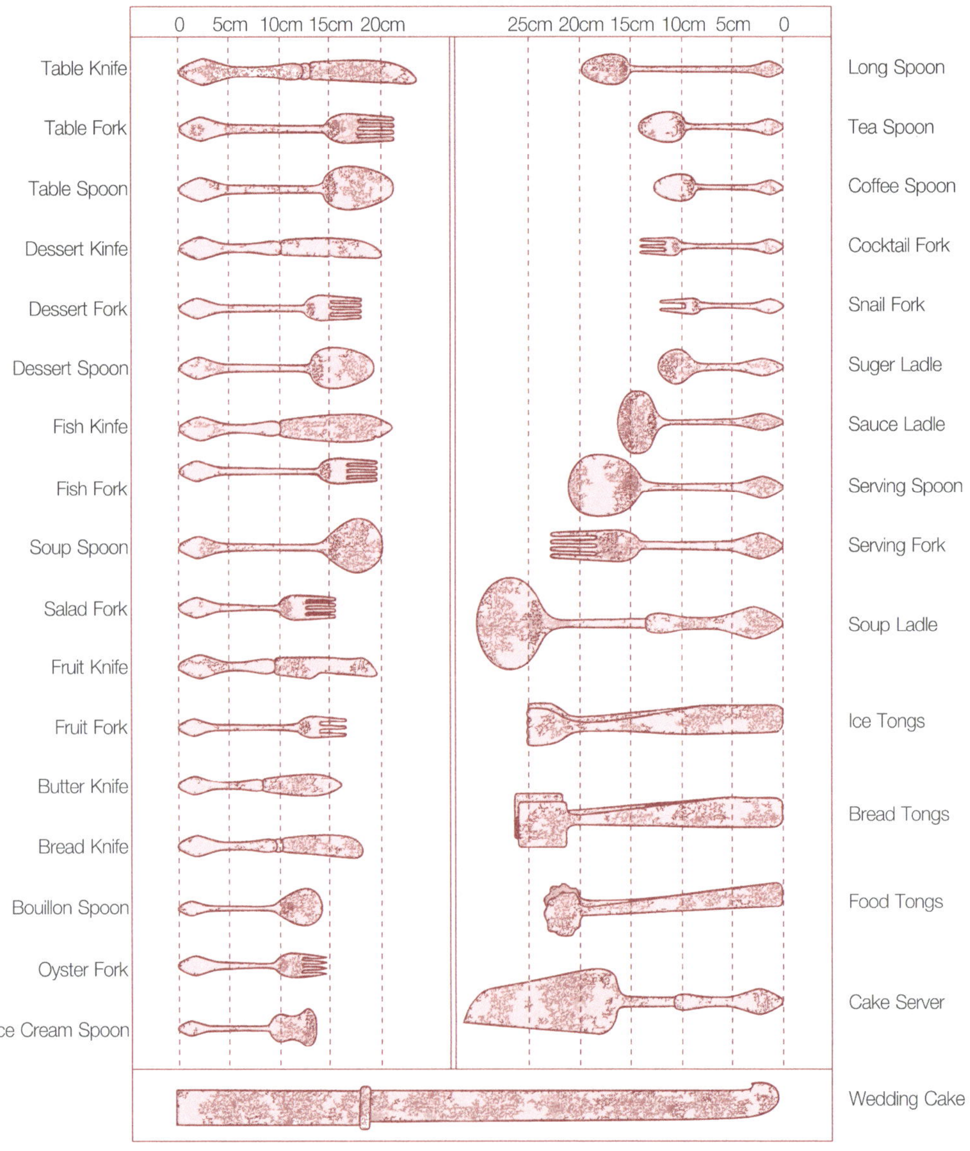

자료: 남택영, 호텔 식음료실무론, 새로미, 2007: 89.

이 닿는 부분부터 손잡이 쪽의 순서로 물기가 완전히 제거되도록 신속한 동작으로 깨끗이 닦는다. 특히 나이프Knife를 닦을 때는 칼날이 바깥쪽으로 향하도록 닦아야 하며, 핸드 타월이 칼날에 스쳐 찢어지지 않도록 주의해야 한다. 또한 주기적으로 광택제를 이용하여 광택을 유지하여야 한다.

깨끗하게 준비된 기물로 테이블 세팅을 할 때에는 음식이 닿는 위 부분을 손으로 잡거나 만져서는 절대로 안 되며, 반드시 손잡이 부분을 모로 잡아 가능한 한 손자국이 나지 않도록 취급하며, 운반할 때에는 소음이 나지 않도록 트레이Tray를 사용한다.

2. 도자기류Chinaware

도자기류는 주로 한식당, 중식당, 일식당 등 동양식 식당에서 주로 사용하는 기물로서 음식을 직접 담아서 제공하는 용도로 사용되기 때문에 무늬나 색깔 그리고 형태가 음식과 조화를 이루어야 한다. 일반적으로 도자기류는 형태나 크기가 다양한데 플레이트Plate, 보울Bowl, 컵과 밑받침Cup & Saucer 등으로 구분할 수 있다.

도자기류는 비용 면이나 관리 면에서 상당히 어려움을 겪고 있다. 대부분 기물의 가장자리 부분이 깨지는 경우가 가장 많이 발생하므로 서로 부딪히지 않도록 항상 주의하여 취급하여야 하며, 운반할 때 한꺼번에 많은 양을 취급하지 않도록 해야 한다.

한식 기물은 투박하고 무거우나 잘 깨지지 않는 장점이 있으며, 중식 기물의 경우는 거의 큰 접시로 이루어져 무겁고 취급하기가 어렵다. 일식 기물의 경우 매우 작고 가벼우며, 잘 깨지기 쉽고 각양각색의 모양과 색채를 가지고 있는 특징이 있다.

1) 플레이트Plate

플레이트는 접시류로, 식당 집기 중에서도 가장 빈번하게 쓰임새가 많은 집기이다. 플레이트는 사용하는 용도에 따라 서비스 플레이트Service Plate, 브레드 앤 버터 플레이트B & B Plate, 애피타이저 플레이트Appetizer Plate, 샐러드 플레이트Salad Plate, 앙트레 플레이트Entree Plate, 디저트 플레이트Dessert Plate, 쇼 플레이트Show Plate 등이 있다.

그림 11-4 플레이트의 종류

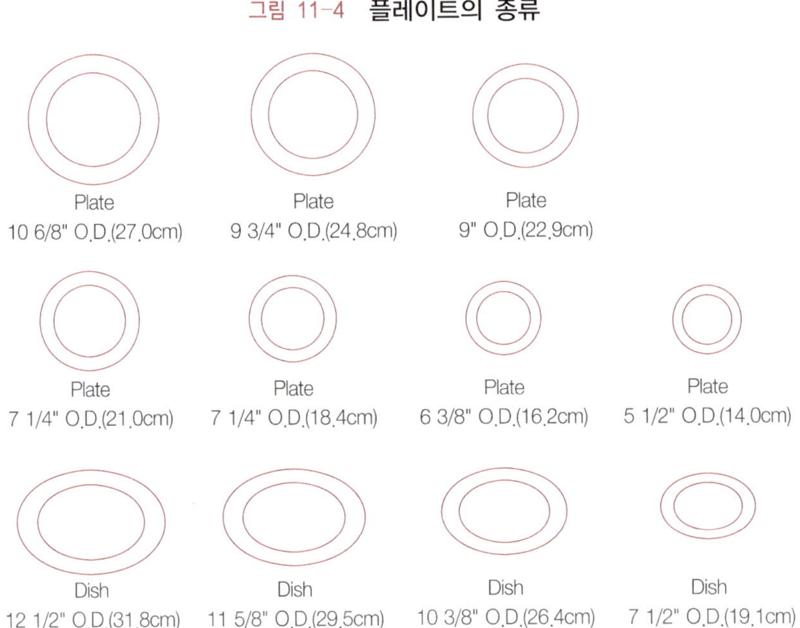

2) 보울Bowl

보통 속이 움푹 들어간 모양으로 접시의 형식과 컵의 형식이 가미된 것을 보울이라 하며, 손잡이가 없는 것으로 샐러드 볼Salad Bowl, 수프 볼Soup Bowl, 시리얼 볼Cereal Bowl, 슈거 볼Sugar Bowl 등이 있다.

3) 컵과 밑받침Cup & Saucer

컵을 제공할 때에는 반드시 밑받침Saucer을 받쳐 제공하여야 한다. 그 종류를 살펴보면 커피 컵과 밑받침Coffee Cup & Saucer, 부용 컵과 밑받침Bouillon Cup & Saucer 등이 있다.

4) 도자기류 취급법

접시류는 운반과 취급 시 깨지지 않도록 상당한 주의를 요한다. 큰 기물은 손으로 직접 운반하며, 작은 기물은 트레이를 이용하여 운반한다. 접시를 드는 방법에는 2개, 3개, 4개를 드는 법과 여러 개를 한꺼번에 운반하는 방법이 있는데, 취급 시에는 접시의 테두리Rim 안쪽으로 손가락이 들어가지 않도록 잡아야 한다.

3. 글라스류Glassware

호텔의 식음료 업장에서 사용하는 글라스류는 종류도 다양하고, 모양도 가지각색이어서 제공하는 음료나 주류에 따라 적합한 글라스를 선택하여 사용하고 있다.

일반 식음료 업장에서 사용하는 글라스는 워터 고블렛Water Goblet이나 하이볼Highball을 사용하고, 대부분의 글라스류는 바 글라스Bar Glass에 해당하는 것이 대부분이며, 디자인과 모양, 용량에 따라 다르고, 또한 제조사에 의해서 같은 용도의 것이 달리 만들어지기도 한다. 그리고 동일한 글라스를 다양한 용도로 사용하기도 하며, 업장에 따라 색깔Color을 넣은 글라스류도 사용하고 있다. 이는 어떠한 글라스를 사용하느냐에 따라 분위기와 음료의 맛이 달라지기 때문이다. 이와 같은 글라스류의 종류는 스템Stemmed이 있는 글라스와 없는 글라스로 나눌 수 있다.

그림 11-5 글라스의 분류

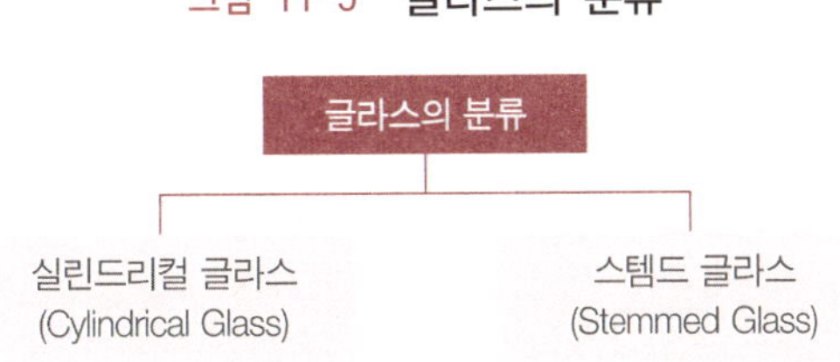

일반적으로 스템이 없는 글라스를 실린드리컬 글라스Cylindrical Glass 또는 원통형 글라스Tumbler라고도 한다. 그리고 와인 글라스나 샴페인 글라스, 칵테일 글라스, 위스키 사워 글라스, 브랜디 글라스 등 스템이 있는 글라스가 있다. 따라서 글라스를 잡을 때 스템이 있는 글라스는 반드시 스템을 잡고, 스템이 없는 글라스는 글라스의 하단 부위를 잡아 서브하도록 해야 한다. 트레이Tray를 이용하여 운반할 때에는 글라스가 미끄러지지 않도록 트레이에 매트Mat 또는 냅킨Napkin을 깔고 한쪽으로 기울어지지 않도록 중심 부분에 높은 잔을 놓고 점차 낮은 잔을 붙여 놓는다. 또한 한꺼번에 많은 양의 글라스를 운반할 때에는 글라스 랙Glass Rack을 이용하고, 용도와 규격에 맞는 랙을 사용해야 하며, 절대로 손가락으로 글라스 안을 잡고 운반하는 행위를 금해야 한다. 실제 호텔 식음료 업장에서 경험이 많지 않은 신입 직원의 경우 고객에게 음료 서비스 시 세심한 주의를 기울여야 한다.

그림 11-6 **글라스의 종류**

술잔은 마시려는 술의 종류나 알코올 도수에 따라 다른 것이 사용된다. 향이 매우 강하거나 그다지 감미롭지 않은 술을 마실 때는 입구가 넓은Wide Mouth 잔을 쓰고, 향이 약하거나 미묘한 술에는 향이 모아져야 제대로 감상할 수 있으므로 튤립처럼 입구가 오므라든 잔이 사용된다. 맥주와 동동주 같이 도수가 낮고 양이 많은 술에는 큰 잔이 사용되고, 위스키나 브랜디 등 고도주에는 작은 잔이 사용된다.

1) 와인 글라스Wine Glass

보통 5~8Oz로 폭보다 길이가 길고, 위Top와 밑Bowl의 넓이가 비슷하게 생겼다. 레드와인잔은 화이트와인 잔보다 크고 넓게 생겼다. 와인 글라스는 스템을 이용하여 손에서 잔으로 전달되는 체온으로 와인의 맛을 조절하기도 한다. 화이트와인의 경우 낮은 온도로 저장된 상태로 음용되는데, 보통 때는 스템을 쥐고 마시지만 경우에 따라서 와인이 담긴 부분의 밑을 손바닥으로 거머쥐기도 하는데, 이는 낮은 온도에서 보존되어 있던 휘발성 향기 성분이 부드럽게 밖으로 나와 코끝을 자극하기 때문이다.

2) 칵테일 글라스Cocktail Glass

밑Bottom은 좁고, 위Top는 넓으며, 용량은 3~4Oz로 대게 삼각형V-Shaped으로 되어 있고, 크기와 모양은 여러 가지로 변하고 있다.

3) 샴페인 글라스Champagne Glass

샴페인은 주로 축하주로 사용한다. 모양은 소서Saucer 형태이나 요즘은 거품이 흘러내리지 않도록 튤립형Tulip-Shaped을 많이 사용하고, 글라스 용량은 5Oz 정도의 용량이 적합하다,

4) 기타 글라스

투구형으로 장식된 독일 맥주잔은 대개 도자기로 되어 있는데, 맥주 속의 탄산가스와 거품을 보존하기 위해서 사용된다. 또한 금속으로 만든 잔도 있는데 금·은 잔은 최고급이며, 주석잔은 맥주의 신선도를 잘 유지시켜 준다.

2절

호텔 식음료 린넨

1. 린넨류Linen

호텔 식음료 부서에서 사용되는 린넨류는 면직류Cotton의 이중직으로 물세탁할 수 있는 직물이며, 비교적 고가품으로 훼손이나 손실이 되지 않도록 조심해서 취급하여야 하고, 항상 깨끗하게 세탁하여 사용하여야 한다. 이러한 린넨류는 업장의 디자인이나 분위기와 잘 어울려야 하며, 사용목적 이외에 절대 사용해서는 안 되고, 찢어지거나 흠집, 얼룩, 냄새가 나는 것을 사용해서는 안 된다. 업장에서는 영업상 적절한 필요수량은 최소한 300% 이상을 확보하여 필요수량을 확보하여야 한다.

일반적으로 호텔 식음료 업장에서는 깨끗함을 강조하기 위하여 흰색의 린넨류를 주로 사용해 왔는데, 최근에는 모임의 성격이나 주최측의 요구 등에 따라 다양한 색상의 린넨류를 사용하고 있다.

1) 테이블 클로스Table Cloth

식탁의 청결함을 나타내기 위하여 일반적으로 면직류나 마직류로 만든 흰색의 클로스가 주종을 이루고 있지만, 최근에는 식당의 분위기나 행사의 종류에 따라 색과 무늬가 들어간 테이블 클로스를 사용하기도 하고, 클로스를 이중으로 깔아서 식탁을 장식하는 경우도 있다. 반드시 테이블의 용도와 규격에 맞는 것으로 사용해야 한다. 보통 테이블 클로스의 크기는 식탁이 90cm×90cm이면 180cm×180cm로 하여 테이블 사방에 45cm 정도 밑으로 드리워지도록 한다.

2) 언더 클로스Under Cloth

일명 사일런스 클로스Silence Cloth 또는 테이블 패드Table Pad라고도 한다. 테이블 클로스 밑에 깔며, 테이블의 수명 연장과 식탁 위에 접시나 기물 등을 놓을 때 촉감을 부드럽게 하고 기물에서 소리가 나지 않도록 완충작용을 하기 위해 사용한다. 언더 클로스는 테이블에 고정하여 사용하는 것이 일반적이다.

3) 탑 클로스Top Cloth

테이블 클로스 위에 깔아 클로스가 쉽게 더러워지는 것을 예방하고, 클로스의 수명 연장과 식탁의 품위 및 분위기를 화려하게 장식하기 위해 사용한다.

4) 냅킨Napkin

호텔 식음료 부서에서 가장 많이 사용하는 린넨이며, 테이블 세팅의 마지막 단계의 장식으로서 고객이 식사 중 입이나 손을 닦거나 음식을 흘려 옷이 더러워지는 것을 방지하기 위해 무릎 위에 놓아 사용하는 면직으로 만든 것이다. 테이블에 세팅되는 장식품 중에서 레스토랑의 분위기를 살리는데 가장 좋은 소품 중의 하나로, 흰색을 주로 사용하나 식당의 분위기와 테이블 클로스와 잘 어울리는 핑크Pink, 연두색Green, 파란색Blue 등이 사용된다. 보통 규격은 50cm×50cm 또는 60cm×60cm 등이 대부분이다.

5) 서비스 타월Service Towel

식음료 종사원들이 뜨거운 음식을 운반하거나 부주의로 음식 등을 쏟았을 경우 신속히 대처하고, 면직류나 마직류로 만들어 3~4등분하여 종사원의 왼쪽 팔에 휴대하여 암타월Arm Towel 또는 핸드타월Hand Towel이라고도 부른다.

6) 워시 타월Wash Towel; Cloth

크리닝 타월Cleaning Towel이라고도 하며, 면 소재로 식당의 기물이나 집기류 등을 닦을 때 사용하는 것으로, 색상이나 모양을 달리하여 사용하기 편리하게 만든 클로스이다.

7) 미팅 클로스Meeting Cloth

미팅 클로스는 식음료 업장보다는 연회행사가 주가 되는 연회장에서 주로 회의나 세미나, 국제회의 등에 사용되며 무늬가 없는 색상으로 촉감이 부드러운 털로 다져서 만든 천Felt이 주종을 이루고 있으며, 일반적으로 피곤함을 덜기 위하여 초록색과 갈색을 많이 사용한다.

8) 스커트Skirt: Drapes

뷔페나 회의 테이블을 꾸밀 때 하단 부분이 보이지 않게 하기 위해서 두르는 천으로서, 일명 치마라고도 부른다.

2. 트레이Tray

트레이는 음식이나 식기 등을 안전하게 운반하기 위하여 사용되는 기물로서 접객 서비스 시에 가장 필요로 하는 비품 중 하나이다. 용도에 따라 크고 작은 형태로 나누어진다. 일반적으로 실버Silver류, 스테인리스Stainless류, 플라스틱Plastic류 제품이 많으며, 둥근형Round, 타원형Oval, 사각형Square, 직사각형Rectangular 등의 종류가 있다.

트레이를 들 때에는 반드시 왼손으로 들어야 하고, 옆구리에 끼고 다녀서는 안 되며, 트레이에 기물을 놓을 때는 가운데 부분부터 놓는 것이 안전하고, 내려놓을 때는 바깥쪽 것부터 먼저 내려놓는다.

3. 냅킨 접는 방법Napkin Folding

동일한 크기와 색상의 냅킨을 업장의 분위기에 맞추어 보기 좋은 모양으로 접는 것을 말한다. 보통 나이프와 포크의 중앙에 세우고, 쇼 플레이트Show Plate가 있으면 그 위에 세운다. 이때 주의할 점은 여러 번 손을 대지 않고 위생적으로 보기 좋게 접어야 하고, 실밥이 뜯어졌거나 오물이 지워지지 않은 부분이 있거나 구멍이 난 것은 사용을 금한다.

냅킨은 가장 청결하고 위생적으로 취급해야 하며, 접는 모양에 따라 분위기를 좌우하고 테이블 세팅의 품위를 높여준다. 그래서 항상 고객에게 새로운 인상을 주기 위해 다양한 모양으로 접어 변화를 주도록 한다. 영업장의 종류 및 특성에 따라서 냅킨 접는 모양을 달리한다.

1) 주교모자형The Bishop's Mitre

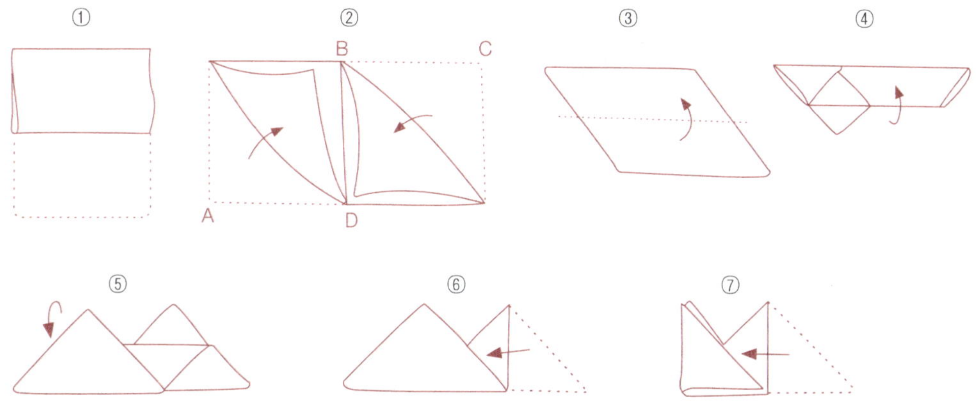

① 반을 접는다.
② A에서 B로, C에서 D로 가운데를 향하여 반씩 접는다.
③ 뒤집는다.
④ 아랫부분을 윗부분과 만나도록 접어 올린다.
⑤ 윗부분을 잡고 뒤집는다. 오른쪽 삼각 부분이 나타난다.
⑥ 오른쪽 부분을 반으로 접어서 안쪽으로 넣는다.
⑦ 뒤집어서 나머지 부분도 접어서 안쪽으로 넣은 후 둥글게 손질하여 세운다.

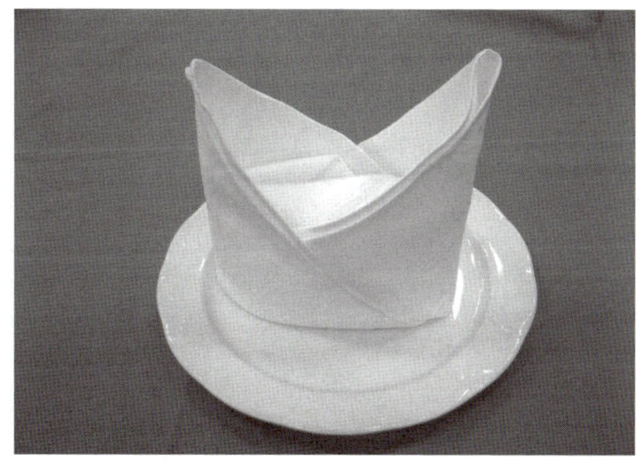

2) 왕관형The Crown

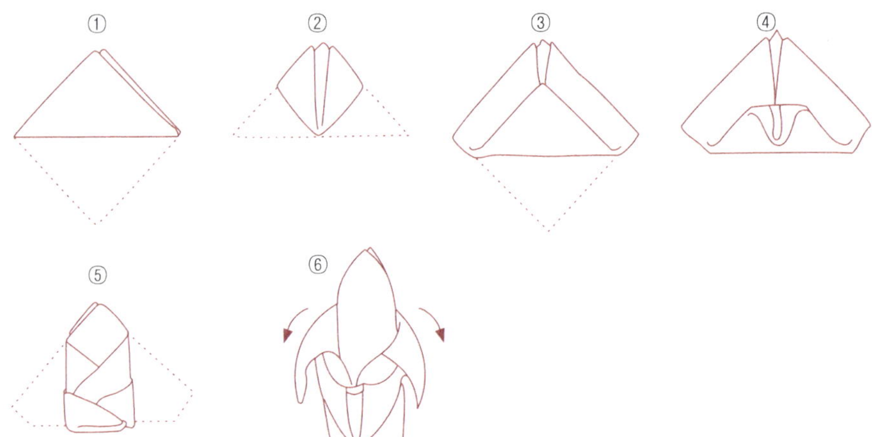

① 냅킨을 다이아몬드형으로 펼친 다음 반을 접는다.

② 좌우 끝부분을 윗모서리와 만나도록 각각 접어 올려 다이아몬드형이 되게 한다.

③ 위에서 3cm 정도 아래까지 아랫부분을 접어 올린다.

④ 접어 올렸던 부분을 다시 아래 끝부분까지 접어 내린다.

⑤ 뒤집어 양쪽 모서리 부분을 잡은 다음 한쪽을 안으로 끼운다.

⑥ 돌려서 둥글게 손질하여 세운 다음, 양쪽 모서리 부분을 날개 모양으로 펼친다.

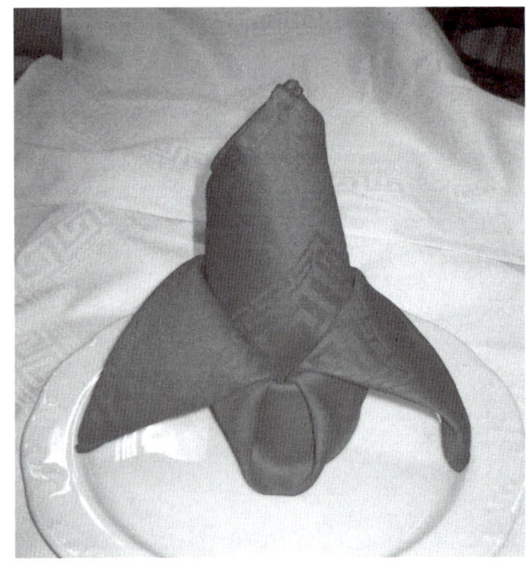

3) 촛불형

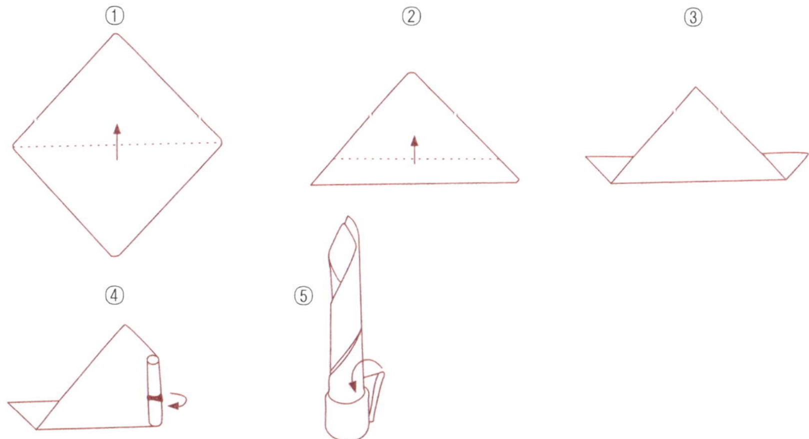

① 냅킨을 다이아몬드형으로 펼친 다음 반을 접는다.

② 밑 부분을 3cm 정도 접어 올린다.

③ 뒤집는다.

④ 한쪽 끝부분을 둥글게 말아 들어간다.

⑤ 끝부분을 말아 둔 부분에 끼운 다음 곧게 세운다.

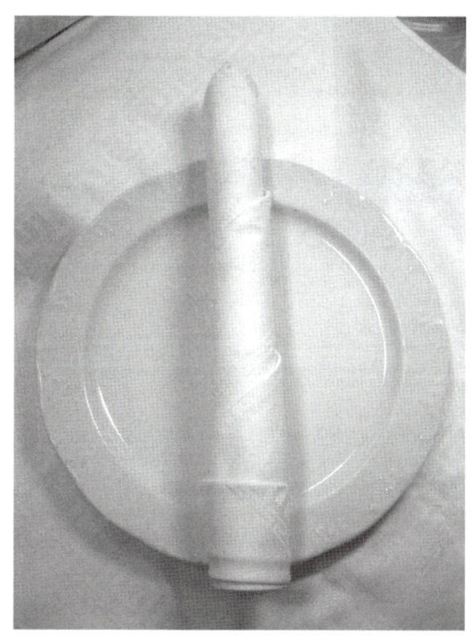

4) 부채형The Fan

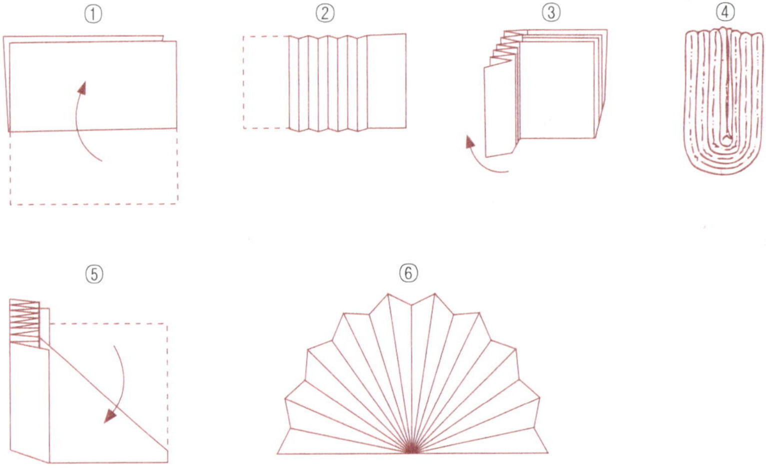

① 반을 접어 올린다.
② 왼쪽 부분을 주름지게 접으면서 우측 부분은 1cm 정도 남긴다.
③ 주름지지 않은 부분이 안쪽으로 들어가도록 반 접는다.
④ 정면에서 본 모습
⑤ 주름을 잡지 않은 부분을 반 접어 내린다.
⑥ 고리 부분이 바깥쪽으로 향하고 주름 연결 부분을 밀착시켜 부채 모양이 되도록 펼쳐 세운다.

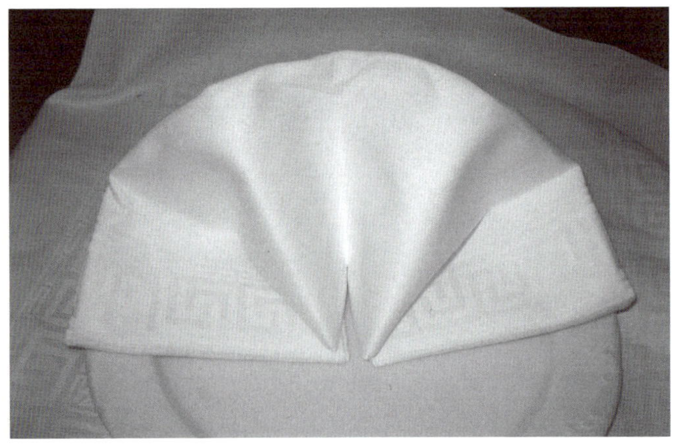

5) 별형

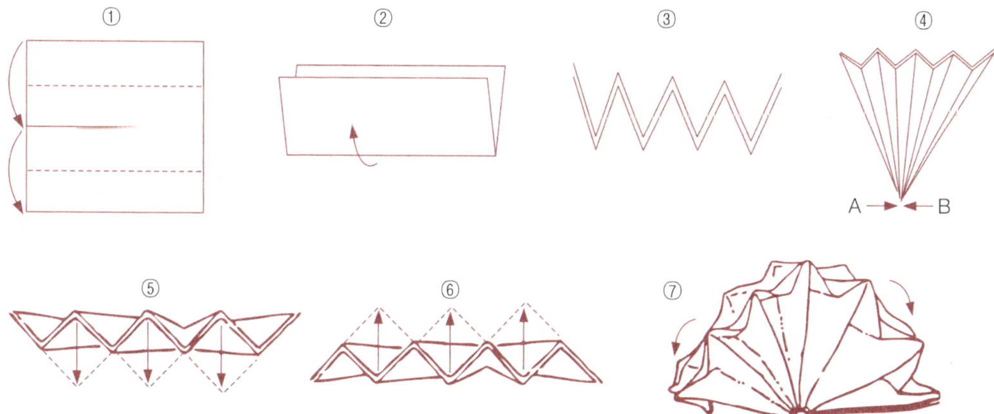

① B를 중심으로 아래위 A부분을 가운데로 접는다.

② 다시 반을 접는다.

③ 주름지게 접는다.

④ 한손으로 밑 부분을 움켜잡아 고정시킨다.

⑤ 접힌 주름을 한 꺼풀씩 꺾어서 접어 내린다.

⑥ 냅킨을 돌려서 ⑤처럼 똑같이 접는다.

⑦ 부채 모양이 되도록 펼쳐서 세운다.

6) 주머니형The Pocket

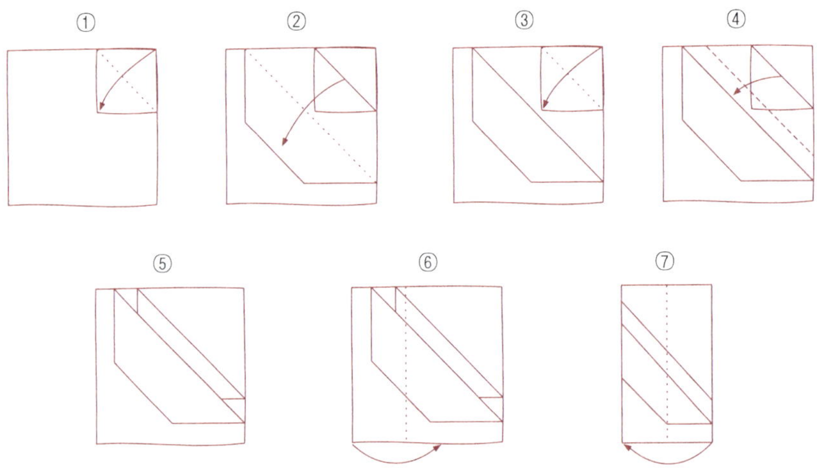

① 냅킨을 4등분으로 접은 상태에서 위쪽 모서리 부분을 화살표만큼 접는다.

② 다시 한번 점선 부분만큼 접는다.

③ 냅킨의 다음 한 꺼풀을 ①과 똑같이 접는다.

④ 점선만큼 다시 접는다.

⑤ 두 번째 접은 부분을 첫 번째 접은 부분 속으로 조금만 끼워 넣는다.

⑥ 냅킨을 3등분하여 점선만큼 뒤로 접는다.

⑦ 오른쪽 부분도 마찬가지로 뒤로 접은 후 끼워서 풀리지 않도록 한다.

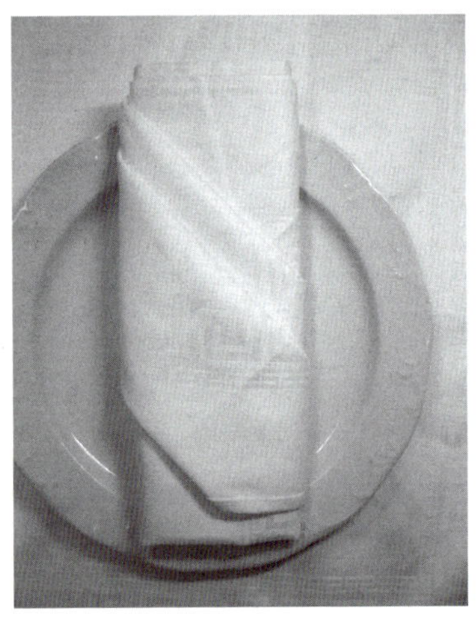

7) 벼슬형

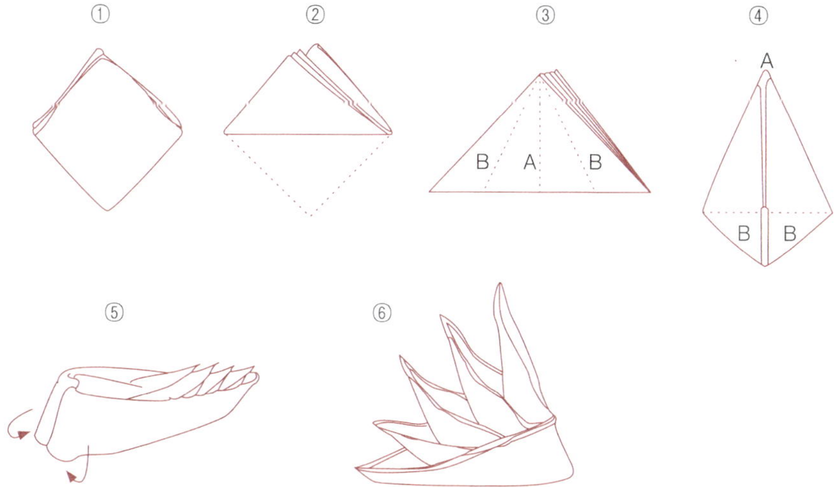

⑤ ⑥

① 4등분이 되도록 접는다.

② 다시 반을 접어 올린다.

③ A를 기준으로 양쪽 B를 가운데로 접는다.

④ 아래 양쪽 B 부분을 뒤로 꺾어 접는다.

⑤ 가운데를 꺾어 접는다.

⑥ 주름 접힌 속 부분을 한 꺼풀씩 당겨 올려 곧게 세운다.

8) 장미형

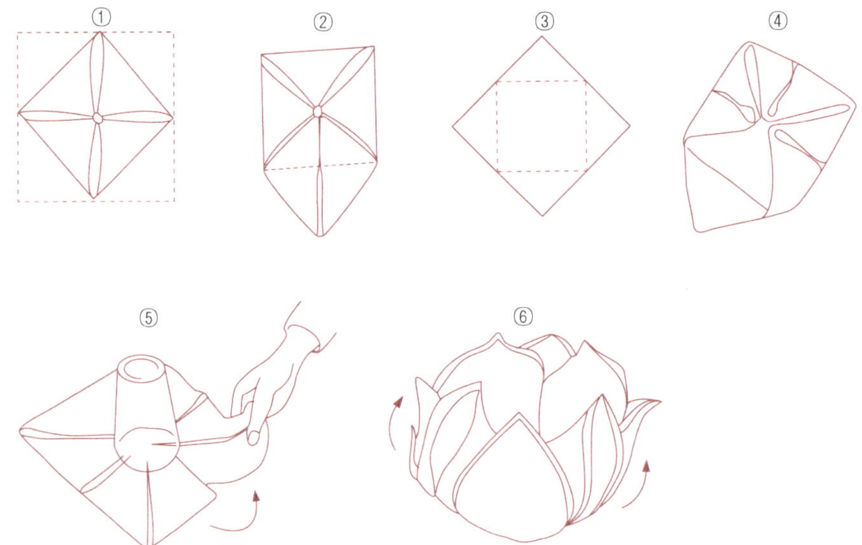

① 네 모서리를 가운데로 향하게 접는다.

② ①번과 같이 반복한다.

③ 뒤집는다.

④ 네 모서리를 가운데로 향하여 또다시 접는다.

⑤ 접힌 부분을 한 손으로 고정시키고 밑으로부터 각각의 모서리를 잡아 당겨서 올려 세운다.

⑥ 꽃잎 모양이 되도록 가운데로 모인 모서리부분도 당겨서 올려 세운다.

3절

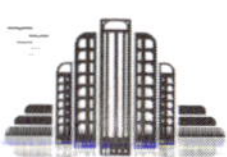

호텔 식음료 가구 및 장비류

1. 가구류

1) 테이블 및 의자

식음료 업장에서 가장 기본적인 가구는 테이블과 의자이며, 고가의 자산의 가치로서도 큰 비중을 점유하고 있다.

테이블의 높이는 72~75cm, 폭 80~90cm가 적당하며, 길이에 따라 정사각형 테이블Square Table, 직사각형 테이블Rectangular Table, 원형 테이블Round Table 등이 있다.

의자는 높이 42~45cm로 앉는 부분이 50×50cm가 적당하며, 종류에는 암체어Arm Chair, 스타킹체어Stocking Chair, 이지체어Easy Chair, 베이비체어Baby Chair 등이 있다.

2) 서비스 스테이션Service Station

식음료 종사원들이 고객에게 보다 빠르고 신속·정확한 서비스를 제공하고 효율적인 업무를 수행하기 위하여 식당의 지정된 장소에 배치해놓은 비품함으로서, 테이블웨어Table Ware, 린넨 보관, 접시와 컵류의 보관, 소모품 및 양념류 보관, 워터피쳐Water Pitcher, 기타 소모품 등을 보관하여 종사원들이 서비스할 때 사용한다. 또한 필요에 따라 이동식으로 꾸며진 사이드 테이블Side Table, 서빙 테이블Serving Table 등으로 불리기도 한다.

2. 장비류

장비류란 식음료를 운반하거나 진열·전시할 때 또는 음식을 제공하거나 취급할 때 사용되는 특수한 장비기물을 말한다. 그래서 장비류는 항상 청결하게 관리하고, 서비스에 필요한 준비물을 완벽하게 갖추어야 한다. 그리고 고객 앞에서 사용되는 목적 이외에는 다른 용도로 사용해서는 안 된다. 이러한 장비류는 사용목적에 따라 다양한 편이나 일반적으로 많이 사용하는 장비들은 다음과 같다.

1) 서비스 웨건Service Wagon; Trolley

고객의 요리를 신속하게 운반 또는 서브할 때 주로 사용하는 이동운반차이며, 영업 전에 암타월Arm Towel, 서비스기어Spoon & Fork, 트레이Tray를 충분히 준비해둔다.

2) 플람베 카트Flambee Cart; Wagon

종사원이 직접 고객 앞에서 전채Appetizer, 앙트레Entree 또는 후식Dessert 등을 조리하여 서브할 때 사용하며, 알코올 또는 가스버너를 갖춘 카트이다. 영업 전에 알코올 또는 가스와 서빙 기어의 충분한 양과 조리 시 필요한 프라이팬, 양념류, 각종 테이블 소스 등을 갖추고 있다.

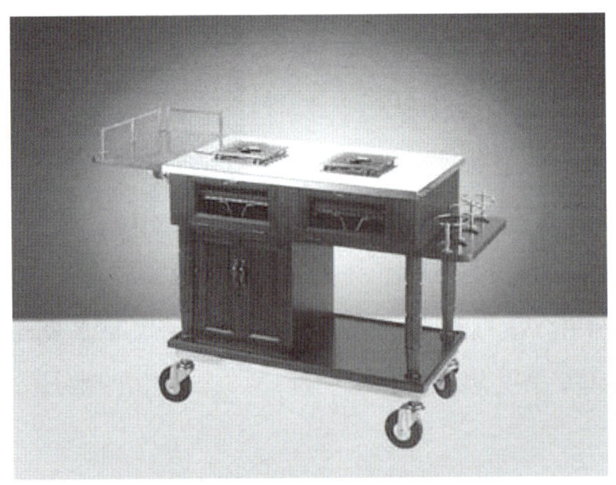

3) 디저트 트롤리Dessert Trolley

보관이 용이하도록 냉장설비가 되어 있으며, 여러 가지 후식을 진열하여 고객이 직접 볼 수 있도록 꾸며서 고객에게 직접 제공하는 수레이다.

4) 바 트롤리Bar Trolley

각종 주류와 주조에 필요한 얼음, 글라스, 칵테일용 부재료, 바 기물 등을 비치하여 고객 앞에서 주문받아 즉석에서 주조하여 서비스할 수 있도록 만든 이동식 수레이다.

5) 디시 워머Dish Warmer

주로 프렌치 레스토랑에서 사용하는 기물로서, 접시를 데우기 위해 전열을 이용해 만든 전열기구로 이동하기 쉽도록 바퀴와 온도조절기가 달려 있다.

6) 룸서비스 웨건Room Service Wagon

룸서비스에서 전문적으로 사용하는 웨건으로 객실까지 식사를 운반할 때 주로 사용하고, 접고 펼 수 있어 객실 내에서 식탁으로도 사용이 가능하다.

4절

테이블 세팅

1. 테이블 세팅의 정의

테이블 세팅은 고객에게 상품을 판매하기 위한 사전 준비작업으로서 식탁의 짜임새 있는 구성으로 분위기를 연출하여 즐겁고 편안한 식사가 되도록 테이블을 꾸미는 것을 말한다.

이는 고객의 편리성과 각 업장의 특성을 연출할 수 있는 특성 및 멋을 표현할 수 있어야 하며, 식사하기 알맞은 각종 기물과 소스, 고객의 요구가 예상되거나 요구한 특별한 준비물 등을 바르게 갖추어놓는 것을 말한다. 테이블 세팅은 호텔의 기본적으로 통일된 매뉴얼이나 업장 지배인에 의하여 고객의 편리성, 각 업장의 특성 연출, 식당의 분위기가 잘 어울리는 연출을 감안하여 세팅을 한다.

2. 테이블 세팅의 순서

테이블 세팅은 기물을 외곽에서 세팅해 안쪽으로 들어옴으로써 식사 코스 역순으로 진행한다. 일반적인 영업장의 특성과 테이블의 종류에 따라 세팅 순서가 달라질 수 있겠으나, 일반적인 테이블 세팅 순서는 다음과 같다.

① 테이블 및 의자 점검한다. 테이블의 성격과 용도 및 분위기 등에 맞게 먼저 배치하고, 수평을 유지하고 흔들리지 않도록 고정시키며, 식탁이나 의자 위의 먼지나 이물질을 제거하면서 점검한다.

② 테이블 클로스를 편다. 언더 클로스Under Cloth를 주름이 생기지 않도록 평평하게 고정시켜 깔고 난 다음, 테이블 클로스Table Cloth를 깐다. 이때 테이블 클로스가 한쪽으로 치우치지 않도록 하고, 언더 클로스가 밖에서 보이지 않도록 전체적인 균형을 잡는다.

③ 센터피스를 놓는다. 센터피스Center Pieces는 테이블 중앙에 놓여 식탁의 분위기를 돋보이게 하기 위한 집기들을 말한다. 신선한 꽃이 든 꽃병Flower Vase, 소금과 후추Salt & Pepper Shaker: Caster Set, 캔들Candle, Brown & White Sugar Sachets, 재떨이Ash Tray, Tent Card를 놓는다. 이 센터피스의 배열은 각 업장의 특성에 따라 다르다.

④ 쇼 플레이트Show Plate와 빵 접시Bread Plate를 놓는다.

⑤ 디너 나이프와 포크Dinner Knife & Fork를 놓는다.

⑥ 피시 나이프와 포크Fish Knife & Fork를 놓는다.

⑦ 수프 스푼과 샐러드 포크Soup Spoon & Salad Fork를 놓는다.

⑧ 애피타이저 나이프와 포크Appetizer Knife & Fork를 놓는다.

⑨ 버터 나이프Butter Knife를 놓는다.

⑩ 디저트 스푼과 포크Dessert Spoon & Fork를 Show Plate 위쪽에 놓는다.

⑪ 물잔Water Goblet과 포도주잔White & Red Wine Glass을 놓는다.

⑫ 냅킨Napkin을 놓는다.

⑬ 전체적인 조화와 균형을 점검한다.

정식 테이블 세팅은 그 호텔의 식당 관심에 따라 다소 차이가 있겠으나, 대체로 [그림 11-7]과 같은 형식에 따른다.

그림 11-7 정식 세팅

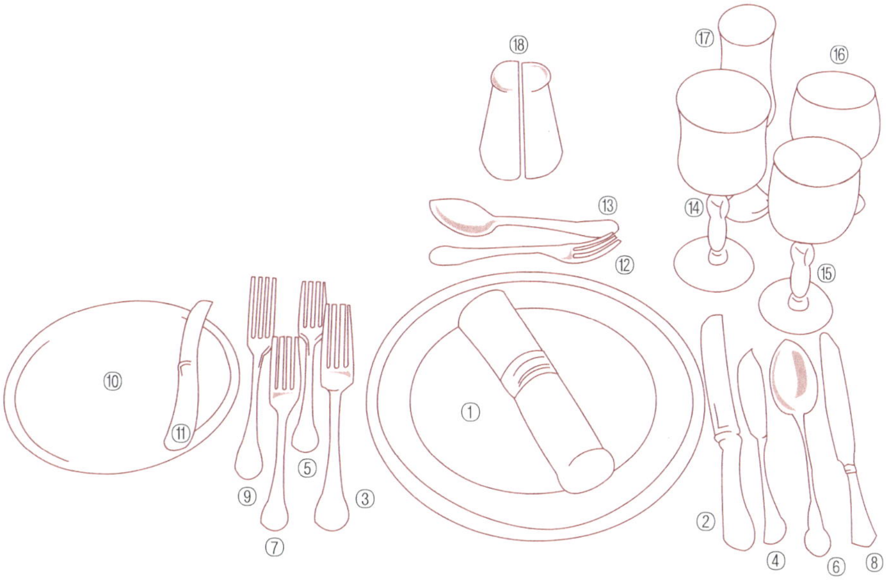

① Show Plate
② Meat Knife
③ Meat Fork
④ Fish Knife
⑤ Salad Fork
⑥ Soup Spoon
⑦ Fish Fork
⑧ Appetizer Knife
⑨ Appetizer Fork
⑩ Bread Plate
⑪ Butter Knife
⑫ Dessert Fork
⑬ Dessert Spoon
⑭ Water Goblet
⑮ White Wine Glass
⑯ Red Wine Glass
⑰ Champagne Glass
⑱ Salt & Pepper Shaker

3. 테이블 세팅의 기본 원칙

테이블 세팅은 식당의 전체적인 분위기를 격상시키는 수단으로 매출 증진에 일익을 담당할 뿐만 아니라, 고객의 이용목적에 따라 업장을 이용하는 고객에게 불편함이 없도록 해야 한다. 기물류의 배열은 전체적인 균형을 이룰 수 있도록 적당한 간격으로 보기 좋게 놓아야 하며, 효과적이고 능률적인 작업을 위하여 일정한 원칙에 의하여 작업을 하는 것이 바람직하며 테이블 세팅의 기본 원칙은 다음과 같다.

- 쇼 플레이트Show Plate; Service Plate는 고객이 앉은 자리의 중앙에 놓아서 외관상 균형을 잡아준다. 또한 기물류의 배열은 전체적인 균형을 이룰 수 있도록 적당한 간격으로 보기 좋게 놓으며, 시각적인 안정감을 주기 위해 식탁 가장자리로부터 2cm 정도의 간격을 두고 놓는다.
- 빵 접시Bread Plate의 중앙선과 쇼 플레이트Show Plate의 중앙선이 일치하도록 배열한다.
- 디너 나이프Dinner Knife는 칼날이 안쪽으로 향하게 하여 수직으로 놓는데, 쇼 플레이트의 오른쪽 가장 안쪽에 놓아서 고객이 오른쪽으로 사용하기 편하게 한다.
- 버터 나이프Butter Knife는 빵 접시 위에 오른쪽으로 1/4 정도 되는 부분에 포크의 배열선과 맞춰 놓는다.
- 물잔Water Goblet은 디너 나이프의 끝쪽 연장선 약 1cm 위의 중앙에 놓는다.
- 와인잔Wine Glass은 물잔Water Goblet을 기준으로 오른쪽 아래로 45° 대각선상에 화이트와인, 레드와인, 샴페인 글라스 순으로 놓는다. 때로는 사선으로 놓는 경우도 있다.
- 센터피스Center Pieces의 배열은 테이블의 종류 및 세팅인원에 따라 달라질 수 있겠으나, 일반적으로 좌측부터 재떨이, 후추 소금, 꽃병의 순으로 배열한다.
- 쇼 플레이트Show Plate를 사용하지 않을 때는 냅킨Napkin을 놓아서 기준을 삼는다.

이러한 원칙은 영업장의 특성과 식탁의 종류, 식탁이 배치된 장소, 기물의 종류에 따라 다소 변할 수는 있으나, 테이블 세팅의 근본 목적인 고객이 사용하기에 편리하고, 짜임새 있으며, 모양 좋은 테이블이 되게 하여야 한다.

또한 고객이 의자에 앉아 있을 때 테이블 세팅을 하게 되는 경우에는 고객의 앞을 가로질러 팔을 내밀어 세팅해서는 안 된다. 좌측에서 세팅할 것은 좌측에서, 우측에서 세팅할 것은 우측에서 해야 하며, 팔을 내밀고 좌측에서 우측으로, 혹은 우측에서 좌측으로 세팅한다면 고객에게 불쾌감을 주게 되므로 삼가야 한다.

12장

호텔 식음료 서비스 품질관리와 고객만족관리

1절

호텔 식음료 서비스 품질관리

호텔들 간의 경쟁이 심화될수록 호텔들은 타 호텔과의 차별화를 위해 많은 노력을 기울이고 있다. 경쟁 호텔과의 우위를 차지하기 위해서 각 호텔들은 호텔 식음료 서비스 품질을 향상시키기 위하여 많은 노력을 기울이고 있다.

호텔 서비스는 호텔의 상품 및 분위기, 고객 자신의 사전 이미지 등과 불가분의 관계 하에서 인적·물적 서비스가 혼재되어 존재하는 개념이다. 즉 호텔 서비스는 호텔기업의 상품 및 서비스를 구매 또는 이용하는 고객을 위해 제공되는 무형의 행위라고 할 수 있다.

호텔 서비스는 일반적인 서비스 개념이 무형적인 것과는 달리 유형과 무형의 복합적 기능을 가진 것으로, 특히 호텔 서비스 중에서 식음료 서비스는 음식 등과 물적 요소 및 영업장의 인테리어와 같은 실내 디자인, 분위기 등의 환경적 요소, 그리고 종사원의 서비스와 같은 인적 요소가 결합된 서비스라고 할 수 있다.

1. 서비스

오늘날 호텔을 이용하는 고객들은 호텔의 물적 서비스보다는 인적 서비스 질에 더 관심을 가지고 있기 때문에, 호텔 서비스의 특성 중에 하나인 무형의 서비스에 대한 고객의 욕구는 점차 높아지고 있다. 호텔기업의 상품 및 서비스를 구매 또는 이용하는 고객을 위해 제공되는 무형행위라고 할 수 있다.

고객의 만족은 서비스품질 수준에 따라 결정된다고 할 수 있는데, 이는 고객이 평가하는 서비스품질에 따라 달라진다고 할 수 있다. 따라서 호텔과 같은 서비스 기업은 타 기업보다 경쟁우위를 점하기 위해서는 서비스품질 관리만이 경쟁시장에서 살아남을 수 있는 경영전략으로 나타나고 있다. 즉 갈수록 치열해지는 관광환경 속에서 고객의 요구에 맞는 서비스품질을 제공해야만 생존할 수 있기 때문이다.

2. 서비스 품질관리

호텔에서 똑같은 서비스를 제공한다 하더라도 고객의 입장에서 서비스를 어떻게 받아들이느냐에 따라 서비스품질 평가는 다르게 받아들일 수 있다. 하지만, 그 이미지는 고객이 서비스기업을 선택하는 데 매우 중요한 역할을 한다.

따라서 서비스품질은 고객에 의해 평가되며, 이를 통해 진정한 고객만족을 위한 서비스 품질관리를 해야 한다.

3. 호텔 식음료 서비스 품질관리의 특성

- 호텔 식음료 서비스 품질은 일반제품의 품질보다 평가하기가 매우 어렵다.
- 호텔 식음료 서비스 품질의 수준은 기대와 지각의 비교를 통해 얻어진다.
- 호텔 식음료 서비스 품질은 서비스 제공과정도 포함된다.

2절

호텔 식음료 고객만족관리

호텔 식음료 고객만족CS: Customer Satisfaction관리는 호텔을 이용하는 고객들이 서비스 받기 전에 기대하는 서비스와 실제 받아들이는 수준의 차이, 즉 '만족도'라고 할 수 있다.

호텔 식음료 업장은 최고의 시설과 최상의 서비스를 제공한다 하더라도 고객의 불평은 종종 발생하기 마련이다. 이는 고객들의 다양한 생각과 사고를 가지고 있기 때문에 고객의 요구가 모두 동일하다고 할 수는 없기 때문이다. 호텔기업은 고객의 불평·불만이 일어나지 않도록 하는 시스템을 구축해야 한다. 하지만, 불평이 일어났을 경우 회피하려 들지 말고 적극적으로 수용하고 처리함으로써 호텔의 신뢰도를 높이고, 이로 인해 단골고객을 만들게 되는 중요한 기회가 되도록 노력해야 한다.

1. 호텔 식음료 고객 불평

고객은 항상 기대를 가지고 호텔을 이용한다. 그러나 그 기대가 실제로 경험한 것과 차이가 있을 때 고객의 만족도는 달라지는데, 그 만족도가 떨어지는 불만족에 대한 감정을 표현하는 것이 컴플레인Complaint, 즉 불평이다.

불평을 표현하지 않은 불만족 고객은 불만을 표현한 고객보다 2배나 많은 사람들에게 부정적인 구전활동을 하는 반면, 고객의 불평에 적절하게 대응하였을 경우에는 거의 대부분의 고객들이 단골고객Repeat Guest으로 돌아온다고 한다.

즉, 호텔 식음료 고객의 불평처리를 잘함으로써 그 이후의 만족도는 더 강한 고객 충성도로 이끌 수 있다. 따라서 고객의 불평이 일어났을 때 항상 긍정적인 자세로 고객의 입장에서 정확한 원인을 찾아내어 그 불평에 대한 해결방안을 강구하여 다시는 동일한 불평이 일어나지 않도록 노력해야 한다. 그럼으로써 호텔의 이미지를 향상시키고 고객으로 하여금 재방문하여 고정고객으로 확보할 수 있게 된다.

따라서 호텔 식음료 서비스에서 고객 불평은 서비스 품질, 직원의 태도, 청결 등 다양한 요소에 대한 불만이나 기대 미달을 의미하며, 신속하고 체계적인 대응이 고객 만족과 브랜드 신뢰에 매우 중요하다고 할 수 있다.

표 12-1 고객 컴플레인 유형

고객 컴플레인 유형	세부 컴플레인 내용
식음료 종사원의 접객태도에 따른 컴플레인	호텔 식음료 종사원의 무관심과 비우호적 행동, 무리한 판매 권유, 식음료 상품에 대한 전문지식 결여, 무성의한 태도와 말투 및 행동
종사원의 서비스와 관련된 컴플레인	고객 차별, 주문한 식사의 지연, 테이블 웨어의 청결 불량, 계산 오류, 주문의 잘못된 기입, 식음료 종사원의 복장과 개인위생 불량
시설이나 설비와 관련된 컴플레인	호텔 식음료 업장 시설의 노후화, 화장실·주차장과 관련된 불편, 식음료 업장의 냉·난방시설, 엘리베이터 고장
특별상황의 컴플레인	음식의 이물질 발견, 상한 음식의 제공, 파손된 식기, 영업시간

2. 호텔 식음료 고객 불평 처리방법

모든 사람이 모두 똑같을 수는 없고, 또한 고객의 욕구와 만족도가 같을 수 없기 때문에 호텔 식음료 종사원이 훌륭한 서비스를 제공했다 해도 고객으로부터의 불평은 있기 마련이다. 고객의 불평을 회피하거나 무시해서는 안 되며, 단순한 불만이 아니라 호텔의 식음료 서비스 개선의 기회로 인식하고, 고객의 불평·불만을 잘 경청한 후에 그 원인을 찾아 해결책을 모색함으로써 식음료 업장의 발전을 도모 할 수 있다. 따라서 불만을 토로하는 고객은 그 호텔에 대한 충성심이 있는 고객이기 때문에, 그 고객의 불만을 해결해주면 그 충성도는 배가 될 수 있다.

1) 불평처리 요령

- 고객의 불쾌한 감정이 확대되지 않도록 신속히 응대한다. 이때 고객에게 불쾌감을 주었던 담당자보다는 책임 있는 상사가 처리를 담당한다.
- 고객의 불평·불만을 끝까지 성실한 태도로 경청하도록 한다. 또한 불평 내용 중 일부 오해가 있는 것이라고 생각되더라도, 절대로 고객의 말을 끊거나 고객의 잘못을 지적해서는 안 된다.
- 불평사항을 메모하는 자세를 보여준다.
- 호텔 식음료 종사원의 잘못으로 판단되는 경우 충분히 사과를 한다. 하지만, 무조건 잘못을 시인하거나 잘못이 없다고 주장해서는 안 된다.
- 고객의 불평을 적극적으로 수용하도록 노력하고, 고객이 요구하는 바를 신속하게 판단하여 가급적이면 고객의 원하는 바에 따른다.
- 다른 고객이 옆자리에 있다는 것을 인식하고, 고객의 언성이 격해지지 않도록 최대한 노력하여 해결한다.
- 대체로 비슷한 불평·불만이 발생하므로, 고객의 불평·불만에 대한 기록이나 일지를 작성하여 이에 대한 기록과 교육을 통해 접객 서비스 향상의 교육자료로 활용한다.

2) 불평처리 단계

고객의 불평·불만에 대한 처리순서는 수학처럼 공식적인 해법은 없으나, 그때그때 상황에 따라 적절하게 대응해야 한다.

첫 번째, 듣기이다(불평·불만을 모두 듣고 고객의 흥분을 가라앉힌다). 끝까지 듣고, 반드시 메모하고, 절대로 중간에 끼어들지 않는다. 이때 고객 자신의 의견을 무시당하면 더욱더 큰 불만을 가지게 된다. 이에 종사원은 어떤 문제인가를 파악하면서 처음부터 끝까지 고객이 이야기하는 것을 메모하면서 문제를 해결하려는 자세를 보여야 한다.

두 번째, 고객의 불평사항의 원인분석을 분석하여 누가, 어느 부서에서 해결해야 할지를 판단해야 한다. 가끔 일반 종사원이 해결하려다가 안 되면 캡틴이나 부지배인에게 넘겨지고, 다시 지배인이나 부서장에게, 다시 총지배인에게 넘겨질 때 고객은 다시 일일이 설명하게 되어 더욱더 불평·불만이 커질 수 있기 때문에, 해결 가능한 직책에게 즉시 불평·불만의 처리를 인수하는 것이 바람직하다.

세 번째, 해결책을 검토한다. 고객의 불평·불만에 대해 신속하고 예의바르게 대응하여 고객이 요구하는 바를 판단하여 해결하도록 노력한다. 고객이 비록 식음료 서비스 과정에서 불평이 있었어도 최종 단계에서 만족하게끔 해결방안을 제시한다면, 그 고객을 충성도 높은 고정고객으로 바꿀 수 있다.

3) 불평처리 3변(變)

첫 번째, 사람을 바꾼다. 일반사원에서 지배인, 지배인에서 부서장, 부서장에서 총지배인으로 바꾸어 고객의 불평을 처리한다. 불평이 있어나게 된 원인에 대한 책임은 차후의 일이며, 선의의 과실은 어느 정도 책임을 면하게 되나 고의로 한 과실은 책임을 져야 한다.

두 번째, 장소를 바꾼다. 식음료 업장에서 사무실이나 다른 업장으로 바꾸어 환경의 변화를 주고, 타 고객에게 불편을 주지 않도록 한다.

세 번째, 시간을 바꾼다. 고객의 불평·불만이 누그러질 수 있는 시간을 갖는다. 불평 내용에 따라서 그 장소에서 급하게 결론은 내리지 말고, 날짜와 시간을 변경해서 고객이 납득할 수 있도록 진행시킨다.

3. 호텔 식음료 고객만족관리

1) 식음료 업장을 이용한 고객들의 VOC관리

VOCVoice of Customers관리는 호텔 식음료 업장을 이용한 고객들을 대상으로 고객이 원하는 상품과 서비스 등을 찾아내기 위한 가장 기본적인 데이터이다. 서비스에 대한 불만족을 가진 고객 중 95% 정도는 불만을 이야기하지 않고 다시는 그 호텔을 방문하지 않는다는 통계를 바탕으로 고객만족경영을 추구하는 호텔기업은 명심해야 될 부분이다. 불평을 한 고객들의 불만이 해결될 경우, 고객은 그 기업을 또 다시 찾게 되어 단골고객으로 될 확률이 매우 높다.

고객의 VOC를 조사하는 방법은 여러 가지가 있는데, 대표적으로 호텔을 이용한 고객들을 대상으로 해피콜Happy Call을 실시하여 고객의 만족도를 조사하여 서비스품질을 관리하는 방법이 있다. 또한 호텔 홈페이지를 통한 고객만족도를 조사하여 각 유형별 분석을 통해 고객의 불만요소를 발굴하여 이를 개선하고 있다.

이처럼 호텔기업이 고객만족을 위해 쏟아 붓는 많은 노력들은 고객들의 만족을 통해 호텔기업의 수익성 향상에 상당한 영향을 끼친다.

3절

호텔 식음료 판매촉진관리

1. 호텔 식음료 판매촉진의 개념

판매촉진Sales Promotion은 고객의 구매를 자극하는 모든 활동으로서 마케팅 활동이라 하겠다. 호텔 식음료 상품에 대한 판매촉진 활동에 의해 호텔기업의 영업이익에 크게 영향을 미친다. 이에 대부분의 호텔들은 판매촉진 예산을 대폭 늘리고 있는 실정이다.

2. 호텔 식음료 업장의 판매촉진 목적

현재와 같이 호텔들이 지속적으로 늘어나고 있는 상황에서 호텔의 모든 부서에서는 호텔 상품에 대한 판매촉진에 대해 매우 적극적으로, 호텔 식음료 판매촉진 활동은 실제 및 잠재 고객들에게 호텔 식음료 상품에 대한 홍보와 호텔의 기업 이미지를 제고시키려는 목적을 가지고 있다. 따라서 호텔 식음료 판매촉진의 목적은 타 호텔이나 경쟁호텔과의 상품이나 서비스에 대한 차별화를 통하여 고객의 마음속에 뚜렷한 차별성을 부각시키는 것이다.

1) 고객 인지도 향상

호텔 식음료 판매촉진 강화를 통해 호텔 상품이나 서비스에 대한 고객의 인지도를 높일 수 있다.

2) 호텔 식음료 상품 소개

새로운 호텔 식음료 상품을 개발하여 고객에게 알리기 위해 실시하는 판매촉진 활동을 말한다.

3) 호텔 이용 고객수의 증대

현재 호텔을 이용하는 고객의 수를 증대시키기 위해 타 호텔의 고객들을 자신의 호텔로 끌어들임과 동시에, 경쟁 호텔들 간의 경쟁에서 매출을 증대시키기 위한 판매촉진활동이 필요하다.

4) 비수기 매출 증대

호텔의 주중, 주말 등의 비수기를 타개하기 위해 판매촉진을 활성화시켜 영업이익을 극대화시킨다.

3. 호텔 식음료 프로모션

1) 해피아워 프로모션

해피아워Happy Hour는 영업시간 중 매출액을 극대화시키기 위한 판매촉진의 하나이다. 보통 고객들이 호텔에서 알코올성 음료를 마시는 시간이 저녁 9시 이후가 대부분이기 때문에, 이에 대한 매출을 올리기 위해 많은 노력을 기울이고 있다. 호텔마다 이러한 프로모션을 광고하면서 무료로 음료를 제공하거나, 가격할인 그리고 일정가격에 맥주와 와인 등을 무제한으로 제공하는 등의 행사를 실시하고 있다. 주로 대도심에 위치한 호텔들의 경우, 인근의 직장인들의 식사와 술을 동시에 해결함으로써 회식장소로 각광받기도 한다.

2) 주류 프로모션

위스키 프로모션의 경우, 특정한 브랜드 위스키 회사와 계약을 맺고 행사기간 동안 그 회사의 위스키를 주문하는 고객에게 골프공 등과 같은 사은품과 행운권 추첨을 통해 선물을 제공하는 프로모션이다.

1

Cantonese Cuisine Festival

홍콩으로 떠나는 미각여행을 제스트에서 즐겨보세요.
콘래드 홍콩에서 초청한 현지 셰프가 단 열흘간 홍콩의 향이 듬뿍 담긴 광동 요리를 선보입니다. 중국식 요리법과 서양식 소스가 어우러진 중국 4대 요리를 맛보세요.

지금 콘래드 서울 페이스북을 '좋아요'하고, 프로모션 기간, 페이스북에서 진행되는 이벤트에 참여하여 홍콩 여행 상품권, 콘래드 홍콩 숙박권 등 다양한 경품 당첨의 기회를 잡아보세요!

- **PERIOD** Mar 6 - 15
- **VENUE** Zest - 2F

Sponsored by  CATHAY PACIFIC

6137. 7100

Spring Veggies at Zest

2

봄을 알리는 3월, 날씨가 풀리면서 유난히 피곤해지는 춘곤증을 봄나물로 이겨보세요! 제스트에서는 비타민과 무기질이 풍부한 은달래, 냉이, 두릅, 곰취 등 다채로운 봄나물을 맛깔스럽게 조리하여 봄의 신선한 기운을 더해줍니다.

- **PERIOD** Mar 1 - April 30
- **VENUE** Zest - 2F

6137. 7100

3

Rosy White Day

콘래드 서울에서 장미향이 가득한 화이트 데이를 계획해 보세요.
스파클링 와인을 곁들인 커플 뷔페와 캔디선물로 준비된 이탈리안 디너로 로맨틱한 그 날을 만들어 보세요.

- **PERIOD** Mar 14 [White Day]
- **TIME** Zest / Atrio - Dinner Part 1 17:30 – 19:30
  Part 2 20:00 – 22:00
- **PRICE** Zest W220,000 / couple
  Atrio W240,000 / couple

Zest *6137. 7100* / Atrio *6137. 7120*

Romantic White Day on Level 37

4

그녀를 위한 가슴 설레는 화이트 데이 데이트를 콘래드 서울 37층에서.
37그릴에서 선사하는 화이트 데이 샴페인 브런치, 로맨틱 디너, 라이브 음악과 함께하는 라운지 이용까지. 기억에 남는 소중한 하루를 그녀와 함께 콘래드 서울에서 보내시기 바랍니다.

- **PERIOD** Mar 14 [White Day]
- **TIME** Brunch 11:00 - 14:30 / Dinner 18:00 - 22:30 / Lounge 21:00 - 24:00
- **PRICE**
  샴페인 한 잔 포함 브런치 W190,000/couple
  샴페인 무제한 포함 브런치 W260,000/couple
  저녁식사 및 장미 한 송이 포함 W360,000/couple
  1인 입장권 및 웰컴 샴페인 W40,000

37Grill *6137. 7110*

참고문헌

권용주 외 3인(2005), 호텔외식산업 식음료경영·관리론, 백산출판사.
김기영 외 3인(2006), 메뉴경영관리론, 현학사.
김기영·추상용(2003), 연회기획관리실무론, 현학사.
김연선 외 4인(2025), 호텔 식음료·레스토랑 실무, 백산출판사.
김영준(2003), 연회서비스실무론, 대왕사.
김용순 외 2인(2002), 호텔·레스토랑 식음료경영, 백산출판사.
김이종(2012), 호텔식음료관리론, 새로미.
김진수·홍웅기(2000), 호텔식음료관리론, 학문사.
김춘호 외 2인(2004), 호텔·레스토랑 식음료서비스관리론, 새로미.
김호철·구세림(2011), 커피, 기문사.
_____ 외 9인(2014), 커피의 기초부터 창업까지의 커피, 기문사.
나정기(2004), 메뉴관리의 이해, 백산출판사.
남택영(2007), 호텔식음료실무론, 새로미.
디아지오 코리아(2004), 조니워커 스쿨 바텐더 매뉴얼.
鈴木博·大庭祺一郎,(2008), ホテル 經營 教本, 柴田書店.
류 철·최성만(2005), 와인 이야기, 현학사.
박영배(2002), 호텔식음료서비스관리론, 백산출판사.
박인규·장상태(2003), 호텔식음료실무경영론, 기문사.
발레리 줄레조 & 티에리 상쥐앙(2007), 도시의 창, 고급호텔, 후마니타스.
서진우·장세준(2016), 호텔연회관리실무, 대왕사.
신재영 외 2인(2005), 호텔·레스토랑 식음료서비스관리론, 대왕사.
신형섭(1999), 호텔식음료서비스실무론, 기문사.
오흥진·송대근(2016), NCS기반 호텔레스토랑실무, 지식인.
안대희 외(2015), 와인 & 소믈리에, 지식인.
________ 2인(2011), 호텔식음료경영실무론, 대왕사.

유도재 · 최병호(2013), 호텔식음료실무론, 백산출판사.
윤태환 · 이정자(2005), 주방경영론, 백산출판사.
이정실 · 김의근 · 김상호(2006), 호텔주장관리, 대왕사.
이정학(2006), 호텔연회관리론, 기문사.
_____(2012), 호텔 식음료실습, 기문사.
인터컨티넨탈 호텔 Service Standards 매뉴얼.
조용범 외 2인(2003), 메뉴관리론, 대왕사.
조현석(2001), 호텔식음료실무관리론, 형설출판사.
(주)서한사 Hotel Sofitel Ambassador Seoul 식음료업무 매뉴얼.
중앙일보, 2010년 3월 12일자.
_______, 2012년 4월 5일자.
_______, 2013년 4월 25일, 5월 24일자.
_______, 2013년 4월 25일자.
최동렬(2003), 호텔 · 외식산업 연회실무.
최병호 · 최희진(2010), 최신와인 · 소믈리에 이해, 백산출판사.
최영준(2002), 호텔식음료서비스론, 기문사.
_____ 외 2인(2004), 최신식음료경영론, 대왕사.
최 웅 외 6인(2004), 호텔식음료실무, 석학당.
최인섭 · 강영욱(2008), 주장관리론, 대왕사.
최주락 외 6인(2003), 메뉴기획관리론, 백산출판사.
최풍운(2001), 호텔식음료서비스, 학문사.
최해수 외 2인(2006), 매너 & 서비스 실무, 대왕사.
하헌국 외 4인(2002), 신호텔 식음료경영론, 한올출판사.
함형만 외 2인(2007), 과학적 조리원리의 이해, 대왕사.
허정봉(2007), 칵테일의 이해, 대왕사.
_____ · 송대근(2012), 호텔리어를 위한 호텔경영학의 만남, 대왕사.
호텔 & 레스토랑, 2012년 11월, pp. 90~95.
호텔 그랜드 앰배서더 서울 식음료업무 매뉴얼.
호텔 그랜드 앰배서더 서울 조리업무 매뉴얼.
호텔롯데월드 BEVERAGE SERVICE MANUAL.
호텔롯데월드 식음료 직무교재.
호텔신라 식음료 업무매뉴얼.
홍철희 외 5인(2006), 식음료실무관리론, 대왕사.
NCS(국가직무능력표준), www.ncs.go.kr.
Tom & Toms Coffee 교육 매뉴얼.

■ 저자소개 ■

[송 대 근]

〈전공 및 자격증〉
- 경기대학교 대학원 관광경영학과 박사 졸업 / 관광학박사
- 경기대학교 대학원 관광경영학과 석사 졸업 / 경영학석사
- 경기대학교 관광경영학과 학사 졸업 / 경영학사
- 호텔관리사 자격증(한국관광공사)
- 호텔서비스사 · 국내여행안내사 자격증(한국관광협회중앙회)
- 바리스타 자격증(한국커피협회 / (사)한국조리협회 식음료위원회)
- BARTENDE 과정 수료(조니워커 스쿨)
- 국외여행인솔자 자격증(T/C)(한국여행업협회)

〈경력〉
- (주)서한사 Hotel Sofitel Ambassador Seoul 근무
- 동남보건대학, 명지대학교 사회교육원, 경복대학 호텔 및 관광학과 출강
- 동서울대학교 평생교육원장 / 어학교육원장 / SDS HiVE센터 부센터장
- 현) 동서울대학교 호텔관광경영과 교수

〈활동〉
- 한국여행학회감사 · 편집위원장
- 문화관광연구학회 이사 · 감사 · 심사위원
- 사)한국호텔전문경영인협회 산학협력위원
- 한국산업인력공단 우편원격훈련과정 검토위원
- 한국산업인력공단 직업능력개발 훈련기관 및 과정 평가위원
- 한국국제협력단(KOICA)청사 운영 · 관리 기술평가위원
- 한국산업인력공단 관광종사원(관광통역안내사 · 국내여행안내사 · 호텔 서비스사 · 호텔관리사) 필기 · 면접시험 출제위원
- 국가직무능력표준(NCS) 학습모듈 개발 집필 및 검토위원

〈연구〉
- 품질기능전개(QFD)를 이용한 호텔 서비스 품질관리에 관한 연구 (경기대학교 대학원 관광경영학과 박사논문)
- 환경변화에 대응한 호텔기업의 마케팅 전략에 관한 연구 (경기대학교 대학원 관광경영학과 석사논문) 외 다수
- 코로나19 팬데믹 이후 위험지각이 호텔 선택의도에 미치는 영향: 계획된 행동의 조절효과를 중심으로, (사)한국해양관광학회(한국연구재단 등재 학술지)
- 프랜차이즈 커피전문점의 서비스스케이프가 고객만족과 재방문의도에 미치는 영향: 대학생층을 중심으로, 한국호텔리조트학회(한국연구재단 등재 학술지)

〈저서〉
- 호텔객실서비스실무
- Hotelier를 위한 호텔경영학의 만남
- 관광사업개론
- 관광법규와 호텔용어
- NCS기반 호텔레스토랑실무

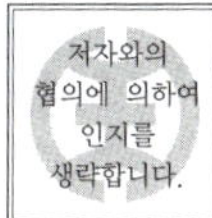

호텔 레스토랑 서비스 실무

초판 1쇄 인쇄 2026년 1월 15일
초판 1쇄 발행 2026년 1월 20일

저자 송대근 | **발행인** 박성진 | **발행처** 대 왕 사
등록 1976년 11월 30일 제5~54호
주소 서울시 동대문구 외대역동로 133-1
물류 경기도 파주시 소라지로 176-25(송촌동 414-12)
전화 (031)947-5471(代) | **팩스** (031)947-5470
홈페이지 http://www.daewangsa.net | **이메일** dws74@hanmail.net
값 28,000원

ISBN 978-89-456-9329-7 93320